普洱绿色发展蓝皮书

普洱市发展和改革委员会
（普洱市建设国家绿色经济试验示范区领导小组办公室） 著
普洱学院
（普洱绿色经济发展研究院）

图书在版编目(CIP)数据

普洱绿色发展蓝皮书/普洱市发展和改革委员会,普洱学院著.—北京:北京大学出版社,2021.11
ISBN 978-7-301-32757-9

Ⅰ.①普… Ⅱ.①普… ②普… Ⅲ.①绿色经济—区域经济发展—研究报告—普洱 Ⅳ.①F127.743

中国版本图书馆 CIP 数据核字(2021)第 259276 号

书　　　名	普洱绿色发展蓝皮书 PU'ER LÜSE FAZHAN LANPISHU
著作责任者	普洱市发展和改革委员会　普洱学院　著
策划编辑	李　虎
责任编辑	王显超　李娉婷
标准书号	ISBN 978-7-301-32757-9
出版发行	北京大学出版社
地　　　址	北京市海淀区成府路 205 号　100871
网　　　址	http://www.pup.cn　新浪微博:@北京大学出版社
电子信箱	pup_6@163.com
电　　　话	邮购部 010-62752015　发行部 010-62750672 编辑部 010-62750667
印　刷　者	三河市北燕印装有限公司
经　销　者	新华书店
	730 毫米×1020 毫米　16 开本　24.5 印张　401 千字 2021 年 11 第 1 版　2021 年 11 月第 1 次印刷
定　　　价	98.00 元

未经许可,不得以任何方式复制或抄袭本书之部分或全部内容。
版权所有,侵权必究
举报电话:010-62752024　电子信箱:fd@pup.pku.edu.cn
图书如有印装质量问题,请与出版部联系,电话:010-62756370

《普洱绿色发展蓝皮书》编写委员会

主　　　编	李庆元	刘　勇	陆　平	成文章
副　主　编	任远征	杨卫东	胡国云	胡良波
	白应华	李险峰		
执 行 主 编	高　龙	冯俞竣		
特 别 顾 问	杨世忠	邹昭晞		
编委会成员	左永平	赵泽洪	唐秀忠	刀继民	朱　银
	殷守刚	孙卫新	林　永	赵　锋	苏志龙
	周清松	施吉良	师　顺	段朋飞	张春花
	李　荣	普丹妮	徐春媚	姚俊颖	成思思
	罗渝涵	李　欢	段成思	李冰燕	

2013年，经国务院同意，中华人民共和国国家发展和改革委员会（以下简称国家发展改革委）批准云南省普洱市开展国家绿色经济试验示范区建设。2014年，国家发展改革委批复了《普洱市建设国家绿色经济试验示范区发展规划》，进一步明确了普洱市建设绿色经济试验示范区的主要目标、主要任务和重大工程。普洱市根据国家和省委省政府给予绿色经济试验示范区建设的支持政策进行了一系列的大胆尝试，取得了一些成效，同时也面临着新的机遇与挑战。为总结普洱市建设国家级绿色经济试验示范区的经验与成效、分析存在的问题及成因，进一步明确普洱绿色经济发展的方向，加快推进普洱绿色经济试验示范区的建设，普洱学院（普洱绿色经济发展研究院）、普洱市发展改革委（普洱市建设国家绿色经济试验示范区领导小组办公室）组织人员编写《普洱绿色发展蓝皮书》一书。

《普洱绿色发展蓝皮书》紧紧围绕把普洱建设成为我国首个绿色经济试验示范区这一战略需求，以把握全面、突出重点为宗旨，从三个层面对普洱绿色经济试验示范区推进以来的情况进行系统的介绍和全面评估。对绿色经济发展中的重点、难点和热点问题展开分析和深入研究，并在此基础上提出具有针对性、前瞻性和指导性的政策建议与推进措施，力求全面深入、紧跟前沿，为普洱绿色经济发展提供科学参考和智力支持。

《普洱绿色发展蓝皮书》围绕普洱绿色经济试验示范区的发展现状与发展中存在的问题展开论述，分别从宏观视角和微观研究进行深入分析，既有全局思维、又有地方特色，全面把握普洱绿色经济发展的总趋势。《普洱绿色发展蓝皮书)》分为总报告、专题研究篇、地域状况篇、附录四个部分，涉及农业、司法、口岸经济、地方旅游文化、体育产业等不同专业领域。

在完成初稿后，经由普洱市发展和改革委员会（普洱市建设国家绿色经济试验示范区领导小组办公室）就《普洱绿色发展蓝皮书》初稿，向普洱市人民政府、市委宣传部、市科技局、市文化和旅游局、市生态环境局、市茶咖发展中心等48个有关部门发出征求意见稿，收回反馈意见48份，其中无修改意见40份，有修改意见8份。编写组按照相关部门的修改意见，对蓝皮书内容的表述方法和相关数据进行了修正和完善，保证了蓝皮书内所涉及数据真实有效、紧密贴合普洱地方发展实际。

目 录

总 报 告

贯彻习近平生态文明思想，推动普洱国家绿色经济试验
　　示范区跨越发展 ………………………………………………… 3

专题研究篇

清代中后期士绅阶层生态意识管窥——以程含章的农业思想
　　及生态意识为例 ………………………………………………… 21
滇西南少数民族地区传统习俗对生态保护的启示 ……………… 37
景迈山少数民族传统文化中的生态智慧 ………………………… 50
普洱市人民检察院关于国家绿色经济试验示范区建设工作
　　自我评估报告 …………………………………………………… 67
"两山"巡回检察室的实践探索和建设思路研究 ………………… 77
普洱市古茶树资源保护立法研究 ………………………………… 95
普洱市绿色发展的环境保障 ……………………………………… 109
普洱市现代林业产业发展模式研究 ……………………………… 127

普洱市高原特色农业发展战略研究 …………………………………… 144
滇西南民族医药资源的特色和优势 …………………………………… 163
普洱市旅游产业高质量发展研究报告 ………………………………… 188
休闲体育旅游产业助力普洱绿色经济发展 …………………………… 201
普洱市口岸经济发展的现状、问题与对策 …………………………… 219

地域状况篇

思茅区绿色发展报告（2012—2020）…………………………………… 241
宁洱哈尼族彝族自治县绿色发展报告（2012—2020）………………… 252
墨江哈尼族自治县绿色发展报告（2012—2020）……………………… 267
景东彝族自治县绿色发展报告（2012—2020）………………………… 281
景谷傣族彝族自治县绿色发展报告（2012—2020）…………………… 292
镇沅彝族哈尼族拉祜族自治县绿色发展报告（2012—2020）………… 305
江城哈尼族彝族自治县绿色发展报告（2012—2020）………………… 320
孟连傣族拉祜族佤族自治县绿色发展报告（2012—2020）…………… 333
澜沧拉祜族自治县绿色发展报告（2012—2020）……………………… 348
西盟佤族自治县绿色发展报告（2012—2020）………………………… 361

附　录

普洱市绿色经济发展相关政策 ………………………………………… 377

总报告

贯彻习近平生态文明思想，推动普洱国家绿色经济试验示范区跨越发展

高龙[①] 殷守刚[②] 李冰燕[③]

中国共产党第十八次全国代表大会（以下简称十八大）以来，在习近平生态文明思想指引下，在党中央、国务院的关心支持下，在国家发展改革委、云南省委、省政府的坚强领导下，普洱市认真践行"绿水青山就是金山银山"理念，按照"生态立市、绿色发展"要求，以建设全国唯一的国家绿色经济试验示范区为总平台、总抓手，深入实施"生态立市、绿色发展"战略，在全国率先实施国内生产总值（Gross Domestic Product，GDP）与生态系统生产总值（Gross Ecosystem Product，GEP）双核算、双运行、双提升。普洱市实施生态扶贫，走出了一条"生态与生计兼顾、增绿与增收协调、绿起来与富起来"相统一的绿色发展新路子。普洱市生物多样性和生态系统服务价值达7340亿元，居云南省第一位。普洱国家绿色经济试验示范区建设取得了预期成效，为国家在经济欠发达地区推进绿色发展提供普洱坚决贯彻习近平生态文明思想，认真贯彻落实新发展理念，坚持走"生态立市、绿色发展"之路，在生态环境保护上算大账、算长远账、算整体账、算综合账。坚持以最高标准、最严制度、最硬执法、最实举措，推进生态文明建设，持续开展生态文明建设示范创建。

[①] 高龙，普洱绿色经济发展研究院院长，副教授，法学硕士，主要研究方向为经济法、社科法学。
[②] 殷守刚，普洱学院人文学院党总支书记，副教授，文学硕士，主要研究方向为云南地方文献、对外汉语教学。
[③] 李冰燕，普洱绿色经济发展研究院研究实习员，经济学硕士，主要研究方向为农业经济学、地域经济学。

一、深刻领会习近平总书记对云南的指示精神

2015年1月、2020年1月，习近平总书记两次考察云南并做出重要讲话。2015年1月考察时，习近平总书记希望云南主动服务和融入国家发展战略，闯出一条跨越式发展的路子来，努力成为我国民族团结进步示范区、生态文明建设排头兵，面向南亚东南亚辐射中心，谱写好中国梦的云南篇章。这是总书记着眼于新的时代背景和全国战略布局，为云南确定的新坐标、明确的新定位、赋予的新使命，科学指明了云南在全国发展大局中的战略定位，深刻阐述了事关云南全局和长远发展的一系列重大问题，为云南改革开放和社会主义现代化建设提供了根本遵循和行动纲领。

近年来，普洱市委、市政府以习近平新时代中国特色社会主义思想为指导，全面深入学习习近平总书记考察云南时的重要讲话精神，全面推进普洱国家绿色经济示范区建设。普洱市地处祖国西南边疆，经济发展落后、脱贫攻坚任务艰巨，按照习近平总书记对云南发展"三个定位"的指示，牢记习近平总书记嘱托，团结带领全市268万名各族干部群众，努力对标对表，厘清发展思路，把准工作重点，以滚石上山的毅力、攻坚拔寨的勇气、踏石留印的精神，在滇西南边疆全面推进国家绿色经济试验示范区建设，推进普洱在高质量发展的道路上不断取得新成绩。普洱市委、市政府主要领导任普洱国家绿色经济试验示范区建设领导小组组长或主要成员，在市、县（区）政府专门成立普洱国家绿色经济试验示范区建设办公室并配齐配强工作人员，统筹推进普洱国家绿色经济试验示范区建设；制定《普洱国家绿色经济试验示范区建设总体规划》《普洱国家绿色经济试验示范区建设指标体系》等制度，为国家绿色经济试验示范区建设提供制度依据和行动指南；市领导带头挂牌督办，带头遍访所有县（区）、部门，在一线部署任务、推进工作、解决问题。30余名厅级干部分别联系相应县（区）和部门，全面参与国家绿色经济试验示范区建设。

二、践行习近平生态文明思想，建好国家绿色经济试验示范区

普洱市坚持"生态立市、绿色发展"，牢固树立"绿水青山就是金山银山"的理念，统筹山水林田湖草系统治理，大力推进经济社会绿色发展，全力打造国家绿色经济试验示范区，为普洱市开启高质量跨越式发展奠定坚实绿色的基础。

（一）坚决打赢污染防治攻坚战

一是打好蓝天保卫战，让蓝天白云成为普洱市的"标配"。普洱市加大产业、能源、运输、用地"四大"结构调整，淘汰了7条水泥生产线，取缔整治"散乱污"企业53家，淘汰10蒸吨及以下燃煤锅炉88台，完成淘汰"国三"及以下排放标准老旧柴油货车702辆、完成率为100%，"国六"标准车用汽柴油实现全覆盖。

二是打好碧水保卫战。普洱市对12342个自然村生活污水进行现状调查，规范整治入河排污口255个，全面完成县级及以上集中式饮用水水源地34个环境问题的整治，建成6个出入境河流断面水质自动监测站，三大水系水质自动监测预警基本实现全覆盖。思茅河主河道及8条支流的环境综合整治工程启动，包括了河道清淤、截污管道、河堤防护、植被恢复、道路桥梁等项目，综合整治河道总长58千米，截至2019年10月项目接近完工，投资金额超过23亿元。

三是打好净土保卫战。普洱市强化土壤污染源头管控，严格落实农用地、建设用地土壤的环境管理，组织实施宁洱哈尼族彝族自治县（以下简称宁洱县）、墨江哈尼族自治县（以下简称墨江县）、思茅区、澜沧拉祜族自治县（以下简称澜沧县）4个县（区）土壤污染防治项目，累计削减重金属排放量736.4千克；完成1378个农用地详查点位土壤分析测试，完成114个重点行业企业基础信息采集工作，对8块疑似污染地块开展初步调查，夯实土壤污染治理基础。

（二）打造西南生态安全屏障

一是实施重要生态系统保护和修复重大工程。普洱市实施好森林生态效益补偿和公益林管护；加大天然林保护、防护林建设、低效林改造

和陡坡地生态治理力度；加强自然保护区和生物多样性保护，着力推进生物多样性保护行动计划；完善天然林保护制度，建立以国家公园为主体的自然保护地体系；深入推进退耕还林、森林抚育、防护林建设、生物多样性保护、生态效益补偿等重点生态工程。大力实施退耕还林还草、湿地保护、生态扶贫等重点项目；统筹山水林田湖草系统治理，全面提升森林、湿地、草原、农田、水域等生态系统功能。

二是开展生物多样性保护宣传教育。普洱市建成糯扎渡生物多样性保护省级教育基地、普洱学院生物多样性科学教育馆，以及宁洱县、墨江县生物多样性保护教育基地。广泛开展生物多样性保护"进单位、进学校、进社区、进乡村、进企业"活动。普洱市充分利用媒体宣传普洱生物多样性保护工作取得的成效，并邀请中央电视台拍摄了野生动物放生、亚洲象保护、亚洲象监测等野生动物救护专题片；普洱广播电视台录制和播放了野生动物救护繁育专题节目；在全市重大会议期间，向与会代表发放宣传图册，营造全民共同参与保护生物多样性的良好氛围。

三是加强自然保护区监督管理。开展生态公益林和饮用水源地保护，实施天然林资源保护工程、退耕还林工程、澜沧江防护林工程，从源头夯实生态保护基础。全市划定的自然保护区、国家公园、饮用水源保护地、风景名胜区等受保护地区占总面积比例为20.1%。严格自然保护区管理，加强自然保护区基础建设，完成全市国家级和省级自然保护区管理体制改革工作。2020年，全市森林覆盖率达70%以上，建成国家湿地公园1个、国家森林公园3个、省级森林公园1个、自然保护区18个。建设景东亚热带植物园，建立"景东翅子树保护小区""太阳河柿子保护小区"两个极小种群物种保护小区。

四是开展生物多样性资源调查。普洱市生态系统类型约有55种，约占云南省全部生态系统类型的32%。在全国重点保护陆生野生动物1591种中，普洱市有591种，其中兽类86种，鸟类469种，爬行类23种，两栖类13种。在这591种中，18种为国家一级保护野生动物，95种为国家二级保护野生动物。普洱市主要动物明星物种有亚洲象、印度野牛、西黑冠长臂猿、绿孔雀、冠斑犀鸟等，国家一级保护野生植物有云南蓝果树、藤枣、红豆杉等。水稻品种多达1000种，其中药用野生稻和疣粒野生稻为国家重点保护植物。

五是加强湿地生物多样性保护。普洱市湿地保护率达68.8%，制订了《关于加强湿地保护工作意见》，建成普洱五湖国家湿地公园，实施了思茅河环境综合整治、野鸭湖环境综合整治、洗马湖湿地"退塘还湿"等工程建设，湿地生态系统得到明显改善，动植物栖息地得到良好保护，乡土植物和生物多样性得到恢复，公众的湿地保护意识明显提高。

六是探索建立生物多样性和生态系统服务价值评估体系。2015年，景东彝族自治县（以下简称景东县）开展生物多样性与生态系统服务价值评估工作，成为中国首个挂牌示范县。2018年，普洱市率先完成全市及9县1区生物多样性和生态系统服务价值评估工作，成为全国生态系统与生物多样性经济学（The Economics of Ecosystems and Biodiversity，TEEB）研究示范基地。普洱市生物多样性和生态系统服务价值为7429亿元，摸清了绿色家底。

七是创新推进"绿色检察"，为普洱国家绿色经济试验示范区建设提供法律保障。普洱市人大全面积极推进地方立法服务普洱国家绿色经济试验示范区建设制度，先后制定《普洱市古茶树资源保护条例》《普洱市河道采砂管理条例》《云南省澜沧拉祜族自治县景迈山保护条例》等地方性法规，构建起与绿色发展相适应的地方性法律制度。普洱市人民检察院以服务国家绿色经济试验示范区建设，开创"绿色检察"制度，以市检察机关被确定为全国首批公益诉讼试点单位为契机，在市、县两级检察院成立公益诉讼领导小组，重点解决生态环保公共领域无人管束、无人问津的"公地悲剧"，构筑起刑事、民事、行政、公益诉讼"四位一体"的生态环境保护检察体系，为绿色经济发展筑牢法治屏障。

八是构建绿色金融保障体系。金融是现代市场经济发展的血脉，绿色经济试验示范区建设离不开金融的支持。普洱市着眼于绿色发展体系形成，成立绿色金融服务公司，设立全国首支总规模达50亿元的绿色经济发展基金，一二期募集资金22.5亿元，搭建绿色企业发展平台，在云南省率先开辟森林火灾保险与野生动物肇事公众责任保险捆绑共同投保先例，率先推行咖啡种植保险、生豆价格保险、政策性价格保险。

（三）积极推进美丽普洱建设

把云南建设成为中国最美丽省份是贯彻习近平总书记对云南工作重要指示精神和党的十九大对建设美丽中国做出战略部署的实际行动。普洱集中优势资源全面推进美丽普洱建设。

一是建设美丽县城。普洱市以提升县城文化内涵为着力点，丰富美丽内涵，提升城市的颜值，实现"让城市更中国""城市让生活更美好"的目标，"十三五"期间，对全市9个县城进行了全面改造提升。

二是建设特色小镇。普洱市深度挖掘美丽元素，打造产业升级发展的新高地和体验后现代生活的示范区，每年评选出一批国内有影响力的示范特色小镇，持续不断打造一批世界级的特色小镇。

三是建设美丽乡村。普洱市保护、传承、改造、提升了一批原汁原味原生态的美丽村寨，让老百姓看得到山、望得见水、记得住乡愁。

四是建设美丽公路。普洱市把公路打造成生态文明、民族文化、田园风光示范带，展示最美丽省份流动而靓丽的风景线，让人们得到"行在路上、人在景中、路景交融、轻松舒畅"的愉悦享受，让游客既是行进在高速公路、乡村小路上，更是行进在风光如画的美景中。

五是推进生活污水处理和厕所革命。近年来，普洱市全面加强农村基础设施、公共服务设施和精神文明建设，扎实推进农村垃圾治理，各乡（镇）都有指定的收集、运输、处理设施，农村生活垃圾得到处置的自然村比例达89.16%；生活污水收集率达到60%的乡（镇）比例达95.15%，污水处理设施覆盖率为53.40%，生活污水得到收集处理或资源化利用的自然村有5094个；2019年，改造提升乡（镇）公厕150座，完成行政村村委会所在地公厕改建256座，村公厕覆盖率达100%，完成无害化卫生户厕改建82088座，全市农村人居环境逐步净起来、绿起来、亮起来、美起来。

六是提升城市综合居住质量。建成全国文明城市、国家卫生城市、国家园林城市、全国无障碍先进市，从软硬设施等多方面综合构建宜居城市。

近五年来，普洱市经济保持了10%以上的平均增速，城乡居民收入同步增长，生态环境实现了"山更青、水更绿、天更蓝，生态更美"的目标。全市森林生态服务功能年度价值达2850亿元，位居云南省第一；监测河流的水质达标率提升到92.5%，集中饮用水源地水质达标率为100%；全市人均碳排放量降至4.29吨标准煤，远低于全省及全国水平，接近欧洲等发达地区水平。二级以上空气质量占比达97.3%，成为云南省及全国气候舒适指数最高、空气洁净度最好的地区之一。

（四）打好绿色发展"三张牌"

在产业发展过程中，普洱市以最高标准、最严制度、最硬执法、最实举措、最佳环境，不断提高习近平生态文明思想的水平，深入推进低碳试点城市、普洱国家绿色经济试验示范区建设等工作，统筹处理好稳增长与节能减排的关系，推动绿色可持续发展。让"绿色"成为普洱产业转型升级、经济高质量发展的鲜明底色，全力打造世界一流的"绿色能源""绿色食品""健康生活目的地"这"三张牌"。

<u>一是积极推进绿色产业发展</u>。以茶叶、咖啡、生物药等为重点，坚定不移地走绿色生态、有机发展路子。在巩固现代茶园、咖啡园面积和产量居全省第一地位的基础上，全市有机茶园认证面积累计43万亩，其中获中国有机茶认证企业和证书数位列全国地级市首位，3.54万亩咖啡获得有机认证或进入有机认证转换期。普洱茶品牌稳居中国茶叶区域公用品牌价值评估榜前列；建成"中国咖啡之都"、世界最大澳洲坚果单体连片种植基地，打造全国最大牛油果商品生产基地；全市13个产品获得云南省名牌农产品，3片古茶园被授予全球重要农业文化遗产。建成11个农业标准化示范区，思茅区现代农业（茶叶）产业园被认定为首批国家现代农业产业园，思茅区、孟连傣族拉祜族佤族自治县（以下简称孟连县）分别被列为云南省"一县一业"示范县和特色县。聘请28名院士作为政府顾问，建成院士工作站17个、院士团队科研平台6个、专家基层科研工作站29个。澜沧县依托朱有勇院士团队开展林下有机三七种植试验，曾经闲置的林地1亩收入高达10万元。截至2019年年底全市林下经济经营面积达520万亩，涉及农户25万户，从业人员48万人，人均收入达3050元。全市生产总值（GDP）保持年均两位数高速增长，绿色GDP占比达96.4%，走出了一条生态与生计兼顾、增绿与增收协调、绿起来与富起来统一的绿色发展新路子。

<u>二是积极培育清洁能源产业</u>。普洱市以水电为主的清洁能源装机规模达922万千瓦，成为"云电外送"重要基地。

<u>三是打造国际旅游休闲度假养生基地</u>。普洱市将绿色资源优势转化为绿色发展优势，着力打造康养品牌，旅游产业呈现出蓬勃昂扬的发展态势。以全域旅游为统揽，以"一部手机游云南"为抓手，深入推进旅游革命"九大工程"建设，主动服务"健康养生之地"建设，打造世界一流"健康生活目的地"。2018年，普洱市共接待海外游客15万人次，

同比增长 24.38%；接待国内游客 3475.81 万人次，同比增长 20.37%；实现旅游总收入 354.11 亿元，旅游投诉量下降 87.5%，处理时间缩短，投诉的办结率和游客满意率均达 100%。2020 年，全市接待国内外游客 2061 万人次，实现旅游总收入 212 亿元，同比恢复近六成。

四是普洱市在云南省率先开展生态系统与生物多样性服务价值评估（由联合国环境规划署主导）。 通过评估，2015 年全市的生态系统与生物多样性服务价值为 7429.87 亿元，是当年 GDP（514.01 亿元）的 14.45 倍。其中，景东县以每年 545.06 亿元的评估价值，成为中国生态系统与生物多样性服务价值评估（China-TEEB）项目全国首个授牌示范县，并作为中国唯一受邀代表出席了《生物多样性公约》第十三次缔约方大会。

三、立足边疆民族地区实际，建好民族团结进步示范市

近年来，普洱市始终牢记习近平总书记和党中央嘱托，扎实推进民族团结进步示范区建设，牢牢把握"铸牢中华民族共同体意识"核心要义，把民族团结进步作为国家绿色经济试验示范区建设的重要内容进行安排部署，丰富拓展民族团结誓词碑精神，大力弘扬"包容开放、团结拼搏"的普洱精神，建好民族团结进步示范市。

（一）切实加强党对民族工作的领导

普洱市始终坚持"在云南，不谋民族工作就不足以谋全局"的正确指导思想，切实加强党对民族工作的领导；把做好民族工作作为做好普洱工作的前提，牢牢掌握民族工作主导权；把民族工作摆在国家战略高度、放到全市经济社会发展大局中谋划；健全完善"党委领导、政府负责、有关部门协同配合、全社会通力合作"的民族工作格局，牢固树立"不抓民族工作的领导干部不称职，抓不好民族工作的领导干部也不称职"的观念，坚定不移贯彻党的民族工作方针，结合实际创造性贯彻、系统化设计、具体化推进。普洱市加强党的民族理论和民族政策学习以及民族团结教育，把各族干部群众的思想和行动统一到党中央决策部署上来。普洱市牢牢把握民族工作正确方向，牢牢掌握民族关系主导权，完善各项政策措施，不断推动党中央关于民族工作的决策部署落地落

实，不断增强各族群众对伟大祖国、中华民族、中华文化、中国共产党、中国特色社会主义制度的认同。

（二）把发展作为促进民族团结的钥匙

习近平总书记指出，把各族人民对美好生活的向往作为奋斗目标，确保少数民族和民族地区同全国一道实现全面小康和现代化。普洱市把发展作为促进民族团结进步的总钥匙，既强调加快整体发展，又注重惠及各族群众；既注意发挥现代化整合性对民族团结进步的积极作用，又注意弥补市场失灵带来的分化问题。普洱市为各民族群众融入时代发展和社会进步创造机会、提供条件，把各民族的力量与智慧凝聚在发展上。普洱市着力促进民族地区经济社会发展，民族地区生产方式、生活方式不断进步，把民族地区发展融入全市发展大局，加快民族地区产业结构调整和经济发展转型。普洱市深入实施民族团结进步创建工程，促进全面小康同步、公共服务同质、法治保障同权、精神家园同建、社会和谐同创；深入实施兴边富民工程，改善沿边群众生产生活条件；对深度贫困地区以及"直过民族"、人口较少民族、边境民族地区给予特殊政策支持，深入推进"直过民族"和人口较少民族整族脱贫，加强就业、教育、医疗、文化等社会公共服务，推动民族地区全面建成小康社会进程。普洱市的"直过民族"和人口较少民族从原始生产生活状态一步千年，跨越到社会主义，正在向全面小康迈进。特别是脱贫攻坚的伟大历史创举，把各族群众从千百年来的贫困中解放出来，不断增强各族人民的获得感、幸福感、安全感，让各族人民更加紧密地团结在中国共产党的领导下，奠定了民族团结进步坚实的物质基础。

（三）进一步丰富国家级示范市内涵

建设民族团结进步示范市，是普洱市落实习近平总书记谆谆嘱托的具体举措，有利于促进各民族交往、交流、交融，有利于推进各民族人心归聚、精神相依、和睦相处、和衷共济、和谐发展。普洱市高举中华民族大团结的旗帜，促进各民族交往交流交融，被国家民委命名为"全国民族团结进步创建示范市"。普洱市深入实施民族团结进步创建工程，动员和组织各方面力量共创共建，把民族团结进步创建全面深入持久开展起来，创新方式载体，推动进机关、进企业、进社区、进乡镇、进学校、进连队、进宗教活动场所等。不断铸牢中华民族共同体意识，保持和发展各民族和睦相处、和衷共济、和谐发展的良好局面，民族团结之花开遍普洱。普洱市依法妥善处理涉及民族因素的事件，保证各族公民平等享有权利、平等履行义务，确保民族事务治理在法治轨道上运行。普洱市对各种渗透颠覆破坏活动、恐怖活动、民族分裂活动、宗教极端活动，要严密防范、坚决打击。普洱市积极实施乡村振兴战略，持续提升民族地区基础设施和公共服务水平，民族团结进步事业的组织基础、经济基础、社会基础更加牢固，为全国民族团结进步示范区建设提供了丰富多样、特色鲜明的"普洱样本"。

（四）全面铸牢中华民族共同体意识

中华民族共同体意识是国家统一之基、民族团结之本、精神力量之魂。铸牢中华民族共同体意识，对做好新时代普洱工作至关重要。普洱市作为云南的边疆民族地区，实践充分证明，只有坚持维护祖国统一，加强民族团结，铸牢中华民族共同体意识，促进各民族像石榴籽一样紧紧抱在一起，才能维护边疆民族地区社会的和谐稳定、实现繁荣进步。继承和发扬普洱市各民族团结向党的光荣传统，牢记民族团结碑誓词，促进各民族交往交流交融，让民族团结之花在普洱大地上到处开放。普洱市在各族群众中加强社会主义核心价值观教育，牢固树立正确的国家观、民族观、文化观、历史观，增强各族群众对中华文化的认同；搞好全市民族地区各级各类教育，全面加强国家通用语言文字教育，不断提高各族群众科学文化素质。普洱市把加强青少年的爱国主义教育摆在更加突出的位置，把爱我中华的种子埋入每个孩子的心灵深处。普洱市加强民族文化强市建设，把少数民族文化保护传承和开发利用有机结合起来，与现代生活融合交织，鼓励民族元素与现代元素相结合，创作了《宾弄赛嗨》《阿佤人民再唱新歌》等一大批优秀文艺作品，形成许多各民族共享的中华文化符号，成功传递了民族团结进步理念，在彰显各民族文化特色中促进各民族相知相亲相惜、交往交流交融，深化各民族对中华文化和中华民族的认同。同时，普洱市深入开展中国特色社会主义制度、社会主义核心价值观和中国梦等主题宣传教育，把"感党恩、听党话、跟党走"贯穿脱贫攻坚全过程，"党的光辉照边疆，边疆人民心向党"成为各族群众的共同心声，中华民族共同体意识深入人心。

四、发挥区位优势，建好云南辐射中心前沿窗口

普洱市充分发挥"一市连三国，一江通五邻"区位优势，全面推进与周边东南亚国家经济互联互通，促进国家绿色经济试验示范区建设。

（一）主动融入国家战略，促进交通联通

普洱市把设施联通作为与周边国家和地区开展互利合作的优先领域。按照云南省"七出省、五出境"建设要求，坚持全力推进交通基础设施互联互通，加强口岸基础设施建设，用好两个市场、两种资源发展开放型经济。目前，普洱有勐康、思茅港2个国家一类口岸和孟连1个国家二类口岸，有经省政府批准的17条通道与缅甸、老挝、越南三国北部地区相通。澜沧江-湄公河国际航道二期整治项目前期工作已经启动，普洱市内河航道通航里程达到951千米，拥有规模以上港口及码头3个，渡口52道，"黄金水道"持续发挥效益。全市在建和规划铁路7条，其中中老铁路全线开工建设，计划于2021年年底实现通车，普洱境内获批建设3个动车站，届时普洱将成为云南南部综合交通枢纽。机场建设驶入快车道，自1961年3月普洱思茅机场建成通航后，澜沧景迈机场于2017年5月建成通航，思茅机场将迁建并于2020年7月接受中国民航局现场选址评估，景东支线机场建设列入国家"十四五"发展规划，5个通用机场建设加快推进。

（二）积极开展文化交流，促进民心相通

普洱市立足资源禀赋和区位优势，紧紧抓住"一带一路"、长江经济带、国家绿色经济试验示范区建设等重大机遇，认真研究对外交往工作，积极加强双边和多边交流与合作，不断促进与缅甸、老挝、越南、泰国等东南亚国家的友好合作关系，加强在经贸、教育、文化、卫生、旅游、林业、科技等领域的合作，积极构建普洱全面开放新格局。

一是加强文化交流。普洱市先后与老挝丰沙里省、泰国彭世洛市、法国利布尔讷市建立了友好城市，进一步推动文化交流；与老挝丰沙里省、越南奠边省共同举办中老越三国丢包狂欢节；成功举办了国际茶业大会、港澳台地区茶文化高峰论坛、世界云南同乡联谊大会、普洱民族团结进步论坛、普洱绿色发展论坛、西南论坛暨澜湄合作智库论坛等活

动，普洱知名度、美誉度全面扩大，硬实力、软实力同步提升。

二是打造留学普洱品牌。普洱市委、市政府通过设立市政府奖学金积极支持普洱市大中学招收周边国家留学生。截至2019年10月，留学普洱的周边国家学生接近1000人，其中高校留学生达400人，普洱学院有全日制老挝留学生370人，是全国全日制老挝留学生最多的高校。普洱市委、市政府主动融入国家"一带一路"建设，为老挝丰沙里省、琅勃拉邦省、乌多姆赛省提供公务员培训，截至2019年10月，已经举办3期。

（三）大力推进边贸升级，促进贸易畅通

普洱市自觉主动服务和融入国家发展战略，抓住国家战略实施契机，加快以区域性国际经济贸易、金融服务和人文交流为重点的辐射中心建设，加快推进孟连边合区、勐康口岸建设，推动对外贸易转型升级，形成对外开放新高地。

一是积极发展"互联网+"新经济新业态。普洱市建成普洱茶交易市场和云南国际咖啡交易中心、京东普洱馆、苏宁易购中华特色馆宁洱馆等一批交易平台，在云南省各州（市）中首家成立市级电子商务服务中心，全力打造国内最大的茶叶和咖啡交易平台、投融资平台和定价中心，启动建设中心城区快递物流园，全面推进"中国普洱云"项目建设，"互联网+"成为普洱融入全国、走向世界的新"茶马古道"。

二是"走出去"与"请进来"相结合，推进国际经贸合作。普洱市认真承办第十二、十三、十四、十五届中国普洱茶节普洱茶产品交易博览会，以及第一、二、三届边境经济贸易交易会；积极推动企业"走出去"，积极组织普洱市企业参加昆交会和越南、老挝、缅甸、新加坡、法国、马来西亚等国家的国际会展；深入推进与缅甸、老挝周边在文化教育、替代种植、矿业开发和农业科技等方面的合作，加快"引进来"和"走出去"的步伐，不断推进普洱市沿边对外经济合作发展。

五、提升党的建设质量，为普洱国家绿色经济试验示范区建设提供坚强政治保证

普洱市要建设国家绿色经济试验示范区，实现富民强市、稳边固边的目标，闯出一条跨越式发展的路子，谱写好中国梦的普洱篇章，关键

在于加强和改善党的领导。近年来，普洱牢记总书记着力发挥党组织作用，从组织上落实全面从严治党，切实担负起管党治党政治责任，为实现高质量跨越式发展提供了坚强政治保证和组织保证。

（一）始终把党的政治建设摆在首位

普洱市旗帜鲜明讲政治，增强"四个意识"，坚定"四个自信"，做到"两个维护"，自觉在思想上政治上行动上同以习近平同志为核心的党中央保持高度一致，深入学习贯彻习近平新时代中国特色社会主义思想。普洱市认真开展"三严三实"和"忠诚干净担当"专题教育、"两学一做"学习教育和"不忘初心、牢记使命"主题教育，着力解决党员干部中存在的理想信念上的"软骨病"、廉洁自律上的"腐化病"、干事创业上的"慵懒病"。普洱市发扬斗争精神，引导全市广大党员干部彻底肃清白恩培、秦光荣、仇和等流毒余毒，全面修复普洱市政治生态，营造海晏河清、朗朗乾坤的政治新气象。

（二）始终全面加强党的基层组织建设

党的基层组织是党全部工作和战斗力的基础，是党的领导延伸到基层的重要载体。基础不牢，地动山摇。普洱市把组织建党作为固本之举，先后实施基层党建推进年、提升年、巩固年、创新提质年，充分发挥基层首创精神，深化"国门党建"，开展"云岭先锋"创建活动，推进"红旗飘飘"工程，实施党建脱贫"双推进"，把基层党组织建设成为宣传党的主张、贯彻党的决定、领导基层治理、团结动员群众、推动改革发展的坚强战斗堡垒，推进基层党组织全面进步、全面过硬。普洱市充分发挥基层党组织在推进发展、维护稳定、保障民生等方面的积极作用，凝聚推动改革发展的强大合力，为贯彻落实十九大精神，全面推进深化改革，奠定坚实的组织基础。

（三）始终全面提升干部队伍素质

普洱市坚持党管干部原则，实施人才强市战略，端正选人用人价值取向，着力打造一支有信念、有思路、有激情、有办法的"普洱铁军"。普洱市坚持和完善民族区域自治制度，培育和践行社会主义核心价值观，加快少数民族文化守正创新，实现少数民族文化大发展、大繁荣。培养一大批信念坚定、为民服务、勤政务实、敢于担当、清正廉洁的高素质、结构合理、德才兼备的少数民族干部队伍。普洱市开展树典型学典型活动，为领导干部理想信念教育树立了标杆；提高广大干部的发展经济能力、改革创新能力、依法办事能力、化解矛盾能力、带领群众能力，充分调动广大党员干部的工作动力和创新潜力。普洱市注重在基层一线和艰难困苦的地方锻炼选拔干部，健全正向激励和容错纠错机制，建设忠诚干净担当的高素质干部队伍。

（四）始终加强党风廉政建设和反腐败斗争

普洱清醒地看到，反腐败促进了普洱市经济社会发展。过去腐败严重，政治生态不好，经济下滑，党的十八大以来，反腐败力度加大，普洱市的经济快速提升。普洱的实践充分证明了中国特色社会主义制度的优越性，证明了反腐败有利于经济发展。6年来，普洱市始终保持反腐败高压态势，加强公共资金、公共资源、公共资产的规范管理，构建亲清新型政商关系，建设"清廉普洱"。普洱市坚持抓"关键少数"和管"绝大多数"相统一，加强"一把手"的制约和监督，严格执行民主集中制，推进权力在阳光下运行。普洱市充分运用监督执纪"四种形态"，加强纪律教育，让党员干部知敬畏、存戒惧、守底线，从源头上预防和治理腐败，以永远在路上的决心和韧劲推进党风廉政建设和反腐败工作常态化，彻底恢复风清气正的政治生态，带动党风、政风和社会风气的根本好转，营造风清气正的干事创业环境。

六、结 束 语

近年来，普洱市全面贯彻习近平生态文明思想，在经济保持高质量发展的同时，生态环境质量始终保持优良水平，绿色发展已经成为全市经济社会发展的主旋律，群众在绿色经济发展中的获得感显著提升。有机农业、绿色金融、绿色检察等经验得到上级和社会各界的认可，基本形成了一套完整的生态系统核算评估体系，一套行之有效的生态产品价值转换机制，一条可复制、可推广的"绿水青山就是金山银山"的实现路径。2016年11月，中共中央政治局常委、国务院副总理张高丽到普洱考察调研时指出，普洱市以国家绿色经济试验示范区建设为总平台，积极发展绿色经济，充分体现了习近平总书记关于绿色发展的理念，完全符合习近平总书记对绿色发展的总体要求，国家发展改革委要加强指导，总结评估，积极支持普洱市建设国家绿色经济试验示范区。2020年9月，生态经济学家、美国国家人文与科学院院士小约翰·柯布在《人民日报》撰文指出，普洱在绿色发展方面取得的出色成就令人赞叹，生态文明的未来在中国，绿色发展的示范在普洱。2020年10月，国家发展改革委调研报告指出，普洱市开展国家绿色经济试验示范区建设形成的经验做法，可为我国推动高质量发展提供有益的启发，也可为国内其他同类型地区经济社会可持续发展提供借鉴，为疫情之后世界经济绿色复苏提供了宝贵经验。

"十四五"时期，普洱将进一步深入贯彻习近平生态文明思想，牢固树立"绿水青山就是金山银山"的理念，坚持"生态立市、绿色发展"，以规划为引领、以制度为保障、以保护为底线、以生态价值转化为目标，按照"编制一个规划、谋划一批项目、提炼一套经验、完善一套制度、走出一条新路"的思路，维护山水林田湖草生命共同体，筑牢西南生态安全屏障；发展绿色产业，推动绿色生活，健全绿色制度，持续推进存量经济绿色化改造和增量经济绿色化构建，打造绿色能源、绿色食品、现代林产业、旅游康养、数字经济五大产业基地；创建绿色生活示范城市，在全国率先实现碳达峰、碳中和，走出一条"两山"有效转化和高质量发展道路，广泛形成绿色生产生活方式和社会文化氛围，持续为全国全省发展绿色经济出经验、做示范，打造国家绿色经济试验示范区升级版，把普洱市建设成为全国绿色经济发展和生态文明建设的标杆、人与自然和谐共生的现代化示范城市。

专题研究篇

清代中后期士绅阶层生态意识管窥
——以程含章的农业思想及生态意识为例

殷守刚[①]

清朝是中国历史上最后一个封建王朝，自1644年清兵入关建国至1912年溥仪退位，共存续了268年。相较于以往的封建朝代，清朝历史有许多显著特征，人口增速极快就是其中之一。据《清史稿·食货志》载："顺治十八年，会计天下民数，千有九百二十万三千二百三十三口。康熙五十年，二千四百六十二万一千三百二十四口。六十年，二千九百一十四万八千三百五十九口，又滋生了四十六万七千八百五十口。雍正十二年，二千六百四十一万七千九百三十二口，又滋生丁九十三万七千五百三十口。乾隆二十九年，二万五百五十九万一千一十七口。六十年，二万九千六百九十六万五百四十五口。嘉庆二十四年，三万一百二十六万五百四十五口。道光二十九年，四万一千二百九十八万六千六百四十九口……"在自给自足的自然经济条件下，耕地和人口之间总是要保持一个相对稳定的比例，这种爆炸式的人口增长必然要求通过不断增加耕地数量来维持平衡。通过鼓励垦荒，清代的耕地数量持续增加，其增加的总量和速度均超过了以往任何一个时期。据统计，仅从顺治初年到康熙晚期，除去边疆省份，仅黄河流域、长江流域、珠江流域等主要农作物区就一共垦荒43.8万余顷，其中长江流域的四川、湖南、湖北、江西、安徽、江苏等省，垦荒约27.2万余顷。这里所列举的只是清前期一隅之数据，随着人口持续增加，清中期还在持续不断地垦荒。清朝持续垦荒的做法对起到涵养水土的森林植被造成了巨大的破坏，原有的生态平衡被打破，环境持续恶化，自然灾害数量不断增多，

[①] 普洱学院人文学院党总支书记，副教授，文学硕士，主要研究方向为云南地方文献、对外汉语教学。

规模不断扩大。以道光时期为例，道光在位 30 年，几乎是每年都有灾难，水灾、瘟疫、蝗灾、旱灾、地震尽出，百姓生活困顿，流离失所，甚至出现人相食的情形。

士绅阶层作为当时社会的文化精英最先察觉到了人口增长带来的危机。他们密切关注人口增长压力下垦荒、樵采、手工业生产等社会生产生活行为对环境造成的影响，并基于自己的学识，试图寻求解决危机的办法。他们虽然没有提出明确的生态理论，也没有自觉的环境保护意识，但他们以解决社会危机为出发点提出的农业、水利主张以及在此类主张指导之下的实践活动已经蕴含了一定的生态意识，不仅在当时具有重要的现实意义，对目前的生态文明建设也有重要的警示和借鉴意义。

程含章（1763—1832），又名罗含章，字月川，云南景东人，主要生活于由盛转衰的清中后期，历任封川知县、化州知州、连州知州、直隶南雄州知州、惠州知州、山东按察使、河南布政使、广东巡抚、山东巡抚、江西巡抚、工部侍郎、浙江巡抚、福建布政使等职，可以说宦迹遍布大江南北。程含章作为一名饱学之士，他为官清廉、勤政爱民。在仕宦历程中，他目睹了自然资源短缺下百姓生活的艰难和自然灾害之下普通百姓的无助和脆弱，为拯百姓于水火，救黎民于苦难，他在农业生产、水利工程建设及改易民风等方面都提出了许多契合实际的主张，也进行了有益的实践。他的主张和实践既在解决百姓生活困境上发挥了作用，也间接地保护了自然环境，彰显了一定的生态意识。其所著的《月川未是稿》共 18 卷，多有兴修水利、倡导种树、力主节俭等内容，是我们研究程含章思想、管窥清中期生态危机及士绅阶层生态意识的一扇窗户。本文以程含章的《月川未是稿》为资料基础，通过剖析程氏的农业、水利思想及实践活动，揭示其中蕴含的生态意识，也为大家窥探清代中后期士绅阶层的生态意识提供参考。

一、关注争水，重视水土流失

垦荒是特定历史条件下发展经济、解决人口增长最有效的手段。在清代前期，作为恢复生产的手段，垦荒得到了政府的认可与支持。早在顺治元年，政府即颁布垦荒奖励政策："凡州县卫所荒地，分给流民及官兵屯种。有主者，令原主开垦。官给牛种，三年起科。"此后，顺治、康熙、雍正时期，政府又屡颁奖励垦荒令，垦荒发展迅猛，对恢复发展农村经济起到了至关重要的作用。但垦荒如果无限制发展，势必对生态环境造成严重破坏。清代前期，由于明末农民战争和明清易代之战，人口急剧减少，田地大量抛荒，这一时期的垦荒多半程度上是恢复性开垦。然而，到了清中期，随着人口暴增，不仅明清易代之时被抛荒的土地已经完全被重新开垦，就连原本是林地、草地、丘陵的土地也大量被开垦为耕地，实际上耕地总数已远远超过了明朝。大规模的垦荒势必会对自然环境造成影响而最终以自然灾害的形式威胁人类生存，只是由垦荒到自然灾害爆发需要一个由量变到质变的过程。明朝的垦荒经过量的积累，到了嘉庆、道光时期，洪水等自然灾害不断增多，生态危机逐渐显现，作为社会精英的官僚士绅阶层最先意识到了垦荒的恶果，并开始想办法补救。

程含章作为一个熟悉地方情形的基层官僚，自然也意识到了无节制地滥垦会带来严重的后果。在任直隶南雄州知州时，他就已经注意到过度开垦带来的一系列问题。其《新开同丰陂记》记载："（直隶南雄）州城北门外，有田数百亩，恒苦高旱，农民作高车以灌之，然车之所遏，沙土壅淤，而上流低田汇为巨壑矣。"此处虽然没有明言河道为"沙土壅淤"是由于过度垦荒所致，但凌江65千米，自上游而下，两岸悉数开垦为田，在当时已是不争的事实，泥沙壅塞河道必然是上游垦田所致。因此，在嘉庆丙子（1816）夏，遭遇了"阴雨连绵"之后，凌江上游才会"其涝尤甚"。更有甚者，部分村民为了多其田亩竟然将原有的"沟路皆没为田"，从而导致下游耕地干旱之年无水灌溉，多雨之年则遭遇洪灾。

过度垦荒导致的另一个后果则是旱涝不均，百姓争水。在《兴修水利二十六陂记》中程含章就多次记载了这种情况，如《新开同丰陂记》云："高田苦旱，低田苦涝，不能两全。"这分明就是耕地增多后灌溉难以为继的写照。又如，《修筑和丰陂记》云："州城北三十里，凤凰桥下有二村焉，曰里仁，曰塘东，昔者尝因争水酿命矣。"《修均丰陂记》云："沙水、田心、虎冈头三村之民，旧有陂，在凤凰桥下，而和丰据其上，安丰又据其最上，余乃因其争而倡修之。"《修安丰陂记》记录和丰陂村民诉讼五保之人与之争水云："田各有水，无相夺也。五保之人，有田数百亩，不修其陂，而邀截车戽，以夺吾水。不禁之，祸未已也。"

《修祥丰陂记》记录崛头、水牛坑、韩贝村村民诉讼陆源村民与之争水云："吾长崛头、水牛坑、韩贝村人，世为保昌之民，耕保昌之田，输保昌之粮，宁不当灌保冒之水乎？而肯以水与始兴人乎？乃陆源村人，恃其强悍，毁灭吾陂，吾百七十亩之田，常苦荒旱，吾将何食？"《与所属牧令书四》描述当时争水的大致情形说："陂幸告成，水汨汨来矣，近者以其水过己前也，则争；远者以其水难到田也，则又争；强者恃力，则又争；富者恃财，则又争。争之不已，必继以斗，或伤或死，产业破之。"上述材料，均反映了程含章所见村民争水之情形，可以看出当时村民争水现象普遍存在。而导致争水的根源就在于耕地数量超过了已有水利灌溉能力的上限，出现了水资源相对短缺。在清中后期，争水事例屡见不鲜，其激烈者则是村与村、乡与乡之间有组织的械斗，最后甚至毙命成讼，各种方志、笔记、奏议、档案资料都有记载，不甚赘言。程含章所记录的虽然是直隶南雄州一隅之事，也并未出现械斗致命之例，但从其所记的争讼也可窥见当时一国之气候。

人口暴增往往会带来一系列的社会问题和生态问题。在以小农经济占主导地位的清代，某一区域的耕地不足以养活居住在该区域的人口，必然导致大量人口外溢为流民。这些溢出的流民居无定所，争赴粮食主产区就食，作为当时粮食主产区的长江流域自然成为流民聚居区。流民聚集在山间成为棚民，不仅对社会稳定构成了极大威胁，为了求生存，棚民以砍伐开垦山林作为谋生途径，短时期内就造成了严重的生态危机。《清史稿·食货志一》记载："棚民之称，起于江西、浙江、福建三省。各山县内，向有民人搭棚居住，艺麻种箐，开炉煽铁，造纸制菇为业。"到清中期时，棚民数量急剧上升，开垦山林用于耕种的面积不断扩大，进程不断加速，山区原有的生态遭到破坏和威胁。时任浙江巡抚的程含章也目睹了棚民开荒带来的巨大危害。在其所作《询访地方利弊檄》中，程含章把棚民问题作为其初到浙江任职时需要"熟悉地方情形"的重要内容之一，足见棚民问题已发展到了十分严重的地步，已然对一省之安危构成了威胁。是文中，程含章直截了当地指出棚民的巨大危害："该属流寓棚民……开挖山地，沙土随雨而下，利在数家、数十家，害在数千万家。"经过询访，在熟悉浙江省民情后，程含章颁布《教养劝惩告示》，在"兴水利"一条中，他对棚民开挖山林的危害说得更明白："至各属棚民挖土种粟、麦、包芦等项，泥沙随雨而下，壅塞河道，其害甚大。"

对于开挖山林的危害，在当时已经引起了较广泛的重视，不仅程含章有关注，其他人的诸多笔记、奏议以及方志等资料中都记载了因过度垦荒所致的水土流失，这里仅列两条以为观览。例如，《德清县志》记载："自嘉庆年间，有温、处等府无业游民前来租种山场，栽莳花生薯蓣等物，土人利其租重不行禁止。其山自开垦之后，不长柴薪，尽成松土，一遇大雨，山水涨发，沙随水下，河道就淤，断港支流大半壅塞。近闻各县棚民愈聚愈多，而临安、余杭等处尤甚，山场开垦几遍，土尽松浮，以致上游停蓄之南湖日形淤浅，黄梅盛涨之时，苕溪急溜，骤难宣泄，遂泛滥于民田。年来屡被水灾，未必不由于此。"又如，李祖陶（1776—1858）《东南水患论江西水患附》载："近年，东南所以屡受水害者，非江水年盛一年也，其弊在下流积河成滩者，岁增数十区。而所以岁增之故，半由湖广等处无业游民私垦山田，每将所掘细碎沙石抛掷江干，或为雨水冲倒，或为潮汛飘转，渐涌江心，历时既久，高出水面，阻河成陆。下流苏松居民又以河田易种荛芦，税轻利重，往往据为己有，藉以谋生，小则数十里，大则数百余里，与水争地，无怪水之横溃而为害也。"这两条资料相较于程含章的则更为翔实，对当时浙江、湖广等省开荒导致水土流失，泥沙壅塞河道，以至下游水灾连年的情形描述得更为细致。

无论是争水，还是旱涝灾害，其根源都是因人口增长压力下人们不合理开垦或过度开垦所致。以程含章为代表的清代官僚士绅已经觉察到了垦荒所带来的诸多不利影响，但他们并未真正认识到这一问题的根源，没有意识到人的生存与发展需求与自然承载力之间出现了失衡，甚至出现难于调和的矛盾是生态环境恶化的罪魁祸首。因此他们的补救措施也只能是在以往经验的基础上做出的局部调适，并不能从根源上解决生态持续恶化的趋势。

二、兴修水利，造福一方百姓

兴修水利工程一直以来都是人类发展农业生产的重要保障。兴修水利必然要对原有的环境加以改造。但改造生态环境并不完全都是对生态的破坏，只有无规划、掠夺式、不按自然规律开展的改造才会对自然生态造成不可挽回的破坏。在生产力水平不是特别发达的古代农耕社会里，兴修水利可以保证耕地得到持续有效灌溉，从而增加耕地亩产。当土地的单位产量增加后，人口对耕地形成的压力也会相应减轻。因此历朝统治者都把兴修水利作为一项关系国家生死存亡的重要工程来抓。

清代的农业较以往任何一个朝代都发展得更快，庞大的人口规模和耕地数量要求政府和民间兴修更多的水利工程以满足灌溉之需。作为一个从底层小吏成长起来的官员，程含章十分了解水利对农业的重要性，他在著作中多次强调水是农业的根基。其《兴修水利二十六陂记序》开篇就云："生民之本计在农，农夫之大命在水。"《新开恒丰陂记》云："农田之于水利，犹鱼也，得之则生，弗得则死，不可须臾离也。"《教养劝惩告示》云："生民之本计在农，农夫之命脉在水。"可见程含章对农业与水利之间的关系认识非常深刻。基于这样的认识，程含章无论任职于何地，必以兴修水利为急务。其在直隶南雄州曾开陂塘26处；在任布政使和巡抚时，也以农田水利为先，还将其《兴修水利二十六陂记》刊刻后分发各州县，以资参考，在官员考绩时又以水利之兴废作为重要依据；由于在水利方面政绩卓著，程含章更被任命为工部左侍郎，办理直隶水利事务，可以说其一生最重要的政绩就是水利。

在兴修水利过程中，程含章遵循因地制宜的原则，绝不草率为之。其在直隶南雄州开26陂塘时，总是要亲往反复勘验，熟察地形，然后做相应的规划设计。他曾自己总结经验说："一陂之勘，至于再，至于三，至于五，至于十，吾不以为劳也；首事之来见吾者，如入其家，至于再，至于三，至于五，至于十，吾不以为烦也。大寒大暑，吾能耐之，大饥大渴，吾能忍之，逼仄之区，险危之地，十里八里，吾能步之，陂之未成，吾目之所视，耳之所听，昼之所思，夜之所梦，咸在于此。往往有紧要关头，百姓未言而吾谕先下，首事未到而吾已先来，陂焉有不成者乎？"可以看出，程含章不畏艰险，总是不计次数地实地勘察，力求地形了然于心，并根据实际，经过深思熟虑后再规划设计，这也正是其水利设施能够顺利建成并发挥作用的重要前提。程含章修陂塘总是优先利用不可任农、不可任圃、不可任树、不可任牧的"废地"，这样既不减少耕地，也不致毁坏山林，还可以使耕地得到灌溉，可以说一举而多得。《开大丰塘记》云："（直隶南雄）州属长径桥侧，有硗田一段，不知荒弃几何年矣，居民以其不可以农，不可以圃，并不可以树牧也，皆名之曰'大荒田'。余曰：'惜哉，兹田不可以农，不可以圃，不可以树牧者，独不可以为塘乎？'"在程含章看来，地皆可尽其用，没有真正的废地，只是要寻找其适合的用途罢了。如"大荒田"可开辟为陂塘，可以为周围耕地提供灌溉，正好发挥了它的作用。其任山东巡抚时，山东全省三分之二的州县皆被水，程含章为救水患，一方面要求各州县采取疏导法消退洪水，另一方面则令每家出地半亩数分挖塘排解水患。他要求挖塘深七八尺至一丈，塘土散布周围土地中，"及至塘成，水有所归，而余地之粮食不被水淹，是以半亩数分之废地而救其余之下地，俾变为上地也。"在洪水不凶猛的情况下，这一做法的确可以有效抑制水灾，还可以将洪水储积起来用于灌溉，确实是有效的策略。

　　黄河泛滥是我国北方地区最大的隐患。嘉庆、道光时期，黄河多次决堤，严重时被水淹没的州县多达100余个。程含章因治水有方，被任命为工部左侍郎督办直隶水事。程含章按照大禹治水的方法，以疏浚为主，他要求各州县百姓在风调雨顺之年的农闲时节，"将河道之淤塞者，速为挑挖深通，堤埝之卑薄者，培筑高厚，务须春杵坚固，不可草率。"为保河堤稳固，他还要求"春来种植榆柳苇草，共同看守，盗砍及践踏者，罚赔十倍。"从这里可以看出，程含章清楚地认识到植被有保水固土的作用，在河堤上种植芦苇、草坪和树木可以有效提高堤坝的抗洪能力。此法在《行各道檄》中说得更为具体："明年春雨后，派令河兵在两面堤坡之上栽种苇子三行，每行相离一尺，其堤根一行须栽稠密，每兵一名，栽苇五里，多余之堤，准领饭食银。如无苇处须往远处寻取者，该船价若干，准其核实请领。将来苇草即归河兵收取。如遇滨临大淀处所派，令该地主在圩堤旁栽苇以御风浪，宽以五丈为率，愈宽愈好，谁家栽种者归谁家收取，如须远地寻苇及家道贫苦者，亦准领银栽种。此事责成专管官经理，如敢疏懈，定行参革不贷。"堤坝自高阳县至天津县西沽炮台共长400余里，程含章对河堤上芦苇的种植方法做了明确规定，以确保取得固堤的作用。在大淀处他采取了更为灵活的方式，鼓励地主栽植芦苇，且越宽越好，芦苇的收益归地主所有，这样一来，便有效防止了大淀被围垦，也有效抵御了风浪和水患。除此之外，他还禁止百姓侵占河道开垦种地，"其河道中有被人占种横筑土垒者，概行铲除，有敢抗违以及阻挠者，禀官锁拿，枷责示众。"从上述材料可以看出，程含章在治理河患时，已经有生态综合治理的意思了。

在古代社会中，统治阶级兴修水利的本意是为安抚民心、稳定地方，以维系统治，但水利设施修成后不仅发挥了政治效益，还可以在一定程度上舒缓人口对耕地数量的压力，从而减缓毁林垦荒的进度。同时，水利工程往往在拦洪、蓄洪等方面有多重效益，所以，也附带发挥了生态效益，对改善和调节地区生态环境起到了积极作用。程含章等有见地的开明官吏虽然不是本着生态治理的目的去兴修水利，但他们所督办或主持兴修的工程的确在生态环境治理上发挥了一定的作用。

三、倡导植树，以图兴利除害

森林可以涵养水源，是陆地生态系统的重要组成部分，在山区和丘陵地带，森林更是生态系统中发挥核心作用的部分。因此，植树造林是恢复和保持生态平衡最有效的手段。清代中后期自然灾害频发，对百姓生产生活造成了巨大的破坏和影响，部分有识之士意识到了森林对于保持生态平衡的作用，因此成为植树造林最为忠实的拥趸。程含章作为清中期一名关心民瘼的廉吏，对于植树造林的作用认识得非常到位，对于植树也格外热衷，在所作的《教养劝惩告示》《告条》《惠州教士民示》和《中州观风策问》等训导所属州县官员及士民的公文中，均论及植树之利，甚至专列"种树木"条以敦促下属，可见其对植树的态度十分坚决。

程含章认为植树是收益和投入比最高的农事行为。其《教养劝惩告示》云："天地自然之利，莫过种树。既不穿尔衣，又不吃尔饭，及至长成，曲者为薪，直者作材，何等便宜！"在《告条》《惠州教士民示》和《中州观风策问》中均有与此类似之说。在程含章看来，植树是最不费财、不费工、不费地、不费时的事情，但却可以获得很高的收益，树木长成后，曲者可以伐作柴火，直者可以用作建房、造家具的材料。这都是从树木对人民生产生活的效用来说的，其目的就在于让百姓知道种树是有收益的事情。就植树的生态效益，程含章也专有论述，其《札饬修防海塘章程》专列一条为"塘面须多种树木"。此条中他明确指出种树对保持水土、防护堤坝的作用"查树木之根株，可以固塘身，而茂枝繁亦可以蔽风，日且长成材料，又可以备急需，于塘工实有裨益。"在程含章的观念里，树林对于海塘、河堤都有很好的防护作用，既可以巩固塘堤，还可以减少风力，如果出现紧急情况，还可以备不时之需，可以说种树对防灾、减灾有多般好处。因此程含章每到一个地方为官，必以种树为急务。就是在其告老还乡之后，依然热衷于植树。据《月川府君行述》所载，程含章回乡后看到景东天灾频繁，居民屡屡搬家，造成田地荒芜，百姓生活凄苦，他就教导百姓种树，认为种树可以抵御自然灾害，更可以足材用，从长期来看更能兴教化，可以达到百年树人的目的。因此他捐钱倡导乡民在荒山上种松木，甚至还专门派人从贵州购买数万株杉树苗回景东分人栽种。

除认识到种树的重要性和重要意义以外，程含章还对种树于何地、种什么树等具体事项详加规劝。例如，《教养劝惩告示》云："浙江竹木虽多，苦无大木，而山溪之旷土尚多。惟杭、嘉、湖三府，蚕桑之利，衣被天下，其他种桑者甚属寥寥。嗣后东八府亦宜广养蚕桑，以收美利，其余杉、松、楸、梓、茶、竹、果品，凡山头地角、房前屋后、河滨江浒，皆须各照地段，广为种植。"《中州观风策问》云："房前屋后，沙不耕之土，各处皆有，岂无可种之树欤？"《告条》云："凡山头地角，房前屋后，河滨江浒，俱宜广种竹木。"《惠州教士民示》云："属内有官山，俱准附近居民绘图禀报该县存案，广种竹木桑麻。"《批庐陵县绅士捐修书院》云："又查该县荒山尚多，可以立定章程，教民种树。"《札饬修防海塘章程》云："嗣后每兵一名，着每年于塘面栽柳五十株，以活为度。"上述材料均摘自程含章任职广东、河南、江西、浙江时所颁布的政府告示、政令等公文，在这些材料中，程含章明确了种树的土地，他鼓励当地百姓在荒山、旷土、房前屋后的空地、河堤、塘堤等闲置土地上种树。这些地方既无树木，又不能耕种，在程含章看来，是种树的最佳场所，也最适宜种树。至于种什么树，也有讲究，程含章认为每个地方都应当根据实际情况来确定种植树木的品种，如浙江诸州县适宜种蚕桑，因此他鼓励除杭州、嘉兴、湖州三府以外的八府效法杭州、嘉兴、湖州广植蚕桑，但也不尽植桑树，山头地角、房前屋后、河滨江浒，则应当根据实际情况种植杉树、松树、楸树、梓树、茶树、竹子和果树。他初到河南任布政使时，对地方情形不了解，在《中州观风策问》中还专门列条目咨询地方官员可种什么树。所以程含章植树并不拘泥于某一品类，而是依循各地地理、气候等实际情形，务求利民而不扰民。

程含章对植树的重视还体现在对毁坏树木森林的惩罚上，如《教养劝惩告示》规定："如有偷盗及故意放畜践踏、放火焚烧者，官为照例治罪追赔。"《告条》《惠州教士民示》等也有相似之说。其《劝修河道堤埝示》云："春来种植榆柳苇草，共同看守，盗砍及践踏者，罚赔十倍。"《札饬修防海塘章程》云："如栽不足数者罚之；其能多栽者赏之。责成厅备官每年将旧栽若干株，新种若干株，禀报一次查考。"可以看出，对河道、海塘等水利设施上所种植的树木、芦苇则看护更严格，对于毁坏行为的惩罚措施也更加严厉，这也反映出程含章对保护水利设施的重视程度。

程含章倡导植树是看中了树木对改善人经济生活的作用，取其材用才是最直接目的。他鼓励在无用的"废地"上种树，就是要变废为宝，最大限度地利用土地，以满足人的生活需求。可以说改善生态环境只是他植树的一个附带效益。这也是受当时社会的集体认知层次所决定的，程含章不可能超脱他所处的社会阶段而提出具有明显超前意识的主张，更不可能独自一人完成生态意识由不自觉到自觉的过程。因此，程含章能够通过提倡植树造林来达到兴利除害，丰富人民日常生活需求的目的，顺带实现了保护环境的生态效益，已经是清代中后期那个特定的时代所能出现的最超前的生态认知了。

四、因地制宜，顺应自然民心

在传统的农耕社会里，要提高粮食产量，可以通过两种方式来实现：一是扩大粮食的种植面积和规模；二是提高土地的使用效率，提高单位土地产量。土地使用效率的提升又可以通过改进耕作方式、改善水利灌溉条件、合理施肥等来实现。除上述三个途径以外，根据土地实际情况，进行合理利用，选择适合的作物，也可以有效增加土地产量。如果违背自然规律，置土地、气候、水等资源于不顾，对作物的品种不加选择，必然会导致减产，更有甚者会导致严重的生态问题。民国以前，人们都是凭借世世代代不断积累的经验来耕种土地。某一地域之内，大家都遵循祖辈的传统从事耕作，少有逾矩之举，但随着自然环境变迁、人口增长、农作物品种增多等情况的出现，原有的对土地的利用方式是否合理就成为一个重要的问题。在古代社会中，底层百姓往往在长时间经受失败的教训后才能逐渐摸索到正确的选择，而来自社会底层，有丰富生活经验，同时掌握知识的部分官僚和士绅则要更早地觉察到这种变化，也更善于思考作物的选择。通过他们的倡导和引领，人们的耕作观念也能及早地扭转，在增加农业生产产出的同时附带发挥相应的生态效益。

程含章生活的时代，耕地面积持续扩大，人口暴增，加上农作物选择搭配不得当，从而导致了大量的农业生产和环境问题，其中农业灌溉争水的现象显得尤为突出（关于这一点在前文已有论述，此处不再赘言）。为杜绝百姓争水、提高粮食产量、保护脆弱的农业生产环境，作为地方官的程含章对土地使用有清醒的认识。他首先强调要地尽其用，在《开大丰塘记》中他说："天下无不可用之地，惟善用者乃能化无用为有用。吾用其所可用而地利尽，亦用其所不可用而地利尽。"同时，他也强调，土地要用得其宜，其《开大丰塘记》有云："古者则壤成赋，以勤其民，必视土地之肥硗。是故上地任农，其次任圃，其次任树牧，非是不在贡赋之列，名曰'废地'，既力役之征，亦不及焉。亦辅相裁，成之一道也。"在程含章看来，地尽其用和用得其宜之间是相辅相成的。他认为，但凡土地都有用处，只是没有用在合适的地方，作为地方官就应当想方设法，发挥各类土地的效用，才能造福一方百姓。程含章把土地分为不同等类，每一等类的用途也不相同，上等土地用于农耕，次一等的土地种植果园，再次一等的土地用于放牧和种树，最下等的土地也不是一无用处，可以根据实际或开塘、或植树，总之，应在因地制宜的前提下做到地尽其用。

程含章认为平时要讲求因地制宜，在灾荒过后，同样也应当遵循这一原则。在任江西布政使时，他针对鄱阳湖水患作《谕孝廉方正》云："但令民于稍高之地勤筑圩堤，使早晚两稻皆庆有秋，而于卑下者相度水势，或止种晚稻，或抢种冬荞，或放淤使高，或种植芦苇，各随其地之所宜。"程含章指出鄱阳湖一带每年水溢成灾，已经是司空见惯的常态，治理鄱阳湖水患不在于要杜绝鄱阳湖泛滥，而是要让人适应鄱阳湖水患发生的周期性，在鄱阳湖水患之后做出有效的补救措施。而这些补救措施也应该遵循因地制宜的原则。土地高下有别，水利灌溉条件也不尽相同，因此，水淹之后不能苛求一隅之内按平时的种植习惯来复耕，而是要根据当时的地势高下作取舍：在地势高、适合筑圩堤的地方筑堤坝蓄水以供灌溉；在取水较为方便、水量充沛的地方种晚稻；在灌溉不充分只能旱作的地方种植冬荞麦；低洼沼泽之地种植芦苇等耐水生作物。只有这样才能在水患和农业生产上取得新的平衡，也才能够达到变害为利的目的。

如果上升到哲学的高度来说，程含章在农业上所主张的因地制宜其实就是顺应自然。从小区域内的农业生产来说，程含章主张要因地制宜、顺应自然，从全国的大范围来说，从治理黄河水患来说，也都是如此，都要顺应自然，顺应民心民意。他在《致黎湛溪河帅书》中总结了清朝自雍正以来治理黄河出现兴废交替现象的原因，他认为黄河治理不能取得长治久安的关键就在不顺应自然和民意。他立足实际，提出了自己的治河主张："居今日而复讲北方水利，徒滋劳费，无益于事。惟水患不可不除，水患除而水利即在其中。"当时治理黄河众说纷纭，有人提出要通过修水利来除水患，但程含章认为，除水患和修水利两者实为一事，除水患即是兴水利，但却不能从兴水利入手来治理黄河，要从顺应自然和民意出发，先务除患，再求水利，方能得到百姓拥戴，黄河水患也才能得到根治。另外，程含章还从顺应民意的角度指出了当时兴修黄河水利有"六不便"，其主旨就是从北方的土地特征、水资源储量、气候条件，种水稻需要的种植技术、生产工具，以及当地百姓的饮食习惯等来说明北方不宜种植水稻，如果不顺应自然、因地制宜，强行要求黄河沿岸居民兴修水利、种植水稻，必然会导致官扰民困，黄河治理工作也必然归于废弛。

程含章在农业生产上强调要地尽其用、因地制宜，在黄河治理上主张要顺应自然，先除水患，再求水利，不能逆民意而强行要求种植水稻，其实这二者实为一体，都深深地植根于天人合一这一中国传统哲学思想。而在程含章所生活的时代，具有天人合一思想的人不在少数。在这一思想的指导下，人不能逆天而动，不能违背自然规律，否则将遭受自然的报复而产生灾难。这一观念与生态保护理念有较高的契合度，也算是中国传统社会中士绅阶层生态意识最为核心的部分了。把天人合一思想放到今天来讲，其在生态保护上也依然有重要的启发意义。

五、提倡节俭，反对奢靡之风

节俭是人类为了应对物质资料相对缺乏与自身生存需求之间矛盾的一种选择。在生产力水平较为落后的古代社会，一个劳动者所生产的劳动成果相对有限，因此，无论是个人，还是家庭、家族、整个族群，乃至国家，为延续自身存在，就必须在生产和消耗两方面做文章，既要开源，也要节流。在生产力水平相对固定的前提下，提倡节俭，反对奢侈浪费是一种必然选择。人们通过提倡节俭就可以用相对有限的物质资料养活尽可能多的人口。如果从生态学的角度来审视，提倡节俭可以遏制人们对自然的索取与破坏，从而间接地对自然环境起到保护作用。因此可以说，提倡节俭、反对铺张浪费，也间接地蕴含着一定的生态意识。

提倡节俭是中华民族的传统美德之一，自尧舜至今，都一致秉承，其渊源可谓流长，无论身份高低，无论财富多寡，都一致赞同，其认可度可谓广泛。清代由于人口激增，整个社会的生存压力陡然增加。在不破坏原有生态环境的前提下，为解决人口增长与资源之间的矛盾，当时社会各阶层，包括皇帝在内，都自觉把节俭作为价值取向。比如雍正五年，皇帝向直隶督抚颁布谕旨，谆谆教诲地方官及百姓以节俭之道："夫米谷为养命之宝，人既赖之以生，则当加意爱惜，而不可萌轻弃之心；且资之者众，尤当随时撙节，而不可纵口腹之欲。每人能省一勺，在我不觉其少，而积少成多，便可多养数人；若人人如此，则所积岂不更多，所养岂不更众乎！养生家以食少为要诀，固所以颐神养和，亦所以节用惜福也。"从谕旨的内容来看，雍正帝的教诲不可谓不深刻殷切，他告诫人们不能浪费粮食，要省着吃，每人少吃一点也可以积少成多，他甚至搬出了养生理论来告诫大家不要贪食，少吃可以得福报。可以说雍正帝在倡导节俭上是下了一番功夫的。纵观整个清朝，历任皇帝均以节俭为尚。其最节俭者则无过于道光皇帝，相传他对自己的衣食极不讲究，在裤子磨破后还要打上补丁继续穿，也不以此为耻，这引得满朝文武官员纷纷效仿。

如果说皇帝提倡节俭很大程度上有摆摆样子的嫌疑，那么作为中下层官吏的程含章，是切实把节俭作为一生都恪守的信条。就程含章个人而言，他生活饮食起居十分节俭，每日所食不过粗茶淡饭。一方面他为百姓开陂塘不辞辛劳多次亲往实地勘验，另一方面他在勘察地形过程中不讲排场、一切从简，尽可能不给百姓和地方造成不便。就是后来程含章做了河南布政使，依然俭朴自律，他去勘察黄河水利时，出行也异常俭朴，"一车、一轿、两马，仅挈三人。巡查工程，训河员以节俭实心任事。"

除身体力行外，程含章每到一个地方任职，都力倡节俭。他在惠州任知州时就作《惠州教士民示》一文以训导属官及百姓，文中有"崇节俭"条云："古者惟老人衣帛食肉，黎民止取不饥不寒，童子不衣帛，不衣裘裳，休哉，何风之隆也！粤东习俗尚奢侈，府属为尤甚。其端始于缙绅大夫，其渐染于富商大贾，其后遍及于士庶、书差，居室欲极华焕，妻子佩用金珠，饮馔求山海之珍，衣服多绮罗之贵，受享过分，天必降殃，不知家虽饶富，原可出其余，救难济贫，为子孙积百年之福。况皇上富有四海，尚且出入有式，躬行节俭，为天下先，尔士民宜何如之撙节也！嗣后民间嫁娶丧葬服食器用屋舍祠堂，务宜概崇节俭。有服食奢华者，本府遇见，定行斥责，一切迎神赛会演戏等事，皆属无益之费，概行禁止。"在这一条中，程含章分析了奢侈浪费的危害，追溯了广东东部地区百姓崇尚奢风的根源，并从古风、今帝以及持家之道等方面劝导百姓要厉行节约，为子孙积福。对于现实中"服食奢华""迎神赛会演戏"等奢侈浪费的人和事，他一方面是当面斥责，另一方面则是颁布政令严行禁止。经过程含章的整顿，惠州的社会风气顿时为之丕变。

不仅在惠州这样，程含章每至一个地方任职，总要以"崇节俭"来训示当地百姓。在其任山东巡抚时，更是专门作了《敦崇节俭札》一文对下属官吏明令禁止，以纠正当时山东官场上的奢靡之风。他具体从六个方面规定：一是"各衙门不许唱戏"；二是"衣服取足蔽体彰身而止"；三是"待贵客上司，六样八样，已足将敬极，多不过荤素十样……不许用圆碟，更不许用燕窝"；四是"妻妾取其事亲生子、内助有人足矣，何用娇美多人，而以金玉珠翠奉之哉？"；五是"家人，首县不得过二十人，大县不得过十五人，中小县不得过十人，取足办事而止，不许穿大缎、大呢、细毛，尤不许上司滥荐幕友长随。"；六是"铺垫不许用呢羽、绣花缎锦，并不许用地毡、地毯。"与此篇类似的还有其在浙江任巡抚时所作的《训属吏节俭檄》，这时已经接近程含章仕宦的尾声，由此也可以看出程含章倡导节俭是一生恪守的信条。

在生态意识、生态观没有成为人的自觉的清代中晚期，程含章从保障人民生活、解决百姓生计的角度出发，以最朴素的经济学思维作为指导，身体力行地提倡节俭、反对铺张浪费，其目的不是为了保护生态环境，但在人口不变，经济生产生活方式不变的前提下，实际上却有效地减少了人类对资源的消耗和环境的破坏，间接地起到了保护生态的作用。因此，可以说清代中后期以程含章为代表的士绅群体厉行节约的做法也已包含了他们本人不曾意识到的生态意识。

六、结　　语

程含章是清代士绅阶层的一员，他为官近 30 年，宦迹遍布大江南北，为各地百姓做出了许多实绩，得到了清朝廷和百姓的好评与褒扬。他在农业生产、水利工程和改易民风等方面提出了许多重要的主张，开展了富有积极意义的实践，在促进农业生产发展、转变民风的同时，也客观上起到了保护生态环境的作用。但程含章与清代中后期的其他官僚士绅一样，在人和自然关系的问题上，都恪守着中国传统哲学思想和道德理念，虽然其主张和实践活动都蕴含着保护生态的因子，但均没有提出系统的生态保护理论，其保护环境的直接动机都是为了解决人口压力带来的社会和政治问题。在人和环境谁优先的问题上，他们毫无疑问地选择人。在自然灾害面前，程含章和当时的许多有识之士都提出了一系列有价值的抗灾减灾主张，但他们并未触及人类对自然的过度开发利用才是灾害发生的根源；他们都看到人口数量增加对资源和环境形成的压力，但他们并未提出控制人口规模的主张。总而言之，清代中后期中国社会的生态意识觉醒还处在懵懂期，远未达到自觉阶段。

参 考 文 献

[1] 赵尔巽. 清史稿 [M]. 北京：中华书局，2003.
[2] 吴敌. 清代长江流域的农业开发与环保问题 [J]. 四川师范大学学报（社会科学版），1996.

［3］张海瀛．论清代前期的奖励垦荒与蠲免田赋［J］．晋阳学刊，1980（1）：51-62．

［4］中华书局，1987．清实录［M］．北京：中华书局．

［5］程承嗣．月川府君行述．昆明：云南省图书馆馆藏．道光刻本．

滇西南少数民族地区传统习俗对生态保护的启示

高 龙[①]

近年来，随着滇西南地区生态环境不断改善，滇西南地区的森林覆盖率不断提高，西双版纳傣族自治州（以下简称西双版纳州）、普洱市、临沧市、文山州等滇西南州市森林覆盖率接近70%，亚洲象、野猪、猴子、黑熊等野生动物入侵村寨破坏事件频发，也从另一个侧面反映了滇西南地区生物多样性保护取得重大进展，中国绿色发展基金会对滇西南各州市在生物多样性保护方面取得的成绩给予高度评价，并将穿山甲放养基地定在普洱市。滇西南地区森林覆盖率提高，生物多样性保护成绩突出，生态文明建设取得新进展，一方面是由于地方政府全面贯彻落实党中央、国务院不断加大生态保护的决策，另一方面是由于滇西南地区各少数民族传统生态保护文化重新觉醒，增加了滇西南地区各民族的生态保护意识。全面分析滇西南各民族传统文化习俗中关于生态保护的传统，汲取传统文化中生态保护有益元素，进一步提高各地生态保护意识，对于建设美丽云南，将云南打造成中国健康生活目的地具有极为重要的作用。

一、滇西南地区各民族传统生态文化

（一）哈尼族梯田生态文化

滇西南地区的少数民族中，哈尼族人口数量较大，广泛分布在文山州、红河哈尼族彝族自治州（以下简称红河州）、普洱市、西双版纳州等地区，随着红河元阳哈尼族梯田成为世界文化遗产，哈尼族传统生态

[①] 高龙，普洱绿色经济发展研究院院长，副教授，法学硕士，主要研究方向为经济法和社科法学。

文化受到世界的瞩目，以梯田为中心的生态文化体系得到了广泛认同和赞许。哈尼族传统文化认为万物有灵，人是大自然的组成部分，人只有顺应自然，才能获得生存的机会，只有崇敬自然才能得到大自然中各种神灵的庇佑，才能丰衣足食。在哈尼族的传统文化中，认为森林、江河、村寨和梯田是一个有机联系的整体，其中江河是水的来源，森林是水的源头，水是梯田的生命，梯田是人的生命，没有森林、江河沟渠就会干涸，江河沟渠一旦干涸，梯田也就没了水，没有水的梯田就不能种出滋养族人的稻谷，没有稻谷就没有哈尼族人幸福的生活。基于对森林、江河沟渠、梯田、村寨的认识，哈尼族人一般选择有茂密山林的地方安居，将寨子安置在半山腰，村寨下面就是梯田。茂密的原始森林涵养了大量的水源，成为江河沟渠的发源地，保证了梯田耕作所需要的水源，森林里大量树叶腐烂后成为水稻生长所需要的肥料，同时村寨的人畜粪便等农家肥也可以随着水源流入稻田，保证稻子的生长有充足的养分。为了充分利用稻田，哈尼族人在水稻成活后将鱼苗放入稻田，在稻子成熟的同时，鱼也长肥了，经过稻花花粉滋养的鱼，还有着稻花的香味。稻作民族都重视养牛，以牛耕地，以稻草喂牛，以牛粪滋养禾苗，形成了一个良好的生态循环。每年水稻收割后，稻田进入休耕季节的同时，也成了放牧牛羊的牧场，在稻田放牧不仅将水稻秸秆踩入土中成为提升土地肥沃所需的有机肥，更为稻田提供了牛羊粪便作为有机肥，保证了梯田土壤的肥力。

哈尼族人通过宗教祭祀将梯田文化上升为宗教信仰，将生态保护作为哈尼族人自觉的行为。以万物有灵为基础，哈尼族人形成了既利用自然又保护自然的共同意识，充分体现出人与自然和谐相处的生态文化，形成了一个稳定的生态系统。正如哈尼族谚语中所述："寨头最好的山包，是哈尼族人认定的神山，寨头最密最厚的树林，是哈尼族人认定的神林，神林里最高最直的大树，哈尼族人认作普玛觉阿，树脚最宽大的祭石是哈尼族人不变的心"。哈尼族人在认识到人与大自然的关系后，不仅在实践中遵循系统的生态观，保持了森林、江河沟渠、梯田、村寨之间的科学生态循环，还将生态保护与宗教信仰结合起来，将神山、神林、神树作为祭拜的对象，由族人世世代代进行祭拜，通过族人对神灵的敬畏将生态保护观念植根于哈尼族人的信仰之中。对于族人确定的神山，除了祭拜时，任何人不得私自进入，不得砍伐神林中的树木，不得到神林中狩猎，不得到神林中采集，不得私自拿走神林中的一花一草，否则自己和亲人将受到神的责罚。通过宗教仪式，进一步凸显了森林的神圣性，确保了森林的存在，有了茂盛的森林，江河沟渠就不会干涸，梯田就能得到水源的滋养，水稻才能丰收，哈尼族人就能幸福地生活下去。这是一种人与自然高度的协调统一，是哈尼族人世世代代认识自然规律的结果，是哈尼族人生存智慧的集中体现。在滇西南地区，除了哈尼族人种植梯田，事实上拉祜族、彝族、布朗族聚居区也有大量的梯田存在，但是其中形成了一个全面完整的生态体系的当属哈尼族的梯田文化。

（二）傣族的传统生态观

滇西南地区的勤劳勇敢智慧的傣族人民在长期的生产生活中对人和自然的关系有着自己独特的理解，形成了独具特色的生态观。在滇西南地区 14 个世居少数民族中，傣族的社会发展水平明显高于其他民族。傣族在征服自然和改造自然的过程中，对人与自然的关系认识较为深刻，最能体现傣族传统生态文化的是傣族的水文化。傣族和哈尼族一样认为万物有灵，而且是非常少见的同时信仰原始宗教和佛教而不冲突的民族。傣族人崇拜水，认为水是大自然对人类最珍贵的馈赠，水代表着圣洁与吉祥，每年的傣历新年傣族都要举办盛大的泼水节。在泼水节当天，人们彼此用橄榄枝或者鲜花沾水洒向对方，希望通过洁净圣水的洗礼，保持健康，获得福报。在洒水祝福仪式结束以后，大家开始泼水狂欢。傣族人推崇人与自然的和谐统一，特别重视对森林和水资源的保护，傣族崇拜森林、河流，将森林视为人类的发祥地，将水视为人类生存最重要的资源，在信仰佛教的同时，每年按照原始宗教的礼仪对寨神林、勐神林和墓地林进行祭拜，对各种神林进行最严格的保护，傣族传统法典里规定任何人不得私自进入神林，对于神林里的一切都赋予了神圣的身份，除了祭祀时，就连一片树叶都不得摘取。傣族人认为神林所在的地方不能打扰，不能侵犯，谁侵犯了神林不仅自己要受到神的惩罚，侵害人的家人也将受到惩罚。因为傣族人信仰勐神、宅神，每年都要举行祭拜仪式，所以傣族人对神林的信仰一代一代传承下来了，保护神林成为傣族人自觉的行为。在傣族居住较为集中的西双版纳、普洱、临沧等滇西南州市，分布着各种各样的神林，占当地森林面积总和的

10%左右。大量的神林存在，保护了滇西南地区的生物多样性，保存了数千种物种，为野生动植物的生存提供了基本的条件，维护了滇西南地区的生态环境，可以说没有各少数民族的神林信仰就没有滇西南地区大面积的原始森林，就没有大量珍稀野生动植物的生存空间，更没有洁净的江河存在。按照傣族人的语言表述，没有一条河流，你不能建立一个国家，没有森林和群山的山脚，你不能建立一个村寨。当傣族人建立一个新的村寨时，最理想的居所，就是背靠群山，前临一块平坦的土地。这样清水能够从山里源源不断地流出来，村寨前面的地方适宜种植水稻，河水直接灌溉十分便利。强烈的森林保护意识，保证了滇西南地区有足够的水源。

傣族人在生活中重视对森林和水资源的保护。在滇西南少数民族地区，火塘是各民族生活的重要场所，除了农业生产，大多数时候各民族都围在火塘边，一个人从出生到死亡，有三分之一的时间是在火塘边度过的，火塘烧得旺人气才旺。火塘需要大量的木柴来维持，因此需要砍伐树木作为薪炭，傣族人为了解决薪炭需要和森林保护之间的关系，会在离寨子较近的地方种植黑心木以供火塘烧火使用。黑心木最大的特点是长得快，烧着旺，黑心木的种植解决了森林保护和生活用柴之间的矛盾。在傣族的传统建筑和家具制作中，竹子是最为重要的原材料，竹楼、竹桌、竹篮、竹筷、竹凳、竹椅、竹筒等都是以竹子为主要原材料制成的，竹笋作为生活中主要的食材，可以炒着吃、煮着吃、烤着吃，可以吃新鲜的，也可以进行腌制，还可以晒干储存。傣族人房前屋后最多的植物就是竹子。竹制家具制作成本低，搬动轻便，不占地方，而且适合在热带和亚热带地区使用，是傣族人最喜爱的家具。但是大量使用竹子的根本原因还在于竹子是一种速生植物，生长期较短、繁殖较快，能够减少对木材的需求，尽可能保护森林不被破坏。傣族同时信仰佛教和原始宗教，傣族寨子既有传统寨神林、勐神林，还有大量的佛教名木，佛寺、菩提树和佛塔是傣族的传统三宝。傣族寨子中基本上都栽种有菩提树、大青树和缅桂等具有典型佛教特点的树木，傣族人把长得最高最大的菩提树和大青树作为神树每年进行祭拜，不允许任何人冒犯菩提树和大青树，一些古老的村寨中都有百年甚至千年老树存在，有的大青树遮天蔽日、独木成林，世代守护着村寨。在西双版纳州、德宏州和普洱市有大量树龄在五百年以上的大青树、菩提树，树上长满了石斛和青苔。大青树和菩提树的存在，保护了傣族村寨的生态环境和水源，大青树下往往都是打井取水的好地方。

（三）佤族的传统生态文化

佤族是滇西南地区特有的少数民族，佤族先民在找到阿瓦山这片神秘而美丽的土地后，就再也不愿意离开。佤族是直接从原始社会过渡社会主义社会的典型。作为相对原始落后的民族，佤族人信奉万物有灵，他们认为在变化无常的大自然面前人类是弱小的，人类只有顺应自然、听从自然的安排才能获得生存的资源，才能得到神灵的保佑，对于人类不能直接理解的事情都归结为神灵的作用，神灵掌控着世界，人类想要生存就必须敬畏神灵，敬畏自然，敬畏山林。佤族人认为在大自然和神灵面前，无论大小、强弱都是平等的，无论是谁，都有自己的权利和义务。麻雀虽小，但它却是打开"司岗里"的英雄；蚂蚁和蚯蚓在洪水泛滥期间都对人类做出了重要的贡献，蚯蚓甚至献出了自己的头颅；蟾蜍和马鬃蛇也在造平原、建山谷中立下了大功；谷神和棉神这些植物神都是各司其职，各有所用；至于达能、普冷、妈农、安木拐、达惹嘎木这些智慧和创造之神，她们即使能耐大一点，也不会居功自傲，凌驾于人之上。鬼神之间虽有大小之分，却无管辖关系，各司其职，大者管大事，小者管小事。神灵和万物平等相处，友好相待。在佤族人的传统观念里，不管是神还是人，或者是植物，大家相互之间都是平等的，大家都是大自然的组成部分，人没有特殊的地位。和滇西南其他少数民族一样，佤族也有强烈的山林崇拜，每个村寨都划定了龙山、神林、鬼林，龙山是神龙居住的地方，神林是神居住的地方，鬼林是各种鬼居住的地方。对于龙山、神林、鬼林和安葬祖先的地方，除了祭祀，其他时候任何人都不得进入。一旦进入就会惊动神灵和鬼怪，给自己和家人带来无穷的灾难。而祭祀则是对神灵、鬼怪和祖先的一种崇敬，通过祭祀，善良的人们将会获得神灵的保佑。佤族人有很多与生态有关的禁忌，通过口口相传而传承下来，佤族人的习惯法规定，永远不要偷盗，否则将会受到家族的严惩；干活走路要小心，不要挡住了蚂蚁进出的洞口；砍柴要留神，万万不可用树枝等杂物挡住河流，或者污染水源，不然要生大病，生病后要杀鸡请巴猜才能治好病；盖大房子要经过头人同意才能砍伐木材，否则要受到树神的惩罚。"

佤族和生存在滇西南地区的其他民族一样，特别重视水，每年12月都要举办新水节祭祀掌管雨水的"神龙公主"。佤族人认为只有森林茂盛才会有水，要想得到水，首先得保护森林，几乎所有的佤族山寨都有自己的神林，他们禁止毁坏神林的任何行为，即使是神林里的一片树叶也不得随意采摘。佤族人将高大挺拔的大树认定为树神，村民不得砍伐，不得侵犯。为了保证水不会干涸，佤族人通常会在村寨的后面确定水源林，对水源林进行特别保护，任何人不得砍伐水源林，不得污染水源林。佤族的禁忌中有："见了山泉不能堵住，否则会耳聋和皮肤干裂；水源头所在地森林是村寨共有的，任何人不得砍伐，若有砍伐者一律照价赔偿，还要杀猪、杀鸡祭祀梅依格神；即使要烧山放火垦荒，碰到有水源的地方也要绕开。"

（四）拉祜族的传统生态观

拉祜族是滇西南地区直过民族的又一典型代表，拉祜族又称猎虎的民族，分布在滇西南的各州市，主要以普洱市、西双版纳州和临沧市为主。拉祜族的生态观在拉祜族最为重要的祭祀活动祭龙过程中体现得比较全面。拉祜族一般在正月或者二月的属牛日举行祭龙活动。在拉祜族祭龙时，祭拜的神灵有三个，分别为土主老爷、土主娘娘和猎神。据说从前拉祜族人以游猎为生的时候主要是祭祀猎神，随着社会的发展，拉祜族结束游猎生活后，开始了稻作生活，以种植业为生后，祭龙时主要的祭祀对象就变成了土主老爷和土主娘娘。祭祀时由龙头向土主老爷和土主娘娘祈祷，祈求土主老爷和土主娘娘保佑本寨风调雨顺，保佑全寨人出入平安，保佑本村的孩子读书进步、打工平安，保佑村民种植的水稻不受虫害、不被火烧，保佑本村寨不受瘟疫的侵扰，保佑本寨村民养的牛不会滚落山坡、不生病，保佑猪和鸡不生病，长得快。从拉祜族祭祀祭龙的祈祷词来看，拉祜族已经完全由游猎民族转变成了以耕种为主的民族，祭龙就是为了得到龙神的保佑，保佑作物丰产、牲畜无病、村民平安，一方面是祈福，另一方面是去灾。在祭祀完土主老爷和土主娘娘以后将祭祀猎神，从龙头祭祀的祈祷词来看，主要是祈求猎神保佑村民在打猎的时候能够遇到许多的马鹿、野猪、麂子、岩羊等猎物，打猎的时候能够战胜老虎、豹子等凶猛的动物。虽然目前已经禁猎了，但是拉祜族仍然对猎神进行祭拜，希望保持打猎的能力，老年人回忆起曾经的打猎时光总是倍感自豪，叙述着先前祭祀猎神时男人们一起向天鸣枪的壮观场面。为了保持对竜神的敬仰，祭祀竜神的山林被化作神林，神林由全寨的人共有，未经允许任何人不得进入，不允许任何人采摘神林里的一花一草。大量神林的存在保护了拉祜族聚居区的生态环境，保证了拉祜村寨的水源供应。

拉祜族的生态观还体现在拉祜族的丧葬文化当中。由于长期的游猎生活，拉祜族人对于葬礼的重视程度相对要弱一些。根据拉祜族的长者介绍，曾经拉祜族人居住的建筑比较简单，尤其是拉祜族苦聪人，一度居住在结构较为简单的叉叉房中，家中有人死后就将叉叉房砍倒，烧一把火后就地将死者埋葬，活着的人另外选址建房。后来随着生活水平不断提高，拉祜族人不再将居住的房屋作为死者的埋葬地，而是通过扔鸡蛋的方式挑选埋葬地点，将死者火化后埋葬，葬礼相对简单，一般情况下"死得埋得"（即当天去世当天就举行葬礼）。相对于葬礼，拉祜族更重视对长者的赡养，拉祜族人认为与其在死后修建高坟大墓，不如生前好好孝敬。在拉祜族苦聪人的祭祀中，对祖先的祭拜只祭一代，即只祭拜男性家长的父母，对于更远的祖先不再举行祭拜仪式。

拉祜族的传统生态观还体现在拉祜族的捕猎禁忌中。按照拉祜族的传统，打猎必须在每年祭拜猎神后才能开始，打猎时不能捕杀年幼的鹿子、马鹿和野猪崽；遇到正在交配的动物必须停止打猎活动，否则将会遭遇不幸；不能捕杀即将产仔的动物，否则以后将再也遇不到猎物。作为一个曾经以游猎为主要生存方式的民族，拉祜族朴素的捕猎禁忌保证了野生动物能够不断繁衍，保持了人和动物之间的平衡。

（五）布朗族的茶祖祭拜

作为滇西南地区世居民族的代表，布朗族的传统生态观可以通过其祭茶祖仪式体现出来。在澜沧县景迈山惠民镇有一座久负盛名的千年万亩古茶山——景迈山，景迈山上居住着布朗族、傣族、佤族等少数民族，其中布朗族人口占比最大。景迈山之所以出名是因为茶，景迈山上分布着现存面积最大的栽培型古茶林，树龄超过千年的古茶树广泛分布。景迈山出名的第二个原因在于山上的古茶园良好的生态保护。景迈山的古茶林，不是纯粹的茶林，而是茶树与其他树种共生共存，形成了"茶在林中，林中有茶"的共生状态。景迈山的古茶林在一千余年的历史中经历了旱灾、火灾、虫灾，始终没有受到根本性的破坏，成为布朗人赖以生存的主要作物，一个重要的因素就是布朗族人在长期的茶叶种植中，发现了茶树和香樟树等其他树种之间能够形成一个相互保护、相互支持的群落，茶林中的香樟树能够驱虫，其他树木的树叶腐烂后能够成为茶树生长所需的肥料。为了保证茶林不受火灾影响，布朗族在茶林周围设置严密的防火林，实施严格的生态保护，防火林里高大的树木、良好的生态和亚热带地区雨林气候结合起来，保护了茶林不会轻易受到火灾的影响。因为严格的保护，科考专家在防火林中发现了600多种植物，较好地维护了滇西南地区生物的多样性。直到现在，布朗族人仍然保持不打药、不施化肥的传统种植模式，保持了景迈古树茶的生态，古树茶也因为自身的生态价值和上乘的口感得到了消费者的高度认可，现在市场上的景迈古树茶价格每千克超过600元。热销的景迈古树茶给景迈山上的布朗族人带来了财富，景迈山各民族因为古树茶过上了富足的生活。在景迈山古茶林的示范作用下，在西双版纳州、普洱市、临沧市又栽种了大量的古茶树，现在古茶树的生态价值成了普洱古树茶最大的卖点，广泛分布的古茶树为滇西南各州市带来富足的生活，也为消费者提供了高品质的生态普洱茶。古茶林为布朗族人留下了巨大的财富，一代代布朗族人在古茶林的滋养下不断发展壮大，邻近的佤族、拉祜族、哈尼族、傣族也因此而受惠，大家感谢当年种下古茶树的布朗族头人帕哎冷，将帕哎冷奉为共同的茶祖进行祭拜，通过祭拜感恩帕哎冷。相传布朗族头人帕哎冷在临终前留下遗训："我想给你们留下金银，但终会有用完之时；留下牛马牲畜，终有遭瘟死亡之时。就给你们留下一块宝地和茶树吧，你们要像爱护眼睛一样爱护茶林"。现如今，景迈山上的万亩古茶林不仅是布朗族人美好生活的保障，更是世界各国研究茶林生态的活化石，是世界茶山文化的典型代表。

二、滇西南地区各民族生态文化的特性

滇西南地区各民族虽然社会经济发展水平不高，但是在传统生态文化的影响下，滇西南地区保留了中国面积最大的原始热带雨林，承载了国家最多的野生动物，保留了最多的野生物种，是中国生物多样性保护的最大宝库，为云南赢得了动物王国和植物王国的美誉。总结滇西南地

区几个主要民族的传统生态文化，滇西南地区的少数民族传统生态文化有这样几个特点。

（一）滇西南地区各民族大多奉行万物有灵的原始宗教观

在滇西南地区生活的傣族、哈尼族、拉祜族、彝族、佤族、布朗族、基诺族等少数民族都信奉万物有灵。不管是人口较多的傣族、哈尼族，还是人口较少的布朗族、基诺族，滇西南地区各少数民族的世界观里，都认为天、地、日、月、星辰、水、火、猪、鸡、牛、羊、水稻、玉米、旱谷、大青树等都是有灵魂的，甚至一块石头、一条水沟也有自己的灵魂，加之佛教的传入，各民族认为万物和众生都是平等的，都是世界的重要组成部分，对森林的砍伐必须得到山神、树神的同意，种地要得到土地神的同意和保护，要祭拜水神、火神、雷神，甚至是自己捕猎的对象，也应该得到尊重，对于帮助过自己民族的事物，不管是一棵树还是一只动物，抑或是一块石头，都应该得到民众的尊重，要进行相应的祭拜。

（二）滇西南地区各民族都有森林崇拜的传统

滇西南各州市大多属于山区，森林茂密，各民族对于森林对人类生存和发展的作用有着深刻的认识，即使在佛教传入以后，各民族仍然保留了神林祭祀的习俗，每年都要举行祭竜仪式，通过祭竜祈求竜神保佑各村寨的村民健康好运，保佑庄稼不受病虫害侵扰，保佑本村不旱不涝，保佑各种牲畜无病无灾。对于竜神所在的神林，任何人不得随意进入，不得砍伐神林里的树木，不得采摘神林中的果实，不得到神林里捕猎，神林里的一切都是神圣的。任何人只要违反了规定，擅自进入神林砍伐树木、采集果实药材，其本人和家属就会受到神的责罚，会牵连整个村寨的人遭遇不幸，村寨可以依据传统的寨规要求他宰杀猪、牛、羊或鸡对神灵进行祭祀，祈求神灵原谅，同时村寨可以按照惯例对违规村民进行惩处。在科学尚且不能明确解释所有的自然现象的时代，人们对于神的崇拜和恐惧实实在在地影响着每一个人的行为，神林崇拜在事实上发挥着保护生态的作用。由于每个村寨都有划定的神林，在滇西南地区，即使是地势平缓的坝区，也有大量的原始森林存在。神林的存在不仅涵养了水源，为各村寨提供了稳定清洁的水资源，同时也保护了神林的环境，为多种多样的生物生存提供了较好的生存环境，保持了滇西南地区优良的生态环境，现在滇西南地区森林覆盖率保持在65％以上，是国家重要的水源涵养地和种质资源库，为整个国家生态环境的改善和科研发展提供了良好的条件。

由于对森林的严格保护，为滇西南各民族提供了良好的生态环境，滇西南地区是云南水稻的主产区，德宏的遮放贡米，勐海的香米都久负盛名。由于滇西南地区各少数民族对森林的保护，使得该地区江河纵横，是澜沧江、红河、怒江、萨尔温江、伊洛瓦底江的主要水源地。习近平总书记2020年1月考察云南发表重要讲话指出，云南是我国西南生态安全屏障，承担着维护区域、国家乃至国际生态安全的重大职责。

（三）良好的生态为滇西南地区各民族带来了富足的生活

人类悉心保护自然，大自然给人类以巨大回报。虽然滇西南地区已经和全国一道进入了社会主义社会，跨入了小康生活，但是各民族仍然保留自己独特的饮食生活习惯。滇西南地区良好的生态环境为各民族提供了丰富的食材，在滇西南地区生活的各民族基本上都喜食竹笋，有煎、炸、蒸、煮等各式各样的烹食方法，除了新鲜的，还有晒干的、腌制的，竹笋与牛肉、鱼、鸡都能搭配烹调出美味。滇西南地区各民族都有食用野菜、树花的习俗。滇西南地区各民族在长期与森林和睦相处的过程中，得到了大自然的馈赠，每年春天森林里各式各样的树花成为滇西南地区各民族餐桌上重要的美食来源。良好的生态不仅保持了滇西南地区良好的气候，还提供了大量自然生态的野菜，滇西南地区各民族一年四季都能吃到用森林里的野菜烹饪出的美味佳肴。良好的生态环境还提供了各种特殊的美食，森林里大量的野生蜜蜂提供了珍贵的蜂蜜，蜂蛹、竹虫等都是营养丰富的美食。良好的生态为茶树提供了适宜的生长环境，滇西南地区所产的普洱茶因其蕴含的生态价值和良好口感得到了社会的广泛认可，喝普洱茶成为一种健康时尚的生活方式。良好的生态为石斛、滇重楼、三七等珍稀中草药材提供了良好的生存环境，滇西南地区是国家中草药的核心产区，是闻名世界的云药的原料产地。良好的生态为滇西南地区引进植物新品种提供了条件，滇西南地区成为了全国最重要的咖啡、橡胶主产区。良好的生态造就了滇西南地区旖旎的自然风光，吸引着四面八方的游客到此旅游观光、体验生活，滇西南是中国热门的旅游目的地之一，旅游业的发展也为滇西南地区各民族带来了财富。

（四）良好的生态孕育了滇西南地区丰富多彩的民族文化

滇西南地区各民族万物有灵的思想和良好的生态为滇西南地区各民族文化的形成提供了良好的环境支持。各民族在与大自然和谐相处的过程中，创造了独具特色的民族建筑，傣族独具特色的干栏式建筑、哈尼族的石头房、佤族与大自然高度融合的草房丰富了中国的建筑形式。在与大自然和谐相处的过程中，滇西南地区各民族模仿大自然创作了孔雀舞、象舞等优美的舞蹈，创造了竽、葫芦丝、竖笛、木叶等、玎琴、口弦、西玎、牛角玎、象脚鼓、光隆、光边、光邦、镲等民族乐器，以及丰富的民族艺术表现形式。佤族创作了独具特色的木鼓舞，司岗里的传说为人类学家认识人类发展史提供了重要依据，沧源壁画是民族传统艺术的重要组成部分。能歌善舞的拉祜族人会说话就会唱歌，会走路就会跳舞。多姿多彩的生态环境孕育了色彩艳丽的民族服饰，孕育了瑰丽多姿的绝版木刻艺术。

三、滇西南地区各民族传统生态文化对生态文明建设的启示

（一）重视系统保护，维护生态体系

滇西南地区的各民族在传统原始生态观的影响下，积极主动保护森林，保留了大量的原始森林，是全国生态环境最好、生物多样性最丰富的地区。滇西南地区茂密的森林和良好生态与各民族传统的原始宗教信仰密不可分，因为各民族在长期的生产生活中基于直接而朴素的感受，对于山、水、林、田、湖（江河）有着天然的崇敬，所以会自发地对大自然进行系统而全面的保护，为国家生物安全和西南生态屏障建设做出了重要贡献。这种系统的生态观值得我们去研究和推广，在国家生态文明建设过程中，尤其是在落后地区的开发中，要对生态保护进行系统而全面的研究，对自然生态的保护和开发同时设计、同时规划、综合推进，切不可因追求经济效益一时之需而仓促开发，最后导致生态的破坏。在已经发展起来的发达地区，要系统全面地推进生态保护，按照习近平同志新生态观的要求，系统推进山、水、林、田、湖、草的保

护，建设人与自然和谐共生的美丽中国。

（二）保护传统生态文化，保护生态系统

滇西南地区长期以来奉行的万物有灵和神林崇拜促进了滇西南地区生态保护和建设。滇西南地区各少数民族传统的生态观将山、水、林、田、湖（江河）作为一个相互影响的系统，各民族的节日和祭祀主要是为了祭拜人们赖以生存的神山、神林、神树，对生活起到重要作用的稻谷要通过新米节祭拜谷魂，对生产生活有重要作用的牛要祭拜牛魂，对大自然中的风雨雷电心存敬畏，都要通过特定的仪式予以祭拜，基于对生活的重要影响，每个民族都对水、火有着天然的崇拜和恐惧，泼水节、火把节不仅是对"水神""火神"的崇拜，更是对美好生活的向往。在佛教、伊斯兰教、基督教传入滇西南地区后，虽然建起了大量的佛寺、清真寺、教堂，但是各民族对大自然的崇拜并没有改变，原始的自然崇拜和佛教、伊斯兰教、基督教共同存在。因为对大自然的敬畏和原始宗教的影响，滇西南地区是我国目前森林覆盖率最高、物种最丰富、生物多样性保持最好的地区，为国家西南生态屏障的建设做出了重要的贡献。在全世界工业化建设不断推进，人与自然之间的矛盾不断凸显，空气污染和生态保护受到严重挑战的今天，我们有必要重新反思现代工业化对自然环境带来的损害，将万物有灵的生态观融入社会治理当中，珍视滇西南边疆民族地区流传下来的文化遗产，弘扬对自然万物的尊重，支持滇西南地区各民族将自己的原始生态观发扬光大，保持对山、水、林、田、湖，甚至是对百草五谷的敬畏。万万不能以原始宗教是封建迷信为由，打压滇西南地区传统原始祭拜活动。

（三）社会治理中，重视发挥传统文化作用

传统文化根植于滇西南地区各民族生活的自然环境和人文环境，有着强大的生命力。认真研究梳理滇西南地区各民族传统生态文化，在生态文明建设中，将滇西南地区各民族传统习俗与现代生态文明保护结合起来，不仅能够降低社会治理的成本，还能促进传统文化的弘扬。在滇西南地区各民族的传统丧葬习俗中，各民族习惯采用火葬的形式，并且由于经济条件的限制，各民族大多有厚养薄葬的传统，但是随着经济发展，一些少数民族也开始学着汉族实行厚葬，为了保护生态，我们可以对采用传统丧葬方式的民众给予赞扬和奖励，维持传统生态的丧葬习

俗。滇西南地区各民族都有保护神山、神林的习俗，我们在森林保护过程中，要支持各民族扩大神山、神林的范围，将更多的森林纳入原始宗教保护的范围，对于神林以外的森林通过加强普法和严格执法等形式予以保护。

（四）将各民族传统生态文化与现代旅游业结合起来，扩大滇西南地区各民族传统文化的影响

滇西南地区丰富的民族文化资源和优美的自然风光是云南旅游业发展的重要依靠。滇西南地区之所以能够保持良好的生态环境，一方面是由于经济和交通相对落后，与外界来往较少，使得大量的森林得以保留；另一方面则是由于生活在滇西南地区的各民族在长期的生产生活中形成了爱护环境、敬畏自然的良好习惯，对森林河流等自然资源予以严格保护。广袤的森林和高山深涧孕育了大江大河，保持了中国丰富的生物多样性，为全国人民提供了旅游休闲的好去处，滇西南地区是我国人与自然和谐相处的典范，是我国生物多样性科普教育绝佳的基地，是国家生态文明建设的重要示范基地。滇西南地区各民族传统的生态观与习近平总书记提出的"两山理论"高度吻合，我们要全面挖掘，不断提升滇西南地区各民族的传统生态观，将滇西南地区各民族在生态保护中体现出来的智慧不断发扬光大。

参 考 文 献

[1] 郑治民. 祭茶祖仪式与社区互动：以景迈山芒景村布朗族为例 [J]. 科技视界，2016（7）：312.
[2] 王孔敬. 佤族传统生态文化研究 [J]. 红河学院学报，2008（4）：22-25.
[3] 杨勇. 哈尼族梯田生态文化探析 [J]. 农业考古，2013（4）：117-120.

景迈山少数民族传统文化中的生态智慧

苏志龙[①]　李孙洋[②]

普洱市的少数民族众多，全市10县（区）中除思茅区外均为少数民族自治县，区域内共计992个村（居）民委员会均有少数民族居住，103个乡镇中有16个边境乡镇和13个民族乡。全市9个民族自治县当中除了西盟佤族自治县（以下简称西盟县）、澜沧县、墨江县和景东县，佤族、拉祜族、哈尼族、彝族分布分别较为集中（但并非单一民族分布）之外，其余5个县都有哈尼族、彝族、傣族、拉祜族和佤族等24个少数民族，或以某一民族为主体小区域聚居，或彼此相互杂居其间。世居少数民族悠久的历史创造了丰富的传统文化，全球化背景下导致的文化同质化现象引起了学术界对传统文化价值的关注，事实上，传统文化蕴含着丰富的生态理念。现在来看，传统文化是一种稳定的、令人满意、生态健全的存在，而不是荒凉、贫困、龌龊与短命的存在，是一种人类历史上成功与持久的适应方式。

普洱少数民族传统生态文化在观念层面，有不少契合当代生态文明理念的智慧因子，可以发现许多体现着现代生态文明思想的因素和内涵。由于这些因素和内涵在各少数民族的传统和观念中具有自发性、分散性和一定的原始性，使得这些思想的亮点没能得到充分、完整的表达。同时，由于少数民族聚居分布的地缘局限性及其自身文化影响力的局限性，也就不可能形成一定规模的社会影响力。生态伦理学从承认自然界的价值出发，把道德权利的概念扩大到生命和自然界其他实体。也就是说，对于动物、植物和自然界的其他事物，并且确认它们在一种自

[①] 苏志龙，普洱学院农林学院副院长、副教授，理学硕士，主要研究方向为地方性知识、文化景观社会建构。

[②] 李孙洋，普洱学院农林学院党总支副书记，副教授，农学硕士，主要研究方向为植物保护。

然状态中持续存在的权利。

位于普洱市南部的景迈山至今保存了上万亩的古茶树，日本茶叶专家松下智和八木洋行先生称景迈山为"人类茶文化史上的奇迹""世界茶文化历史自然博物馆"，景迈山保存完整的人工栽培型古茶园引起了世人的注意。这里茶文化千年传承，景迈山以茶与世界对话；这里民族特色保存完整，景迈山用茶文化与世界交流。2010年，普洱市启动申遗工作，向联合国教科文组织申请，将景迈山列入世界文化遗产。此后，普洱市在景迈山及周边地区广泛开展茶园保护、传统文化挖掘、传统村落保护等工作。2012年，"云南普洱景迈山古茶林"列入中国申报世界文化遗产预备名单，这也是中国申报世界文化遗产预备名单中唯一与茶文化有关的遗产地。2013年，"景迈古茶园"被列入第七批全国重点文物保护名录。2016年5月，"中国最具价值文化（遗产）旅游目的地推介会"在重庆举行，普洱景迈山古茶林成功入选为"2015年中国最具价值文化（遗产）旅游景区"。尽管已有《云南省澜沧拉祜族自治县古茶树保护条例》《云南省澜沧拉祜族自治县民族民间传统文化保护条例》《澜沧拉祜族自治县人大常委会关于保护景迈芒景古村落的决定》《澜沧拉祜族自治县景迈芒景古茶园风景名胜区管理暂行规定》等相关政策出台，但景迈山之所以能在上千年的发展历程中保存了大面积的古茶园，与其世居少数民族文化中的生态智慧不可分割。

景迈山位于中国云南省的西南边陲，在普洱市澜沧县惠民镇，东邻西双版纳州勐海县，西邻缅甸，是中国西双版纳州、普洱市与缅甸的交界处。

景迈山分布有14个传统村落，分属景迈村、芒景村两个行政村，景迈村有景迈大寨、糯岗、班改、勐本、芒埂、老酒房、南座、笼蚌共8个传统村落；芒景村有翁基、翁洼、芒景上寨、芒景下寨、芒洪、那乃共6个传统村落。景迈村的主要居民为傣族，芒景村的主要居民为布朗族。景迈山保存完整的古茶园成为澜沧江流域规模最大、保存最完好、茶林景观最典型、文化内涵最丰富、人地关系最和谐的古茶园。它不仅见证了茶树从野生到被发现并大规模人工栽培这一对人类文明产生重要影响的事件，而且其朴素的生态伦理、高超的生态智慧、独特的生态系统，以及丰富的茶文化，使其成为世界农业文化景观的精华，成为人类传统聚落和土地利用的杰出典范。在生态文明建设日益重要的今天，阐述景迈山少数民族传统文化中的生态理念、发挥其生态智慧、丰富当今生态文明建设的内容，以及为国内传统村落的人地关系和谐持续发展提供参考成为一件迫在眉睫的大事。

一、万物有灵观念中的生态智慧

（一）自然崇拜中的生态智慧

自然崇拜的语境是以万物有灵的"元语言"追究自然，茶树对布朗族、傣族部落有救助之恩，傣族和布朗族先民认为这是天意，将茶树认定为"神树"，这与白石成为羌族人图腾神话的叙事话语一致。只是，傣族和布朗族爱茶、敬茶、护茶成为基本的信仰，因为"茶救活了我们布朗族"，布朗族人认为"每块茶园都有神在守护，所以我们人类的行为不能泛滥，不能乱来，你要是搞破坏，别人看不见但是茶神会看见"。古茶林里的树也是不能砍的，否则"人不会富裕""如果在古茶林里乱砍滥伐，人会生病"。即使正常的生产活动如采茶，也要先对茶魂树进行祭祀，告知茶神以后才能采茶。

自然崇拜同祖先崇拜都有表象（宗教信仰）和礼仪实践（仪式），在社会仪式不断的展演下，由不自觉到自觉，形成了系统的保护观念，这种理念对现今的生态文明建设也有现实意义。景迈山的傣族与布朗族在南传上座部佛教传入之前信仰原始宗教，包括自然崇拜与祖先崇拜，他们认为世间万物有灵，天有天神，山有山神，水有水神，树有树神，寨有寨神，茶有茶神。各种自然神灵无处不在，是她们在主宰着这个世界，这种神山森林文化在许多少数民族的传统文化中均有体现，神山森林文化成为自然崇拜中最典型的代表。

人类对自然的认识，有一个由必然王国向自然王国发展的过程，人类创造的某些文化，由于对自然资源的不合理利用而造成了生态破坏和生态危机，并已经使人类猛醒，因而也就更加珍惜那些世代相传、形成传统并与自然和谐共进的生态文化，神山森林文化正是这样的一种传统生态文化。神山森林文化是山地民族图腾文化的产物，并演化为山地民族适应环境的一种文化方式。大部分山地民族都懂得"没有森林就没有水，没有水就没有农田"的道理。

神山森林文化中"山"被视若神明，山神以及山上的石头、土地、植物、动物等都被赋予了生命，他们敬畏这些生命，并至尊崇拜，奉若神明。他们也同样崇拜祖先，认为埋葬祖先的坟山上，祖先的生命已转化为山上的一棵树、一块石头、一片土地、一个动物，所以坟山上的一草一木都不能动，神山上的所有物质，无论是生物还是环境，都赋予了生命的色彩而被敬畏。神山森林文化中，茂盛的森林里面居住着树神，傣族、布朗族村寨里，都有几棵大榕树作为神树，纳西族则把村中的古柏树敬为神树，苗族则把枫树作为神树。在信仰小乘佛教的傣族村寨佛寺里，都种着5树6花，即菩提树、高榕、贝叶棕、槟榔、糖棕5树，荷花、文殊兰、黄姜花、鸡蛋花、缅桂花和地涌金莲6花。它们也作为神树而被顶礼膜拜。逢年过节，村民还有祭神山和神树的习俗，对于山地民族来说，传统节日中，被赋予生命意义的山神和树神将和自己一起欢庆节日，他们杀牛宰羊，祭拜山神、树神和祖先。

神山森林是山地民族村寨农业生态系统中的重要组成部分，也是山地民族村寨农业生态系统中维持物质循环和能量流动的最稳定的因素，对于涵养水源、保持水土、调节气候、保持生物多样性等都有十分重要的作用。

对于山地民族村寨来说，养育村寨土地的森林主要有两部分，一部分是靠神山森林文化保护下来的神林、水源林、风水林，另一部分则是集体林。这两部分森林中，受到村民活动干扰和破坏的主要是集体林。村民的刀耕火种、混农林业与采薪，甚至砍伐森林的活动主要在集体林中进行，而神山森林中的树木由于受到传统文化的保护，除受少数的采集（采集野菜）和狩猎活动干扰外，一直处于较稳定状态。神山森林除了保证村寨具有稳定的森林覆盖率以外，也保护了山地村寨农业生态系统的生物多样性，使山地农业生态系统的稳定性得以保证。

薪炭林的永续利用是山地民族为了保护神山森林又满足自身需要而创造的一种生态文化，也是一种生态伦理行为。这些薪炭林既可防止水土流失，又可满足村民的生活需要。

由此可见，自然崇拜中体现出的人与自然之间的关系值得深入研究，人对于自然是顺应、适应的关系，人们对大自然充满了敬畏，这与理性主义认为的人与自然二元对立不同。现代理性主义认为，人是万物的尺度，遵从的是人类中心主义，人在大自然面前撕去了温情脉脉的面具,大自然成为人类无限索取的对象,人们以为人类已经战胜了大自然,已经了解了大自然的规律,人们以为可以为所欲为。直到人们发现,环境遭到严重破坏,资源短缺,疾病横行。人们才开始重新审视人与大自然的关系。少数民族传统文化中的自然崇拜无疑为现代人们思考人与自然关系提供了思想,这些思想不再是落后迷信的,而是人们敬畏自然规律,按照自然规律实践的行为准则,将成为生态文明建设中人与自然关系的重要组成部分。

(二)祖先崇拜中的生态智慧

1. 景迈山布朗族的祖先崇拜

景迈山布朗族对他们的祖先"帕哎冷"发自内心地顶礼膜拜,因为布朗族人认为"没有帕哎冷,就没有我们布朗族"。据考证,今天的布朗族来源于古代的百濮族群。在东汉末年,百濮族群受到北方族群的攻击,当时族群中有一对兄弟,一为哎冷,一为尼洼。战争爆发后,哎冷带领部下南迁,自此白濮族人分成两个部落,哎冷部落为布朗族,尼洼部落成为今天的佤族。公元180年,哎冷部落到达"来三孟"(今勐海县、澜沧县、孟连县与缅甸接壤处)一带,哎冷将族群分为三支部落扎寨定居:一为景迈山芒景村居住的布朗族;一为西双版纳州勐海县布朗山居住的布朗族;一为缅甸掸邦居住的布朗族。哎冷带领一支部落在景迈山定居了下来,在布朗族人看来,正是英勇的祖先带领族人开辟了新天地,使族群生存繁衍了下来。其后,哎冷迎娶傣王七公主南发来,并被任命为管理山头事务的大臣,"帕"为行政头衔,于是,"帕哎冷"的名字一直沿用至今。在迁徙途中,布朗族人身染怪病,面临灭族风险,正是吃了茶叶才使得全族人得以痊愈。帕哎冷认为茶的出现乃是天意,留下遗训要布朗族人世世代代爱茶、护茶、植茶。帕哎冷遗训成为古茶林保护的"金钟罩",在布朗族人看来,古茶林作为祖先留下来的遗产,"应该像爱护我们的眼睛一样去爱护它",这是他们赖以生存的根基。可以说,祖先崇拜是古茶林保护的原动力,当地的"哎冷山"即以帕哎冷的名字命名。

在当地民歌《祖先歌》中有一唱段:"帕哎冷是我们的英雄,帕哎冷是我们的祖先,是他给我们留下了竹棚和茶树,是他给我们留下了生存的拐杖。"在景迈山芒景村布朗风情园内建有帕哎冷馆,里面矗立着帕哎冷和南发来夫妇的雕塑，旁附碑文介绍。另有一块碑文刻着帕哎冷遗训："孤欲遗尔田畜，窃恐六宗不之福；欲遗尔货赀，然螟螣矛贼未几必匮；其遗茶乎，茂育不止，而生生不竭矣。尔宜事茶如眸，敬之护之植之养之，世嗣代传，子子孙孙慎毋火夷兵陵，慎毋寇掠房劫，孤居冥冥必祷，而佑尔安处无患焉"。遗训中言，无论留下田畜还是财宝，都有匮乏之日，而留下茶树，则代代取用不尽，茶树即是帕哎冷留给景迈山布朗族人"生存的拐杖"。

景迈山布朗族对祖先的崇拜还体现在对老人的敬重上。村中设有老人组织，成员由村中年长、有威望、了解传统民俗文化的老人担任。年轻人结婚嫁娶，要征得家中老人的同意；家中老人的卧室设在火塘较近的正室；村中重大活动的举办，必须有老人组织的老人参加或主持。"老人组织是从道德层面，从本民族的习惯习俗、礼仪，对家教、村子的管理，还有外来人的对待，包括对办丧事、办喜事，还有盖房子、选日子、搞三大节日发挥了极大的作用"。事实表明，老人的思想观念中对破坏、浪费行为反感，如"古茶树不能砍，砍了就没有了，值钱也不能砍，这是祖先留给我们的"对老人的敬重是布朗族先民流传下来的习俗，也是祖先崇拜思想的延伸。

2. 景迈山傣族的祖先崇拜

祖先崇拜是景迈山傣族人生活中的一个重要组成部分。传说傣族的祖先是召糯腊，他是景迈山傣族部落的第一位首领，死后葬在景迈村右上角约200米处的一个小山梁上，当地人称巩景山。据说召糯腊在临终前把部落里的老人叫到自己身边，并对他们说，他死后将葬在巩景山上，他的灵魂就住在这座山上，这样他就能永远看到景迈山的每一个角落，保护着景迈山傣族人和山上的一草一木，让傣族部落能够世代繁衍发展。希望傣族后人能够世世代代守好这座山，守好山上的茶树，并让族人把他曾经从山上捕获回来的那头红黑毛色、黑眼圈的黄牛宰杀后祭献给他。在召糯腊死后，傣族村民遵照他的遗训把他葬在巩景山。从此以后，景迈山傣族人世世代代祭祀巩景山，活动每年举行一次，时间在傣历十月一日至二十五日，在此期间具体为哪一天要由安章推算，然后再通知给召王准备，因此，每年的祭巩景山时间会稍有不同。到了祭祀的前一天晚上，全寨村民收回地里的农具，停止一天的生产劳动，用竹子编成祭物在天亮前拿到寨子"倒赕细"，即所有路口上栽起来，外人看到后就知道不能进到寨子里来。在祭祀这一天，全村人载歌载舞，或杀鸡或宰牛祭献祖先，在召王的主持带领下，祈求祖先召糯腊保佑村民平安顺利，除鸡或牛外其他祭品还有"年"（一种特制的茶，只有重大活动时才能用）和蜡条。

"古者祖有功而宗有德，谓之祖宗者"。祖先崇拜是许多民族普遍信仰的文化现象。"万物本乎天，人本乎祖"，认为生命的延续和繁荣依赖于祖先，人们崇拜祖先的行为即是对生命始源"生生之德"的感恩和报答。祖先崇拜的基础是鬼神信仰，人们又将同自己有血缘关系的祖先灵魂，尤其是那些生前对本氏族、本部落有重大功绩，被认为最强大有力和英勇善战的部族首领的亡灵，看成本部族的守护神，对她加以崇拜，这是祖先崇拜的理论基础。人们除定期或不定期对祖先进行祭祀以外，还须遵祖训，对后代子孙起着道德约束和规劝作用。通过祖先崇拜，将自然拟人化、拟神化，人与自然不再是冰冷的相互利用的关系，人与自然成为可以互相交流的对象。

二、生产实践中的生态智慧

（一）刀耕火种的生态智慧

1949年前，傣族与布朗族人的生产力低下，生产技术落后，主要采用轮歇农业，即刀耕火种的耕种方式，这是热带山地居民在人口规模较小的状况下采用的农业方式，也是一种社会生态适应。刀耕火种农业是热带山地居民利用森林而又保护森林的一种动态农业，是对神山森林文化传统的延续和补充，也是一种有序的土地轮歇的农业行为。刀耕火种的农业在森林中开了一个个小小的林窗，农业休耕后又在其休闲期里依靠自然的植被演替，使森林得以恢复。山地居民在利用森林的时候，采取一种小心翼翼的态度，期盼着森林的恢复。

刀耕火种农业的良性发展以森林生态系统的平衡和良性循环为前提，如果森林生态系统的平衡遭受破坏，那么刀耕火种农业生态系统就会崩溃。在与森林朝夕相伴的漫漫岁月中，许多定居型刀耕火种民族深刻地认识到森林与生态系统之间、自然生态系统与农业生态系统之间的生态链关系，并将这种认识娴熟地运用于生产实践中。

根据森林种类分布情况、稀密程度以及在生产系统和文化系统中的重要程度，对社区（往往以村寨为单位）内的森林资源进行总体规划，划定哪几片森林可以砍伐，哪几片森林不能砍伐，砍伐活动被严格限定在社区之内。

建立严格的防火措施，防止区域性森林火灾的发生。砍树垦地和烧树肥地是刀耕火种中最基本的两道工序。盲目而肆意地"砍"和"烧"，将带来灾难性的后果。所幸的是，这些少数民族大多具有大生态观念，将"砍"和"烧"严格限定在生态系统所能承载的限度内，维持了区域性的生态平衡，从而为农耕文明的延续奠定了坚实的生态基础。

刀耕火种既然以"砍"和"烧"作为两道基本工序，必然要破坏森林资源。问题的关键是人类是否履行了保护自然的责任和义务。如果每砍伐一片森林后，采取竭泽而渔的方法，连年垦种，最终地力耗尽、荒芜不毛，那么，日积月累，供刀耕火种的森林资源也将最终耗尽。更可怕的是，由于原划定的土地已不能耕种，人们出于生存的需求，就可能会不顾宗教戒律和道德的规约，将刀斧举向寨神林、风水林，危及整个森林生态系统，从而危及刀耕火种文明。刀耕火种文明要诞生，必然要破坏森林资源；刀耕火种文明要延续，必须要恢复或重建森林生态系统。这就是人类需求与自然需求在刀耕火种中的对立统一。

（二）防火林设置中的生态智慧

在轮耕火烧期间，如果要烧一块地，必须要设防火线，有了防火线能有效避免造成森林火灾。除此之外，为防止村寨失火，景迈山布朗族人在寨子周围也栽有一圈防火林，形成一道生态防火线。当地人的防火林树种以"红毛树"为主，"红毛树"学名为木荷。防火林要经常清理红毛树下的落叶，（这样）即使有火，也不会烧过去，因为红毛树很不易烧。

如果发生火灾，放火者就要受到惩罚。例如在 2013 年，一户人家不小心烧了山，这家人就被罚了 800 元，还要祭拜。在哪里烧的就在哪里祭拜，带着三只鸡去祭拜那块地。在小祭的时候自己还要自觉再去祭拜，去寨心那里祭拜。如果有烧着山，放着火的，自己就自觉地去祭拜，每个人心里都会害怕的。祭拜神山要先看卦，如果祭拜的不符，神山还不接受，就要祭拜第二次。

布朗族的防火线设置并未采用石材或工程类的建筑，而是就地取材，利用植物的特性来设置，这样做的好处：一是并未造成森林覆盖率的减少；二是即使有火灾产生，也能通过植物的生长实现新陈代谢。

生产实践的经验是族群集体智慧的结晶，能自然而然得到族群的认同与遵守，生产实践中的节用、自我修复思想以及充分利用当地自然材料的理念，使得生产生活较少产生垃圾，而产生的废弃物也可以通过焚烧进行清理。

三、祭祀习俗中的生态智慧

祭祀活动创造的神圣氛围使身处其中的参与者产生了复杂的情感，发挥了特殊的心理整合作用。祭祀行为既不是单纯的爱，又不是单纯的惧，是爱和惧的调和。在景迈山，通过恢复传统节庆，恢复祭祀仪式，有效规范了村民行为，自从恢复了传统节庆以后，一些小偷小摸的行为都没有了，管人是要管他的心啊，用这种形式让他服你"。当地人还认为，虽然法律和制度的惩罚措施是有效的，但是有的人认为交了罚款就可以破坏了，将惩罚看成是一种交易，因而这种保护方式有着薄弱之处。景迈山的傣族和布朗族有许多祭祀仪式，这些祭祀仪式蕴含着对自然环境的保护理念，通过整理这些祭祀仪式，能够让人们重新思考人与自然之间的关系，强化自然的主体地位。

（一）祭神山、神树

景迈山的傣族和布朗族靠山而居，于是就产生了自己的神山，神山一般与寨子相连，山体较大，山上植被覆盖率高，与人们的生活有着密切的关系，他们会将神山上生长高大的、树龄大的树奉为神树。在景迈山，每个寨子都有自己的神山，如景迈村有巩景山、竜散本山等；芒景村有哎冷山。其中，景迈村的巩景山是几个寨子中最大的神山。据说在神山巩景山上埋葬着他们的祖先召糯腊，也是以前神仙居住的地方，人们就在这座山中进行祭祀神山、神树的活动。景迈山傣族老人说："神山树上有鬼，人进入神山以后就会被鬼纠缠，手上会出现绳子拴过的印记"。人们不能随意进入神山，不能猎杀神山上的小动物，不能采摘野果，甚至不能捡拾神山上的柴，否则就会受到山神的责罚，噩运降临。

哎冷山则是布朗族的神山，据记载帕哎冷曾将家安在山上，布朗族认为神山上的东西不能随意破坏，即使不小心破坏了，也要在特定的时间祭祀寨心或神山，祈求山神的原谅。

当村中有人生病时，就要去神山上祭拜。病人的亲戚朋友准备好祭祀物品，包括芭蕉叶包饭、摔碎的碗、一只公鸡、一只母鸡，带到神山中专门进行祭祀的地方，用竹子、芭蕉叶等搭好祭台，杀鸡进行祭祀，供奉煮熟的鸡肉，然后用鸡骨头算鸡卦，占卜吉凶。如今在神山上特定祭祀的地方还留着一些砖、碗、坛子等祭祀用品。

景迈村巩景山上有一棵神树，学名为长尾单室茱萸，当地村民称其为"迈烧坎"，意思是二十把斧子才能砍倒的树。以前村民出门远行之前都要去祭拜一下这棵神树，采一枝树杈插在那里，表示请求树神保佑自己出行平安。现在由于人们出行频繁，这个祭拜活动就不再进行了。但是在祭祀茶树的时候会对神树进行祭拜，以表达人们对神树的崇敬之情。景迈山傣族的祭祀活动多与大山、森林、茶叶有着密切的关系，也就是与大自然有着密切的关系。通过各种祭祀活动，一方面追溯祖先的伟大功绩，用祭祀的方式纪念和传承祖先的伟大壮举；另一方面表达对大自然的敬畏。他们充分认识到万物间的相互关联和人对自然的依赖性，所以遵循自然法则，保护森林、水源，进而维持了景迈山良好的生态环境。

（二）祭茶神

1. 景迈山傣族祭茶神

景迈山的傣族和布朗族都有祭茶神的仪式，据传茶对这两个民族都有救命之恩。傣族民间传说记载，景迈山傣族祖先召糯腊喜狩猎，一日追踪一只马鹿至景迈山，被此地优良的环境所吸引，遂携家带兵迁往驻扎。某日其妻染病，偶食茶叶而愈。召糯腊命民兵开山种茶，自此开始了景迈山植茶历史。后人将召糯腊尊为茶祖。景迈山傣族认为茶是上天赐给他们的宝贵礼物，人们把自己美好的愿望寄托在茶上，在各种各样的祭祀活动中，茶叶是主要的祭品。

傣族认为茶有茶神，祭祀茶神重要而隆重。景迈山有迄今两千多年的万亩古茶园，古茶园里面有大茶神，而每家每户又有自己的小茶神。大茶神管理着整个景迈山的茶树，小茶神则管理每家每户的小片茶园。

傣族村民以原始宗教的仪式选定自家茶园里的小茶神，小茶神一般是自家茶园中较为粗壮高大年长的古茶树，茶神一经选定后就永久地固定下来，不能随意改变。村民们到自家茶园里面干活，吃饭时都要先给茶神树供奉一点饭菜，以示对茶神树的尊敬。每到采摘春茶之前，要先祭祀自家的茶神树，祈求茶叶能够有好的收成。祭祀大茶神一般在傣族泼水节的时候举行，景迈山傣族村寨的人们会带上各种祭品，在召王和安章的主持下举行隆重的呼唤茶魂等祭祀仪式，祈求茶神能够保护景迈山古茶园不要有自然灾害，来年茶叶能够取得好的收成。

2. 景迈山布朗族祭茶神

据布朗族文化史资料记载，茶是布朗族祖先在迁徙途中发现的一种药材。据老人们口口相传，有一次，布朗族祖先在争战中遭遇到一次大的流行病侵袭，整个族群的成员都患上了这种病。患者四肢无力，眼睛发黑，吃不了，走不动，全族人只好停下来在大森林里原地休息养病。在这绝望时刻，一位老人因疼痛难忍，便无意间从身旁的一棵大树上摘下一片树叶放到嘴里面含着，不一会儿，这位先人便迷迷糊糊地睡着了。待他醒来时，觉得一身轻松，头脑清醒，眼睛明亮，精神振作。他马上把自己的感觉告诉首领哎冷和同胞。哎冷问他："你的病是怎么好起来的呢？"他说："我只记得入睡前摘了一片叶子放到嘴里面含着就慢慢地睡着了，待醒来时就觉得病好多了。"布朗族人认为这是天意，并将这种树命名为"腊"，即茶。从此之后，布朗族便大量种植茶树，因此，凡是布朗族人居住过的地方，或多或少都会留下人工种茶的痕迹。

景迈山布朗族认为茶是有魂的，因此，在布朗族人的每块茶地里都有一棵茶魂树，即该茶地种植的第一棵茶树，之后种植的则为普通茶树。进入布朗族人的每一片古茶园里，都可以看到一棵特殊的茶树，茶树根上栽有一棵神桩、一个供竹篮、一棵仙人掌、一棵鸡蛋花树。看上去这棵茶树要比其他的茶树更高大，这就是布朗族族人的茶魂树了。茶魂树的出现，是布朗族人发现茶、认识茶并进行人工种茶的一次飞跃。历经数百年人工种茶，布朗族人深刻认识到茶叶是布朗族人生活中不可缺少的一部分，因此，把茶叶作为生命来看待。每当新开发一片茶园，在这块土地上种的第一棵茶树都要选择最好的日子，举行必要的祭祀仪式后才能够正式种植，以后这棵树就成为这片茶园的茶魂树。茶魂树表明这块地已列为神山，有灵魂，有主人，任何人不得乱砍滥伐，不得栽种其他农作物，不得随意采摘茶叶，违者会受到制裁。

在采茶之前，要先祭祀茶魂树，因为"茶在布朗族是有灵的，是有神灵的，你祭了它以后，它可以给我们带来生活永平"，也是为了"感谢茶树带给布朗族的财富，希望来年茶叶长得更多更好"。茶魂树祭祀"每年只能做一次，春季开始采茶的时候拜一下茶魂树"，即采茶之前为茶魂树祭上贡品，贡品为芭蕉叶包裹的米饭、蜡条和水果，祭祀之后方可采摘茶叶，"普通茶树的茶叶在祭祀完当天即可采摘，但茶魂树的茶叶须在祭祀三天后才能采"。在布朗族的山康茶祖节，老人会举行呼唤茶魂仪式，他们认为，在特殊的日子，通过呼唤茶魂邀请她参加仪式，会得到茶魂的保佑。

(三) 祭水神

1. 景迈山傣族祭水神

傣族是一个崇尚水的民族，认为水有水神，因此就产生了祭祀水神的习俗。景迈山傣族祭祀水神的地方一般都在生活取水的水源地，有的选择在寨子的箐边或者水井旁。景迈大寨祭水神的地方在寨子边的南回弄箐，而芒埂寨祭祀水神的古井位于芒埂寨的右上侧，紧连村寨。在这些地方，人们都会特别注重对水体的保护，注重对生态的保护。传说景迈山傣族祖先召糯腊在两千多年前带领族人迁徙时，来到景迈山定居，建立了一个将近一千人的傣族部落。在建寨立村前，召糯腊先带着部落中的男人在南回弄箐边搭建了一个祭水神的祭台，首先祭了水神才开始破土动工建立村寨。后来，南回弄箐被村民称为"巩岩袜"，其意为召糯腊带领男人祭水神的地方，从此以后，祭祀水神的仪式便流传了下来。在傣族泼水节这天，全村男女老少都要带上祭品来到本寨祭祀水神的地方。祭祀水神的地方由本寨的老人事先打扫干净，并搭建一个祭台，在祭台上绕上一圈白线，佛爷和和尚在祭台上念经祈祷。祭祀时村民们将各自带来的祭品放在祭台上，整个祭祀过程体现了人们对水神的崇敬之情。景迈山傣族对各寨的水源地都加以保护，不得出现污染水源的行为，认为污染水源就是对水神的大不敬。

2. 景迈山布朗族祭水神

布朗族在定寨选址的时候也非常看重水的存在，当布朗族人迁徙至景迈山时，远看这座山像一头大象，土地肥沃，森林茂盛，雨水充沛，七条清泉水顺流而下，地处偏僻山区，其他人不易进入，是族群繁衍生息的好地方。布朗族在山康茶祖节期间，会选择村中七个年轻小伙子，在凌晨太阳升起之前去村外的七条箐沟接七泉水，俗称"接新水"，代表辞旧迎新。七泉水接回后，一部分用来煮药草，过滤后的药水供全村人喝，可以消炎解毒，缓解疲劳；一部分则用来浴佛，期望佛祖保佑。七泉水必须无污染、清澈无杂质，这就要求对这七条泉水加以保护，不得随意丢弃垃圾或进行其他破坏行为。

祭祀仪式体现了人们感恩自然的观念，自然为人类生存提供了必要的物质资料，人们通过祭祀感谢大自然的馈赠。人类不再是凌驾于自然之上的征服者，而是利用自然、享受自然的受予者。

四、村规民约中的生态智慧

村规民约是村民自治的重要管理制度，是集体智慧的结晶，是全体村民的共识，在少数民族地区无疑具有权威性和适用性。如果不遵守，人家会看不起你，农村是一个熟人社会，人与人之间的交往靠信誉维持。如果有人不遵守大家的共识，无疑会遭到其他人的排斥。芒景村的村规民约里对古茶林的保护有明确说明，对破坏古茶树的行为也有惩罚措施，虽然这些惩罚看上去并不严重，然而古茶林作为祖先留下来的遗产，在村民心目中的分量很重，村规民约作为村民的共识，一旦有人违反，会受到道德谴责上的巨大压力。农业学大寨期间，有专家对古茶林进行改造，实行低产茶向高产茶转变，村里的老人当时并不接受这种做法，一是"古茶林这边不能搞农业，几千年前就定下来了"，二是因为"老人舍不得砍茶树"。随着传统文化和含有浓厚古茶林保护的地方性知识的重构，这些观念更加深入人心，对古茶林的保护将从规章制度下的"他律"实现向地方性知识下的"自律"的转变。

芒景村的村规民约分为成文与不成文的。成文的村规民约由芒景村党总支制定，正式实施后每家颁发一册。在村规民约制定之前要"先同村里的老人商议，因为老人对民俗、传统文化懂得多"，然后经"四议两公开"以后正式实施。四议即党总支提议，"两委员"商议，党员大会审议，村民代表会议；两公开即决议公开，实施结果公开。《芒景村村规民约》为一本64开小册子，其中第十一条专门对茶树的管理进行了规定，下分三个条款，首先提到"古茶林应按传统管理"。具体做法是"在古茶林内不准打农药，不准施化肥，不准施叶面肥，不准深耕除草，不准剥树皮，不准挖药；不准捕猎打鸟，不准取蜂神树的蜜和蜘蛛；不准在古茶林用水，不乱掉烟头；不准在古茶林以密植种茶。违者处罚每亩100~5000元的罚款。"

村规民约成为神山森林文化传统传承的重要方式。因为，对于神山森林的顶礼膜拜是一种近乎于原始崇拜的生态伦理观，这种伦理观念在老一辈的山地民族中通过代际交流和学习得到较为广泛的传承，但随着科学文化的普及，特别是《中华人民共和国森林法》（以下简称《森林法》）的普及，年轻一代的山民对于森林的敬畏心理逐渐淡漠，而对当代山地民族来说，保护神山森林的文化传承最有力的形式则是乡规民约和村规民约。

在普洱许多少数民族村寨的村规民约里，都有明确的保护森林，特别是神山森林的内容，对砍伐神山森林树木的处罚，远高于《森林法》的处罚，但它比《森林法》更行之有效，因为这种村规民约已经成为村民的一种生态伦理行为准则，得到村民的共同参与和监督。

五、传统文化的传承发展与生态文明建设

文化是一个国家的灵魂，是一个民族的根本。党和国家历来重视优秀传统文化的传承与坚守。习近平总书记在2016年中国文学艺术界联合会第十次全国代表大会、中国作家协会第九次全国代表大会开幕式上讲道："文化是一个国家、一个民族的灵魂。历史和现实都表明，一个抛弃了或者背叛了自己历史文化的民族，不仅不可能发展起来，而且很可能上演一幕幕历史悲剧。"在同一年的哲学社会科学工作座谈会上习近平总书记讲道："文化自信是更基本、更深沉、更持久的力量。历史和现实都表明，一个抛弃了或者背叛了自己历史文化的民族，不仅不可能发展起来，而且很可能上演一场历史悲剧。"习近平总书记在党的十九大报告中指出："中国特色社会主义文化，源自于中华民族五千多年文明历史所孕育的中华优秀传统文化，熔铸于党领导人民在革命、建设、改革中创造的革命文化和社会主义先进文化，植根于中国特色社会主义伟大实践。"坚定文化自信，不能只挂在口头上，而是要落实到行动上。

（一）大力传承和保护傣族和布朗族的传统民俗节日文化

传统民俗节日作为弘扬和培育民族精神的重要文化载体，是构建和谐社会不可或缺的一个重要组成部分。然而，在现实中，传统民俗节日越来越趋向于单纯的假日，其文化意蕴也在人们的心中逐渐淡忘。作为傣族和布朗族人民传承祖先智慧结晶的传统民俗节日文化，其传承和发展也同样面临着诸多挑战。保护民俗传统节日实际上就是保护民族传统生态文化，在当代人们已淡忘节日的意义的时候，大力提倡各族人民过好自己的节日是对民族文化的一种传承和保护。

景迈山傣族和布朗族传统节庆众多，如傣族有泼水节、开门节、关门节、赕佛节等。布朗族有山康茶祖节、开门节、关门节、新米节等，其中山康茶祖节是布朗族最大、最隆重的节日。泼水节和山康茶祖节在傣族和布朗族人民心中的地位非常高。因此，在景迈山传承和保护好传统节庆对民族文化的传承与发展意义十分重大。改革开放后，政府及地方民族精英为传统节庆赋予了新的内涵，它以新的面貌出现在众人面前，成为傣族和布朗族辞旧迎新（新年）、发展民族经济、弘扬民族文化、开展科技商贸交流的最佳时日。每年4月中旬，傣族与布朗族各自举办传统佳节，其中布朗族还会邀请缅甸的民众前来参加，传统节庆还将为中缅两国各民族加深文化交流，进行科技、商贸友好合作架设桥梁。

（二）消除景迈山傣族和布朗族传统生态文化对经济社会发展的负面影响

在景迈山傣族和布朗族社会中存在着非常丰富的文化现象，在社会变迁的过程中，人们的文化生活状况发生了不少的变化，这些变化与社会的变迁密切相关。傣族和布朗族的文化在过去更多地存在于社会生活中为消灾、祛病、祈福等而进行的宗教祭祀活动中。今天在傣族和布朗族中掌握大量民族传统生态文化知识的人，主要是祭司，其次是一些较年长的老人。综合过去四五十年的发展来看，傣族与布朗族对传统文化的利用现象正趋于一种逐渐消亡的状态。景迈山傣族与布朗族传统文化中有不少有益于生物多样性保护的习俗，如出于生活需求，对与生活密切相关的自然资源的利用进行规范和管理等。这些文化习俗对当地的生物多样性保护和环境管理都具有不可忽视的积极作用，体现了文化多样性和生物多样性的密切关系。研究证明，景迈山古茶园的生物多样性与天然林的生物多样性接近，比现代茶园（台地茶园）的生物多样性高得多。一些传统节庆中包含的朴素的保护意识是维持生物多样性与环境保护的重要思想。近些年来，当地政府已经意识到传统文化的力量，通过各种途径恢复和举办传统节庆，以传承各民族的传统文化。

普洱市自1993年开始举办普洱茶文化节，景迈山地区作为茶文化节的分会场，在其中承担着文化宣传、商贸合作、民族团结的作用。每年的活动内容不尽相同，一般会举行祭茶祖仪式、茶文化高峰论坛、普洱茶加工和斗茶大赛、普洱茶产品交易博览会、普洱特色产品展销会等活动。茶文化节的意义是非凡的，在短短的数日，交易额就可达千万甚至上亿元，有力推动了茶文化的传承和茶经济的发展。

（三）建立非物质文化遗产传承人制度

民族风俗、宗教信仰、传统节庆等均属于非物质文化，文化是由人类创造的，也是人类社会活动的体现，而任何文化都离不开人的实践活动。为了传承非物质文化，国家设立了非物质文化遗产传承人（以下简称非遗传承人），建立了非遗传承人制度。非遗传承人即文化传承主体，是非物质文化遗产的动态表现和活态承载。传承人的文化行为如何承继，是非物质文化遗产保护实践的关键环节，也是传统文化得以传承的核心内容。事实证明，非遗传承人制度在活态传承民风民俗、传统节庆等方面是行之有效的。

景迈山傣族通过保留传统的安章、爬考和召王等祭司，对传统仪式重新恢复传承，使民族传统文化得以恢复。布朗族重建了老人组织，老人组织成员各有分工，有专门负责仪式程序的、有专门看卦的等，老人组织成员熟悉传统民俗，通过老人组织成员对传统文化的重构，使民族传统文化得以继承和发扬。非遗传承人在闲暇时间举行传统民族文化培训班，培训人员为各村寨对传统文化感兴趣、有志于传承民族文化并具有一定文化知识的村民，除定期接受非遗传承人培训外，在民族节庆举办期间，参与节庆的组织与实施，进一步加深对民族传统文化的认知。例如，景迈山布朗族老人组织选定民族文化传承人后，每年会有固定二到三期民族传统文化的培训，培训内容有老傣文的学习、民族发展历史学习、经书内容学习、民族传统节庆学习等，通过学习进一步强化了民族文化认同感,提升了民族文化自豪感。

(四)传统文化与生态文明建设

解决生态文明建设问题,不能只依赖科学技术,挖掘传统文化的生态智慧在当今社会显得迫在眉睫。传统文化的生态伦理中蕴含着丰富的生态哲理,对提高人们的环境保护意识具有重要作用。《国家"十一五"时期文化发展规划纲要》中有关民族文化保护的内容提到"发挥重要节庆和习俗的积极作用。适应当代生活,体现时代特点,与精神文明创建活动相结合,坚持不懈地抓好移风易俗,创新形式,丰富内容,改造和发展富有浓郁民族特色的民间传统节庆内容、风俗、礼仪,维护民族文化的基本元素。"少数民族的传统节庆、民风民俗中蕴含着丰富的生态思想和生态智慧,人们通过定期重复进行的节庆活动中的祭祀和仪式,传递来自远古祖先以及大自然的信息,也传递人类对祖先以及大自然的感恩之情。传统文化是人类在日常生产生活中共同实践创造的,作为特定区域的一部分,有自觉传承民族文化的原始动力,是民族共同体的维系力量,也是人类一代代积累的文明成果。通过吸取传统文化中的合理内容,宣传生态文明建设的正能量,以便为当代生态文明建设服务,为当代生态文明体系的构建提供理论依据和实践案例。

普洱市人民检察院关于国家绿色经济试验示范区建设工作自我评估报告

习近平总书记在党的十八届五中全会明确提出了"创新、协调、绿色、开放、共享"新发展理念，特别强调树立"绿水青山就是金山银山"等绿色发展理念。而全面贯彻落实这一理念，积极融入绿色发展大局，是作为法律监督机关和依法治国重要力量的检察机关肩负的政治责任和历史使命，也是检察机关依法履职的价值体现。2015年以来，围绕普洱市"生态立市、绿色发展"的战略目标，普洱市人民检察院潜心探索研究如何用法治保障生态文明建设，如何用参与生态文明建设的成果反过来促进检察工作的发展。2015年9月，普洱市人民检察院被确定为全国首批公益诉讼试点单位。

2015年11月，普洱市人民检察院出台了《关于保障和服务普洱"生态立市、绿色发展"战略的实施意见》。2018年普洱市人大常委会调研听取检察公益诉讼工作专题汇报，提出《关于进一步加强全市检察院公益诉讼工作的意见》。2018年，普洱市委市政府出台了《关于支持检察机关开展公益诉讼工作推动生态立市绿色发展和法治普洱建设的实施意见》。2019年6月3日，云南省生态文明建设排头兵工作领导小组《生态文明建设排头兵工作简报》第23期刊发了普洱市《探索"绿色检察"强化公益诉讼，筑牢绿色发展司法屏障——普洱市建设国家绿色经济试验示范区经验之一》。从"绿色检察，成效明显；专业团队，强化推进；加强联动，主动出击；创新办案，互动预防；结合实践，完善制度"等五个方面，对我院绿色检察助推普洱绿色发展的经验进行了总结推广。

一、普洱市检察工作的基本情况

自2015年开展公益诉讼试点工作以来，普洱市人民检察院共收到案件线索2967件，其中民事公益诉讼案件线索73件，行政公益诉讼案件线索2894件,办理诉前程序案件2245件,提起诉讼178件,提起诉讼案件占诉前检察建议的6.6%,其中,民事公益诉讼1件,行政公益诉讼149件,刑事附带民事公益诉讼28件。提起行政公益诉讼案件占提起诉讼的83.7%,刑事附带民事公益诉讼案件占15.7%,提起诉讼案件已全部判决,无一败诉。行政机关采纳检察建议并整改到位率达94%。督促行政机关依法履职,治理、恢复被污染水源地612亩;清理污染和非法占用的河道43.1千米;拆除非法养殖网箱3360.77亩;拆除非法捕捞渔具1091个;关停、整治违法采砂户240户;挽回林地628.7亩;挽回耕地190.71亩;追回国有土地出让金、收缴残疾人就业保障金、防控费等国有资产6600余万元;收回国有土地124亩,有效避免国家经济损失2亿余元;对1346家网络违法餐饮经营户、167家不规范销售药品零售店进行整治,向污染企业索赔环境损害赔偿金82.97万元;收回恢复森林植被费用84.44万元。2019年8月,在云南省政法领域全面深化改革推进会上普洱市人民检察院以《绿色检察的普洱样本》为题作了交流发言。《检察日报》头版报道《"绿色检察"助力普洱茶原产地生态保护》。《云南日报》头版报道《绿色检察助推普洱绿色发展》。2019年10月,省检察院邀请全省8个州市的26名人大代表、2名特约检察员走进澜沧县、西盟县、孟连县,调研视察普洱公益诉讼工作。人大代表、特约检察员们对普洱公益诉讼工作给予高度评价,认为"普洱经验"在云南省具有典型意义和借鉴意义。

2020年,我市检察机关刑事检察部门受理审查逮捕破坏环境资源违法犯罪案件42件,计50人;批准逮捕案件28件,计31人;受理审查起诉案件296件,计362人;起诉案件300件,计380人,不起诉案件27件,计41人。

二、主要做法及成效

(一)以"绿色检察"新理念为指引,开拓创新,努力为公益诉讼提供"普洱经验""普洱样本"

1. 提供生态环境资源纠纷多元化解决机制的实践样本

普洱市人民检察院办理云南景谷矿冶有限公司民事公益诉讼案,案件受理后,多次召开庭前会议,坚持案件审理以保护生态环境和资源为原则,以保护当地群众生产生活为重点,严格做到疑难问题及时讨论、新问题及时沟通,保证案件得到公平、合理、高效地审理。案件开庭审理时,邀请云南省相关检察机关及地方人大、政府、政协负责人进行了旁听,通过以案释法,有力地推动了当地政府依法行政,提升了公众的环保意识,取得了良好的社会效果。本案充分协调各方当事人,以修复环境为目的,以被告全额进行赔偿的调解方式结案,达到法律效果与社会效果的有机统一。案件的办理为完善生态环境资源纠纷多元化解决机制提供了实践样本。该案被最高人民检察院评为公益诉讼典型案例。

2. 提供督促行政机关依法履职,解决涉众型生态环境资源纠纷,促进社会治理现代化的普洱样本

普洱市、县两级检察院办理的糯扎渡库区非法网箱养殖、非法捕捞公益诉讼案,综合施策,发出638件检察建议,督促职能部门依法对非法网箱养殖、非法捕捞行为进行查处;同步开展糯扎渡库区执法过程、糯扎渡库区水质现状分析调研,形成专题调研报告报省院和普洱市委、市政府,把行政部门执法力量薄弱、糯扎渡库区管理漏洞等问题汇总,并提出改进建议。市院派员向市河长办成员单位以及一线执法人员授课,提供法律咨询,解惑答疑,树立执法人员正确执法观念,纠正程序和法律适用错误等问题。

普洱市人民检察院通过提起了87件行政公益诉讼案件,以提起行政诉讼的方式,节约司法成本,在最短时间内恢复原状、强制拆除,至2020年8月11日,糯扎渡库区普洱片区实现网箱全部拆除清零。这场行动历时近3年,在检察机关的监督促动下,普洱全市共拆除网箱13558.78亩,非法捕捞渔具5067个。相关部门为632户非法网箱养殖户、785户非法捕捞户建立了详细档案台账,召开宣传动员会1200余次;对拒绝配合拆除的养殖户共立案505件,出动人员12300余人次、车辆3457辆次、船只1675艘次;市级下拨工作经费826万余元,各涉库县(区)投入整治经费1247.9万元……案件的办理为解决涉众型生态环境资源纠纷,促进社会治理现代化提供了普洱样本。该案入选云南省典型案例。

3. 提供"专业化法律监督＋恢复性司法实践＋社会化综合治理"的普洱生态检察模式

江城哈尼族彝族自治县（以下简称江城县）人民检察院办理的付小平等14人滥伐林木刑事附带民事公益诉讼案。经调查发现，涉案的14名被告人有8人为建档立卡贫困户。在市人民检察院的指导下，江城县人民检察院与人民法院、林业部门等行政机关精准制定符合被告人实际的履行方案，让涉案人员在承担刑事责任的同时承担起补植复绿的责任，以人性化司法办案助力脱贫攻坚，化解社会矛盾，维护社会大局稳定。云南省生态文明建设排头兵工作领导小组综合协调办公室简报刊发进一步推广"普洱市'绿色检察'强化公益诉讼筑牢绿色发展司法屏障"经验做法时，将该案作为典型案例刊发，认为案件的办理是检察机关对"专业化法律监督＋恢复性司法实践＋社会化综合治理"生态检察模式的有力探索，是人性化办案助力脱贫攻坚工作的完美诠释。

4. 提供高效调查取证和提起诉讼的普洱经验

澜沧县人民检察院办理的森林公安局怠于履职公益诉讼案。案件受理后，澜沧县人民检察院迅速组织调取大量台账资料并实地查看取证，发出检察建议后，森林公安局仍未引起高度重视。市县两级人民检察院决定提起公益诉讼，并在一周内完成了调查取证和起诉工作。检察机关通过大量证据证实森林公安局未依照法律规定依法、正确、全面地履行法定职责，该公诉建议及证据被法院采纳。该案被收录于中国检察出版社出版的《公益诉讼指导性案例实务指引》一书之中。

5. 创新开展替代性生态修复方案

孟连县人民检察院提起的全省首例刑事附带民事公益诉讼案，人民法院判令擅自开采取石，毁坏和占用省级公益林101.68亩的王元明等七人承担森林植被恢复费用以及案件鉴定费用共99.9万元。检察机关在跟进监督中发现，被毁坏林地现在山体表面是裸露的岩石，树苗种植后难以成活，强行恢复，必造成山体二次伤害，且存在极大的安全隐患。经与林业和草原局研究，建议采取"异地森林植被恢复"的方式进行生态修复，拓宽了生态修复义务的履行方式，促进生态修复理念的转变和深化，取得了良好效果。

宁洱县人民检察院对罗某生、罗某权涉嫌非法猎捕珍贵、濒危野生动物破坏国家野生动物资源刑事附带民事公益诉讼一案，鉴于其为建档立卡贫困户，根据《生态环境损害赔偿制度改革方案》的精神，在公益诉讼中引入诉前磋商机制，会议由检察长主持召开，邀请人大代表、政协委员、人民监督员、群众代表、职能部门参加，与会人员围绕是否进行诉前和解、可否公益劳动代偿、以何种方式代偿展开商讨，在全面充分听取各方意见的基础上，形成了以公益劳动补偿结合经济赔偿的替代性修复方案。

6. 努力促成防治环境污染长效方案

西盟县人民检察院办理针对西盟县勐卡镇与岳宋乡交界处的公路沿线垃圾随意堆放，环境污染公益诉讼案。检察机关发出检察建议，建议当地乡镇健全垃圾处理设施，设置安全可行的垃圾倾倒区域，严防环境污染。收到检察建议后，当地政府及时组织全面清除乱堆的垃圾，同时建设了围栏并对植被进行恢复。同时，检察建议也引起了西盟县委、县政府的重视，县委、县政府组织国土、水务、林业等职能部门到实地调研。最终，西盟县政府克服资金困难拨付511.97万元（占县财政收入的1/6），建设了一座日处理垃圾量达10吨的无公害化垃圾处理厂，彻底解决了当地多年来的垃圾污染环境问题，老百姓拍手称赞，省人大代表、特约检察员视察时对此给予了高度评价。

7. 找寻公益诉讼办案和民营企业保护平衡点，维护民营企业合法权益，营造良好营商环境

在办理督促征收残疾人就业保障金专项工作中，牢牢遵循检察长张军关于检察机关要积极服务保障民营企业发展的指示精神，主动融入中央"六保、六稳"工作要求，多次与税务、财政部门座谈沟通、磋商，在发出检察建议督促税务、财政部门依法征收残保金促进残疾人就业金的同时，要求职能部门积极维护民营企业的合法权益。一是首先要按照《云南省发改委、省财政厅、省民政厅、省人力资源和社会保障厅、国家税务总局云南省税务局、云南省残疾人联合会关于转发完善残疾人就业保障金制度更好促进残疾人就业总体方案的通知》的规定，对民营企业用足、用好、用优优惠政策：首先是实行分档征收；其次是对在职职工人数在30人（含）以下的小微企业，暂免征收残保金；再次是按照《云南省财政厅、云南省残疾人联合会关于调整新型冠状病毒感染的肺炎疫情防控期间残疾人就业保障金政策的通知》规定，对企业、事业单位减半征收2020年度残保金；最后是不发出大规模欠费缴纳通知书。

通过这些政策的充分贯彻落实，对于欠缴保障金的564户民营企业给予最大的优惠，促进民营企业依法经营的同时，切实降低了企业经营成本，尽力帮助企业渡过难关。二是对未足额缴纳残保金的60余户民营企业，鉴于2020年受到疫情影响，企业经营困难等问题，经研究决定延长检察建议整改期限，放宽税务、财政部门的履职时间，缓解民营企业的经济压力，充分营造良好营商环境。2020年全市民营企业共享受残保金减免6812户，金额2079万元。

（二）创新工作机制，形成共建、共治、共享工作格局

2019年年初，我们提出"绿色检察再出发"的口号，落实"三个发挥到极致"的政策。即将巡回检察室的设立与运作、河湖长制的参与运作、检察建议的发布与落实，这三个工作机制充分发挥，运用到极致。

一是建立了巡回检察室，积极参与普洱市生物多样性的司法保护。目前，已设立9个巡回检察室，对全市自然保护区实现全覆盖。2018年8月、2019年4月景东县人民检察院分别设立了哀牢山国家级自然保护区巡回检察室和无量山国家级自然保护区巡回检察室，与管护局签订《关于加强国家级自然保护区生态环境保护协作机制》，检察官借助巡回检察室平台，定期、不定期地到巡回检察室工作，进行调查核实、法治宣传、公益诉讼线索受理等工作。先后联合保护区景东管护局、森林公安等开展了野生古茶树保护、黑冠长臂猿等专项保护工作。景东县人民检察院初步尝试对救治野生动物检察建议全程跟踪监督，通过成功救助黑冠长臂猿"平安"，为探索野生动物保护公益诉讼积累经验，展示了绿色检察在生物多样性保护中的独特和重要的作用。

二是建立健全行政执法与公益诉讼协调配合机制。通过签订《普洱市人民检察院、普洱市河长制办公室关于建立"河（湖）长＋检察长"协作机制的意见》，成立检察机关驻河长制办公室公益诉讼检察室、驻糯扎渡电站库区巡回检察室，充分发挥检察机关生态环境保护检察职能，协调全市检察机关与河（湖）长制工作机构的协作配合，形成河湖水资源、水生态、水环境保护的工作合力，推动河（湖）长制从"有名"向"有实"转变。通过与市场监督管理局共同开展专项检查工作、召开联席会等方式，进一步落实《普洱市人民检察院、普洱市市场监督

管理局关于加强食品药品领域公益诉讼工作协作配合的实施意见》。与市纪委监委召开联席会，就进一步加强协作配合达成共识，加强"检察＋纪监"合力，共同助力景迈山古茶林文化景观申报世界文化遗产等公益诉讼专项工作的开展。

<u>三是将检察建议作用发挥到极致</u>。普洱市人民检察院与市纪委市监察委员会签订了《关于加强公益诉讼工作协作配合的实施意见》，建立联席会议制度、案件线索移送机制、案件办理互动机制，互派"观察员"机制。在开展"糯扎渡库区非法网箱养殖及非法捕捞问题诉前检察建议'回头看'专项行动"中，市纪委派专人以"观察员"身份全程参与，对被建议行政单位履行职责、廉洁守纪情况进行监督，督促被建议行政单位落实检察建议，切实将检察建议做成刚性、做到刚性。

<u>四是打造了一体化办案机制</u>。我们充分发挥检察机关审查逮捕、审查起诉、立案活动监督、侦查活动监督、审判活动监督、提出检察建议等职能作用，构筑刑事检察、民事检察、行政检察、公益诉讼检察"四位一体"的生态环境保护检察体系。在落实和推进河长制的过程中，我们联合相关行政单位采取巡河巡湖的方式，不断摸排发现向河湖非法倾倒、排放污染物质、非法网箱养殖及破坏水利设施等违法犯罪案件线索，积极开展立案监督，对涉嫌不作为、乱作为的，坚决提起公益诉讼，同时结合"扫黑除恶"专项工作，彻查存在的黑恶势力及背后保护伞，坚决严惩，逐一打击，既开展公益诉讼工作，又坚决打击违法犯罪行为。2019 年，镇沅彝族哈尼族自治县（以下简称镇沅县）人民检察院在李仙江、者干河流域专项调查中发现非法采砂监管不到位的问题，摸排移送涉黑涉恶犯罪线索 2 件，并向相关部门及时发出了加强行政监管的检察建议，彻查存在的黑恶势力及背后保护伞，推动社会综合治理。

<u>五是打造多元化绿色检察工作格局</u>。我们结合民族地区危害生态环境资源犯罪的客观实际，适当借鉴域外的先进理念，主动将绿色发展理念融入刚性的司法办案工作中，不断探索完善"专业化法律监督＋社会化综合治理＋恢复性司法实践"的"三位一体"的绿色检察模式，坚持以人为本、因地制宜、温情执法，做到"诉前能调解、诉后能执行、最后能发展"，探索建立"生态修复基地"，对非法移栽野生古茶树进行恢复性保护。2015 年 6 月，哀牢山国家级自然保护区景东花山芦山辖区

内发生了移栽野生茶树的案件,以村组干部领头,100余人参与,300余株野生古茶树被非法移栽。由于涉案人数众多,不少群众认为"法不责众",根本没有认识到自身行为的严重性、危害性。景东县人民检察院受理案件后,经审查发现案件性质特别恶劣,非严格依法办理不能产生惩治、教育和保护作用。依法对公安机关提请逮捕的19名犯罪嫌疑人予以批准逮捕,追捕追诉8名犯罪嫌疑人,并联合景东县人民法院,到案发地开庭审理,检察官以案释法,法庭当庭宣判,在判刑的同时,对所有被告人附加了补植复绿责任,有效震慑了其他潜在犯罪者。判决生效后,经景东县人民检察院、人民法院、森林公安局等部门共同商议,并经专家评估后,决定将野生茶树移栽至景东县锦屏镇黄草坝。300余株野生茶树从哀牢山"迁移"到无量山。2019年5月6日,几家单位联合到黄草坝对野生茶树的成活率进行"回头看",经过两年多的环境适应,野生茶树成活率达到70%以上,成活的野生茶树长势良好。案发地没有再发生野生茶树移栽事件。

江城县人民检察院提起诉讼的"江城县宝藏镇龙马村滥伐林木刑事附带民事公益诉讼案件",是普洱市检察机关探索公益诉讼起诉案件以人为本、温情司法新思路的典型。检察机关改变以往的"独角戏"形象,与有关行政部门执法人员内外联动,共同参与提出检察建议。对涉案民众从法、理、情三个方面晓之以理、动之以情,使涉案村民在承担刑事责任同时承担补植复绿责任,坚持惩治犯罪与脱贫攻坚统筹结合,最大限度减小损失,维护国家和社会公共利益。省检察院评价,是"专业化法律监督+恢复性司法实践+社会化综合治理"生态检察模式的有力探索,是人性化办案助力脱贫攻坚工作的完美诠释。

六是以听证方式审查案件,深化履行法律监督职责。召开思茅河水环境治理行政公益诉讼检察建议整改回复听证会,使检察机关和相关职能部门了解到思茅河水质不达标主要是由污水处理厂出水不达标和生活小区雨污不分流导致的;同时各职能部门也更加清楚本部门在整治思茅河水质不达标问题上的职能职责,为下一步思茅河水质不达标整治工作指明了方向,消除了隔阂,凝聚了合力。景谷傣族彝族自治县(以下简称景谷县)人民检察院针对行政机关对勐班乡芒旺河流域侵占基本农田非法堆砂、洗砂行为不依法履职案,召开检察建议整改回复听证会。邀请了人大代表、政协委员、人民监督员、特约检察员、群众代表、相关行政机关、被监督行政机关和案件当事人到案发地点，实地查看被破坏的基本农田复垦、复绿情况，提升了检察法律监督工作的公开性和统筹力，促成各行政单位从"九龙治水"到"攥指成拳"，取得了政治效果、法律效果和社会效果的有机统一。

（三）全面加强绿色检察机构、队伍建设和人才培养

一是建立了绿色检察专业机构。在市委和上级院的关心下，2016年年初，普洱市人民检察院增设了环境资源检察处。2017年分设三个副处级机构，负责民事、行政和公益诉讼工作。从2018年开始，相继挂牌成立了2个国家级自然保护区巡回检察室，7个省级自然保护区巡回检察室。2019年3月，在全省率先完成内设机构改革，成立了第六、第七、第八检察部，分别专门负责民事、行政以及公益诉讼检察工作。

二是建立了专业绿色检察团队。我们正视人才力量分散不足的弱点，从分散型向一体化、集约化转变。集中全市力量，在市人民检察院打造了公益诉讼检察专业团队，在县（区）分设10个环境资源检察办案组，实行上下联动，由市人民检察院统筹指挥，一体化办案。聘请省内专家学者，组建了公益诉讼专家咨询委员会，成立了3个由全国、全省检察业务专家或业务能手组成的专业研究小组。专业研究小组既能为办案决策服务，又能总结经验，上报典型案例，同时锻炼队伍，培养人才。

三是全面加强绿色检察人才培养。我们提出了既要培养能指挥战斗的"大将"，更要培养一批"工匠"，要有将"冷板凳坐穿"的定力，全面加强检察人才培养。先后有3个集体荣获全省公益诉讼试点工作"优秀集体"、2名干警分别获"最美检察官""办案能手"称号，3名干警在全省首届民事行政检察业务竞赛中获得"业务标兵"称号1名、"业务能手"称号2名。市人民检察院民事行政检察处被省院荣记"集体二等功"、被全国妇联授予"巾帼文明岗"，处长荣立二等功，2件公益诉讼案件分别被评为"精品案件""优秀案件"，撰写3篇公益诉讼检察论文分别在2017、2018年度全国民行检察论坛上获二等奖，在首届滇峰法治论坛上获一等奖。办理的受理环境民事公益诉讼案件被评为"全国公益诉讼十大经典案例"之一。

(四)下一步工作要求

今后的工作中,普洱市人民检察院将牢固树立"绿色发展"理念,立足检察职能,创新体制机制和工作方式,严厉打击危害生态环境资源的刑事犯罪,强化民事行政诉讼监督和提起公益诉讼,积极参与生态环境综合治理,健全绿色检察机构,培养绿色检察专业队伍,助推绿色产业发展,倡导绿色生活方式,保护好普洱的青山绿水,为普洱绿色崛起筑牢司法屏障。

一是突出讲政治的意识。积极通过专题汇报、个案汇报、协调沟通等方式向上级检察院、各级党委政府及人大、政协请示汇报检察公益诉讼工作,主动接受监督,积极争取理解和支持。

二是践行绿色检察理念。结合普洱实际服务绿色普洱建设大局。重点在畅通普洱、品牌普洱、脱贫攻坚、糯扎渡、思茅河水污染治理、生物多样性保护、公共卫生等方面发挥作用。

三是树立"双赢多赢共赢"理念。运用政治智慧、法律智慧、检察智慧促进问题解决,实现三个效果的统一。

四是树立谦抑行使检察权,构建监督合力的理念。努力让"大多数案件通过诉前和诉中协调解决,少数典型案件通过审判解决"。对少部分重大复杂敏感关注案件,则继续延伸监督链条,引入党政纪处理、刑事责任追究等手段最终解决。使监督链条相互衔接,层层递进,形成合力。

五是树立高质量发展的理念,强调办案的工匠精神,不断提升检察监督能力和司法规范化水平。通过先进理念的引领,运用政治、法律智慧使民行队伍能够找准结合点,发现突破点,寻找新方法,通过思路、方法的创新,推动工作,提升能力,使工作与队伍相互促进。

"两山"巡回检察室的实践探索和建设思路研究

姚俊颖[①] 梭娅[②]

绪 论

云南省景东县境内有无量山、哀牢山两个国家级自然保护区，是地球同纬度上生物资源最为丰富的自然综合体。景东县人民检察院抓住改革契机，积极响应公益诉讼制度改革的背景和行政检察业务的深入要求。为更好地发挥检察职能，于 2018 年 8 月和 2019 年 4 月期间，先后在哀牢山徐家坝和无量山两个自然保护区，成立普洱市国家级自然保护区巡回检察室。针对影响和破坏景东县生态环境资源的突出问题，充分发挥"惩治、预防、监督、教育、保护"等各项检察职能作用，有效打击和遏制破坏生态环境资源的违法犯罪，着力加强生态环境民事行政检察工作，强化对违法行政行为检察、公益诉讼保护。探索开展生态修复补偿机制，为景东县全面推进"绿色发展"作出贡献。作为将法律监督触角延伸至环境保护领域的创新形式，旨在凝聚生态保护合力，构筑基层生态文明共建共享的治理格局。自成立以来，哀牢山-无量山国家级自然保护区巡回检察室（简称"两山"巡回检察室）在强化生态环境保护、生态修复和物种保护等工作方面取得了一定成效。然而囿于自然保护区巡回检察室法律依据不明确、顶层设计缺失以及职能定位的模糊性，"两山"巡回检察室的发展面临法治化、体系化、专业化的发展瓶颈，如何有序有效推进工作是当前和今后一段时间内面临的重要任务。

---

① 姚俊颖，普洱学院教务处，副教授，法学博士，主要研究方向为环境法。
② 梭娅，普洱学院评估办，研究实习员，法学硕士，主要研究方向为行政法。

一、"两山"巡回检察室的设立背景

（一）是生态文明法治建设的积极推进之举

我国的生态环境法治建设已走过四十年的历程，环境和资源保护立法在一定程度上起到了促进生态文明建设的作用。然而由于对生态规律认识不够深刻、条块分割的管理体制以及在执法和司法方面的固有顽疾，我国的生态环境不断恶化。直至生态文明战略的提出以及话语体系的确立，才使得我国的生态环境保护困境得以从源头破题。对于生态文明的理念，虽然表述各有不同，但其基本理念的表现是：在人与自然的关系上，强调同构性，尊重并认同自然的内在价值；在生态系统各个组成部分的关系上，强调整体性，尊重并保护整个生态系统的完整和良好状态；在世代间的生态关系上，强调可持续性，尊重并保护后代人的生态利益。

2017年生态文明建设写入《中国共产党章程（修正案）》，在党的纲领文件中高度肯定了生态文明建设的重要地位。2018年《中华人民共和国宪法修正案》把"生态文明"写入宪法，从国家根本法的层次有效补充了环境治理方面的空白。党的十九届五中全会擘画了生态文明建设的新蓝图，提出"生态文明建设实现新进步"的新目标。生态文明建设由政治规范到法律规范的逻辑转换，标志着生态文明在政治国家和法律国家领域的双重重要性。生态文明法治建设必须在遵循生态科学规律的先决条件下运行，于此基础上通过制度的创新和措施的健全，充分运用不同部门法的法律"工具箱"，注重法律的实施，强调法律运行各环节的有序性、有效性以及相互之间彼此衔接、良性互动，从而构建生态环境的全要素、全过程保护体系。

普洱市位于云南省西南部，生态环境优越，自然资源丰富，但由于历史原因，经济社会发展落后于云南省和全国平均水平。为推动普洱经济社会科学发展，保护好绿水青山，普洱市委、市政府于"十二五"期间提出了"生态立市、绿色发展"战略，并于2013年获得国家发改委批复成为全国唯一国家绿色经济试验示范区。绿色经济试验示范区对绿色发展战略的践行是一项复杂的系统工程，涉及环境、资源、产业、人才、资金、技术、文化、体制、机制等诸多要素的有效组合。普洱市检察机关作为法律监督机关，服务和保障好地方的生态文明法治建设自然成为应当肩负的重要职责和历史使命。

（二）是"绿色检察"理念的深化发展之径

《中华人民共和国宪法》（以下简称《宪法》）第一百三十四条规定："中华人民共和国人民检察院是国家的法律监督机关"，明确了人民检察院是国家法律监督机关的宪法定位。由是，在生态文明法治的建设过程中，检察职能更应当通过强化法律监督来促进生态文明法律目标的实现和个人的人权保障。故而，"绿色检察"理念应运而生。"绿色检察"，顾名思义，检察机关作为公共利益的守护者，应自觉落实保护绿色生态环境的职责和使命，依法保护绿色生态环境，促进形成全面保护绿色生态环境的法治良序。"绿色检察"要求检察机关综合运用各职能手段助推生态文明建设。积极探索"绿色检察"新模式，着力构建以专业化法律监督为基础、以社会化综合治理为核心、以恢复性司法实践为补充的全方位立体式生态环境保护检察工作机制。绿色检察必须紧扣生态文明法治建设的发展理念，依循专门化、整体性、系统性的发展模式，科学组合检察职能，创新工作制度。

此外，在绿色检察理念的要求下，有必要设立与绿色检察相匹配的工作体制，作为绿色检察法律监督的载体，确保达到绿色检察的价值追求。根据《中华人民共和国人民检察院组织法》（以下简称《人民检察院组织法》）第十七条至第十九条关于机构设置的规定，人民检察院根据检察工作需要，可以在监狱、看守所等场所设立检察室，行使派出它的人民检察院的部分职权，也可以对上述场所进行巡回检察。人民检察院根据检察工作需要，设必要的业务机构。检察官员额较少的设区的市级人民检察院和基层人民检察院，可以设综合业务机构。人民检察院根据工作需要，可以设必要的检察辅助机构和行政管理机构。从法条的规定可以看出，设立巡回检察室的必要条件和充分条件均未明确，监察机构可以根据需要自行设立和规范。普洱市绿色检察理念的践行必然需要体现在检察机关内设机构改革的进程之中，为此需要以绿色检察职能为标准进行细致分析，科学合理地设置内设机构，通过合理配置职权，在职能主体之间建立藩篱，同时辅以对话沟通机构，结合权力监督制约规律与检察一体化原则，兼顾权力的规范公正行使与整体效能的提升。

（三）是"两山"法律监督的因地制宜之策

无量山国家级自然保护区地处东经100°19′～100°45′，北纬24°17′～24°55′之间，属野生动物类型自然保护区。哀牢山国家级自然保护区位于哀牢山脉中北段上部，地处东经100°54′～101°30′，北纬23°36′～24°44′之间，云南的热带向亚热带山区发展的过渡地带，是常绿阔叶林生态系统亚热带唯一地域广大而类型多样的代表。无量山国家级自然保护区有各种树木45科151种。国家级保护珍稀植物有水青树、长蕊木兰、红花木莲、普洱玉兰、景东翅子树、白菊木、黑节草。此外还有珍贵树种中华桫椤、多花含笑、福贡玉兰、云南红豆杉、马蹄荷等。国家一级保护动物有黑长臂猿、蜂猴、金丝猴、灰猴、孟加拉虎、野牛、黑颈长尾雉等。国家二级保护动物有獐、青羊、鬣羚、白鹇、原鸡、铜鸡等。无量山素有"画眉之乡"美称，共有鸟类271种，为全国鸟类总数的23.6%，全省鸟类总数的35.2%，属云南特有的23种，属国家保护的17种。哀牢山国家级自然保护区有高等植物种类约1500种，其中国家重点保护植物有水青树、野荔枝等14种；有动物种类435种，其中国家重点保护动物有黑长臂猿、短尾猴、绿孔雀等20多种。

无量山-哀牢山国家级自然保护区是一个整体，孤立地保护某一块生态环境和某些生物都不可能获得成效，因此不能对其进行条条块块的"切割式"保护。鉴于"两山"的整体特性，延续到此区域的生态环境保护检察监督便具有了特殊性，必须开展系统性监督，将被监督者、监督的其他参与者和关联方都纳入视野，才能有效地实现监督的效果。要求检察院通过制度设计进行专门监督。

目前，"两山"的生态环境法律问题仍然是保护与发展之间的矛盾，一是保护区内仍然有相当的村民居住，与保护区没有物理隔离，居住的村民的生存发展问题与保护两山之间的矛盾问题未能得到有效解决。例如，存在修村阻路而盗伐滥伐林木、禁区放牧等问题。二是保护区内、保护区附近的村民以及外来人员存在非法采野茶、非法采药材、非法狩猎、进山砍柴、在禁区放牧、非法改变林地用途等问题。总体来看，涉自然保护区的刑事案件年均量约为20～30件；行政案件年均量约为200～300件。由于村民生存发展权与环境保护权之间利益衡量的难度较大，导致案件在执法中很容易产生法律效果与社会效果的不一致。

"公法关系的目的不在于保护个别公民的权利，而在于促进公共利益。"现代检察制度赖以存在和发展的价值基础，其要者，可归纳为护法、维权和监督三项。检察机关与执法机关虽分工不同，但工作目标、追求效果完全一致，并非"零和博弈"，都是为了保证公共环境利益和个人权益的实现。"两山"自然特性的整体性、违法问题的特殊性以及利益衡量的困难性均需要专门的法律监督制度和机制。

二、"两山"巡回检察室的发展现状

"两山"巡回检察室是景东县人民检察院第八检察部，立足于本县特殊的地理环境和生物多样性的自然资源保护需求，在"绿色检察，检力下沉"理念下拓深公益诉讼、行政违法监督等职能的积极探索。

（一）巡回检察室的内涵追溯

我国关于基层巡回检察室的实践探索可追溯至 20 世纪 80 年代初。根据我国现行《人民检察院组织法》第十七条至第十八条，对于人民检察院的设置和职权作出了规定，并规定了派出机构，但是尚未明确是否包含派出检察室或巡回检察室的概念，二者之间是否具有内在统一性也尚未得到证成。根据学界的实证研究，不论是派出检察院抑或是派出检察室，且不论运行模式如何，其本质属性仍均具有机构派出性。而巡回检察室的概念，则可在开展巡回检察试点工作的重要指导性文件《人民检察院监狱巡回检察规定》中溯及，但关于巡回检察室的设立场所、涉及范围等是否仅限于监狱或看守所则未置可否。

学界对于巡回检察制度的关注也处于初涉阶段，在对巡回检察室的性质界定中，大部分学者主张认为在设立方式、目的和程序等方面均具有派出机构的属性。巡回检察制度是基层检察机关以巡回检察为载体，将职能触角向基层延伸，参与社会治理的创新手段。对其设立依据存在不同观点，一种观点认为在我国法律体系中没有巡回检察室的基本概念，在《宪法》或《人民检察院组织法》中均无从考证，只能依据相关指导性文件的政策精神独立探索和先试先行。另一种观点认为可以从法理角度，对《人民检察院组织法》相关规定进行目的解释，从"等"字以及第十七条到第十九条的规定内容体系看，其立法原意可理解为对检察院设立派出机构或业务类机构持鼓励和开放态度，并未作出强制性的限定。因此，在制度实践运行的需求下，巡回检察室的法律地位亟待通过上位法予以明确。进而规范机构设置、办公场所、人员配置、经费划分等，保障法律监督职能的有效发挥，促进较为科学的基层权力制衡体系的建立。

（二）巡回检察室的运行模式分析

根据当前各地的实践情况，大部分地区巡回检察室的运行机制尚处于摸索阶段。通常情况，基层检察室需根据职能定位与分配采取相应工作模式。当前基层检察室机构运行模式可大致分为依托型、派驻型、巡回型、聘任型四种。其中，依托型检察室通常未设置专门机构或者配备检察人员等，而是依托设立地的有关乡镇或片区机关单位诸如乡镇司法所等，开展基本的法治宣传教育工作。或接收群众的举报信息，再由检察院相应的业务机构结合该区域的特点，由内设的业务部门开展相关工作。派驻型检察室发展则较为成熟，具有完善的运行机制。配备了专门办公场所、检察人员等，能较好地辅助并配合上级检察机关或独立完成相应业务，已形成较为系统化和专业化的工作模式。巡回型检察室则通常由本院指定相应工作人员到区域内定期或不定期开展巡回或轮流值班工作，强调亲历现场办案。具有很强的灵活性，侧重于动态监管，能在一定程度上弥补派驻检察易同质化的不利影响。工作模式通常形成了前期准备—实地巡回—汇总反馈—提出建议或纠违的过程。而聘任型检察室一般通过选举方式，选择具备一定法律基础和工作能力较强，并热衷于检察工作的人民群众作为联络员，协助本院完成法律监督等工作。或由设立它的检察院选任专门的检察人员，作为主要联络员开展工作。

我国当前大部分地区的检察室运行模式主要由以上四种类型构成，景东县"两山"巡回检察室利用本部门办案业务经验、资源和对口人员配备等优势，将生态文明建设融入检察实践，创新开展"绿色检察"工作。作为法治下沉基层的直接窗口，不断于实践中形成了定期或不定期到驻地及周边开展巡回检察的工作模式，充分发挥公益诉讼和行政违法监督等职能，加大对生态环境执法活动与一般环境领域触发刑事犯罪的监督力度。

(三)组织体系的协调归顺

以 1979 年《人民检察院组织法》为原点,检察机关职权随着三大诉讼法的制定、修正以及司法改革的推进得以调整。随着国家监察体制改革步伐迈进,隶属于检察机关的职务犯罪侦查部门转隶整合到监察委员会后,其法律监督职权在刑事诉讼中得到不断强化,并延伸至民事诉讼、行政诉讼领域。无论是司法体制改革的内生动力还是监察体制创新的外在牵引,在新时代背景下均有必要重新审视如何科学配置检察职能,并在原则规定的基础和政策文件精神的指导下,在实践当中尤其是以基层检察工作为试点,突出打造法律检察监督的主业。

"两山"巡回检察室作为隶属于第八检察部行使行政违法检察监督和公益诉讼职能的工作窗口,设立目的在于更好地发挥绿色监督检察职能。因第八检察部具体承担的核心业务为民事检察、行政检察和公益诉讼等,因此"两山"巡回检察室在人员组织方面,配备了第八检察部的部门干警,具备专业的办案能力。在部门领导和上一级检察院的指导下,可有效发挥具体的法律监督职能,防止巡回检察室机构功能同质化或泛化。就其与本院的关系而言,属于景东县人民检察院下设的派出机构之一,理论上应遵循本院的基本管理规章制度。但同时,也可以立足自身发展需求,在法律基本框架下设定适应性的工作协调机制和可操作性的实施细则。采取"巡回"的监督和办案方式,既有效节约了不必要的成本开支,还可根据实际工作需要开展定期和不定期的巡回工作,建立联席会议或专项行动。尽管巡回检察方式具备运行的机动性与灵活性,但也对其工作方式和自制性提出了更高要求。仍需积极加强与行政执法部门、法院、党委人大等多方主体的沟通联络。主动发现问题、查摆原因,通过采取座谈、实际走访、联席会议、建立信息共享平台等多种方式,助推与不同部门的合作互联。以巡回检察室作为信息共享、案件资源互通的桥梁纽带,不断在实践探索并完善工作机制。

三、"两山"巡回检察室发展的规范性审视

尽管紧邻保护区的地理位置具备一定的直接管理优势,但囿于运行依据或规范缺失等客观因素,"两山"巡回检察室参与基层治理的社会

效果与法律效果仍存在较大的提升空间。通过对工作机制和工作内容规范性的梳理，将为"两山"巡回检察室工作的深入推广找准逻辑重心和逻辑主线，有的放矢地积极服务于生态文明法治建设和绿色检察理念。

（一）"两山"巡回检察室工作机制的规范性审视

随着检察工作的专业化，为避免出现内设机构的"多"和"乱"，防止分工过细而造成人员力量分散、一线办案力量缺乏、工作效能不高的问题，景东县检察院在统筹和研判自身的业务量和人员编制规模的基础上，侧重于具体检察职权的行使，创新设立了自然保护区巡回检察室的工作机制。其一，"两山"巡回检察室隶属于景东县人民检察院第三检察部，第三检察部的业务领域为民事检察、行政检察和刑事检察。其二，第三检察部的干警均为巡回检察室的工作人员，也就是"一套班子、两块牌子"。其三，在具体的业务划分上，第三检察部干警们各自的工作职责也自然顺延至巡回检察室。其四，工作经费方面，景东县人民检察院提供相应的工作经费作为巡回检察室的资金保障。其五，工作场所方面，鉴于"巡回"的工作特质和灵活的办案方式，巡回检察室在挂牌的景东管护局徐家坝监测站和大寨子监测站并未设置专门的办公场所，亦未购入专门的办公设备。

我国检察机关内设机构进行了三次重大的变动与调整，第三次重大调整发生在国家监察体制改革以后。2019年，最高人民检察院在向全国人民代表大会所作的工作报告中提出，要把内设机构改革作为检察工作创新发展的突破口，推进内设机构系统性、重构性的改革。伴随职务犯罪侦查权转隶，内设机构从侧重职务犯罪侦查、预防向法律监督即刑事、民事、行政、公益诉讼四大检察职能全面协调充分发展的方向展开，逐步形成"四大检察""十大业务"的法律监督格局，最高人民检察院把内设业务机构调整为第一至第十检察厅。从侧重办案环节兼顾案件类型向侧重案件类型转变，贯彻了中央和国家机构改革所要求的"一类事项原则上由一个部门统筹、一件事情原则上由一个部门负责"的职权专业化和精细化原则，也是检察机关内设机构改革应当遵循的原则。对于同一类或者同一个案件，原则上考虑由检察机关同一部门办理，可促进检察机关内部资源配置更加优化，提高办案质效，实现案件办理的专业化。

在检察机关内设机构改革的目标指向引导下，可对"两山"巡回检察室工作机制进行规范性审视。"两山"巡回检察室隶属的第三检察部具体承担了民事检察、行政检察和公益诉讼检察业务，该部门干警具备具体开展相应法律监督和案件办理的能力，在业务部门的带领下，可有效发挥具体的办案和监督职能，防止机构功能出现异化，产生违背司法规律和检察工作规律的问题，同时也能有效避免"只挂牌、不做事"的流于形式的现象。采取"巡回"的监督和办案方式，既有效节约了不必要的成本开支，还可以根据实际工作需要开展定期和不定期的联席会议和专项活动。由是，"两山"巡回检察室在工作机制方面需要着重解决的就是巡回检察室内部的职责划分、协作配合以及巡回检察室与检察院其他部门之间的协调联动模式的问题。需要在统筹考虑第三检察部职责职能、现有办案力量以及内部工作人员职责分工的前提下，结合"两山"法律监督特点，对"两山"法律监督业务领域进行分类、梳理和分配；细化"两山"巡回检察室的内部机构，例如设置委员会、办公室等决策机构和执行协调机构，以便高效开展业务工作；设计科学合理的运作流程，兼顾权力的规范公正行使与整体效能的提升。

（二）"两山"巡回检察室工作内容的规范性审视

2018年8月31日，景东县人民检察院与无量山、哀牢山国家级自然保护区景东管护局以顶层设计搭建协作框架，签订了《关于加强国家级自然保护区生态环境保护工作协作机制实施意见》，立足检察机关的法律监督职能和自然保护区管理机关的管理职能，对检察机关与自然保护区管理部门的配合协作机制进行了框架性梳理。规定了检察机关依法监督行政部门涉嫌生态环境犯罪案件线索的移送情况；负责惩治生态环境领域违法犯罪和行政执法的日常联络、信息沟通；会商协商重大案件，提前介入疑难复杂案件，引导调查取证等职责。

在总体框架协议下，景东县人民检察院以先行先试寻找协作突破，综合运用打击、保护、监督、教育和预防等措施，努力构建共建、共治、共享治理格局，为"两山"生态环境保驾护航。一是联合保护区景东管护局、森林公安等开展了野生古茶树保护、黑冠长臂猿等专项保护工作，建议管护局对无量山、哀牢山国家级自然保护区耕地面积、权属、功能区、开垦历史、区内人均耕地收入等信息进行了全面摸排调查。二是充分发挥"生态检察"职能作用，建立了联席会议机制，强化对破坏生态环境资源犯罪的行政监督、公益诉讼保护，针对两山保护区内非法采伐、非法猎捕野生动物、非法移植、损毁国家保护植物、非法进入保护区采挖药材、污染水源地等行为进行专项检察和监督，对符合公益诉讼立案标准的，作为公益诉讼案件进行办理。同时发挥好公益诉讼诉前检察建议作用，定期总结生态环境保护工作的经验，向国家级自然保护区管理部门提出防范和整改的检察建议，共同维护生态环境健康有序发展。三是结合办案探索开展生态修复补偿工作，积极参与生态环境保护综合治理，推动形成部门协同。共同探索"修复生态基地"的实施。不断践行和完善"专业化法律监督＋社会化综合治理＋恢复性司法实践"的"三位一体"生态检察模式。四是为管护局工作中遇到的法律问题提供法律咨询，起草了《保护生物多样性检察意见》；配合管护局开展保护区内周边农户入户宣传教育工作，让百姓从思想上认识到保护生态环境是为子孙后代谋福；同时利用好检察机关两微一端对"两山"保护进行宣传。

通过对"两山"巡回检察室工作内容的详细检视，可以发现工作内容尚存如下四方面的问题。**一是法律依据不足**。不论是巡回检察室的体制机制法律依据、内设机构的建制依据，还是制度措施的开展依据均无明确的法律依据。**二是规范缺失**。当前检察协作基础多以"软法"为主，包括备忘录、框架协议、项目协议等。此类规范性文件宣传性、引导性、政策性强，但缺乏强制性、权威性与可操作性，自然约束力不强，使诸项配套措施浮于表面，工作实效不明显。**三是体系化不足**。各项工作的先后顺序和重难点的梳理推进均没有科学的研究计划和实施方案。**四是协同不足**。"两山"自然保护区所涉执法机关众多，围绕"两山"的执法重难点具有整体性和专门性。各自为政的执法活动不仅不能更好地促进保护区工作的开展，反而会使困难重重的环境执法更加举步维艰，因此自然保护区的执法和司法活动更应强调协调与配合。"两山"巡回检察室虽然与景东县管护局签订了工作协作的文件，但由于各项协作工作并无系统的计划，导致协同工作前期的沟通、工作中的重点、工作后的反馈各环节无法形成科学有序的提升机制。

四、"两山"巡回检察室的建设思路

（一）重点发挥公益诉讼和行政违法监督职能

1. 科学界定"两山"巡回检察室职能

最高人民检察院党组书记、检察长张军在 2019 年 1 月 3 日新闻发布会答记者问中，将检察职能系统地划分为刑事、民事、行政和公益诉讼"四大检察"，并于 2019 年年底将内设机构作了系统性、重塑性、重构性改革，重组十大业务机构，刑事、民事、行政、公益诉讼"四大检察"并行，进一步提出做优刑事检察、做强民事检察、做实行政检察和做好公益诉讼检察。对"两山"而言，自然保护区涉及的生态利益是公共利益，检察机关作为公共利益的维护机关，通过开展公益诉讼活动对自然保护区进行专门性和系统性保护，是使命所在。而且，随着生态环境立法的加强，对生态环境执法的监督和预防生态违法行为，应成为检察机关活动的聚焦方向。因此，从"四大检察"的分类上来看，"两山"巡回检察室的职能重心应聚焦于行政检察和公益诉讼检察两大领域。当然，在事的因素方面，"四大检察"虽然术业有专攻，关注的法律领域各有侧重，但也并非截然分开，具体业务之间仍有一定交叉和衔接，需要分工配合、相互支持。

2. 坚持双赢多赢共赢、整体部署推进和尊重监督规律的工作原则

第一，必须树立双赢多赢共赢工作理念。法律监督的价值不在于"你输我赢"，而是"双赢多赢共赢"。首先，在检察机关的充分履行法律监督的过程中，同时促进了执法机关、司法机关履职的规范性；其次，检察机关的法律监督维护了公家利益、公共利益；最后，多方合力促成工作的法治化和规范化，可达到制度设计"共赢"的初衷。此外，法律监督的实质是启动一个监督程序督促相关法定主体依法履职，本身不是一个单向、静止的行为，而是一个双向互动、多向交流、全流程关注的系统工程，必须将被监督者、监督的其他参与者和关联方都纳入视野，才能有效地实现监督的效果，这也是树立和践行双赢多赢共赢理念的制度内在要求。

第二，必须科学配置、整体推进。统筹运用诉讼与非诉讼的多种监

督权限和措施，提升法律监督效能，实现在办案中监督、在监督中办案，实现事前事中事后有机结合。必须整体部署，统筹安排，相互融合，协调共进，而不应顾此失彼，厚此薄彼，壁垒分割，影响法律监督的整体效能。切实抓好省委办公厅、省政府办公厅《关于支持检察机关开展公益诉讼工作推动全省生态文明建设和法治云南建设的意见》的落地落实，通过报请人大常委会地方立法、与行政执法机关建立行政执法和刑事司法"两法衔接"平台等形式，解决调查取证手段、检察建议刚性不足等问题，在地方实践的基础上推动法律完善或者相关司法解释出台。

第三，必须尊重监督规律。检察机关在法律监督中不是直接的行为主体，对其他主体而言具有兜底性、协同性，实现撬动和激活现有制度更好地发挥作用，有助于提升治理体系的全面性、系统性和治理效能。坚持合理监督原则，规范法律监督权的适用条件，禁止监督权滥用、怠于监督等情况的发生。

（二）积极探索建立跨区域自然保护区检察院

1. 最高检政策支持

探索设立跨行政区划的人民检察院，是党中央从全面深化改革、全面依法治国战略高度作出的重大部署。探索推进跨行政区划检察院改革，需要设置层级、确定管辖范围、整合内设机构等问题，是一项系统工程。

2014年12月，最高人民法院、最高人民检察院共同研究制定《设立跨行政区划人民法院、人民检察院试点方案》，经中央全面深化改革委员会审议通过后印发执行。随后，上海、北京依托原有的铁路运输检察分院，分别探索开展跨行政区划检察院改革试点工作。目前在探索跨行政区划检察试点工作中，由于没有明确的顶层设计方案。党的十八届四中全会提出"探索设立跨行政区划检察院，办理跨地区案件"，目标是"构建特殊案件在跨行政区划法院检察院办理的诉讼格局"。2018年修订并于2019年1月1日起施行的《人民检察院组织法》第十六条规定："省级人民检察院和设区的市级人民检察院根据检察工作需要，经最高人民检察院和省级有关部门同意，并提请本级人民代表大会常务委员会批准，可以在辖区内特定区域设立人民检察院，作为派出机构。"

自然保护区法律监督工作必须根据自然保护区的整体地理区域、生态系统特性、具体执法活动的重难点来开展，具有整体性、专门性和特殊性，因此在自然保护区领域探索建立跨区域人民检察院，具有必要性。

2. 正当性和实践操作性辨析

《宪法》第一百三十四条规定："中华人民共和国人民检察院是国家的法律监督机关。"第一百三十五条规定：国家设立"军事检察院等专门人民检察院"。上述两个法条分别确认了人民检察院的法律监督宪法地位和创建专门检察制度的宪法基础。结合社会经济发展实际设立专门检察院，更加充分地发挥法律监督职能，具有正当性、合法性和合理性。因此，借鉴俄罗斯联邦的有益经验，在我国设立专门的自然保护区检察院，可以更加有效地开展生态环境保护与利用的法律监督工作。

探索建立跨区域自然保护检察院的必要性和重要意义自不待言，同时还需要慎重考虑如下三个问题。一是明确自身管辖范围。明确跨行政区划检察院的管辖范围是重中之重，要按照特殊案件的标准，找准哪些案件属于可能产生地方保护，哪些案件跨行政区划审理更为公正的范围来设置管辖范围，并严格限定特殊案件的范围，防止将所有跨区划意义上的案件均纳入管辖。做到既不能影响普通检察院的正常审理，又体现出跨行政区划检察院的优势。二是建立与"绿色检察"理念相适应的组织机构模式，不断提高"绿色检察"队伍的正规化、专业化、职业化水平。三是检察机关作为法律监督机关，其监督活动本身也需要进一步规范，通过加强内部制约和外部监督，以保证监督活动合法正当。

（三）科学完善制度内容，有效规范机制运作

检察职能改革的价值取向应该是：强化法律监督职能，促进检察机关事前监督、事中监督和事后监督的有机结合，增强主动监督，保证法律正确实施，维护公平正义，保障尊重人权，促进社会和谐。为实现这一价值追求，应该对目前我国检察机关法律监督的内容及其实现途径、效果进行冷静的分析，采取科学合理有效的改革措施，使检察机关法律监督的内容更加缜密，消除监督"盲区"，监督手段更加有效，监督行为更加规范，保证监督活动合法正当，保证检察机关法律监督职能的设定和行使处于一个合理的范围和水平上。

1. 优化协同互动机制，有效形成工作合力

生态环境的整体性特征需要多部门的协同配合，应建立检察监督与

行政权的协调互动机制，从传统对抗式的监督模式转变为共同解决绿色发展的创新形式。"两山"巡回检察室涉及森林公安、司法、生态环境、自然资源与规划、林业、农业农村、住房与城建、管护局等多个职能部门。根据检察机关既督促履职又配合履职的职能定位，为了实现维护公共利益的结果导向，健全完善检察监督权与各行政权之间的沟通与协同互动机制非常必要。建立协同互动机制的目的，一是通过该机制实现生态环境与资源保护的信息共享，以利于形成环境保护的合力；二是生态环境和自然资源整体保护中，有关职能部门配合不力的，可以由检察机关督促相关行政机关配合履职。

首先，实践中检察机关与相关环境监管部门已经建立了不同形式的大数据平台实现信息共享，将各种环境污染及生态破坏案件及时录入大数据平台，从线索发现、证据核实到案件审查、庭审应对等全程实现信息共享。通过信息共享大数据平台，检察机关可全面了解环境行政履职情况，全程参与生态环境损害的预防、磋商和调解。同时，进一步明确检察机关督促协同配合的程序及责任机制。其次，建立协作监督机制，一方面要加强检察机关与执法机关、司法机关的有效沟通，防止形式化的倾向，以及"联而不动、协而不调"等弊病；另一方面要加强这些沟通机制在检察机构内部的有效衔接，防止部门间信息不畅、配合不力的情形。最后，要加强法律监督的参与范围，尊重并保障当事人的知情权、参与权，吸收专业群体构建新型人民监督模式，群策群力，共享共治。

2. 强化法律监督措施，提高检察建议实效

生态环境司法保护是一项系统工作。"两山"巡回检察室应深入分析各类案件的发案原因、规律和特点，查找管理、制度等方面存在的漏洞，主动加强与有关单位、部门的沟通配合，充分运用检察建议这一重要法律监督方式，及时提出消除隐患、预防犯罪、建章立制的检察建议，推动综合整治，努力从源头上保护生态环境资源和公民权益，将制度优势转化为治理效能。

值得注意的是，实践中的检察建议偏重于对行政机关的执法监督，要求行政机关以书面答复为主要形式，并没有跟踪检察监督在生态环境损害预防和修复方面的实际效果，导致环境公共利益的维护效果不佳。"两山"巡回检察室应当从维护公共环境利益的结果出发，跟踪检察建

议的实际履行效果。案件卷宗除了记载相关环境行政部门对检察建议的履职情况书面回复外，还应当包括生态环境和资源保护的实际维护效果。另外，由于不同类型的检察建议所对应的法律效力不同，还需要进一步明确不同诉前程序终结及诉前程序转入诉讼程序的具体情形。

3. 规范公益诉讼运作，探索拓宽案件类型

公益诉讼检察是在推进国家治理体系和治理能力现代化的探索中应运而生，从本质看，是法律监督职能的"时代回应"。统筹运用诉讼与非诉讼的多种监督权限和措施，提升法律监督效能，实现在办案中监督、在监督中办案，也是当前需要探索和回答的重要课题之一。"两山"巡回检察室在具体的政策掌握上，要用足用好现有的法律制度。首先，对于中央政策文件有明确要求的领域，对于地方人大常委会根据当地实际以地方性法规支持探索的领域，应加强与相关部门的沟通协调，积极开展探索实践。其次，对于新领域的拓展探索，要注重做足做实调查取证、研究论证、民意舆情研判等相关工作，积极争取地方党委、人大、政府等各方面和人民群众的支持，努力实现政治效果、社会效果和法律效果的有机统一。在理论与实践的交互中思考诸如拓展案件范围是否仅仅理解为拓展案件领域，是否还包括对公益范围、案件类型等的拓展等问题，以及是否需要向预防性公益诉讼延伸，将损害的范围从实然损害提前到风险预防，甚至可提前研究和探索纠正性监督和防范性监督的实践最后，在个案探索基础上，推进与相关行政机关形成有关制度机制，条件成熟地推动入法，争取为新领域探索提供明确法律依据。

五、结　　语

检察机关作为国家和公共利益的公益代表人，具有履行环境保护的监督职责。景东县"两山"巡回检察室的设立是顺应时代发展需求，因地制宜地通过创新检察方式，以检力下沉基层和延伸检察职能触角参与社会治理的有益创举。通过进一步探讨和厘清检察职能的基本定位和原则要求，将有助于完善巡回检察室的机构运转，为今后发展方向和职能开拓奠定基石。以巡回检察运行模式的创新为立足点，塑造法律监督职能的权威生长点，为生态环境保护助力护航。

在全面依法治国的背景下，有必要全方位反思、立体化推进科学的

绿色检察法治体系。立足检察职能，可有效对"两山"巡回检察室的工作原则和工作格局，以及建立跨区域自然保护区检察院的工作体制和工作方向开展初步探讨。诚然在制度设计、工作方式的创新等方面尚存许多值得探讨的空间，有待在实践中进一步探索和丰富，并在时机成熟之时通过立法落地转化为具体的机制、规则。

参 考 文 献

［1］白应华，罗承松，高龙，等.普洱绿色发展研究［M］.北京：中国社会科学出版社，2016.

［2］王名扬.英国行政法［M］.北京：中国政法大学出版社，1987.

［3］王灿发.论生态文明建设法律保障体系的构建［J］.中国法学，2014（3）：34-53.

［4］李启家.环境法领域利益冲突的识别与衡平［J］.法学评论，2015，33（6）：134-140.

［5］曹明德.检察院提起公益诉讼面临的困境和推进方向［J］.法学评论，2020，38（1）：118-125.

［6］胡卫列.因应人民生活新需 推进检察公益诉讼［N］.检察日报，2019-12-19（3）.

［7］胡卫列.做强民行检察，从树立科学理念做起［N］.检察日报，2018-5-30（3）.

［8］施建邦.以公益诉讼检察促进云南生态文明建设的思考［J］.云南民族大学学报（哲学社会科学版），2019，36（3）：149-154.

［9］张震.中国宪法的环境观及其规范表达［J］.中国法学，2018（4）：5-22.

［10］王祺国.检察职能科学配置原则与具体设想［J］.人民检察，2015（11）20-24.

［11］汪建成，王一鸣.检察职能与检察机关内设机构改革［J］.国家检察官学院学报，2015（1）：43-59.

［12］刘继国.派出检察机构的发展与规范设想［J］.人民检察，2009（17）：52.

［13］肖明."先行先试"应符合法治原则：从某些行政区域的"促进改

革条例"说起[J]. 法学, 2009 (10): 10-21.

[14] 张雪樵, 王晓霞. 检察机关向乡镇延伸职能的双重路径选择[J]. 西南政法大学学报, 2010 (1): 64.

[15] 徐伟勇. "巡回"检察方式与"办案"运行机制融合路径[J]. 人民检察, 2019 (21): 20-27.

[16] 冯渝安. 论生态文明建设法律保障体系的构建[J]. 法制博览, 2019 (30): 67-68.

[17] 贺卫. 新时代"做实行政检察"的实践探索[N]. 检察日报, 2019-8-20 (3).

[18] 樊百安. "绿色检察"发展理念的基层践行[J]. 中国检察官, 2017 (15): 3-6.

[19] 福建省闽侯县人民检察院: 以"四个强化"为抓手 全力服务生态文明建设[J]. 人民检察, 2016, 14.

[20] 王国飞. 环境行政公益诉讼诉前检察建议: 功能反思与制度拓新——基于自然保护区生态环境修复典型案例的分析[J]. 南京工业大学学报(社会科学版), 2020, 19 (3): 43-57.

[21] 郭云忠, 常艳, 杨新京. 检察权谦抑性的法理基础[J]. 国家检察官学院学报, 2007 (5): 8-11.

[22] 李霞. 环境保护行政执法与刑事司法衔接机制的构建[J]. 西南石油大学学报(社会科学版), 2019, 21 (6): 84-90.

[23] 彭冬松. 检察机关案件分流机制改革路径[J]. 法治论坛, 2018 (3): 151-158.

[24] 王圭宇. 俄罗斯联邦复合式自然保护检察制度介评[J]. 中国检察官, 2019 (15): 22-26.

[25] 刘向文. 俄罗斯联邦设有自然保护检察制度[N]. 检察日报, 2014-12-9 (3).

[26] 张垚. 新时代检察理念的内涵思考[J]. 辽宁公安司法管理干部学院学报, 2019 (2): 46-52.

[27] 陈晓景. 新时期检察环境公益诉讼发展定位及优化进路[J]. 政法论丛, 2019 (6): 126-137.

[28] 刘巧儿. 环境行政公益诉讼检察建议的法律进路[J]. 中国环境管理干部学院学报, 2018, 28 (5): 10-12.

[29] 蒋玮,李震. 检察公益监督的诉前建议适用及效力论 [J]. 高等学校文科学术文摘,2019 (3):211.

[30] 郭武. 论环境行政与环境司法联动的中国模式 [J]. 法学评论,2017,35 (2):183-196.

[31] 陈真亮. 论生态环境检察的专门化、体系化与法治化 [J]. 浙江工业大学学报(社会科学版),2019,18 (2):157-163.

[32] 曹建明寄语全国首家跨行政区划人民检察院:勇当改革创新先行者法律监督排头兵　勇当公正司法引领者法治上海建设者 [N]. 中国共产党新闻网,http://cpc.people.com.cn/n/2014/1229/c64094-26293253.html。

普洱市古茶树资源保护立法研究

罗渝涵[①]

一、古茶树资源的概念界定

近些年来，人们开始意识到古茶树资源的价值，古茶树资源的利用和保护问题也成为各界广泛探讨的话题。对古茶树资源来说，什么样的保护才是正确的保护？什么样的保护措施是最迫切的？有没有必要进行立法保护？要回答这些问题，首先应当对古茶树资源进行清晰的界定。

（一）古茶树资源和古茶资源

如果在搜索引擎中输入"古茶树"，最先看到的概念界定是"古茶树是指分布于天然林中的野生古茶树及其群落，半驯化的人工栽培的野生茶树和人工栽培的百年以上的古茶园（林）"。这是2005年3月召开的古茶山国际研讨会上通过的《云南省古茶树保护条例》建议稿中的提法。所谓的古茶树资源，从字面来看，其含义更加侧重强调"树"资源，古茶树本身应当说是这一概念的核心，其"资源"应当包含古茶树本身，茶树的花、果、叶、根等构成茶树的天然部分，以及从古茶树种质资源等"天然"色彩更重的部分。古茶树在我国南方大部分地区都有分布，本文主要针对云南省普洱市行政区域内的大叶种古茶树。

古茶资源的内涵是大于古茶树资源的。古茶资源的内涵除了处于基础地位的"古茶树"这一重要资源外，还有围绕着古茶树而存在的古茶产品、古茶品牌、古茶文化、与古茶相关的民族或人文资源、古茶主题的旅游资源等。

由此看来，古茶树资源的内涵是小于古茶资源的内涵的。古茶树资源主要强调"树"，而古茶资源的内涵除了树本身，还包含与"树"密

[①] 罗渝涵，普洱学院政法学院专任教师，讲师，法学硕士，主要研究方向为行政法学、民族法学。

切相关的产品、品牌、人文、民族、旅游等其他资源。

（二）保护对象的界定

从上述概念辨析的基础上来看，回到资源保护的话题上，需要保护的是哪一种资源呢？从经济学的角度来说，资源都是有限的，而保护的意义就是为了让有限的资源可以留存更久，可以发挥更大的作用。从这一层面来看，二者都有进行保护的必要。从保护的具体对象上看，古茶树资源涉及的保护对象较为单纯，而古茶资源涉及的保护对象就较为宽泛和复杂。

从立法保护的角度看，除非运用较为成熟的立法技术，在充分调研的基础上，以法典的方式进行立法，否则很难就多个主体的利益进行保护。2015年《中华人民共和国立法法》（以下简《立法法》）修改后，普洱市人大获得了一部分地方性法规的立法权。就地方立法而言，针对某一特定主体的某一类问题进行立法是更具有可行性的做法。考虑到普洱市的立法经验和立法能力，仅就古茶树资源的保护问题制定保护规则是较为妥当的。在立法过程中，到底就何问题进行立法保护也是研讨的重点问题之一。在经过多次专家论证会后，普洱市的首部地方立法确定为《普洱市古茶树资源保护条例》（以下简称《条例》）。

二、立法前古茶树资源的保护概况

（一）普洱市古茶树资源概况

普洱市享有"世界茶源"的美誉，有26座古茶山、118万亩野生古茶树群落、19万亩的人工栽培型古茶园分布在其行政区划内。位于镇沅县境内的千家寨茶王树拥有2700余年的树龄，位于澜沧县境内的邦崴茶王树有1700余年的树龄，是唯一一棵过渡型古茶树。从自然科学的角度，这些古茶树的种质资源价值是巨大的，除了生物学角度的研究价值，他们也证明了滇西南地区悠久的农耕文明。

（二）普洱市古茶树使用和保护现状概况

由于没有直观的经济利益呈现，很长时间以来，当地的百姓（也是很多栽培型古茶树的所有权人）并未意识到古茶树的价值。在很长一段时间内，很多古茶树资源都没有得到应有的养护，致使一部分古茶树生长状况受到严重影响甚至死亡。随着古茶树产品在市场上的日渐走俏，一部分短视的人受到经济利益驱使，采用乱采滥挖，伐树采摘等破坏性方式开发利用古茶树资源，古茶树的生存、资源存量进一步受到威胁。

目前，古茶树对于普通民众而言，其最大的经济价值就体现在古茶树的茶叶制品上。由于古茶树本身存量有限，为保证其正常生长，古茶树的茶叶制品产量都不会太高。近年来，古茶树茶叶制品的价格连年攀升，很多人在制茶售茶时都将利益的获取放在了第一位。除了栽培型古茶树的过度采摘，由于野生古茶树在我国属于二级保护植物，采摘其树叶制茶是被禁止的，也正因为如此，部分人甚至想借助"物以稀为贵"的心理，违法采摘野生古茶树叶制茶。大部分的古茶树需要攀爬到树梢才能采摘，有部分人在采摘时过于急功近利，不顾古茶树的承受能力，甚至直接用折枝、砍伐的粗暴方法采摘，造成了难以挽回的损失。

在茶树的养护上，随着社会经济的发展，也出现了不同的现象。在普洱茶和普洱茶古茶树产品获得广泛欢迎前，很多拥有栽培型古茶树的村民并不认为古茶树是"宝贝"，仅将其视为房前屋后众多树木中的一棵，若房屋改建修缮，也一般不会采取避让措施，甚至直接砍伐清除。有的村民在日常生活中也不会特别顾及古茶树生长生活的生态环境维护，常看见一些村民家生活污水排放的出口就在古茶树旁，也有一些时候是生活垃圾直接堆放在古茶树旁，农村生活中常见的挖土建房、焚烧秸秆、种植农作物等活动也不把古茶树当作特别的一棵树，更不在意这些行为会对古茶树带来怎样的影响，在古茶树养护方面，没有养护的意识，也没有养护的行为。

随着古茶树产品的走红，有一部分民众或从事旅游资源开发运营的组织意识到了古茶树的旅游和文化价值，很少考虑，甚至不考虑被利用的古茶树的生长环境变化会对古茶树造成的影响，盲目搭建房物、围栏等设施，恣意砍掉周边植被，甚至将树周围的泥土用水泥硬化处理。有经验的养护人和茶专家认为，古茶树生长极为缓慢，且十分脆弱，养护不当极容易造成古茶树停止生长，若此时情况仍然没有得到改善，古茶树甚至会因此死亡。政府为此采取了多维度的保护措施，但还是存在种种保护的困境。

对古茶树本身而言，随着茶产品逐渐受市场欢迎，部分民众逐渐意识到古茶树的经济价值及养护必要，但由于缺乏专业指导，出现了滥施农药、化肥等不当措施，严重影响了古茶树产品的品质。有部分民众养护方式简单粗暴，如当古茶树出现病枝，有些茶农便随手将枝条折断，不规则的断口在雨季时容易蓄积雨水，进而引起枝干内部病变，甚至导致整棵古茶树死亡。

就茶产品来说，普洱茶茶叶制品的制作及交易并没有专门的法律法规进行规范。在普洱茶逐渐受市场欢迎后，茶叶制品的价格不断走高，尤其是古茶树的茶叶制品，部分资源稀缺的古茶树茶叶制品每公斤的价格甚至在万元上下。飙升的茶叶制品价格让部分制茶和售茶的人开始通过在号称纯料古树茶的茶叶制品中掺入非古树茶，以获得更高的利润。由于古茶树产品市场上有区分产地、茶山，甚至某棵古茶树来进行销售的惯例，不同区域、不同茶树的茶叶制品间价格差距巨大，有些制茶、售茶主体受利益驱使，用普通的茶叶冒充知名产区茶叶或珍贵古茶树的茶叶制品进行销售。以上不同产区或茶山/树的茶叶制品之所以可以有不同的售价，除了产量的原因，很重要的一点便是对茶汤口感口味的宣传，而口感是非常主观的判断（如某些昂贵的茶叶制品称茶汤有蜜香或花香，饮后口内回甘感觉强烈等）。以上这些情况便导致消费者在购买茶叶制品时处于信息不对称的弱势一方，选购时无从下手，权益无法得到保障（如某知名电商平台上的某些宣称来源于知名产区景迈山的普洱古茶茶饼售价低的不足10元，高的超过1.8万元）。即使经过仔细筛选，消费者也无从判断自己购买的"纯料古树茶"是否添加其他茶树或产区的茶叶，毕竟对于普通消费者来说，口感的差异区别不大，甚至"花香"或"蜜香"都无从分辨。古茶产品的这些特殊性，让市场的监管和秩序维护非常困难。

对于古茶文化而言，以景迈山为例，这里的世居少数民族有悠久的茶叶种植历史，茶叶对他们而言，除了日常的饮品，还有"药""祭祀贡品"等更为神圣的意义。布朗族人一直居住在景迈山，他们的祖先种下的古茶树都有百年以上的树龄，景迈山目前也是重要的知名古茶树茶叶产品的产区。最后的布朗族"王子"苏国文先生在同一辈人中威望很高，他一直致力于传承布朗族的文化，包括关于茶树种植与养护、茶叶制作、与茶有关的文化习俗与传说等，他出版著作，在住所办文化班，早些年，布朗族的很多群众都会时常来向苏国文先生讨教交流，例如古茶树每年仅采摘一次的重要经验，一直都得到村民的自觉遵守，但近年来，青年一辈的布朗族人一方面对种茶、养茶兴趣不高，对民族文化的认同感也在减弱，另一方面，哪怕仍然种茶的人，对祖辈流传的种茶养茶经验也不再严格遵循。某些村落或茶农间通过村规民约约定养茶制茶事项，但由于没有强制力保障，村民违反约定，也不会受到严肃的制裁，虽然有这些约定总比没有强，但其约束力是十分有限的。

（三）采取立法保护的必要性

法的价值中，最重要的一项便是为社会行为定下规范，建立稳定的社会秩序。从以上几方面来看，古茶树的保护虽然有村规民约，但有村规民约并严格执行的毕竟是少数，大部分人在养护古茶树时都较为随意，要么不管不顾，要么随意养护，要么态度虽然积极但方法科学性欠妥。在古茶树资源的保护上，几乎都没有专门的法律法规进行规范。结合上文的古茶树及古茶树资源的保护现状，其特殊性决定若有专门的针对古茶树资源的规范进行约束，很多乱象在管理起来，至少能有章可循。

三、古茶树资源保护立法推进概况

普洱市人大及政府了解普洱古茶树资源的保护现状，也清晰地知晓普洱市古茶树资源的保护需求，在 2015 年《立法法》修改之后，普洱市作为设区的市，普洱市人大获得了对城乡建设与管理、环境保护、历史文化保护等方面的事项制定地方性法规的立法权。在获得立法权后，普洱市人大的首个立法计划，便是对古茶树资源的保护进行规定。2016 年云南省第十二届人大常委会第二十八次会议审议通过《云南省人民代表大会常务委员会关于确定楚雄等八州市人民代表大会及其常务委员会开始制定地方性法规时间的决定》，明确楚雄州和普洱等州市人大及其常委会自 2016 年 8 月 1 日起，开始制定地方性法规，普洱市人大便紧锣密鼓地开始了立法工作。

起草工作由普洱市林草局牵头、普洱市茶叶和咖啡产业局配合开展，普洱学院作为地方高校，政法学院的法学专业教师积极参与了草案初稿拟定，全程参与了草案起草工作。市政府经过多次专家论证会与实地调研，草案也几经修改，最终于 2017 年 12 月 20 日普洱市第三届人民代表大会常务委员会第三十六次会议通过，2018年3月31日云南省第十三届人民代表大会常务委员会第二次会议批准，《条例》于2018年7月1日起正式实施。

在"草案"拟定之初，整个《条例》是围绕古茶资源的保护进行的，全文有83条，就古茶树、古茶树种质资源、古茶产品的品牌保护、古茶产品的制作和销售、围绕古茶的旅游文化产业及非物质文化遗产申报及保护等方面进行了规定。在"草案"修订的过程中，各界专家各抒己见，研讨了草案拟保护的"古茶资源"的含义，最终确定将《条例》的保护对象限定为"古茶树资源"，仅就古茶树、古茶树的养护、古茶产品的品牌等方面进行规范，原草案中提及的古茶文化旅游等内容仅概况性的涉及，进而缩小了本部《条例》的保护对象。虽然无法兼顾到各方利益，关注到所有问题，但范围缩小后使得立法准确性增加，《条例》在执行起来也更为清晰、有针对性一些。最终确定的版本有六章共30条，分别是总则、保护与管理、开发与利用、服务与监督、法律责任和附则。

四、古茶树资源立法保护的主要制度设计

（一）价值取向：保护还是利用

在《条例》制定的过程中，参与各方讨论较为激烈的是整个《条例》的制定：为了将古茶树资源保护起来还是为了更好地利用起来。若是为了将古茶树资源保护起来，那么最有效、最好的保护方式就是最大限度地排除人为干扰。若最终目的是为了利用，那么立法重点将是规范利用途径。

支持立法价值为"保护"的专家认为，古茶树资源之所以珍贵，就是因为其独一无二，保护古茶树不仅是为了地方利益，更是为了全人类的利益。就古茶树本身来说，由于古茶树十分脆弱，不恰当的干预，越积极，越会对古茶树的生长产生负面的影响，更不用说考虑到某棵古茶树珍贵，将其移栽到专门的保护园区。目前，有记录的所有移栽古茶树都没能成功存活下来。有些古茶树所有人考虑到立体利用古茶林或古茶园土地，将古茶树下及周边其他植物清除后栽种玉米等粮食作物；有些

古茶树所有人则恰恰相反，将古茶树周边植物清除的考虑是不希望其他作物过多吸收土壤养分，频繁翻土除草，而结果并没有使古茶树生长状态改善，反而因植被缺乏保护，土壤水分和养分流失严重，部分古茶树在旱季时甚至干枯死亡。其他不当干扰的措施还有擅自取土、采矿、采石、采砂、爆破、钻探、挖掘、开垦、烧荒；排放、倾倒、填埋不符合国家、省、市规定标准的废气、废水、固体废物和其他有毒有害物质；施用有害于古茶树生长或者品质的化肥、化学农药、生长调节剂等。这些措施不仅仅影响了古茶树的生长态势，对古茶树茶叶制品的口感质量也有负面影响。据参会茶专家介绍，古茶树茶叶制品的口感会受到茶树周边植被状况的影响，施用化肥的、破坏古茶树生长的生态环境的、周边土壤被用水泥硬化的等，被这些措施影响过的古茶树，第二年的春茶新芽产量都明显下降，茶叶制品的口感都不如往年。哪怕不再采用这些措施，古茶树生长缓慢，要恢复原来的生长态势所消耗的时间都是以"年"为单位的。普洱市澜沧县班崴村的千年茶王树，曾经有一处枝丫发生病变被施用了农药，如今过去快10年，还能明显看出该枝丫的叶片大小、光泽状态等明显比其他枝干差，据养护人介绍，每年发新芽时，该枝丫的出芽状态也明显差于其他枝干。考虑到以上情况和古茶树的特性，很多与会茶专家主张将古茶树完全保护起来，考虑采用集中养护、集中采摘的方式，栽培型古茶树不再由各所有人自主采摘，甚至有部分专家提出，古茶树是否要采摘需要设置行政许可制度，由茶树养护专家充分评估采摘对古茶树的影响后决定是否允许采摘。

支持立法价值为"利用"的专家认为，古茶树资源与其他珍稀植物资源之所以不同，是因为古茶树与其他珍稀植物与人的生活关联度具有根本的区别，导致其价值的体现完全不同。古茶树的价值具有多元性。它不仅具有植物学、生态学方面的研究价值和保护价值，更具有人文属性。换句话说，古茶树，尤其是栽培型古茶树，虽然他们也具有种质资源等方面的价值，但更重要的是，古茶树是云南少数民族悠久的农耕文明的见证，他们祖祖辈辈与茶树共生，一步步将野生的茶树驯化，并且茶树和茶叶也融入了少数民族的文化当中。在布朗族的传统中，茶叶不仅仅可以制作饮品，更被认为具有药用价值，因而和祭祀关联密切，茶叶一直在具有种茶历史的少数民族文化中具有神圣的地位。所以，古茶树资源的价值高，不仅是因为其在植物学中的稀有特性，更是因为其融合了人文特色，是因为茶被"使用"而获得了价值。其他一般的珍稀植物受到保护，主要是因为其数量稀少，树木本身并没有太多的和人们的生活直接关联起来，其价值较为单一，"不使用"才能更好地保存其价值。而古茶树则不同，如果像普通珍稀树木一样将其保护起来，就意味着将种茶、采茶这些因茶而生的文化习俗圈禁，古茶树资源的价值将大大贬损。鉴于此，部分参与立法的专家认为，古茶树资源的立法价值取向不应当只有单纯的"保护"，保护的最终目的应当是利用，才能最大限度地保存和发挥古茶树资源的价值。

经过激烈的讨论，《条例》最终采纳了后一种意见，虽然名称叫作"保护条例"，但各项保护措施的最终目的，是为了在利用中更好地发挥古茶树资源的价值，正如条文中关于立法目的的表述所说："为了加强古茶树资源保护，规范古茶树资源管理和开发利用活动。"

（二）立法采纳的几项保护措施

在如何保护古茶树资源的问题上，《条例》采用了以下这些做法。

第一，明确保护主体。立法明确了古茶树资源保护工作的主体是林业部门。这主要考虑了林业部门在基层的执法力量更充足，在茶资源养护方面也更便于提供专业指导。

第二，确立了资源普查机制。《条例》所要保护的古茶树包括栽培型、过渡型和野生型。过渡型古茶树数量稀少，备受关注，其数量和生长状态比较方便确认，但野生型和栽培型古茶树的分布零散，随着时间变化，现在不属于古茶树的，也终将成为古茶树，而现有的古茶树会因为各种原因在存量上发生变化。为了准确地采取古茶树保护措施，对古茶树进行养护，准确地掌握"哪里有"古茶树以及各地古茶树的生长状态等基本信息是非常重要的。因此，《条例》确定了古茶树资源每10年进行全面普查并编撰名录的制度。

第三，确立了古茶树挂牌和划区保护制度。有很大一部分栽培型古茶树分布在乡村田间地头或房前屋后，虽然有立法保护，但基层群众的文化水平、保护意识及法律素养参差不齐，对零散的古茶树采用挂牌保护的方式，一方面为持续的资源普查提供方便，另一方面也是对基层群众关于古茶树养护重要性的普及和养护责任的宣传。对古茶园或古茶林划定保护区，也便于资源清查和提醒基层群众需要履行保护义务的区域。

第四，建立古茶树种质资源数据库。古茶树种植资源的一项重要价值在于古茶树本身在物种研究上的意义。对古茶树的保护自然不能脱离种质资源保护的范畴。随着时间的推移，古茶树的种质资源价值只会日趋重要，从当下开始规范地建立种质资源库，将是在未来具有历史意义的重要决策，也可以规范基于古茶树种质资源的科研工作，避免种质资源以科研的名义非法外流。

第五，建立古茶树生长状况预警机制。正如前文所述，古茶树的生长缓慢，且较为脆弱。自然环境的变化或人为的过度或不科学干扰，很容易造成古茶树生长态势的负面变化。有时，也因为古茶树分布零散，人们不能及时发现古茶树发生病虫害而及时地采取干预措施，最终甚至导致古茶树死亡。《条例》设定预警机制的目的正是为了避免上述情况的发生。

第六，明确制定野生型、过渡型古茶树/栽培型古茶树管护技术规范的要求。关于古茶树如何养护，立法专家之间都有很多分歧，专家和民间优秀养茶人的经验之间也有不小的分歧。若能统一养护规范，对监督养护工作的开展、检查养护工作的成效和问责养护不当的行为都有重要意义。在养护规范的具体要求中，《条例》结合目前古茶树养护中比较突出的问题提出了科学管养和鲜叶采摘方面的要求。在科学管养方面，《条例》要求主管部门监督古茶树资源所有者、管理者、经营者施用生物有机肥，采用绿色（综合）防控技术防治病虫草害。在鲜叶采摘方面，野生型古茶树是二级保护植物，采摘是违法的，过渡型古茶树也属于珍贵资源，一般只是通过采茶仪式象征性地采摘很少一部分；栽培型古茶树的新芽是主要的采摘对象，为避免过度采摘，《条例》明确了夏茶留养的要求，即每年的6—8月不得进行鲜叶采摘。

第七，明确施工避让的要求。很多栽培型古茶树就生长在农村房前屋后，为避免以往村民在修缮房屋，或新农村建设中基础设施建设或改造中并不避让古茶树的做法（往往砍伐或移栽），《条例》明确要求工程设计及施工时应当采取恰当的措施避让古茶树，让新修建的房屋或道路不离古茶树太近，更不盲目砍伐，工程应当尽量不影响古茶树的生长。

(三)《条例》中规范资源利用的制度

如前所述，《条例》最终将立法目的落脚在科学、有序地利用古茶树资源上。前述一系列的保护并不涉及规范生产和销售茶叶产品、品牌保护和文化传承等古茶树"周边"领域，而这些领域的一系列乱象，也会从不同角度造成保护工作效用的减损。《条例》因此单列了"开发与利用"一章，对古茶树资源的利用措施进行规范。

首先，确立标准化生产的制度要求。由于古茶树产品的生产多是由茶农、合作社、民营企业进行，外加在销售环节，部分制茶师的手艺是宣传茶产品的独特性和推高茶产品经济价值的重要因素，而这些制茶"手艺"一方面不公开，一方面较多地依赖"手感""火候"等较为模糊的经验，茶叶产品的食品安全和质量很难进行高效监管。为此，《条例》明确要求推进茶叶产品生产流程的标准化，在不破坏茶叶制品本身的气味等独特性的同时，最大限度保障食品安全和坚守质量底线。

其次，确立古茶树茶叶产品品牌保护的要求。目前的古茶树产品的生产者把控产品质量的意识都在逐步提升，但由于古茶产品价格飙升，某些知名产区或技术过硬的生产商的产品由于广受欢迎，受到利益驱使，有部分茶农在采摘鲜叶时在其中掺入其他产区的古树茶或非古树茶，甚至有些不诚信的古茶产品制作商或销售商不仅在古茶茶叶中掺入非古树茶，还用纯非古树茶冒充古树茶或知名产区或品牌的古树茶销售，严重扰乱了市场秩序。还有一些规模较小的制茶组织或茶商，因为缺乏商业经验，或无力投入品牌打造，只能处于供应链末梢，由于没有品牌或品牌认知度低，哪怕茶叶质量不输知名产品，售价始终差强人意。为尽可能地规范市场，培育古茶产品品牌，《条例》明确规定具有特定自然生态环境和历史人文因素的古茶树产品，可以申请茶叶地理标志产品保护，并且建立古茶树原产地品牌保护和产品质量可追溯体系，搭建信息共享平台，将古茶树资源生产、销售者的产品质量、环保信用评价、地理标志产品专用标志使用等情况纳入信用信息管理系统，通过规范产品源头，公开产品信息，尽可能树立并保护品牌的信用。

再次，确立"有限旅游"的开发原则。虽然从保护古茶树资源的角度看，最好的保护措施是减少人为干扰，但围绕古茶树及茶文化开发旅游业可以让百姓更深刻地感受到古茶树资源的价值，从而推动保护古茶树资源的内驱力。但若将旅游业的开发作为工作重点，游客量的上升必然带来旅游垃圾的增加和基础设施的建设或扩建，必然会对古茶树资源的保护带来负面影响。《条例》因此确定了"有限旅游的原则"，在不对古茶树资源造成太大压力的同时，兼顾古茶树资源的利用和影响力的推广。

最后，《条例》还确定了茶文化交流和人工设施有计划迁出等要求。这些要求虽然都呈现为对古茶树资源的开发利用，但考虑到古茶树资源应当是"活的"才更有意义，这些制度兼顾了资源的保护与利用。

五、古茶树资源立法保护的完善建议

在没有立法前，古茶树的保护工作除了野生型古茶树可以按照二级保护植物来执行，过渡型和栽培型古茶树的保护很难有统一的标准。毕竟对于栽培型古茶树来说，从《物权法》的角度，栽培型古茶树属于归个人所有的财产，要推进养护工作只能靠宣讲教育或百姓自发地向他人请教学习，毕竟所有权人对财产的物权是排他的。即使百姓有养护古茶树的意愿，由于没有具有强制力的标准进行指引，百姓在养护时若有懈怠，或采取具体的养护措施出现分歧时，并没有有效的方式督促养护或提供科学的指引和救助。《条例》的出台，可以说为古茶树资源的养护提供了强有力的支撑，但立法并不是万能的，完全靠一部法律文件来实现古茶树资源的保护也是不现实的。目前，《条例》本身由于受到多种因素的限制，还有很多需要完善的地方，现有的制度是否有效，还需要时间和实践的检验。

（一）现有立法中还需要进一步完善的地方

《条例》的颁行是古茶树资源保护工作的跨越式进步。目前的条文基本表达了对古茶树资源的态度是保护与利用并重，但《条例》仍然有进一步完善的空间。例如，很多措施和制度受限于立法习惯和文本字数，都只是做出了原则性的规定，如在鲜叶采摘问题上，《条例》明确了采茶的时间要求，但对采茶方式、采茶量等没有详细规定，这极有可能导致实践中部分没有养护意识的茶农在可以采茶的期间恶性采摘，补足夏天采摘空档的量，最终不但无法有效保护古茶树，反而引发对资源的破坏性利用。为了保证《条例》在实践中的操作效果，还需要有配套的实施细则出台，或在经验成熟后对《条例》进行修订。

（二）关于违法成本考量与执法现状的矛盾

《条例》在第五章规定了相关违法行为的法律责任，但对比古茶树资源本身的价值来看，很多违法行为的法律责任偏轻，造成行为人的违法成本相对较低，是否能够充分起到预防违法行为发生的作用是有待商榷和验证的。就目前的市场情况来看，某些知名产区的古树茶茶叶制品每公斤的市场售价可以高至万元，若按照茶叶的经济价值估算，擅自砍伐这样一棵古茶树，按照《条例》中的法律责任[1]，行为人只需要承担6000元至3万元的罚款。其他的如损毁、擅自移栽的法律责任与前述相同，施用有害于古茶树生长或者品质的化肥、化学农药、生长调节剂等可能极大地损害古茶树资源的违法行为的法律责任甚至低到200元。这还只是按照经济价值进行比较，若再综合考虑古茶树的人文、科学研究等价值，违法行为人承担的法律责任与违法行为造成的损失是不匹配的。

在起草及审改过程中，法律责任的部分也引起了激烈的讨论。主张"从严"制定法律责任的人员认为，若法律责任明显低于违法行为造成的损失，较低的违法成本对于实现古茶树资源保护是没有帮助的。而且古茶树资源属于珍贵资源，若真的受到损毁，仅靠处罚是无法挽回损失的。从这个角度，应当采用偏向严厉的法律责任，以期其警示威慑作用能从根本上避免违法行为的发生，所以，法律责任应当按照涉及的古茶树的茶叶产品市场均价，按古茶树的普遍年均产量和一定年限来估算该棵古茶树的价值，按照一定的倍数来制定处罚幅度（如砍伐古茶树的，按该棵树价值的5~10倍进行处罚，这样来算，罚款就有可能高至几十万元）。相反观点则认为，从威慑与处罚和损害相匹配的角度来看，这样的处罚幅度确实偏低，但考虑到普洱基层群众的普遍经济收入水平和文化素质水平，若法律责任真的有可能高至万元，甚至几十万元，执法人员面临的问题极有可能是无法落实行政处罚的执行，甚至酝酿成集体性事件。无法落实行政处罚的执行，行政机关可能面临的是检察机关关于不作为的检察建议。为了避免这些麻烦，最终的结果可能是行政机关

---

[1] 参见《条例》第二十七条第一项："违反第一项规定的，没收违法所得，涉及古茶树的，每株并处6000元以上3万元以下罚款，其他林木、植被并处其价值5倍以上10倍以下罚款。"

象征性地、有选择地进行执法，能不处罚就不处罚。这样一来，法律的尊严都有可能受到挑衅。

综合了以上的观点，《条例》采纳了后一种观点，降低了法律责任。但从保护古茶树资源的角度来看，较低的违法成本从根源上是无法起到很好地保护古茶树资源的作用的，可以将处罚幅度适当放宽，保持现行规定的处罚下限，提高罚款幅度的上限，在执法中可以由行政机关根据情况进行自由裁量；或者提供更多的处罚计算方式，可以将明确的处罚幅度和按照价值倍数的处罚幅度并列，依然由执法机关通过个案中的自由裁量来灵活把握处罚力度，再通过加强事后监管来督促和保障行政机关的执法积极性和公正性，从而让《条例》可以具有更多的弹性，更好地适应时代变化，稳定地为古茶树资源提供法律保障。

（三）关于古茶树产品的保护

鉴于《条例》的立法目的落脚点是更合理地利用古茶树资源，古茶树资源保护工作中的一项重要工作就是规范和加强古茶树产品的制作和销售环节。只有通过立法保障了与古茶树资源相关的各利益主体的基本利益诉求（鉴于普洱市古茶树产区的大部分茶农依然属于较为贫困的人群，保障其经济收入是最首要和基本的），才能从根本上调动广大茶农、茶商保护古茶树资源的内生动力。通过维护好市场秩序，可以形成"良好的市场秩序-更稳定或更高的经济利润-更高的资源保护意愿和动力-更好的古茶树产品-良好的市场秩序-更稳定或更高的经济利润"良性循环，可见维护市场秩序的重要性。目前的古茶树产品市场中主要的秩序乱象有古茶树产品品质没有明确的参考标准，市场价格混乱，掺杂其他产区或掺非古树茶的情况难以监管等。《条例》为了捋顺市场秩序采用了地理标志、产地溯源、信息平台公开信息等方法，这些方法对于保护现有品牌、现有产区是有一定作用的，但对于培育古茶树产品的品牌，对于帮助茶商打开古茶树产品的市场作用能有多少还需要等待实践的检验。仅从制度上来看，《条例》对品牌的保护是不充分的。可以考虑添加品牌扶持、产品推广扶持等方面的内容，行政权力真正沉入基层，整合社会资源，带领尚不知名的茶产品走向更广阔的市场。另外，在古茶树产品品质的鉴定上，可以考虑建立古茶树产品品质评价体系，通过制定某些参考标准规范茶产品的品质评价。这一点可以参考葡萄酒行业的运行模式，毕竟葡萄酒和普洱茶古茶产品的性质有很多共性，葡萄酒产区、产品品质和产品价格的规范模式可以为普洱茶古茶树市场和产品的规范提供参考。

（四）关于"古茶资源"和"古茶树资源"的再思考

古茶树及其周边的一系列资源对于普洱市，乃至于对于全世界而言都是独一无二的。古茶树、古茶产品及与其密切相关的古茶文化是"活的"资源。古茶树的价值不仅仅体现在树木本身，其与普洱市少数民族悠久的种茶、养茶、用茶、敬茶的历史密切交融，正是这些与民众的生活息息相关的"活的"文化，让古茶树的价值也生动起来。也正是因为如此，古茶树本身的保护和其他珍惜树木的保护不太相同，若只单纯地考虑植物的保护，最好的保护是尽可能减少人工干扰，而这样的保护必然使古茶树资源的价值因缺失了"生动"而减损不少。正是因为如此，古茶树的保护不能"就树论树"，《条例》也是考虑到这样的原因在立法时将保护和利用融合到一起，但受限于地方立法篇幅和可行性的限制，《条例》只能对古茶树及部分"周边"资源的保护和利用进行规范。但这并不意味着诸如与茶有关的习俗、茶文化等内容不重要。若仅从保护资源的角度来看，应当对古茶树及其周边资源建立较为系统、有针对性和能够适应时代发展的保护制度，才能真正实现对古茶树进行完整的保护。

鉴于此，"古茶树资源"的保护仅仅是"古茶资源"保护的一部分，《条例》仅仅是对普洱市的珍贵名片进行保护的序曲，一部地方立法并不能实现对古茶树及其周边资源的周密保护，接下来还应当通过不断地调研、探索，并完成一系列规范性文件的制定来形成一个制度体系，进而实现在制度层面的保障。

普洱市绿色发展的环境保障

张春花[①]　单治国[②]

一、绿色发展

（一）绿色发展的背景

全球气候变化已经是不争的事实，成为 21 世纪人类发展最大的挑战之一。所谓气候变化是指由于人类活动排放温室气体造成大气成分的变化，引起以变暖为主要特征的全球气候变化。这一人为因素主要是 1750 年工业革命以来的经济活动引起的，如化石燃料的燃烧、土地利用的变化。

随着中国经济的飞速发展，能源的使用和二氧化碳的排放也在急剧增加。自 1750 年以来，全球累计排放 1.1 万亿吨二氧化碳，发达国家二氧化碳的排放占 80%，其中美国占 26.9% 居首位；而中国也已经居第二位，占 8.2%。1950—2002 年，中国的二氧化碳累计排放量占世界同期的 9.33%，仍居世界第二位。由此可知，不只是美国负有减排的第一大历史责任，同样即使人均排放量仍然很少的中国也已经负有第二大历史责任。并且根据最新估计，中国已经超过美国成为世界二氧化碳年排放量第一的大国。因此，随着气候变化影响的加剧，中国也已经面临来自世界的越来越多的减排压力。

实际上，中国的节能减排不仅仅是出于对国际压力的反应，更是有中国经济发展方式转型的内在要求。从可持续发展到科学发展再到绿色发展，这体现了中国发展理念的创新，甚至也可以说是对世界的发展理

[①] 张春花，普洱学院茶学教师，农学博士，副教授。主要研究方向：茶叶加工与生物化学、茶叶综合利用及茶文化学。
[②] 单治国，普洱学院茶学教师，农学博士，副教授。主要研究方向：茶叶精、深加工、茶叶质量安全和茶叶综合利用。

念的贡献。应对全球气候变化和节能减排对中国来说是一个很巨大的挑战,但同时又是一个契机,中国需要把握住这次发动甚至领导"绿色工业革命"的机会,走出一条绿色发展之路。

(二)绿色发展共识

香飘四海,一片承载了千年记忆的茶叶,是这块土地生态良好、人与自然和谐共生的生动写照;熠熠生辉,一座矗立了68年的"民族团结誓词碑",让这里成为民族团结进步与发展的时代缩影。

走进普洱,充盈时空的绿色旋律牵动我们的感官,绿色予人的心旷神怡由表及里,始终随行相伴。这里,天蓝、山绿、水清,城乡居民的生态福祉不断提升。从发展理念、生产方式、产业结构到生活方式,无不呈现出深厚浓郁的绿色底蕴。

党的十八大以来,普洱市在习近平生态文明思想指引下,坚持以人民为中心的发展思想,践行"绿水青山就是金山银山"理念,以绿色发展为导向的高质量发展新路子越走越宽,人民群众的获得感、幸福感、安全感持续增强。绿色发展是以效率、和谐、持续为目标的经济增长和社会发展方式。当今世界,绿色发展已经成为一个重要趋势,许多国家把发展绿色产业作为推动经济结构调整的重要举措,突出绿色的理念和内涵。绿色发展与可持续发展在思想上是一脉相承的,既是对可持续发展的继承,也是可持续发展中国化的理论创新,也是中国特色社会主义应对全球生态环境恶化客观现实的重大理论贡献,符合历史潮流的演进规律。

(三)绿色发展实践

"天赐普洱,世界茶源"。云南省普洱市在实施提升城乡人居环境行动中,用绿色发展来引领,在青山绿水间寻求脱贫致富路,努力用更蔚蓝的天空、更原始的森林、更洁净的水体、更具活力的城市、更秀美的传统村落和更富裕的城乡居民生活来擦亮"普洱"这块金字招牌。

近年来,普洱市先后创建了国家级森林城市、卫生城市、园林城市,文明城市也在积极创建之中,但是除了中心城区的光鲜漂亮之外,县城交通拥堵、乱停乱放,城乡接合部违章建筑、私搭乱建,农村缺乏规划、垃圾乱倒等问题仍然较为突出。按照云南省提升城乡人居环境行动城市"四治三改一拆一增"(治乱、治脏、治污、治堵,改造旧住宅区、旧厂区、城中村,拆除违法违章建筑,增加城市绿地面积),农村

"七改三清"（改路、改房、改水、改电、改圈、改厕、改灶，建设清洁水源、清洁田园、清洁家园）的统一部署，普洱市全面实施提升城乡人居环境行动，争取建设成为环境优美、生活舒适的宜居地。

普洱市制定了《提升城乡人居环境五年行动计划》，将城乡人居环境提升行动与文明城市、园林县城、生态城市创建和脱贫攻坚等工作紧密结合起来，统筹推进，通过完善城市规划，推进以思茅区、宁洱县为核心、澜沧县、景谷县为两翼的城市发展体系。在政策资金保障方面，充分用好国家项目资金的同时，鼓励和引导社会资本、银行资金、多渠道地参与城乡人居环境项目建设。目前普洱市已搭建城投、交投、旅游开发等投融资平台，国家开发银行、上海浦东发展银行支持普洱农村基础设施建设的30亿元融资将于今年上半年投入到位，正形成"多渠道引水、一龙头放水"的提升人居环境政策资金保障格局。

近5年来，普洱市经济保持了10%以上的平均增速，城乡居民收入同步增长，生态环境实现了"山更青、水更绿、天更蓝，生态更美"的目标。全市森林生态服务功能年度价值达2850亿元，位居云南省第一；纳入监测的地表水优良水体比例达到95.45%，集中饮用水源地水质达标率为100%；全市人均碳排放量降至4.29吨标煤，远低于全省全国水平，接近欧盟等发达国家水平。2020年环境空气质量优良天数比率为97.2%，高于全国地级市及以上城市优良天数比率10.2个百分点，成为全省及全国气候舒适指数最高、空气洁净度最好的地区之一。

保护生态环境就是保护生产力，改善生态环境就是发展生产力。作为自然环境基础较好的地区，普洱市始终坚持生态优先，特别注重用制度来保障和监督生态保护的落实，建立完善"核算、保护、转化"的实现路径，促进形成绿色发展的长效机制。

核算生态价值。在全国率先开展生态系统生产总值（GEP）（与GDP相对应的生态系统资源状况统计与生产总值核算体系，由世界自然保护联盟提出）核算，通过核算，探索GDP、GEP和民生协调健康发展的最佳平衡点，挖掘经济社会发展和生态环境保护协调发展的最佳效益，推进了GEP与GDP双核算、双运行、双提升。

评估生态潜力。在全省率先开展生态系统与生物多样性经济学（The Economics of Ecosystems and Biodiversity，TEEB）（生物多样性与生态系统服务价值评估，由联合国环境规划署主导）评估，通过评估，2015年全市的生物多样性与生态系统服务价值为7429.87亿元，是当年 GDP（514.01 亿元）的 14.45 倍。其中，景东县以每年 545.06 亿元的评估价值，成为中国生物多样性与生态系统服务价值评估（China-TEEB）项目全国首个授牌示范县，并作为中国唯一受邀代表出席了《生物多样性公约》第十三次缔约方大会。

建立考核评价体系、监督检查机制，创新推进"绿色检察"。率先在全国实施绿色经济考核评价，考评指标体系由绿色经济发展、资源利用效率、环境与生态效率、工作开展与评价 4 项一级指标、39 个二级指标构成，对节能减排、生态破坏和环境污染事件实行"一票否决"；严格落实环境保护"党政同责""一岗双责"，探索环境损害责任终身制；在全省首家开展自然资源资产负债表编制，试点领导干部自然资源资产离任审计。普洱市人民检察院设立环境资源检察机构，以"预防、打击、修复"为主要手段，提起了云南省首例环境污染民事公益诉讼，为生态保护提供了有力法治保障。

保护生态优势，厚植绿色根基。全市投入资金 46.3 亿元，实施生态移民为环境保护让路，2 万多户 8 万多人易地扶贫搬迁，生态保护和脱贫攻坚工作统筹推进。做好"林"文章，以科技为支撑，大力发展林下经济。中国工程院朱有勇院士团队在澜沧县开展思茅松林下有机三七种植试验 3910 亩，价格高出市场 5 倍以上，一亩收入达 5 万元。在涵盖绿色产业体系的院士专家工作站助推下，全市形成了以石斛、黄精、白芨、重楼等为主的林下药材种植业，食用菌和松香为主的林下采集业，家畜、家禽和野生动物为主的林下养殖业，林下经济经营面积达 511.6 万亩，涉及农户近 25 万户，从业人员 48 万人，林下经济人均收入达 3050 元，占家庭总收入的三分之一。全方位、多渠道的林业收入，让农民实现了不砍树也能致富。

转化生态资源。大力推行绿色生产方式引领产业提质增效，坚守发展底线和生态红线，制定绿色生产标准引领转化路径，对存量经济进行绿色化改造，对增量经济进行绿色化构建，盘活土地资源激活转化要素，推动产业结构变"新"、模式变"绿"、质量变"优"。

（四）绿色发展崛起

普洱追赶跨越、绿色崛起的发展方式和路径，获得了社会各界的关注和好评。

2018 年 10 月，国家发改委组织专家组对国家绿色经济试验示范区进行中期评估，专家组评审意见认为，普洱走出了一条经济发展与生态保护"两条底线"一起守，绿水青山与金山银山"两座宝山"一起建，百姓富裕与生态优美"两个成果"一起收的绿色发展之路，推动了普洱市和云南省乃至全国西部地区的生态文明建设步伐和绿色崛起的精准脱贫步伐，树立了普洱作为祖国大西南生态安全屏障和面向南亚东南亚的绿色国门形象。普洱取得的成绩和经验对国内外其他地区发展绿色经济、建设生态文明、实现高质量发展具有重要的借鉴意义。

在北京举行的2018年首届普洱（国际）生态文明论坛上，国内外专家对普洱的绿色实践和探索给予了充分肯定和高度评价。世界著名生态经济学家、美国国家人文与科学院院士柯布说："普洱在绿色发展方面取得的出色的成就令人赞叹，在建设生态文明的过程中已经走在了世界的前列。"

坚持绿色发展、建设生态文明任重道远。新时代、新起点，按照省委、省政府把普洱建设成"生态宜居之城、健康养生之地、普洱茶文化之源、绿色发展示范城市、祖国西南边疆绿色明珠"的发展定位要求，普洱正昂首阔步在建设国家绿色经济试验示范区的征途上，切实扛起"把云南建设成为中国最美丽省份"的普洱使命和担当，为全国乃至世界绿色发展和生态文明建设提供普洱经验和方案。

要加强生态文明建设，全面推进绿色发展，让山绿起来、美起来，让农民富起来，实现"推动绿色发展，促进人与自然和谐共生"的生态文明建设目标，必须牢固树立"绿水青山就是金山银山"和"共抓大保护、不搞大开发"理念，扛牢压实生态文明建设政治责任，按照"生态产业化、产业生态化"两条路径，统筹"发展和生态"两条底线，做好"尊重自然规律、回应群众期盼"两件大事，将生态文明与脱贫攻坚有机结合起来，与乡村振兴战略有机结合起来，与乡村振兴战略有效衔接，奋力建设新发展理念示范区。

二、普洱茶的绿色发展

（一）珍惜普洱茶源

普洱是世界公认的茶叶原产地，野生古茶树分布广，从景东县无量山、镇沅县千家寨、宁洱县困鹿山、板山以至澜沧县、勐海县（西双版纳州）均有分布，野生古茶群落面积达7.85万公顷。澜沧县景迈万亩古茶山已超过1300年的栽培历史，成为世界仅存的面积最大、保护最好、最古老的人工栽培古茶园，再加上木兰化石的发现，普洱茶树完整演绎了：宽叶木兰→中华木兰→野生型茶树→过渡型茶树→栽培型茶树进化史，形成"五世茶祖"同台亮相，茶树生长繁衍链条环环相扣，延续了进化的轨迹。

普洱市是全球最大的普洱茶种植基地，也是全国最大的咖啡种植基地。截至2020年，全市有生态茶园167万亩。早在2010年，围绕生态、无公害、有机发展目标，普洱市在全国率先实施生态茶园改造，加强对农业投入品的监管，禁售禁用毒性强、残留高的农药，大力推广低毒、低残和生物农药，应用物理、生物多样性等技术防治病虫害。

（二）普洱市现代茶园建设

茶叶成为普洱市最具特色、普惠性最广、收入最稳定的绿色产业。坚持强力推进生态茶园和有机茶园建设，全面提升茶叶品质和市场竞争力。近年来，市委市政府远见卓识，下大决心、花大价钱全面推进生态茶园建设，以生物多样性理论为指导，在136万亩现代茶园内套种乔木树种136万株。

普洱市走出了一条具有普洱标识的品牌打造之路。统一品牌，按照"小众推名山，大众做有机"的思路，组建普洱市有机茶联合会，通过祖祥等龙头企业引领，打造"普洱有机茶"区域公用品牌，思茅区全域做有机；积极打造困鹿山、凤凰窝、"千家寨爷号"等名山区域品牌。按照"政府引导、联盟主体、市场主导"的原则，形成了"景迈山古茶林""普洱山""凤凰山""无量山""景谷山""千家寨""江城号"七个名山普洱茶品牌。统一标准，组织联盟企业制定《普洱景迈山古茶林普洱茶（生茶）紧压茶》等三个企业标准；统一检测，品牌办公室委托国家普洱茶产品质量监督检验中心对联盟企业每一批的产品进行现场抽样、确认产品数量并检验、封存；统一监控，实现对诚信联盟企业产品生产、现场抽样、产品封存、产品包装和加贴专用标志的全过程监控；统一标志，经检测合格的联盟产品，由市质监局按照一品一码的要求，以抽样基数发放属于每片茶的专用标志。

(三)绿色普洱茶产业建设的目标

1. 茶叶种植面积目标

到2025年,全市茶园面积稳定在200万亩,其中有机茶园认证面积100万亩。做好118万亩野生古茶树保护工作和19万亩栽培型古茶园的保护和开发利用工作。

2. 标准化茶叶初制所和专业合作社建设目标

到2025年,新建和改扩建标准化茶叶初制所500户,各县区培育3～5户有一定辐射规模、运作规范、效益明显的合作社,力争90%的茶园都有合作社主体。

3. 普洱茶科学仓储建设目标

探索制定普洱茶仓储标准,以普洱工业园区、宁洱工业园区为中心,以景谷县、澜沧县、景东县等为分中心建立普洱茶仓储体系,到2025年,实现仓储5万吨以上,通过仓储物流建设,完善产业链,全面推进普洱茶产业转型升级。

4. 交易平台建设目标

到2025年,新建规范化茶叶交易市场2个,在普洱建成云茶大数据中心,设立普洱市茶产业专项发展基金,建立基地监管、仓储物流、检测评估、线上销售线下体验、拍卖销售综合管理平台,推动茶产业向标准化、数字化、规模化、金融化方向转变,促进茶产业转型升级,实现茶叶全产业链发展。

5. 品牌战略目标

新增中国驰名商标3个,其中2021年新增1个,到2025年达到6个。培育云南十大名茶20个,2021年新增4个,到2025年达到30个。完成景迈山万亩古茶园世界文化遗产的申遗工作,打造茶祖文化旅游胜地。

6. 龙头企业培育目标

到2025年,新增规上企业13户,其中2021年新增3户。力争2户茶企上市。

7. 茶产结合

全面推进有机茶园建设;加快完善和实施茶产业标准体系;以重点龙头企业和新型平台企业为引领,促进茶产业整合,培育产业发展大主体,加快茶基地、茶企业整合,实现茶产业大批量规模化效应。

三、普洱咖啡的绿色发展

(一)优质的咖啡产区

普洱有着得天独厚的咖啡种植条件,咖啡产业已成为普洱市重要的支柱产业之一。数据显示,2020年普洱市咖啡种植面积达78万亩,实现咖啡产量5.8万吨,产值24.4亿元。成为当时全国种植面积最大、产量最高、品质最优的咖啡生产区和咖啡贸易的主要集散地,中国果品流通协会正式命名普洱为"中国咖啡之都"。2014年,云南咖啡交易中心落户普洱。各方合力打造立足云南、面向全国、辐射亚洲的国际性咖啡交易平台和产业服务平台,全面提升云南咖啡产业实力和竞争力,带动广大咖农及咖企增收致富,为云南高原特色农业作出积极的贡献。

普洱咖啡,从不缺赞。近年来,更是成为了最受消费者喜爱的中国农产品区域公用品牌和最具投资价值的中国农产品区域公用品牌及中欧农产品地理标志产品。国家质检总局批准普洱市筹建全国咖啡产业知名品牌创建示范区。2017年3月,普洱咖啡以111.36亿元的品牌价值成为中国农业区域品牌价值10强。

新时代,普洱咖啡产业正以其强劲的带动力助力咖农脱贫致富。2020年云南咖啡产量达到13.1万吨,占据全国咖啡产量的94%,其中,云南咖啡产量接近一半来自普洱产区,产值达24.4亿元,极大地带动我市咖农脱贫致富,咖农收获了改革开放带来的巨大成果。

中国均咖啡看云南,云南咖啡看普洱。2017年,普洱生产的咖啡豆80%以上出口到了美国、德国、法国、日本、韩国、沙特阿拉伯等30多个国家和地区。2018年、2019年,连续两届普洱国际精品咖啡博览会,2016—2021年连续六届云南咖啡生豆大赛等颇具规格和国际影响力的咖啡盛会在普洱举行,都极大地促进了普洱咖啡产业与世界的交融。随着"一带一路"建设的持续推进,我国开放的大门会越来越大,普洱咖啡必将迎来更好的发展。到2025年,全市咖啡种植面积达到80万亩,年产咖啡豆6万吨,咖啡总产值达50亿元以上,将为普洱实现追赶跨越,绿色崛起,谱写新的篇章。

目前，普洱已建成了农业农村部国家种子工程云南省小粒咖啡良种苗木繁育基地、咖啡交易中心、咖啡产品质量监督检验中心、咖啡研究中心和咖啡气象服务中心，以现代农业理念谋划咖啡产业发展，坚持走特色化、规模化、标准化、产业化、品牌化、国际化发展道路，做大、做强、做精咖啡产业，把普洱建设成为世界优质咖啡豆原料生产基地、全国最大的咖啡精加工基地和咖啡物流中心、贸易中心。

普洱市要以工业化理念来打造咖啡产业：一是要继续加快生态基地建设；二是要培育龙头企业；三是要不断提高品牌知名度。同时，普洱市要抓住云南国际咖啡交易中心和云南精品咖啡加工园建设的机遇，牢牢掌握咖啡原材料生产的主动权，让云南咖啡交易中心成为扶持生产型企业的一个核心要素。目前，云南国际咖啡交易中心通过线上交易、新华·云南（普洱）咖啡价格指数发布、标准仓建设等手段，为咖啡生产企业提供仓单质押金融服务。同时，为应对咖啡期货价格持续低迷对咖啡产业发展造成的伤害，普洱市今年推出了咖啡价格保险，保障生产企业和咖农利益，保护咖农的种植积极性。

(二) 普洱咖啡发展的优势条件

1. 地理气候条件优越

气候因素是咖啡种植生长的先决条件。咖啡树只适合生长在南、北纬25度之间的热带和亚热带地区，这一地区通常被称为"咖啡种植带"或"咖啡生产区"。普洱市位于北纬22°02′—24°50′、东经99°09′—102°19′之间，北回归线横穿中部，中心城区海拔1302米，年均温15℃—20.3℃，年降雨量在1100—2780毫米，年日照时数1873.9—2206.3小时，温度、海拔、降雨量都较适宜种植咖啡。普洱总面积4.5万平方千米，热区面积超过2.3万平方千米。

2. 建立了科技人才支撑体系

普洱在生产上总结出了一套咖啡丰产栽培技术措施，编制了《云南小粒种咖啡高产优质栽培规程图》《云南省普洱市地域咖啡寒害分析与对策》，建立了普洱市咖啡试验示范场，在生态栽培、生产技术、生物防治等方面，起到了示范、带动、辐射的作用。在技术人才支撑方面，云南农业大学热带作物学院等大中专学校和雀巢公司、星巴克公司等国外企业长期从事咖啡生产的人才培养，每年要向社会输送400百余名专业人才,为普洱发展咖啡产业做强做大提供了坚实的智力基础。

3. 咖啡品质优异

普洱特殊的地理、气候条件,造就了普洱咖啡优秀的品质。普洱市咖啡产业联合会每年都组织咖啡企业将咖啡送往国际权威机构检测,经国际咖啡组织(Internation Coffee Organization,ICO)、雀巢、麦氏和国内品评及化验,普洱咖啡被赞誉为"质量最好的咖啡",与哥伦比亚咖啡同属一类,还被国际咖啡组织(ICO)认定为一类产品。伦敦国际咖啡市场评其为"优质产品,香醇第一";雀巢、麦氏等国际知名咖啡公司赞誉为"质量最好的咖啡";美国特种咖啡协会认为其品质超过哥伦比亚咖啡,是世界顶级咖啡之一。在三届普洱咖啡生豆大赛上,由世界知名咖啡杯测鉴定师组成杯测评判组,对普洱各产区报名参赛的咖啡生豆按精品咖啡标准进行了杯测评判。普洱咖啡在三届大赛上得分超过80分的咖啡占参赛总数的30%以上,充分证明普洱咖啡的优良品质,具备精品化的先天条件和拓展空间。

4. 品牌基础良好

一是中国咖啡之都品牌影响力进一步扩大。普洱咖啡的独特品位和优秀品质,得到了越来越多的国内外咖啡界知名人士、咖啡爱好者的认知、认同和赞誉,普洱咖啡的国内、国际市场占有率进一步提高,普洱咖啡的品牌效应逐步显现。

二是品牌认证体系初步建立。2012年12月10日,中国果品流通协会命名普洱为"中国咖啡之都"。2013年,"普洱咖啡""思茅咖啡"先后获得了国家工商总局农产品地理标志证明商标和农业农村部农产品地理标志登记证书;2014年,国家质检总局批准普洱创建"全国咖啡产业知名品牌示范区",2015年,普洱咖啡"荣获"2015年最受消费者喜爱的中国农产品区域公用品牌称号"及"最具投资价值的中国农产品区域公用品牌"。

(三)普洱咖啡绿色产业高质量发展

1. 打造绿色品牌

普洱市紧紧围绕云南省委、省政府的决策部署,牢固树立"绿水青山就是金山银山"发展理念,坚持生态立市、绿色发展战略,以乡村振兴战略为总抓手,以农业供给侧结构性改革为主线,以国家绿色经济试验示范区建设为总平台，按照"大产业＋新主体＋新平台"的发展思路，认真落实"抓有机、创名牌、育龙头、占市场、建平台、解难题"的总体要求，积极打造世界一流"绿色食品牌"，取得显著成效，主要表现在全力擦亮普洱茶"金字招牌"、咖啡产业强劲发展、生物医药产业不断壮大等方面。

近年来，普洱市委、市政府始终坚持把茶产业作为普洱最有优势、最具特色、最惠及民生的重要支柱产业重点打造，围绕云南省委、省政府打造世界一流"绿色食品牌"及"千亿云茶"战略目标，着力在抓品牌、抓标准、抓互联网＋、抓融资、抓庄园、抓整合上下功夫；围绕基地生态化、加工标准化、产品品牌化、产业集群化建设思路，大力发展咖啡产业；充分发挥林业资源优势，按照"林药结合"模式，出台政策鼓励企业发展林下经济，大力发展林下生物药材种植。

2. 绿色咖啡产业发展

一是大力推进生态咖啡园建设。共建成生态咖啡园45万亩，占全市咖啡总面积的56.9%。通过以奖代补、示范户带动等方式，引导全市咖啡园有机转换，目前有30万余亩咖啡获得了4C认证，10万余亩获得了CP认证，3.54万亩咖啡获得有机认证或进入有机认证转换期，2万余亩获得了雨林联盟认证和UTZ认证。

二是制定标准提升品质。依托云南国际咖啡交易中心，与精品咖啡协会、咖啡品质学会开展合作，制定了《云南咖啡质量等级评定标准》，搭建全方位的产业标准体系，引领企业农户不断优化品种、改良加工方式，提升产品质量。

三是龙头培育实现新突破。按照"扶优、扶大、扶强"的原则，整合集中资金、技术等资源，促进中小企业向龙头企业、一般品牌向优势品牌集中，组建带动力强、带动效应大的龙头企业和龙头品牌，重点扶持打造爱伲、北归、沃尔、漫崖等一批优质咖啡企业，雀巢、星巴克、沃尔等国际知名咖啡企业入驻普洱，加速提升普洱咖啡现代化、产业化发展水平。

四是建立健全配套服务体系。国家咖啡重点实验室、农业农村部云南小粒种咖啡良种繁育基地、中国热带农业科学院咖啡创新中心、滇西南咖啡气象服务中心、云南省农科院咖啡研究中心相继落户普洱，云南国际咖啡交易中心、普洱市咖啡产品质量监督检验中心、咖啡研究所相继成立并投入运营，中国热带农业科学院云南分院落户普洱开工建设，云南农业大学热带作物学院入驻普洱，使普洱成为全国咖啡科研教学机构最集中的地方，为咖啡产业发展提供了全方位的服务。目前，全市咖啡种植面积达78万亩，产量5.7万吨，咖啡产业面积、产量、产值位居全国第一。

普洱咖啡荣获中国农业区域品牌价值10强，入选中欧地理标志协定首批保护名录，星巴克爱伲咖啡荣获云南省第一批外向型农业发展百强企业。

中国咖啡产业创新发展秉持咖啡行业"优势互补、资源共享、合作共赢"的原则，旨在发挥全国咖啡行业各个个体及企业优势，积极响应并努力践行咖啡大众化消费培育工作，提高咖啡流通效率，建立稳定的贸易渠道。

四、普洱烟草的绿色发展

（一）烟草发展的优势

云南是中国的优质烟区，卷烟品牌国内外知名，烤烟成为云南财政的支柱产业。普洱是近十年发展起来的新烟区，实践证明，普洱生产出的烟叶品质，能与世界知名津巴布韦的优质烟叶相媲美。

优越的天然环境是优质烟叶发展的生态基础。普洱市处于物产最丰富、质量最好的"黄金走廊"北纬23.5°线，地理位置与津巴布韦呈南北对称，气候相似，具备开发津巴布韦风格特色烟叶潜力。普洱烟区植被土壤保护好，森林覆盖率高，水源清洁、空气清新、无工业废水、废气污染，优良的自然环境铸就了独特的气候模式，为生产优质生态烟叶奠定了良好基础。普洱烟区光、温、水气候资源条件较好，非常适合优质烤烟生长和优良品质的形成。普洱烟区砂土和砂壤土面积较大，与津巴布韦、巴西等国际优质烟区的植烟土壤极为相似，土壤有机质含量较高，多数土壤呈团粒结构、肥力水平适中，供水供肥性好，有利于烟草正常生长和充分发育。其优越的生态环境，为生产质量上乘、风格突出的生态特色优质烟叶提供了优越的环境条件。

全市烟草种植面积8570公顷，农业产业产值3.5亿元。全市九县一区均有烟草种植：景东县2500公顷、镇沅县2200公顷、墨江县1900公顷、宁洱县800公顷、景谷县630公顷、思茅区540公顷。

充分发挥普洱优良的自然优势打造8～10公顷优质生态烟区。突出重点，打造好景东县、镇沅县、墨江县、宁洱县、景谷县、思茅烟区，借鉴宁洱县勐先乡生态烟区建设的经验，整合投资，完善农业基础设施，走集约化、标准化发展的路子。

强化烟草种植标准化技术的培训，提高服务水平。农村是优质烟叶生产的第一车间，烟农是标准化技术落实的主体，只有烟农能够熟练地掌握操作规范，并尝到了科学种植烟草的甜头，提高质量才能落到实处。由于农民自身素质的影响，需要持久不懈的努力，才能逐渐实现劳动者素质的提高。

发展绿色生态烟叶是贯彻落实党的十八大提出的生态文明建设重要举措，也是保护生态环境、节约自然资源的客观要求，还是提高卷烟水平的迫切要求，更是烟草产业健康稳步发展的坚实基础。

普洱凭借着优越的自然生态优势，生产出的生态特色优质烟叶，引起了国内烟叶进出口贸易企业的重视。通过举办"普洱生态烟叶开发及工业应用研究专家论坛"、邀请"中国云南国际优质烟叶高级专家论坛"专家组到普洱参观考察等活动，普洱独特的自然生态环境、工商研的深度合作、生态特色优质烟叶的优越内在品质以及GAP管理模式的应用、生物防治技术的推广得到国内外专家的高度肯定和认同。目前，"普洱烟叶"已被云南省商务厅认定为云南品牌。

（二）绿色烟叶产业的经验

首先，政府是发展绿色生态烟叶的有力的坚实后盾，自2008年以来，普洱市政府一直把烤烟作为支柱产业来打造，建立层层挂钩联系负责制，并通过制定扶持政策和奖励政策，促进烟草产业快速健康发展。

普洱市树立的"生态立市、绿色发展"理念，得到了党中央和省委、省政府的高度重视，在《国务院关于支持云南省加快建设面向西南开放重要桥头堡的意见》（以下简称《意见》）明确提出：支持普洱市发挥自然生态和资源环境优势，大力发展循环经济，建设重要的特色生物产业、清洁能源、林产业和休闲度假基地。

普洱市在贯彻落实这一《意见》的过程中，大胆提出了建设绿色经济试验示范区的构想，受到了国家、云南省及社会各界的高度重视。2012年2月，李克强同志在全国政协关于云南省普洱市发展绿色经济情况的调研报告上作出重要批示：支持地方发挥当地优势，积极发展绿色经济。

其次，科技是发展绿色生态烟叶的强劲动力，积极开展区域定位、品质定位、风格定位研究，充分彰显普洱烟叶"清甜香润、醇和馨怡"的风格特色。

最后，生产管理是发展绿色生态烟叶的关键环节，为绿色生态烟叶发展提供技术保障。为保障优质烟叶供给能力，提高烟叶生产整体水平，普洱市政府狠抓烟叶生产管理，并编撰了《普洱烤烟综合技术规范》地方标准，从育苗到调拨的每个生产环节技术标准都做了详细的规定，为确保绿色生态烟叶可持续发展提供了技术支撑。

五、普洱市绿色经济发展的现状与展望

（一）基本情况与面临机遇

发展绿色农业正是适应农业结构优化、实现农业可持续发展的重大举措。一方面，加强对绿色茶产业的宣传力度，加大政府对绿色茶产业的资金投入力度，完善绿色茶产业基地建设，延长产业链条，有效提高绿色茶产业的规模；另一方面，强化制度法律建设，改善种植环境和生产过程，提升产品品质，提升绿色茶叶品牌的市场竞争力，培养高端客户，开拓高端市场，完善社会化服务，提高经济效益。保证绿色茶产业的可持续发展。

普洱市建设国家绿色经济试验示范区的基本思路是坚持"生态立市、绿色发展"战略，以建设国家绿色经济试验示范区为总平台，以建设四大产业基地、实施八大试验示范工程为主抓手，发展绿色产业、倡导绿色消费、繁荣绿色文化、构建绿色家园，先行先试，打造试验示范区创新高地。

普洱市建设国家绿色经济试验示范区面临四大机遇如下。

一是普洱市是国家唯一的绿色经济试验示范区。普洱市是在全国率先提出、率先得到批准的全国唯一的绿色经济试验示范区。

二是建设国家绿色经济试验示范区是国家交给云南省的重要任务，是全省各级各部门共同的大事。

三是绿色经济试验示范区是普洱有别于其他的战略机遇，对上融入和服务于国家战略，承担云南省先行先试的重任，对下结合普洱实际，紧扣普洱优势。

四是新形势下面临新机遇。中共中央办公厅、国务院办公厅印发《关于设立统一规范的国家生态文明试验区的意见》及《国家生态文明试验区（福建）实施方案》。中央明确福建、江西、贵州作为国家生态文明第一批试验区，明确未经党中央、国务院批准，各部门不再自行设立、批复冠以"生态文明"字样的各类试点、示范、工程、基地等。普洱国家绿色经济试验示范区作为生态文明的重要抓手，面临更大更好的发展机遇。

（二）目前的绿色产业

（1）特色生物产业提质增效全面推广生态有机茶园、咖啡园转换工程，实施农作物病虫害绿色防控，制定农药、化肥规范使用名录，实施普洱茶地理标志产品保护行动，创建全国咖啡产业知名品牌示范区。

（2）清洁能源产业兴市利民糯扎渡等一批水电、风电建成发电，全市电力装机规模达918万千瓦，普洱市成为"西电东送、云电外送"的重要清洁能源基地。

（3）现代林产业增收富民构建以林（竹）浆纸纤维为龙头，林板、林化为两翼，林下特色经济为支撑的现代林产业链式发展模式，普洱市成为全国林业分类经营示范区和现代林业开发区。

（4）休闲度假养生产业蓬勃发展。建设国际性旅游休闲度假养生基地，普洱国家公园、西盟勐梭龙潭成功创建4A级景区，开通普洱至老挝边境旅游线路，"绿三角"旅游线路获中国自驾旅游线路评选金奖。普洱市先后荣获"中国十佳绿色城市""中国魅力城市"等称号。

（三）八大工程

（1）绿色农业试验示范工程祖祥高山茶园公司用了8年的时间，完成生态茶园改造，不使用任何农药和化肥，采取病虫害生物防控，增施有机肥，产品通过国内和欧盟、美国、日本等有机认证和QS认证，多次获得国内大奖，国内外客户纷纷慕名前来，建立了稳定的客户群体，祖祥有机茶每斤最高售价为2000欧元，平均价格是常规茶园的10倍。

（2）绿色工业试验示范工程引入康恩贝、天士力等一批绿色领军企业入驻普洱。云景林纸纸浆生产达到全国先进水平，建成3万吨高档生活用纸生产线。实施余热余压利用等重点节能改造工程。

（3）绿色服务业试验示范工程普洱国家公园、西盟勐梭龙潭成功创建4A级景区，开通普洱至老挝边境旅游线路，"绿三角"旅游线路获中国自驾旅游线路评选金奖。积极发展"互联网+"新经济新业态，启动建设中心城区快递物流园区，率先在全省搭建市级电子商务服务平台。

（4）生态建设和环境保护试验示范工程在全省率先实施15万人的生态移民，深入推进退耕还林、天然林保护、湿地恢复等工程，建成自然保护区16个，全市森林覆盖率近70%，森林蓄积量2.8亿立方米，自然湿地保有量3.05万公顷，拥有全国近三分之一的物种。加大污染治理和资源综合利用，"三剩物"利用率超过85%，全市水环境达标率保持在100%，"十二五"以来中心城区空气优良率达99.2%。

（5）全社会绿色发展试验示范工程积极倡导绿色交通和出行，推行绿色发展"十进入"，全市生态文明知识普及率达78%，绿色产品政府采购比例达80%。积极倡导绿色交通和出行，在中心城区规划建设了44个城市慢行系统公共自行车租赁点。

（6）绿色基础设施建设试验示范工程综合交通等基础设施建设，从规划设计、建材选择、建设施工上严格按照绿色低碳化标准实施。

（7）科技创新驱动试验示范工程积极搭建科技创新平台，全市已成立云南省普洱茶、林产业、白及产业、澳洲坚果产业技术创新战略联盟4个，建立了52个院士专家工作站及院士团队科研平台。

（8）绿色循环低碳示范城市（县、镇）工程"十二五"以来，全市共创建省级绿色学校44所、绿色社区9家，环境教育基地2家，市级绿色学校101所，绿色社区18个。

（四）普洱绿色经济发展展望

进一步对照《普洱市建设国家绿色经济试验示范区发展规划》指标内容，自己查、专家帮、上级点相结合，对标对表，查缺补漏。

进一步巩固提升，打造四大产业基地。围绕实现四大绿色产业基地的产业增加值占地区生产总值的比重、绿色产业税收占税收总收入的比重、绿色产业收入占农民总收入的比重分别超过60%的目标，打造特色生物产业、现代林产业、清洁能源、休闲度假产业，确保四大绿色产业成为富民强市的支柱产业。

绿色经济试验示范区建设涉及方方面面，需要全市各级各部门高度关注、通力合作。各县区要进一步明确绿色经济办的工作职责，配齐专职人员；各部门必须指定工作科室、明确人员，共同研究和推动绿色经济试验示范区建设。

普洱市绿色经济办是领导小组的运转中枢，要充分发挥参谋助手、统筹协调、服务保障、督促检查的职能职责。

全面践行"创新、协调、绿色、开放、共享"新发展理念，深入实施"生态立市、绿色发展"战略，加快推进国家绿色经济试验示范区建设，着力构建绿色发展为主题、绿色经济为主流、绿色产业为主体、绿色企业为主力的发展新格局，筑牢祖国西南生态安全屏障，争创"中国人居环境奖"，让普洱的天更蓝、水更清、山更绿。

参 考 文 献

[1] 沈满洪. 绿色发展的中国经验及未来展望 [J]. 治理研究，2020，36 (4)：20-26.

[2] 胡子明，李俊莉. 中国绿色发展研究现状及趋势分析 [J]. 经济研究导刊，2020 (8)：3-4.

[3] 汪中，李学益，姜方荣等. 烟草病虫害绿色防控技术研究 [J]. 农村经济与科技，2019，30 (20)：14-15.

[4] 本刊讯. 全国茶叶病虫害绿色防控技术培训班在福建安溪举办 [J]. 中国植保导刊，2019，39 (10)：53.

[5] 朱艳仙. 边疆民族地区生态经济体系建设的经验与启示：以云南省普洱市为例 [J]. 中共云南省委党校学报，2019，20 (5)：119-123.

[6] 陈录宁，肖玲燕，刘跃. "绿色检察"助力普洱茶原产地生态保护 [J]. 方圆，2019 (11)：74-77.

[7] 普洱市人民政府办公室. 普洱市人民政府关于普洱市茶产业绿色发展的实施意见 [J]. 普洱市人民政府公报，2019 (5)：4-9.

[8] 高应敏, 苏艳. 新形势下普洱市加快茶产业发展的几点设想 [J]. 农业开发与装备, 2018 (11): 18-19.

[9] 孙会萍. 关于普洱市茶产业绿色发展的思考及建议 [A]. 云南省科学技术协会、中共普洱市委、普洱市人民政府. 第七届云南省科协学术年会论文集-专题二: 绿色经济产业发展 [C]. 云南省科学技术协会、中共普洱市委、普洱市人民政府: 云南省机械工程学会, 2017: 4.

[10] 白海群, 杨明, 张兴慧, 等. 普洱发展绿色生态烟叶的实践与探索 [J]. 安徽农业科学, 2013 (24): 10203-10204.

[11] 陈寿荣. 普洱市绿色产业发展的思考 [J]. 云南农业, 2013 (3): 42-44.

普洱市现代林业产业发展模式研究

李 荣[①]

2012年,普洱市建设国家绿色经济试验示范区被列入了国家《滇西边境片区区域发展与扶贫攻坚规划(2011—2020年)》。2014年,《普洱市建设国家绿色经济试验示范区发展规划》获国家发展改革委批复。在《普洱市建设国家绿色经济试验示范区发展规划》中,普洱将发展"绿色经济"上升为地区发展战略,提出到2015年试验示范区建设取得阶段性成果;到2020年全面建成国家绿色经济试验示范区,成为全国生态文明建设的排头兵、西部地区转变经济发展方式的先锋、边疆少数民族欠发达地区跨越发展的典范、面向东南亚绿色经济交流合作的平台。普洱作为全国唯一以绿色经济发展为主题的国家试验示范区,在建设中取得的成绩和经验对其他地区发展绿色经济、建设生态文明、实现高质量跨越式发展具有重要的借鉴意义。普洱市委、市政府高度重视现代林业产业发展工作,始终把"绿水青山就是金山银山"的理念印在脑子里、落实在行动上。自从《普洱市建设国家绿色经济试验示范区发展规划》批准实施以来,普洱市把林业产业不仅列为全市四大支柱产业之一来培育,还列为经济社会发展的重点来规划、建设,在山水林田湖草系统中发展现代林业产业。

一、普洱市现代林业产业资源状况

普洱市的森林资源丰富,有高等植物5600种、动物1496种,有"云南动植物王国的王宫"之称,空气中负氧离子含量高于世界卫生组织"清新空气"标准的12倍多。普洱市共有林地面积318.59万公顷,占总面积的73.9%,森林面积307.5万公顷,活立木蓄积量2.86亿立

[①] 李荣,普洱学院基建管理中心高级工程师,森林经理学硕士,主要研究方向为社会林业、乡村振兴。

方米，森林蓄积量2.79亿立方米，均居云南省第一；森林覆盖率达69.76%，居云南省第四（云南省同类地区第一）。普洱市天然林面积3218.10万亩、人工林面积793.96万亩，天然林停伐面积2017.80万亩，共建立国家级、省级和县级自然保护区14个，总面积144.80万亩。普洱市可利用草原面积1857.65万亩，其中禁牧面积240.70万亩、草畜平衡面积1616.95万亩。新组建国有林场10个，管护国有林面积802.03万亩。2015年，普洱市生物多样性和生态系统服务价值为7430亿元，是当年GDP的14.45倍，高于全国平均水平的1.8倍，绿色GDP占比达94%以上。普洱市先后荣获国家园林城市、国家森林城市、生态文明标杆城市等荣誉称号。

二、普洱市现代林业产业发展情况

（一）总体情况

1. 积极培育市场主体，加快产业发展步伐

经过多年的培育，截至2019年年底，普洱市的林业企业已达1432户，其中省级龙头企业35户，市级龙头企业47户。普洱市的林农专业合作社有520个，被认定为林农专业合作社省级示范社的有34个。

2. 林业产品从无到有、从小到大、从弱到强，门类齐全，品种较多

普洱市主要林产品包括林板及木材类产品10种，林浆纸类产品2种，林化类产品4种，森林旅游类产品1种；注册了一批林业商标，申请了11项专利。2019年，普洱市全年完成林草总产值323.19亿元，同比增长15.02%，林业产业总产值317.71亿元，同比增长13.33%；一产（第一产业，包括农业、林业、牧业、渔业等）158.54亿元，同比增长13.33%；二产（第二产业，对第一产业和本产业提供产品进行加工的部门，包括采矿业、制造业、电力、燃气及水的生产和产应业；建筑业）104.70亿元，同比增长6.32%；三产（第三产业，除第一、二产业以外的其他产业）54.47亿元，同比增长27.80%；草原产业总产值5.48亿元。

(二)七大产业的发展情况

1. 林化产业

普洱市是云南省重点林区,也是松香的主产区,全市思茅松面积2044.76万亩,松香年产量7万~9万吨,约占云南省的70%。普洱市有6户松香加工企业为云南省省级龙头企业,主要产品有松香、松节油、松香树脂、歧化松香等,均为大宗出口创汇产品。截至目前,普洱市已形成了年产松香27万吨,松节油7.2万吨,松香树脂10.5万吨,歧化松香8.1万吨,α、β-蒎烯0.75万吨的生产规模。而2019年,普洱市年产松香仅为6.26万吨(松香深加工产品0.12万吨)。

2. 林浆(纸)产业

云南云景林纸股份有限公司为普洱市唯一一家林浆(纸)企业,截至2018年年底,总资产近40亿元,建成速生丰产工业原料林基地120万亩。2019年,公司实现纸浆年产量27.6万吨,同比增长19%;原纸2.77万吨,同比增长28%;成品纸1.49万吨,同比增长11%;实现产值13.3亿元。利润、上缴税费1亿元以上。云南云景林纸股份有限公司已成为我国西南地区最大的商品木浆生产供应企业、云南省最大的生活用纸产销企业。

3. 林板产业

经过多年的发展,普洱市培育了云南景谷林业股份有限公司的"航天"牌胶合板、细木工板,普洱林达木业有限责任公司的"绿潮"牌胶合板、细木工板,福通木业的"福通"牌中纤板,普洱市卫国林业局的"卫国"牌胶合板、细木工板、中纤板、建筑模板等云南省名牌产品,品牌建设取得较大突破。普洱市卫国林业局生产的思茅松新型覆膜建筑模板生产技术荣获"中国林业产业创新奖",被认定为国家林业标准化示范企业。2019年,该企业生产商品材208.49万立方米,人造板67.16万立方米,竹材361.76万根,各类经济林产品总量244.47万吨。

4. 林下经济产业

截至2019年年底,普洱市林下经济经营利用面积达520万亩,涉及林下经济开发公司达75户,专业合作社161个,近25万户农户,约50万人从业,形成以林下种植、养殖、采集加工和森林旅游为重点的林下经济发展新格局，有重楼、白及、黄精、天麻、砂仁、茯苓、三七、草果、石斛等道地中药材种植面积约18万亩，实现林下经济综合产值103.47亿元。其中，普洱石斛获得国家地理标志证明商标，云南斛哥庄园有限公司的石斛鲜条、普洱三国庄园茶业有限责任公司的茶叶、普洱市玉林林业开发有限公司的白及、宁洱通达中药材种植专业合作社的茯苓、澜沧县芒景古茶农民专业合作社的古茶等产品通过森林食品认证，获中国森林食品认证证书和中国森林食品标志。思茅区被列为国家林业和草原局首批林下经济示范基地，上述4家企业被认定为国家林下经济及绿色产业示范基地。

5. 特色经济林产业

通过实施退耕还林、陡坡地生态治理、国家造林补贴、木本油料林等项目，普洱市大力推广核桃、澳洲坚果种植。截至2019年年底，普洱市种植澳洲坚果97.2万亩，投产面积达16.3万亩，成为云南省第二大基地；累计种植核桃161.7万亩，投产54.5万亩，完成核桃提质增效改造近50万亩。通过招商引资，普洱市引进扶持龙头企业，推广种植沃柑1.5万亩，牛油果1.15万亩。另外，普洱市推进珍贵树种基地建设，发展以海南黄花梨、沉香、印度紫檀等为主的珍贵用材林基地24万亩，特色经济林产业建设成效显著。木本油料加工方面，普洱市建立了核桃乳、核桃肽等深加工产品生产线。云南力奥天然饮品有限公司生产的"郝思嘉"牌系列天然核桃乳饮料获得了"云南省著名商标"称号。普洱健源油脂有限公司是云南省专业生产优质普洱茶茶叶籽木本食用油规模最大的企业之一，公司拥有自主知识产权的专利两项（外观设计专利一项，发明专利一项），2015年，公司注册商标"六大茶山"被认定为云南省著名商标，通过ISO22000食品安全管理体系认证和有机转换产品认证。镇沅县昌辉实业有限公司是省级林业龙头企业，公司自有核桃基地2600亩，并与11个核桃专业合作社283户成员建设核桃生产核心基地40万亩；具有生产能力2万吨/年核桃乳生产线、5万吨/年果汁饮料生产线各一条；获得"核桃乳生产工艺"专利1项，"包装外观设计"专利10项；公司于2015年成立了"云南省第二批专家基层科研工作站"；2016年，公司旗下品牌"仁为峰"核桃乳成功取得了"全国青少年儿童食品安全科技创新实验示范基地"和"森林食品"两个国家级检验认证；2017年被评为云南省科技型中小企业；2018年被评为"云南省食品安全示范单位",在全国核桃乳生产质量上名列前茅。

6. 森林康养和生态旅游产业

普洱市严格按照省委、省政府提出的打造世界一流"三张牌"的战略,紧紧围绕国家林业和草原局、民政部、国家卫生健康委员会、国家中医药管理局联合印发的《关于促进森林康养产业发展的意见》要求,充分发挥普洱森林景观资源优势,有效推进太阳河国家森林公园、百里普洱茶道、茶马古道旅游景区、茶马古城·旅游小镇、普洱茶博物馆、普洱景迈山古茶林景区、中华普洱茶博览苑、景东亚热带植物园、茶祖历史文化旅游等项目建设,促进森林康养和生态旅游业发展。截至2019年年底,普洱市已申报完成国家森林公园4个,其中太阳河国家森林公园、西盟勐梭龙潭2个森林生态型景区成功创建国家4A景区;澜沧县惠民镇入选中国林学会举办的"2018森林中国·发现森林文化小镇"名单。普洱斛哥庄园、普洱三国庄园获得国家森林康养基地认证;2019年10月,普洱市成功申报森林康养基地试点建设单位8个,全国森林康养基地建设试点市1个、试点县4个、试点镇1个,中国森林康养人家2个。普洱市成为4个全国森林康养基地建设试点市之一。思茅区和墨江县入选国家林业和草原局、民政部、国家卫生健康委员会、国家中医药管理局联合公布的第一批国家森林康养基地名单。

7. 观赏苗木产业

普洱市观赏苗木产业起步较晚,通过近10多年的快速发展,现已具备了一定的生产规模,初步实现了绿化观赏苗木基地化、良种化、标准化建设和产业化生产,形成了一个主要生产热带、亚热带观赏苗木的产业,并发展成为一个新兴产业。截至2019年年底,普洱市观赏苗木培育交易区的面积由"十二五"末的1.2万亩,增加到1.46万亩。2019年,普洱市完成苗木培育2151万株,培育规模达2408.05万株,实现苗木综合产值7.31亿元。

三、普洱市现代林业产业发展典型模式

(一)景谷林产工业园区模式

景谷林产工业园区于2006年7月成为首批云南省省级八家重点特色工业园区之一,是云南省保留的48个省级工业园区之一,园区规划

面积为6.85平方千米，为一园一片区两区块的空间架构。景谷林产工业园区功能定位为以林浆、林纸、林板、林化四大产品的林产工业为主，兼顾发展有色冶金、农产品加工、建材业、生物资源、清洁能源等工业的工业园区。2013年，景谷林产工业园区被云南省政府认定为云南省生物产业示范基地，是全省29家示范基地之一。2019年6月，景谷林产工业园区被云南省工信厅授予云南省新型工业化产业示范基地（林业产业），是云南省21家示范基地之一。2020年12月，景谷林产业工业园区成功获批国家发展改革委环资司认证的国家级绿色产业示范基地荣誉，是云南省唯一一家获此殊荣的工业园区。

景谷林产工业园区依托景谷县森林资源，提出园区主导产业发展"1+2"产业体系，依托资源优势和产业基础，重点发展以林产加工为重点的，包括林板材、林化工和林浆纸产业等的林业产业集群，重点打造特色消费品制造产业这一个主导产业，同时，积极发展建材产业和特色食品制造产业这两个辅助产业的林产工业。截至2019年年底，景谷林产业工业园区入园企业达72户（规模以上工业企业24户），园区内拥有全国第二家、云南省首家林业上市企业——云南景谷林业股份有限公司，拥有云南省纸浆、造纸市场占有率排名第一的云景林纸股份有限公司及40多家中小型林业生产加工企业，主要产品涉及纸浆、生活用纸、纸巾、松香、松节油、蒎烯、中密度纤维板、细木工板、胶合板、刨花板、集成材、生物质颗粒等林浆纸、林化工、林板材产品。园区内拥有年产30万吨纸浆、9万吨生活用纸、14万立方米胶合板、8万吨生物质颗粒、5万吨林化工、90万吨新型干法水泥生产线项目，以及5万吨果汁原浆、20万吨果蔬汁饮料等项目。林产类企业有47户，其中规模以上有11户。规模以上林业产业企业产值占所有规模以上企业产值的81.81%，其中林浆纸占58.57%，林板材占20.96%，林化工占2.28%。2019年，景谷林产业工业园区累计实现工业总产值34.61亿元，其中，规模以上工业企业实现工业总产值22.76亿元，实现规模以上增加值7.1亿元，累计实现主营业务收入33.36亿元，规模以上工业企业累计实现主营业务收入21.11亿元，累计实现利税1.39亿元，其中利润总额0.35亿元。

近年来，普洱市立足资源特色和优势，以建设百亿元产值园区为载体，突出产业招商，瞄准适合景谷县产业结构转型升级的知名企业，长期跟进，主动宣传，洽谈推介，充分发挥园区的载体功能和优惠政策吸引企业进驻园区，不断延伸产业的上下游，提升产业的技术水平和科技含量，延长了园区产业结构链。同时，普洱市政府持续加大招商引资优惠扶持力度，出台政策明确了招商引资项目在符合有关条件的前提下，给予土地、资金、保障要素等系列优惠，并对符合条件的招商引资项目给予一事一议优惠政策扶持，帮助进驻企业推动项目落地。自2016年以来，普洱市政府共兑现招商引资优惠政策奖励资金2158.03万元，先后引进红狮水泥年产90万吨新型干法水泥生产线项目、普洱景谷多上果汁饮品有限公司年产5万吨果汁原浆和20万吨果蔬汁饮料项目、云景林纸6万吨生活用纸项目、兴发林化2万吨松香加工生产线项目等招商引资工业项目，并在园区落地、建成、发展。

（二）云南斛哥庄园有限公司模式

云南斛哥庄园有限公司于2013年12月底注册成立，公司自成立以来，共投资1.5亿元（含西双版纳斛康生物科技有限公司），公司严格按照规划要求，完成了林下仿野生石斛种植3500亩，林下仿野生黄精、滇重楼、白及、大黄藤等中药材种植2000亩。作为云南省林下种植的龙头企业之一，云南斛哥庄园有限公司取得了一定的林下种植经验，公司部分石斛产品现已远销泰国。

绿色生态是庄园发展的主题。在不破坏原有林区生态环境的情况下，云南斛哥庄园有限公司根据项目区范围内适宜种植石斛、黄精、白及、滇重楼和适宜进行森林旅游观光、野生动物养殖的土地资源容量，对项目区地块进行合理规划，集中布局，力求在经济运输半径范围内按规模化、相对集中连片进行建设，节约种植、管护、采集等成本，实施集约化科学管理。同时，云南斛哥庄园有限公司坚持"种苗先行、科技兴林"战略，并按已建好的高标准固定苗圃和科技示范区，严格执行绿色生态种植规范，遵循适地适树原则，先易后难，以点带面，稳步推进。通过努力，云南斛哥庄园有限公司林下种植于2015年取得了"中国良好农业规范认证"及"中国有机产品认证"；2015年7月，公司生产的仿野生铁皮石斛鲜条获得了"中国森林食品认证"；2017年7月，公司生产的铁皮石斛获得"欧盟有机产品认证"。

绿色有机是庄园打造的高端产品。公司依托基地药材产品资源成立了云南斛哥药业有限公司，其在 2015 年云南省国土厅审批的 61 亩土地使用批文基础上筹建。公司已启动 GMP（Good Manufacturing Practice，良好生产规范）厂房和仓库建设，公司将投资 1 亿元计划于 2020 年年底前完成 GMP 厂房和仓库建设。目前项目建设进展顺利，计划先期投产石斛精华素、石斛原浆提炼、青少年石斛食品系列等绿色有机产品，并对基地产品白及、滇重楼、黄精、金线莲等进行深加工，延伸产业链，打造绿色有机自主品牌，满足人们的消费需求，从而促进企业的发展。

休闲康养是庄园发展的方向。公司提出打造以"琉璃云南·药圣谷""禅宿谷"为主题的休闲养生度假品牌。"琉璃云南·药圣谷"将以科普、传承、技术、特色、智慧、生态、返璞为价值核心，保持原生态天然种植属性，结合现代科学，融入地方文化，争取国家 5A 级旅游评级。"禅宿谷"将以"返璞归真、内精外朴、禅修圣贤"为核心价值，建设 5A 级标准的独体合院，可一次性接待约 680 位游客住宿。项目建设已进入实施阶段，各项建设内容正在稳步推进。

（三）普洱市玉林林业开发有限公司模式

普洱市玉林林业开发有限公司在宁洱县规范化种植白及、黄精 500 余亩（其中黄精套种示范基地 400 亩、白及规范化种植 100 亩），规划并带动农户参与白及种植 1000 余亩，主要在公路沿线及周边农田改造种植。公司以白及、黄精为主要品种参与精准扶贫、美丽乡村建设，让白及、黄精成为当地农民脱贫致富的主要品种和庭院绿化景观植物。截至 2019 年年底，普洱市玉林林业开发有限公司已完成白及、黄精规范化种植示范基地建设 1000 余亩，带动农户在公路沿线及周边农田改造种植白及、黄精 1500 余亩，还建成中药材初级加工生产线 1 条。公司为保证项目能有效实施，制定详细的发展规划，并与昆明理工大学、云南省林业技术推广站、普洱市林业科学研究所进行合作，获得 60 万元林木良种补贴项目资金支持，培育 200 万株白及良种苗木。紫花白及通过云南省认定确定为良种，"玉霞"白及为新品种。公司牵头成立了地方白及产业协会，带动新增就业人数 100 人以上，带动种植农户人均月增收达 2200 元。

农户参与白及、黄精种植规划。白及、黄精等中药材种植属于新兴产业，当地农户对市场行情不了解，推广白及、黄精种植成为项目实施中的最大难题。公司牵头成立地方白及产业协会，大力对农户宣传白及、黄精的种植，让农户参与白及、黄精的种植规划，极大地提高了农户种植白及、黄精的积极性。

规范有序发展白及、黄精种植。农户不发展产业就难以增收致富，但盲目扩大种植面积不但会扰乱市场，还会给种植户带来无法挽回的经济损失，所以批量种植、批量采挖、规范种植、有序种植成为白及、黄精种植产业可持续发展的关键。

（四）普洱三国庄园模式

截至 2019 年年底，普洱三国庄园茶业有限责任公司（以下简称三国庄园）在江城县实施 2 万亩森林有机茶复合种植基地建设项目，已完成了 2 万亩集约化森林有机茶复合种植、有机茶加工厂建设、开挖耕路 46 千米、科技培训 2000 人次、建设生产用水坝 6 座、管道铺设 6 千米、建水窖 5 个。

尊重自然，生态开发。三国庄园秉承"尊重自然，建设生态文明庄园"的经济理念，规划庄园发展建设。三国庄园以把握自然规律、尊重自然为前提，遵循人与自然、经济与环境、人与社会和谐共生宗旨，以资源环境承载力为基础，以建立可持续的空间格局、产业结构、生产方式、消费模式以及增强可持续发展能力为着眼点，以建设资源节约型、环境友好型社会为本质要求，以不破坏或少损坏自然生态环境，尽量保持"那山的树、那山的水、那山的乡愁"，充分合理利用好自然资源发展林业产业、种养殖业、休闲度假、生态旅游等绿色经济项目，把自然资源优势有效地转化为经济优势，从而推进庄园生态、绿色、和谐、持续、健康发展。

坚持有机，科学发展。三国庄园秉承"坚持有机，机会就来，保护自然，自然得到"的发展理念，项目实施参照欧洲联盟、国家标准有机生产标准开展林茶复合种植。首先，在原材料的采购上采用合格的种苗及牛羊粪等有机肥源，严格把好第一关。其次，采用林茶复合种植的先进技术改变了传统单一的种植模式，有效地增加了茶叶的产量，提高了茶叶的品质。再次，为追求生产出更高品质的茶叶不断创新尝试生产。经各方调查研究后，采用大象粪混合开挖深层岩石（羊肝石等）用火焚堆沤后，混合旱冬瓜等树叶发酵制成有机肥施放，使茶树能更早更快地汲取矿质元素。

带动群众，共同开发。江城县雨量充沛，降雨量大且集中，项目实施前当地水土流失严重。项目实施后，采用林茶复合种植的模式有效地治理了水土流失。在做好自身开发的同时，庄园尽自己所能帮助周边群众一起致富：无偿给每个寨子开挖几百亩茶地，并赠送茶苗和树苗带动他们种茶、种树；给予贫困家庭学生上学补助、70岁以上老人生活补助；成立了合作社，订立合作协议并承诺凡按公司标准种出的茶保底鲜叶价8元/千克；对保护生态环境积极、不乱砍滥伐周围森林的农户给予每年电费奖励500元。茶叶生产需要的加工茶叶、管护茶园、开发林下经济、种植珍贵苗木、基础设施建设的人工优先选用周边村寨及老挝边民。经过十多年的共同努力，"昔日荒草野草无人烟，今朝茶林相映惠中华"，他们争先效仿种茶、种树，积极参与到项目的建设中来，促进了当地农业资源综合开发利用率的提高，拓宽了农民致富的渠道，提升了农民的生活水平，促进了当地经济社会更好更快地发展。

政府扶持，加快建园。三国庄园秉承"政府扶持就是鼓励扶志，重视发展民营经济"的理念，埋头发展庄园经济。为了加快现代生态庄园建设，江城县委、县政府积极协调争取云南省、普洱市项目资金，并加大各类资源整合力度，按照"主管部门不变、资金用途不变、使用渠道不变"的原则，争取、整合各类涉农项目资金，加快庄园经济建设步伐的同时也带动了本项目的实施。

银行给力，助推项目。三国庄园秉承"银行支持贷款就是拉人爬坡上坎，借力帮助发展"的理念，诚心发展庄园经济。此项目的建设带动了周围5个村民小组500户村民的发展，户均增收5000元，实现荒山造林2000多亩，参与务工人员达4000人次。

本项目的实施在发展绿色经济、推进绿色经济产业化方面取得了一定的成绩。三国庄园的发展逐步迈上正轨，初步形成了以茶叶、林业、畜牧、果蔬等为支撑的特色农业产业体系，现已成长为省级农业、林业双龙头企业，云南125个重点扶持康体养生度假庄园，国家林业和草原局"服务精准扶贫国家林下经济及绿色产业示范基地"，国家森林康养示范基地，我国第一家民营的珍贵树种国家战略储备林基地。

（五）普洱市天昌生物科技有限公司模式

普洱市天昌生物科技有限公司成立于 2012 年，拥有林下种植基地 2 个，主要是石斛、重楼、魔芋等的种植、初加工及销售。自 2014 年以来，公司采用"公司＋基地＋农户"的经营模式，实施有机转换认证工作。2017 年，公司完成石斛种植有机转换，绿色化改造 2000 亩。

公司确定在思茅区倚象镇纳吉村 105 号国有林场洞山片区开展林下石斛有机种植基地建设。该片区全年气候温和，雨量充沛，为石斛及其寄生的树木（水冬瓜、柞树、梨树等）营造了舒适的生存环境。基地内的土壤为原生棕壤土，保墒性适中，肥力适中，适合石斛寄生树木生长，无须人为施肥；丰沛的降水量，有利于石斛的自然灌溉。在这样得天独厚的自然环境里进行石斛的林下有机种植，大大减少了人为的干涉，还原了野生石斛的生长环境，保障了石斛的有机种植。周边还有自然林为隔离带，并与常规种植区隔离；宽阔的缓冲带，有效避免了有机基地受到邻近常规地块的污染。公司采用林下种植，即将石斛种植于树上，利用林荫优势及借助于林区树木的水分和养分进行生长，种植区域集中，管理方便，主要管理过程为种植于树上、定期查看、采收、扩繁种植。公司采用人工除草方式来控制基地内的杂草，并利用原始森林的生物多样性及良好的通风环境，最大限度地减少病虫草害的发生，方便管理，保障有机种植。如若出现石斛病枝，全部采取人工剪除方式将其销毁。有机石斛采取人工采摘，使用笋筐承装。按照产品规格做成枫斗和干品石斛花，使用简约包装复合袋进行承装，避免污染和混淆有机产品，直接由专用运输车运抵公司进行统一销售。公司对于申请认证的所有产品都由有资质认定的检测机构进行检测，检测结果符合相关法规、标准的规定。

（六）普洱绿银生物股份有限公司模式

普洱绿银生物股份有限公司在孟连县实施的普洱市油梨产业综合开发项目包括建设油梨示范基地 1 万亩、年生产力达 50 万株的良种繁育中心、建设油梨采后处理厂及精深加工厂各 1 个。2019 年年底，孟连县已建成中国以色列合作万亩优质丰产核心示范园 6000 亩，其中 2000 亩已进入挂果期，初步建成辐射全县的油梨优质丰产栽培管理示范推广体系。公司引进以色列流程化、标准化、智能化油梨良种快繁全套技术，建成了年生产能力为50万株的良种繁育中心。产业发展所需的油梨砧木母本园、商业化栽培品种母本园已建设完成，引种抗病丰产砧木及国际油梨商业化栽培新品种25种，可实现周年供果和优质丰产；母本园全面建设完成后，将成为国内最完整的油梨种质资源库。公司与孟连县芒信镇芒信村回故村民小组共同发起设立绿银油梨种植专业合作社，通过农民土地入股、公司现金投入的形式两者形成紧密型合作。

项目由以色列莫比乌斯国际贸易有限公司提供技术支持，首次在国内引入全套油梨良种培育及优质丰产栽培技术，建立了具有国际先进水平的油梨种植核心示范园10000亩，示范带动效应良好。2017年3月，由泰国正大集团、瑞典维昌洋行集团、以色列LR集团组成考察组，赴公司油梨产业园区进行考察，对产业园区的建设给予了高度评价。

（七）江城中澳农业科技发展有限公司模式

江城中澳农业科技发展有限公司在江城县开展澳洲坚果（又称夏威夷果）种植，努力打造全球最大的澳洲坚果种植基地，提供最优质的澳洲坚果产品。在"松山林育苗基地""坝卡育苗基地"就澳洲坚果催芽播种技术、澳洲坚果嫁接技术等栽培技术进行一系列探索和试验，取得了"一种澳洲坚果籽芽嫁接的方法"专利，选育出了"A4"良种并取得云南省林业厅颁发的良种证。公司注重与科研院所合作，与云南省林业科学研究院合作开展"澳洲坚果新品种选育"和"杂交育种实验"课题、与云南省热带作物科学研究所合作开展"澳洲坚果良种区域推广"课题、与广西南亚热带农业科学研究所开展一系列科研合作，与澳大利亚澳洲坚果协会专家进行科研交流。通过与科研院所及专家进行合作交流，将"产学研"结合在一起，将科研院所的科研力量与企业的实际生产经营相结合，推动了澳洲坚果的科学研究。

公司建设的"嘎勒基地"被云南省林业厅于2015年1月认定为"森林云南"建设省级示范基地，"牛圈房基地"于2014年12月取得农业农村部认定的热作标准化生产示范园，通过示范基地建设，对澳洲坚果的普及起到了巨大的示范带动作用。澳洲坚果产业已成为普洱市高效林业典型示范产业和促进山区农民增收致富、改善山区生态环境的重要产业。

公司与普洱市江城县、镇沅县均签订了战略合作协议，由公司向当地供应坚果良种苗木，将来投产后回购果实，并在当地建设初级加工厂，以推动当地澳洲坚果产业发展；公司与普洱市宁洱县、红河州绿春县均签订了长期苗木供销协议，公司苗木取得了代理的高度认可。公司与农户签订入股合作协议，农户以土地入股澳洲坚果种植开发，占股三成，公司出资开发大寨种植基地、组织人员主持基地管理工作，占股七成。大寨种植基地农户对合作方式的参与度较高，取得了较好的成效。

公司通过举办"澳洲坚果产业推进会"，增加了普洱市各级领导干部及群众对澳洲坚果的认识，普及了澳洲坚果的林业政策，取得了良好的效果。通过在昆明市承办第一期中国夏威夷果论坛并成立中国夏威夷果专业委员会，加强了公司与其他企业进行植育种、加工技术、市场交流、贸易开拓等方面的行业交流，发挥了行业民主协商、公平参与、自我管理的作用。

（八）景东亚热带植物园模式

景东亚热带植物园位于无量山、哀牢山自然保护区之间，锦屏镇与文龙镇交界处。景东亚热带植物园规划建设目标是利用无量山、哀牢山两个国家级自然保护区的区位优势，以云南亚热带地区生物多样性和植物资源为基础，以中国科学院西双版纳热带植物园为技术支撑，以就地保护、生态修复、迁地收集保存为举措，以保护、展示和研究中国亚热带特色植物类群为重点，建成集物种保存、科学研究和科普教育为主要内容的，在国家战略性生物资源保护与中国西南生态安全屏障构建中占有重要地位的，具有显著区域特色和在国内外具有重要影响力的植物园；建成系统性收集保存、区域特色鲜明、物种特色突出、科学内涵丰富、艺术园貌优美的亚热带植物园。

景东县人民政府与云南公投建设集团有限公司签订了《景东亚热带植物园建设合作框架协议》，双方同意以股份方式进行合作建设。其中，云南公投建设集团占股70%，完成4.2亿元的投资，以货币投资入股；景东县人民政府占股30%，完成1.8亿元的投资，以实物（山林、土地使用权、前期经费投入等）评估作价入股；中国科学院西双版纳热带植物园从景东县人民政府的股份中分取不低于10%的股份，云南公投建设集团以现金投入占股，景东县人民政府以实物评估作价入股，中国科学院西双版纳热带植物园入股部分由景东县人民政府帮助完成。植物园建成后，由云南公投建设集团进行自主经营、自负盈亏式的经营管理，中国科学院西双版纳热带植物园自主进行科学研究。目前，合作三方已经成立了项目公司作为植物园建设的主体，项目建设开始走向政府与社会资本合作共建的道路（或市场化运作模式）。

（九）云南普洱五湖国家湿地公园模式

云南普洱五湖国家湿地公园位于普洱市思茅区境内，总面积1148.43公顷，由思茅河连接洗马湖、梅子湖、野鸭湖、信房湖和纳贺湖五湖组成，建设项目范围包括五湖国家湿地公园全园内的思茅河、洗马湖、梅子湖、信房湖、纳贺湖和野鸭湖一河五湖湿地。五湖国家湿地公园绕普洱市思茅区呈环状分布，其中，洗马湖、梅子湖、野鸭湖、信房湖、纳贺湖间均有水系连通，可在丰水期通过分流疏导洪水，也可在枯水期通过相互调水，实现生态补水。在洪水调节、生态补水中起着极其重要的作用，而五湖湖水全部汇入思茅河，最终流入澜沧江。五湖国家湿地公园的湿地中，梅子湖、信房湖和纳贺湖汇水区森林植被保存良好，形成了独特的"森林-湿地"复合生态系统，湿地水源完全依赖于大气降水和周边森林生态系统涵养的水源补给，是森林涵养湿地的典型代表。

五湖国家湿地公园实施了保护恢复工程。对野鸭湖周边、洗马湖和梅子湖湖滨等重点区域，公园开展入侵物种清除与控制工作，重点清除粉绿狐尾藻、飞机草、福寿螺等外来入侵物种。对野鸭湖进行综合整治，由政府出资对野鸭湖进行整片征收；清除野鸭湖周边的沙石料场，拆除违章建筑、临时建筑，对湖面养殖渔具进行全面清理，全面取缔养鱼养殖活动；对野鸭湖湖滨带进行植被恢复，有效提升了"森林-湿地"复合景观，并为野生动植物提供栖息环境；拆除湿地公园内破损垃圾桶并新增垃圾桶。

五湖国家湿地公园实施了科研监测体系建设。为较好地掌握五湖国家湿地公园内各类生态资源的动态情况，为公园管理提供充分依据，公园内共设置17个生态监测固定样地（点），3个鸟类监测点。结合监测样地需求和湿地公园后期科研监测的需要，公园购置了望远镜、手持全球定位系统（Global Position System，GPS）等一批科研监测设备。为提高普洱五湖国家湿地公园的知名度和宣传能力，在公园重要位置设置发光二极管（Light Emitting Diode，LED）户外显示屏4套，宣传牌、科普牌、指示牌、安全警示牌、服务标识牌共计97块/套/组，科普宣传标识牌共计50块/套/组；建立五湖国家湿地公园网站和微信公众号，充分利用互联网宣传手段开展宣传；印制五湖国家湿地公园动植物图鉴、公园宣传折页，向广大市民及游客发放，增强湿地宣传效果，丰富湿地宣传形式；举办"普洱五湖·美丽湿地"摄影大赛，并制作摄影大赛获奖作品影集加以宣传。

云南普洱五湖国家湿地公园通过采取一系列的保护和恢复措施，不仅完善和优化了湿地生态系统功能，而且对改善周边生态环境起到了显著作用。通过保护和疏通公园湿地水系，显著提高了湿地生态系统的水环境容量和水质净化功能，切实保障了周边地区以及澜沧江流域的生态安全和水环境安全。公园良好的生态环境、结构强大的湿地生态功能对提升城市及周边地区的生态环境容量，改善人居环境和城市生态品质，调节区域气候有着重要作用。公园良好的生态环境还带动和促进了城市及公园周边地区生态系统的恢复和完善，对维护城市及周边地区的生态平衡和生物多样性影响深远。

云南普洱五湖国家湿地公园管辖的信房湖、纳贺湖、梅子湖和洗马湖4个人工库塘均承担着供给城镇居民用水、生态景观用水和储备水源等功能，为保障城镇居民生活饮水和促进当地经济发展发挥着极为重要的作用。五湖国家湿地公园管理局通过颁发水源保护管理办法进行法制化管理，有效保护水源地的生态环境。此外，由于五湖国家湿地公园为典型的森林、水和湿地复合生态系统，湿地环境相对封闭，水源补给完全依赖大气降水和汇水面山植被涵养的水源，因此良好的湿地生态环境对补给水量、涵养水源、改善水质及维护湿地生物多样性和调节区域气候等起到重要的作用。

云南普洱五湖国家湿地公园动植物栖息地得到了良好的保护，乡土植物得到了有效的恢复，公园范围内的动植物资源种类和数量明显增加，有助于维护普洱市生物资源的稳定性，为普洱市形成天然物种的基因库和种质库奠定了基础；也使湿地生态系统得到了较好的保护，生态环境明显改善，湿地保护工作收到实效。

云南普洱五湖国家湿地公园通过建设，已成为人们亲近自然、了解自然、体验人与自然和谐共存协调关系的科普宣教场所。公园每年接待市民和各类游客超过 200 万人次，接待参加科普教育的学生及游客，每年超过 1 万人次，公园的科普宣教价值突显。

四、普洱市现代林业产业发展的主要做法

普洱市紧紧围绕云南省委"建设中国最美省份"的战略部署，按照"生态宜居之城、健康养生之地、普洱茶文化之源"的普洱发展定位和"把普洱市建设成为绿色发展示范城市、祖国西南边疆的绿色明珠"的发展目标，用新思想引领新征程、指导新实践、开创新局面，带领普洱市林业和草原局党员干部既争当绿水青山的"守护者"，又争做"金山银山"的"创造者"，全力推进森林、草原和湿地生态系统建设，促进了普洱市现代林业产业高质量发展。在工作中做到了"五个坚持"。

（一）坚持着眼全局谋划发展

普洱市立足经济社会发展大局，以林草事业的主导需求为核心，创新体制机制，强化科技支撑，加大政策支持，坚持规划引领，不断优化布局，为加强林草生态建设和产业发展提供了强有力的支持。

（二）坚持深化改革推进发展

通过改革，普洱市实现了理念的转变，管理重点由木材生产优先向生态建设和产业发展并重的转变，管理方式由政府主导向全社会参与的转变，政策取向由取之于林向取予并举、可持续发展的转变。林草生产力得到进一步解放，各种生产要素不断向林草集聚，非公有制林草快速发展，投资主体多元化、经营形式多样化日趋明显，形成了全市动员、全民动手、全社会办林草的格局。

（三）坚持重点工程带动发展

实施重点工程是普洱市林草转变发展方式、实施可持续发展战略的成功范例。普洱市不断调整林草生产力布局，带动林草的快速发展和整体管理水平的提高，形成了全面加快林草发展的良好态势，林草建设的速度和效益明显提升；形成了以国家生态建设工程为主，地方工程相互配合，共同推进生态建设的新格局。

（四）坚持加强保护巩固发展

普洱市坚持森林采伐限额管理和使用林地定额管理制度，加强森林防火和林业有害生物防控治理体系建设，有力地保护了森林资源，为林草发展奠定了坚实的基础。以天然林资源保护工程、野生动植物保护及生物多样性保护工程、国家重点和地方公益林保护等为基础，普洱市初步建立了生态建设成果巩固的机制，从根本上改变了以往重发展、轻保护的做法，基本扭转了生态公益林和天然林保护管理的被动局面，步入了保护与发展并重的良性轨道。

（五）坚持依法治林保障发展

普洱市认真贯彻执行林草法律法规，严格依法行政，依法治林，依法兴林，认真履行林草法律法规宣传、行政执法、行政许可、规范性文件审查的职能，依法依规办理林草行政事项，强化行政执法监督，畅通行政复议渠道，严把林草规范性文件；严厉打击破坏森林资源的违法行为，查处重大林草违法案件，为林草可持续发展，构筑西南生态安全屏障提供了法律保障。

普洱市高原特色农业发展战略研究

段成思[①]　李欢[②]

  云南省集边疆、山区、多民族、贫困为一体，是一个对农业依存度较高的省份。改革开放以来，云南省上下不断深化对省情认识，始终把发展农业生产作为重点工作来抓，充分利用气候优势、资源优势和独特的区位优势，使农业产业结构和布局逐步优化，优势特色逐渐显现。云南省"十三五"发展规划第三篇提出"以云贵高原独特自然生态环境孕育的特色生物资源为基础，以构建现代农业经营体系、生产体系和产业体系为重点，转变农业发展方式，走适度规模、产出高效、产品安全、资源节约、环境友好的高原特色农业现代化建设之路。"中国共产党云南省第九次代表大会明确要求把发展高原特色农业作为一项重大任务，通过发展高原特色农业，探索现代农业新路，补齐农业产业短板、增强农业竞争能力、促进农民持续增收、推动云南跨越发展。

  2015年年初，习近平总书记在考察云南时提出了"打好高原特色农业这张牌，着力推进现代农业建设"的新要求。中国共产党第十九次全国代表大会报告提出"乡村振兴战略"，要求加强农业面源污染防治，开展农村人居环境整治行动，科技助推中国绿色农业发展，对农业科技创新提出了更高要求。2018年，云南省政府工作报告提出要全力打造世界一流的"绿色能源""绿色食品""健康生活目的地"这"三张牌"。集中力量培育茶叶、花卉、水果、蔬菜、核桃、咖啡、中药材、肉牛等产业，做好"特色"文章，打造具有云南特色、高品质、有口碑的农业"金字招牌"。发展高原特色现代农业是提升云南省农业现代化水平，优化产业结构，促进农业现代化与新型工业化、信息化、城镇化同步发展，实施精准扶贫、实现全面小康、建设美丽乡村的重要途径。

[①] 段成思，普洱学院人文学院专职辅导员，研究实习员，管理学硕士，主要研究方向为行政管理、地方政府治理。
[②] 李欢，普洱学院农林学院教师，助理馆员，农业硕士，主要研究方向为农村与区域发展、高原特色农业。

普洱市地处云南西南部横断山脉南部，是一个边境多民族聚居区。北回归线穿过的普洱市，有充沛的降水、和煦的阳光，孕育出了独特的市北回归线特色农业黄金带：山地农业和热区农业是普洱市北回归线特色农业的两大特征，茶叶、咖啡、四季新鲜水果，已成为普洱市的产业亮点和经济增长点；无量山、哀牢山两大山脉贯穿全境，形成山地多样性农业；美丽的澜沧江纵贯普洱，连接着"一带一路"和"孟中印缅经济走廊"，跨境农业使普洱成为大农业时代云南面向南亚和东南亚辐射中心的前沿。

一、普洱市高原特色农业发展现状分析

（一）发展基础

1. 地域广袤，生态环境优越

普洱市总面积4.5万平方千米，境内群山起伏，山区占总面积的98.3%，总面积、林地和热区面积均居云南省之首。普洱市森林覆盖率达71.18%，森林生态服务功能年度价值达2850亿元，居云南省第一。普洱市的森林和湿地生态系统功能作用十分显著，是我国生态保护重点区域和西南生态安全屏障。普洱市属亚热带季风气候，光热充足、雨热同季、干湿分明，大部分地区常年无霜，冬无严寒，夏无酷暑。普洱市海拔317～3370米，年均气温15℃～20.3℃，年无霜期在315天以上，年降雨量1100～2780毫米，享有"绿海明珠""天然氧吧"之美誉。优越的光、热、水、气等资源为诸多热带、亚热带农产品种植与生长提供了优厚的自然条件。

2. 区位优势明显，综合交通体系初步搭建

普洱市位于云南省西南部，东与红河哈尼族彝族自治州和玉溪市为邻，东北与楚雄彝族自治州相连，北与大理白族自治州毗邻，西北隔澜沧江与临沧市相望，南与西双版纳州连接；同时，普洱市与缅甸、越南和老挝三国接壤，交界国境线全长486.29千米。一市连三国（缅甸、老挝、越南）、一江通五邻（越南、缅甸、老挝、泰国、柬埔寨）的独特区位，是云南建设面向南、亚东南亚辐射中心的前沿。普洱市有2个国家一类口岸、1个国家二类口岸、18条通道。

普洱市抓住云南省加快"五网"建设的历史机遇，以思宁地区为核心，建设铁路、公路和航空为一体的区域性综合交通枢纽，打造市中心到下辖各县城"2.5小时交通时空圈"。构建"一主四支两过境"铁路网、"三支线五通用"航空网和"两横三纵"高速公路网，以南北畅通、东西贯穿、立体交错、升级提速为重点，构建规模适宜、布局合理、高效低耗、多种运输方式衔接协调的综合交通体系。

3. 资源丰富，有深厚的文化底蕴

（1）历史悠久

唐南诏国始设银生节度，明时有"普茶"记述，清雍正七年置普洱府，著名的南方丝绸之路——茶马古道源于普洱。早在600多年前，普洱人就开辟了5条茶马古道，与世界各地市场对接。茶养育了普洱人民，普洱人民通过茶连通了世界。

（2）资源丰富

普洱市的水能、矿产、森林等资源丰富，有"怀金孕宝"之誉，是"西电东送""云电外送"的重要基地。普洱市4.5万平方千米的土地上保存了我国三分之一的物种，是地球同纬度带上生物资源最为丰富的自然综合体。

（3）民族多样

普洱市下辖9县1区，103个乡（镇），总人口262.7万人。全市有少数民族26个，其中包括14个世居民族（包括5个直过民族）少数民族占总人口的61%。普洱人民敬畏自然，敬重生命，千百年来，孕育了多姿多彩、极具魅力的普洱民族文化。

（4）文化多彩

普洱市是茶马古道的源头和故乡，具有底蕴深厚的普洱茶文化、茶马古道文化、民族文化、生态文化和边地文化，享有"天赐普洱·世界茶源""中国咖啡之都"等美誉。

（二）普洱市高原特色农业发展现实状态

1. 高原特色农业产业布局基本形成

普洱市打破传统农业"小而全"的生产布局，推进烟、糖、茶、胶、菜、花、薯、果、药、畜、鱼、林这12类优势特色农业产业向最适宜区域聚集发展。普洱市充分利用地形地貌多样，立体气候明显，物

种丰富的条件，统筹规划山区、半山区、坝区、河谷地带产业重点。在山区，以林下经济为主攻方向；在低丘缓坡和河谷地带，发展茶叶、咖啡、烤烟、橡胶、果蔬等经济作物和冬季农业，建设高原特色菜园和果园；充分发挥江河、水库、坝塘等优势，大力发展渔业养殖和休闲垂钓产业，多种手段促进农民增收。

（1）粮食产业

普洱市的粮食作物主要包括水稻、玉米、小麦、薯类、特色杂粮等，根据自然资源、生产条件和发展潜力，按照生态类型和种植作物种类，分为北、中、南3个粮食生产片区，形成相对集中的具有稳定粮食生产能力的生产格局。2019年，完成粮食生产播种面积513.1万亩，总产量118.85万吨，同比增长1.7%，实现"十六连增"。

（2）茶叶产业

景谷县、镇沅县、景东县、黑江县、西盟县等地重点发展晒青茶，形成普洱茶原料的主产区，以澜沧古茶、普洱茶集团等企业为主，以澜沧县、宁洱县、思茅区为核心，打造优质普洱茶原料生产加工基地；形成普洱茶加工园区，建设以思茅区工业园区为核心的精制绿茶加工园区；依托"天士力帝泊洱生物茶谷"等建设项目，大力开发具有自主知识产权的茶叶精深加工产品。打造祖祥、原生、柏联、茶祖、五一等茶庄园集群，集茶园基地、生产、旅游、文化、体验、养生、餐饮于一体，实现茶产业与休闲、旅游、文化、科普教育、养生养老深度融合，打造茶文化康体养生旅游景区。

（3）咖啡产业

普洱市的咖啡种植向规模化、区域化发展，逐步打造"二园、四带"生产布局。二园，即普洱（木乃河）工业园区和精品咖啡加工园区，实现原料可循环、生产清洁化，建立国家级农业绿色循环经济示范园的"园中园"。普洱市强化世界优质咖啡原料基地的优势地位，大力推广提质增效、节本增效、减灾增效、循环农业等技术和咖啡园立体种植技术，稳步推进咖啡认证工作，初步树立了"中国咖啡第一产地"形象，打响了"普洱咖啡"地理标志区域品牌。

（4）橡胶产业

根据资源气候和生产水平，将普洱市橡胶产业划分为重点发展区、优势发展区、稳定发展区和限制发展区四个区域。建立县（区）、乡

(镇)、村三级橡胶技术服务网络，在59个植胶乡（镇）建立技术推广站，强化橡胶病虫害防治网络建设，配置计算机网络及通信设备、监测设备及专业技术人员，为橡胶种植企业和农户提供气象预测、预报技术和信息服务。

(5) 蔗糖产业

普洱市围绕云南省甘蔗产业"十三五"规划发展目标，规划甘蔗生产种植县8个，打造省级甘蔗优势区域县4个。普洱市重点围绕蔗区用水、保肥问题，大规模开展坡改梯和水利灌溉、蔗区道路配套建设，加快培育、引进和推广优新良种，大力推广蔗区机械化深耕、深松技术和机械化收获技术，降低甘蔗生产过程中的人工劳动强度，提高劳动生产率。截至2019年年底，普洱市的甘蔗种植面积达69.27万亩（含境外7万亩），同比增长6.05%，产量达266.95万吨，同比增长15.5%。

(6) 山地畜牧业

截至2019年年底，普洱市完成肉类总产量28.41万吨，同比增加4.56万吨，同比增长19.14%。依托普洱市的自然生态优势，结合现有畜牧的养殖状况和发展方向，将普洱市畜牧养殖划分为优势发展区和稳定发展区，并重点实施生猪产业提升工程、草畜配套、农牧结合，加快发展肉牛、肉羊生产。普洱市加强本地特色畜牧资源保护和开发力度，重点发展无量山乌骨鸡、瓢鸡、思普麻鸡、茶花鸡、云岭黑山羊、佤山冬瓜猪、本地黄牛等地方特色畜牧品种，实施特色畜牧养殖工程，提升产业化水平，满足市场多元化需求。

(7) 水果蔬菜产业

普洱市发挥气候优势，利用国内市场时间差，合理利用境内外热区资源优势，重点发展热区水果；搞好葡萄、火龙果、油梨、樱桃、西番莲的种植管理，巩固桃、李、柿、梨、杨梅等果种的优良品种的现有面积。普洱市的水果产业向质量型转变，向周边相对均衡型转变。普洱市扶持培育种植大户、家庭农场、专业合作社、农业产业化龙头企业等蔬菜规模化生产经营主体，推进蔬菜产业向集约化、专业化、组织化、社会化的现代农业方向转变。普洱市加大生态蔬菜标准化生产技术培训，农户掌握并且按生态标准要求进行种植，确保蔬菜质量安全。普洱市大力发展特色蔬菜、反季节蔬菜，扩大外销和出口。

2. 高原特色农业产业化水平有所提高，经济优势逐渐显现

发展高原特色农业是普洱市发展现代农业的主要模式和办法，亦是有效促进传统农业转变为现代农业的重要方式。近年来，普洱市积极顺应绿色发展新趋势，深入实施"生态立市，绿色发展"战略，以建设全国唯一的国家绿色经济试验示范区为平台，大力发展绿色产业，推动传统农业向现代农业、特色农业向品牌农业转变，早在2015年，林下经济收入就占到了农民总收入的一半左右。一是"绿色食品"基地不断壮大。茶叶、咖啡、水果、坚果、中药材、蔬菜、花卉等绿色食品产业种植规模达671.87万亩，"三品"认证基地达347.65万亩（其中有机食品基地42.3万亩，绿色食品认证基地24.4万亩，其余为无公害基地）。二是绿色品牌创建不断增强。全市有64户核准使用地理标志产品专用标志企业，占云南省核准数的90%，核准企业数量居云南省第一；有机茶认证企业和认证证书数量均居全国第一；思茅区被国家认证认可监督管理委员会批准为国家有机产品认证创建示范区；7家民族医药企业获得国家高新技术企业认证，10家单位被认定为首批"定制药园"（云南省共认定33家），云南天士力帝泊洱生物茶集团有限公司、普洱景谷多上果汁饮品有限公司被评为2019年云南省绿色食品"20佳创新企业"。

截至2019年年底，普洱市实现生产总值875.28亿元，同比增长8.1%；固定资产投资同比增长26.6%，居云南省第1位；全年完成农林牧渔业总产值324.6亿元，增加值203.5亿元，同比增长5.5%；全年农林牧渔服务业产值7.6亿元，增加值4.49亿元，同比分别增长3.8%和5.5%。农民收入进一步提高，全年人均可支配收入达11502元，同比增长10.7%。

3. 高原特色农业经营主体不断增长，农业综合生产效益大幅提升

截至2019年年底，普洱市农产品加工经营主体（不含个体工商户）达到679个，比上年新增20个，同比增长12.1%。普洱市农产品加工业（含个体工商户）完成现价总产值638亿元，实现农产品加工产值与农业总产值之比达到2.2∶1以上；各类农业龙头企业达236个，销售收入超亿元的农业龙头企业有25个，超2000万元的有86个；涉及八大绿色食品产业综合产值达548.72亿元，同比增加72.42亿元，同比

增长15.2%，农产品加工产值与第一产业产值之比达到2.27∶1。普洱市的农民专业合作社达4597个，合作社成员达19.65万户，入社率37.4%，实现行政村100%覆盖，家庭农场增加到275户。这些进一步促进农业生产要素由原来单一的龙头企业为主向专业合作社、农业庄园、家庭农场、专业大户等组织形式集中。

4. 农村改革不断深化，发展活力不断增强

一是农村土地承包经营权确权登记颁证工作全面完成。普洱市完成14187个村民小组54.88万户农户承包地的权属确认，实测承包土地面积1705万亩，已确权面积1647万亩，健全完善土地承包合同54.88万份，颁发土地承包经营权证53.8万本，10个县（区）均已通过了农业农村部数据汇交，省、市、县、乡四级农村土地承包经营权管理数据平台实现互联互通。二是农村土地流转和权属抵押贷款工作顺利推进。普洱市家庭承包耕地流转面积达55.93万亩，累计抵押贷款306笔，贷款金额累计7302万元，农村融资渠道得到进一步拓展。三是普洱市共清查了1008个村（居委会），15337个村民小组，清查农村集体资产112.46亿元，完成农村集体产权制度改革（清产核资）阶段工作，为进一步激活农业发展活力提供保障。

5. 农业科技支撑水平不断提升

一是科技增粮措施效果明显。2019年，普洱市创建8片粮食高产示范样板3.3万亩，完成测土配方施肥229.95万亩，集中育秧育苗1.2万亩，并积极推广良种试验示范，加强病虫害防治等，确保粮食稳产增收。普洱市加快农机综合作业水平，主要农作物耕种收综合机械化水平达46.3%，农业机械总动力达193.6万千瓦。二是普洱市的畜牧科技推广成效显著。完成生猪杂交改良52.78万窝；肉牛改良配种95756胎；有良种禽场12个，良种禽推广908.9万羽。三是完成农民科技实用技术及技能培训1556期次、8.86万人次，其中培训新型职业农民0.56万人次，农业科技培训取得新进展。

（三）普洱市高原特色农业发展面临的突出问题

1. 农业农村基础设施薄弱

农业农村基础设施与生态环境保护是特色农业现代化发展的两个关键环节。长期以来的城乡二元结构及农村家庭联产承包责任制的实施，

使单一农户对小地块经营的基础设施改善投入动力不足。普洱市山高坡陡、谷深水低，农业农村基础设施建设滞后，农村交通不畅，信息闭塞，交通难、用电难的问题依然存在，农村尤其是山区农村互联网发展水平低。普洱市的农田水利化程度低，农业综合生产能力低，导致对抗干旱、生物性灾害等控制能力低，严重制约农业农村经济发展。普洱市的耕地有效灌溉面积仅占耕地面积的40%左右，高稳产农田占耕地面积不到一半。畜牧生产设施设备落后，规模养殖比例小。普洱市的农机装备水平低，农业机械总动力、农作物耕种收综合机械化水平均低于全国、云南省平均水平。

2. 农业产业化发展水平偏低，结构和布局有待优化

普洱市目前第一产业整体规模大却优势不足，第二产业中做大做强的细分产业较少，第三产业的比重较低。主导产业如茶叶、咖啡产业等，产业链短，精深加工滞后；龙头企业数量少、规模小、实力弱，未形成产业集群，辐射带动力不强；与周边地区同质化发展现象较为突出，竞争激烈。普洱市农业发展的基础较弱，要素瓶颈制约和体制机制障碍难以突破。农业生产仍以分户经营为主，种类多、种植分散，且规模经营水平较低，小、散、弱、差问题突出，广种薄收，粗放经营，"拼资源、拼劳力"的状况没有得到根本改变，农业新型经营主体的整体规模小，普遍缺乏资金、技术实力，没有稳定的产品销售渠道，市场竞争力弱。农产品出售以原料及初级产品为主，农业产业层次低，农产品附加值低，无力进行技术改造升级，延缓甚至阻碍技术进步与创新，导致农业经营效率低，难以摆脱低价卖原料的状况，大大制约了普洱市特色农业产业发展的进程。

3. 农业技术推广服务体系不健全

普洱市农业农村科技创新平台建设、产业技术体系建设相对滞后，基层推广服务体系条件差，植物病虫害防治和保护体系、动物疫病预测预报体系不健全，农业信息服务等社会化服务体系建设滞后，致使抵御病虫害和自然灾害的能力不强。普洱市的农业劳动者的科技文化素质普遍偏低，应用新技术能力弱，制约了先进技术和装备在农业生产中的应用，无法满足国际国内市场对农产品质量、品质的高要求。

4. 农产品市场占有率低，品牌效益低

目前，普洱市农产品产业结构调整滞后于市场需求结构的要求。农

产品产业链不成熟，商品化率和加工率均偏低，尽管不乏有产品在各类各层次竞赛评比中获得奖项，但总体而言，普洱市特色农产品依然缺乏知名品牌，产品深加工不足，产销率不高，市场占有率极低，没有消费者争相购买的商品。究其原因：一是农产品市场跨区域、覆盖全国大中城市、向国际市场拓展的现代农产品交易流通体系和营销网络尚不健全；二是无完善的优势特色农产品的区域性市场网络和布局；三是在流通骨干通道缺乏区域性农产品交易中心和农产品产地市场；四是严重缺乏现代化的营销理念、专业化的营销队伍、科学化的营销手段。

5. 农产品市场不健全

普洱市的农产品市场体系处于流通过程中的两端，初级集贸市场、零售市场多，而中间环节的批发市场、大型农产品集散中心尚未形成，农产品流通还是以传统多级分销即农户-产地收购商-批发商-销售地经销商-零售商-消费者为主，造成农产品流通环节过多，流通成本提高。普洱市没有形成能够独立承担市场风险的经营主体和对应的农产品期货市场，农民种植养殖风险只能自行承担，不利于产业的培育。

6. 现代物流体系尚待建立健全

普洱市虽然具备国际化的区位优势，但地处我国西南偏远地区，铁路、航空的运输能力非常有限，导致运输成本高，运输能力弱，影响物流产业枢纽地位的形成。同时，区域市场对特色农产品的需求有限，农产品批发商联合体、直供直销等一些新型的流通业态尚未形成，与农超、农校、农企、农餐等多种形式的产销对接也不完善，加大了特色农产品开拓全国市场的难度。

二、普洱市发展高原特色农业的机遇与挑战

（一）发展机遇

1. 国家宏观政策持续发力，推动特色农业向纵深发展

一是党中央、国务院高度重视，把"三农"工作作为全党工作的重中之重，持续关注农业发展，各项促进农业发展、强农惠农措施不断落地。二是云南省委、省政府全力推进高原特色农业发展，相继出台了多项政策文件，为普洱市发展高原特色现代农业营造了良好的政策环境，

提供了政策支持和资金保障。三是十九大报告将生态文明和绿色发展置于突出位置，开启绿色发展新时代。2013年，国家发展改革委复函云南省政府同意普洱市建设国家绿色经济试验示范区，普洱成为迄今为止唯一以绿色经济发展为主题的国家试验示范区。近年来，普洱市积极探索出"算清家底看好门，用活资源变成金"的绿色发展之路，必将为普洱市高原特色农业发展营造良好的外部环境。

2. 深化改革开放，推动形成高水平沿边开放新格局

习近平总书记考察云南省时曾指出，云南经济要发展，优势在区位，出路在开放。要求云南省主动服务和融入国家发展战略，努力建设成为我国面向南亚、东南亚辐射中心。云南省北上连接丝绸之路经济带，南下连接海上丝绸之路，是中国唯一可以同时从陆上沟通东南亚、南亚的省份，也可由此通过中东连接欧洲、非洲。独特的区位优势凸显出它在"一带一路"建设中的独特地位。

从现状看，普洱市地处中国-东盟自由贸易区、大湄公河区域次区域合作的中心，是孟中印缅经济走廊和中国-中南半岛经济走廊的重要节点。近年来，普洱市坚持"生态立市、绿色发展"，主动服务和融入国家战略，大力推进国际化口岸城市建设，正努力使普洱市的地缘优势转化为发展优势，为普洱市的农业发展提供了宽广的国际视野和国际市场，农业对外交流合作平台搭建优势巨大。

3. 农产品市场前景广阔

随着我国工业化和城镇化步伐的加快，城乡居民农产品消费需求出现新的变化，农村居民口粮消费继续下降，优质农产品尤其是畜产品消费快速增加，城市居民农产品消费不断升级，优质农产品的生产和销售有了更广阔的市场空间，普洱市具有代表性的茶叶、咖啡、天然橡胶、淡水鱼类、特色畜禽、林下石斛等农产品市场前景良好。

4. 产业转移进一步加快，推动产业布局合理化

随着我国经济飞速发展和社会分工的深化，产业的空间分布格局在各区域间不断演化，产业转移推动着产业合理化布局。东部沿海地区和中部地区产业结构调整、产业转型升级、环境污染治理、水污染防治步伐加快，促使在当地比较效益无优势、技术含量低的农业产业尤其是畜禽养殖业加快向西部地区转移，同时也带动先进产业理念、资金、技术、人才、企业向西部地区集聚。普洱市具有天然区位优势和禀赋优

势，具备承接国际和我国东部发达地区产业转移的基础条件。

（二）面临的挑战

1. 农业产业本身具有的弱质性

一是农作物的生产周期长，在生长中受自然条件、气候条件、病虫害条件的影响大，故而具有产出不确定性强的特点。加上农产品的供给和需求弹性小、规模小，导致其抵御风险的能力差，竞争力不强。近年来，干旱、洪涝、病虫害等自然灾害易发多发，造成减产甚至绝收，非洲猪瘟、草地贪夜蛾等防控形势严峻，农业保险发展还不够完善，农业产业抵御风险能力弱。土地流转率低也制约了土地的规模经济效益。二是农业生产实现专业化和集约化经营难度较大，企业规模盈利能力较弱，产业集群效应没有显现。三是现代物流体系和大规模交易市场的缺位，致使农产品提升产量的同时存在滞销的可能，从而损害农户利益，打击他们的生产积极性。

2. 市场竞争日益激烈

随着周边地区乃至邻近国家农业发展优势逐渐凸显，受消费需求、产品质量、价格等各方面的制约，农产品竞争日趋激烈。普洱市在农业对外交流与合作方面做出了诸多努力，在促进边境地区农业生产能力和资源互补能力，预防动植物疫病的传播，边境动植物疫病防控等方面都取得了一定成效，为共同推进边境地区和跨境农业合作奠定了坚实基础。但综合来看，目前普洱市农产品出口品种单一、数量较小，农产品市场化外向程度低，地缘优势没有得到有效发挥。加之普洱市农民的整体科技素质较低，进入农产品市场的组织化程度不高，难以适应日益激烈的市场竞争需要等，这些因素影响了普洱市高原特色农业的快速发展。

3. 复杂多变的外部经济环境，增加了国际贸易环境的不确定性

全球农产品市场连接紧密，传导作用明显，国内外农业生产区任何一个因素的变化，都会对农产品价格产生剧烈的影响。当今世界正经历百年未有之大变局，国内外环境复杂严峻、贸易环境的不确定性大大增加了普洱市农产品出口订单及相关生产、就业。而在云南省政府发布的《云南省实施"补短板、增动力"省级重点前期项目行动计划（2019—2023年）》的物流网建设中，并未把普洱市国家级勐康口岸列入重点建

设口岸,影响了普洱市成为云南省重要节点、口岸、综合交通枢纽等物流中心的建设进程,进而影响了农业的外向化程度。

4. 区域协同发展中,中心城市对普洱产生虹吸效应

人口向城市群迁移是国际城市化的基本规律。伴随着"一带一路"建设、西部大开发建设等国家战略的实施,涌现出一批具有一定影响力的区域中心城市,在区域协同发展中,区域中心城市具有一定的引领与带动作用,同时也对周边的中小城市具有一定的虹吸效应。较成熟的产业链条吸引着周边城市的人口涌入,甚至出现人口净流入现象。昆明市作为云南省的省会城市是全省经济增长核心,云南省内城市间尚未形成联动协同发展态势,反而存在一定程度的竞争,昆明市对周边中小城市形成一定的虹吸效应。因此,会加剧普洱市产业、资源和人才的外流。农业高素质人员的紧缺导致农业科技自主创新能力弱、农技推广体系的改革进程受阻等一系列问题,进而直接影响农业的专业化、规模化和标准化程度和产出效益。

三、推进普洱市高原特色农业发展路径选择

(一)基本原则

1. 市场主导

普洱市坚持市场在经济发展过程中充分配置资源的基础性作用,积极打造农业大户、专业户、专业合作社、城乡联合生产经营体、农业龙头企业等新型的农业市场主体,使它们成为普洱市现代农业的生产和经营主体,政府主要发挥引导和监督的作用,起到打造发展平台和净化农业生产经营环境的作用。

2. 突出重点

在产业选择、产业打造和产业发展的过程中,普洱市要根据市场需求,突出发展和支持的重点,要做到有所为,有所不为。尤其是在未来的时间范围内,必须要突出重点,培养出普洱市农业发展的优势和增长点。在充分考虑基本农产品供给的基础上,普洱市优选并着力打造能够反映市场需求和具有普洱当地优势的重点产业,使之成为创新发展和跨越发展的示范产业。

3. 生态优质

普洱市充分利用作为全国绿色经济发展实验示范区的政策优势，突出普洱市的农业生态和环境优势，彰显普洱市森林覆盖率高、气候宜人、海拔适中、农产品特色明显、农产品种类丰富、农耕文化灿烂以及工业污染极少的特点，把生态优质变成普洱市农产品的品牌象征，为普洱市健康养生产业的发展打下坚实的物质基础。

4. 健康高端

普洱市着力瞄准国内及南亚、东南亚的高端农产品市场需求，选择具有普洱市各民族特色、质量优良、生态有机、口味独特、健康功效明显的农产品，努力打造出优质、高效、高端的农产品和服务。普洱市通过优质和特色服务来满足高端市场需求，通过满足高端市场需求来实现高价和高效，通过高价和高效来克服运输成本高和规模小的劣势，通过高价和高效来激励经营者专注打造品牌和保护生态环境的积极性。

5. 科技支撑

普洱市依托区域特色和山水资源，创新农业的发展方式和业态；借助物联网、农业大数据，开展农产品的精深加工、农业新装备应用、生物日化产品的研发、微生物类新资源食品开发等一系列创新工程，将高科技逐渐应用到各项农业生产经营活动中，使农产品产量高、品质好、销路好。

6. 品牌建设

普洱市农产品的品牌打造要突出生态性、特色性、优质性和民族化；要彰显普洱市的生态优势和民族文化多样性；要强调普洱市农产品的健康养生功效，并使之成为区域经济社会发展的名牌。

7. 农民主体

要让农民成为农业和农村发展的最终受益者，要让进入农业的资本有利可图，要让优质农产品、农业环境和美丽乡村成为健康生活的重要选择之一，要让农民和城市居民能够在城乡之间自由、反复地流动和生活。

（二）推进路径

1. 坚持以市场为导向，优化农业结构和区域布局

一是调整粮食种植结构。截至 2019 年年底，普洱市粮食总产量为

118.32万吨，与2015年的109.86万吨相比增加8.46万吨，增幅为7.7%，年均增长2.115万吨，年均增长率为1.87%，2020年预计119万吨、年均增1.828万吨，年均增长率1.61%。二是推进蔬菜标准园创建。截至2019年年底，普洱市蔬菜总产量为56.5万吨，与2015年的48.4万吨相比增加8.1万吨，增长率为16.74%，年均增长率为3.94%，2020年预计95万吨，年均增长率14.44%。三是提升养殖业发展水平。创建国家级畜禽养殖标准化示范场4个、省级畜禽养殖标准化示范场22个。普洱市生猪、肉牛、肉羊、家禽规模化养殖比率分别达22.4%、14.24%、16.63%、40%。截至2019年年底，普洱市新建（改造）标准化畜禽圈舍64.32万平方米、排污沟9.36万平方米、污水沉淀池7.08万立方米，建设各类实用型沼气池4.26万立方米，建设堆粪场5.47万平方米。普洱市稻渔综合种养面积达10.06万亩，水产品产量达4536吨。

2. 深化农村改革，加快转变农业发展方式

一是农村土地承包经营权确权登记颁证工作基本完成。普洱市10县（区）于2018年10月基本完成确权颁证工作，共计103个乡镇、992个行政村、14187个村民小组开展权属调查等工作，调查承包户55.17万户，实测承包地块443.6万块，实测承包面积1735.1万亩，确认承包地块434.7万块，确权面积1647.3万亩，占实测承包面积的95%，颁发证书53.8万本；开展农村土地承包经营权抵押贷款工作，累计抵押贷款306笔，贷款金额累计7302万元，农村融资渠道得到进一步拓展。二是农村集体产权制度改革有序推进。普洱市完成了清产核资工作，共清查了1008个村（包括16个有集体资产的涉农居委会），14336个村民小组，共15344个单位，清查农村集体资产112.46亿元，全面推进农村集体成员身份工作，完成成员身份认定1512个村组。

3. 推行绿色生产，发展现代生态循环农业

一是开展秸秆综合利用，推进秸秆基料化、肥料化利用。二是推行农业清洁生产，实施化肥农药使用量零增长行动，化肥使用量零增长行动首次实现负增长。思茅区成为农业农村部茶叶有机肥替代化肥试点县。普洱市已完成畜禽禁养区划定及搬迁工作，实现了畜禽圈舍、粪污处理、防疫消毒等生产设施设备的标准化改造，提升了规模化畜禽养殖场（小区、大户）标准化发展水平。三是实施绿色高产创建示范工程。

2015—2019年，普洱市围绕"稳产能、调结构、转方式"的主攻方向，积极推进绿色增产模式攻关，累计实施粮食高产创建示范样板113片，计113.04万亩，累计新增粮食3722.6万千克，新增产值10855.8万元。

4. 培育新型农业经营主体，提高农业组织化程度

普洱市大力培育龙头企业、农民专业合作社、家庭农场、专业大户等新型农业经营主体，提高农业组织化程度。全市共培育龙头企业242户，农产品加工企业600户，农民专业合作社4569个，实有成员数20.02万户，农户入社率为38.2%。各级认定的农民专业合作社示范社98家，其中，国家级示范社4家，省级示范社14家，市级示范社80家。认定家庭农场275个，示范家庭农场53家，其中，省级认定示范家庭农场5家，市级认定示范家庭农场48家。各种新型经营主体已成为"一头连农户、一头连市场"的有效载体，将千家万户小生产与千变万化大市场有机连接起来，织密了与农户稳固的利益联结机制。

5. 构建三大体系，提高服务"三农"能力和水平

一是推进土地流转。大力培育以规模经营为重点的各类新型经营主体，积极培育服务农业生产各环节的社会化服务组织，截至2019年年底，普洱市流转土地面积57.2万亩，占承包地总面积的12.3%。二是培训新型职业农民。争取国家级新型职业农民培育项目资金872万元，完成新型职业农民培育3330人。三是强化农业科技推广，加强农业科技培训，提高农民素质。实行"科技人员直接到户、良种良法直接到田、技术要领直接到人"的推广机制和领导干部挂钩、科技人员分片包干责任制，大力抓培训、推科技、办样板。2016—2017年，普洱市累计完成农民科技实用技术及技能培训11005期次、110万人次，其中培训新型职业农民3210人。四是继续实施基层农技推广体系改革与建设补助项目。通过1个农技员联系10个科技示范户、建立科技示范基地等方式，加快农业新技术、新模式推广。普洱市10县（区）实现项目全覆盖，共1200名农技人员参加包村联户工作，普洱市共遴选建立科技示范基地40个，主推种植、畜禽养殖、水产养殖先进技术200余项次。

6. 发展精深加工，提升农产品加工增值水平

新增规模以上农产品加工企业19家，普洱市农产品加工企业总量达600家，2017年实现农产品加工产值149.62亿元，转化率达53%，

农产品加工对农户的增收作用得到有效提升。

7. 强化源头管控，提高农业执法能力

按照"查市场、堵源头、保安全"的农产品质量安全监管要求，加大对农药、肥料、兽药、鱼药、饲料和饲料添加剂等农业投入品的使用执法监督检查力度，尤其加强对禁用、限用农药的查处工作。依法查处生产经营假冒伪劣农资和禁限用农业投入品违法行为，把好农业投入品源头关。

8. 整合各类资源，加大高原特色农业投入

自2016年以来，普洱市累计到位中央、省、市各类农业发展资金205523.42万元（其中惠农政策补贴4.01亿元，项目投入3.97亿元），年均68507.81万元，较2015年的61136.27万元增长了12.06%，为农业产业发展提供了资金保障。除惠农补贴资金通过一卡通直接兑付到农户外，其余项目资金由云南省按因素法直接切块到县（区），县（区）又对涉农资金进行统一整合管理使用。

9. 构建监管体系，保障农产品质量安全

一是农业标准制定。遵循有标贯标、无标制标的原则，抓好农业标准化建设，构建农产品质量安全体系。新制定的《普洱市秋大豆栽培技术规程》《冬季马铃薯覆膜栽培技术规程》《仿古茶园建设技术规范》等28项地方规范已获云南省质量技术监督局备案发布，为农产品质量安全源头监管提供了技术支撑。二是农业品牌打造。按照有机、绿色、无公害"三位一体、整体推进"的工作思路，制订方案，加强宣传，积极申报，普洱市"三品"认证面积累计341.95万亩；普洱市"三品"认证证书在有效期内的企业153家，认证产品313个（其中无公害12家企业40个产品，绿色13家企业33个产品，有机128户240个产品）。三是完善农产品质量安全监管体系。普洱市已成立监管科（股）11个，监管工作站103个，检测中心11个，执法支队11个，全系统监管人员1232人，农产品质量安全检验检测体系已实现市、县、乡三级全覆盖。

10. 发展互联网＋现代农业，拓宽农产品销售渠道

普洱市市级优质农产品展示中心建成营运，依托中国优质农产品开发服务协会"中国优质农产品信任系统"平台，上线企业已达100余家，产品400多个。农产品展示中心与中国优质农产品开发服务协会一

起密切配合天猫、京东、当当、苏宁易购等电商平台开设普洱市特色农产品馆,共筛选了60家企业230个产品正式在电商平台上线普洱市特色农产品馆。普洱市在云南省率先建成市、县两级电子商务公共服务中心,培育壮大"普洱菜""乡土故事""同步生活"等一批骨干电商企业,截至2019年年底,普洱市已建成103个乡(镇)200个村级电子商务公共服务站点,电子商务交易额达100亿元(含烟草、大宗工业原料等交易金额),扣除烟草以外的线上交易额达30亿元。咖啡、生物药、高原农特产品、白砂糖、橡胶等十大类1000多种商品上线交易,交易额达13.2亿元,农产品销售渠道得到拓展,"土货"走出了大山,进入了超市,有效破解了贫困山区农产品"销售难"问题。

(三)对策建议

1. 围绕增加农民收入,拓宽农民增收渠道

一是推进政策聚焦、要素聚集。建立农业投入稳定的增长机制,以农业产业化主导产业为重点,结合优势农产品区域布局规划,建设农产品生产基地,加大主体培育,推动适度规模经营和结构调整,发展农产品精深加工,延长产业链,拓宽农产品销售渠道,带动农民增加经营性收入。二是提升农村就业服务水平,支持返乡下乡人员创业就业,实施农村新成长劳动力免费劳动预备培训,切实增强就业能力和就业竞争力,大力开展实际、实用、实效的农业实用技术培训,促进农民由体力型增收向技能型增收转变,巩固工资性收入增长势头。三是稳步推进农村集体产权制度改革,释放财产性收入增长红利。四是落实强农惠农政策,增加农民转移性收入。

2. 围绕农业供给侧结构性改革,优化农业产业结构

一是调整粮食饲草生产结构。普洱市粮食播种面积稳定在500万亩以上,减少普通籽粒玉米种植面积30万亩,减少常规小麦品种种植面积10万亩。推动品牌粮食的发展,增加品牌粮食的种植面积,力争普洱市主要农作物良种覆盖率达95%以上,单产水平比上一年提高1个百分点。二是推广粮食绿色增产模式攻关。普洱市实现主要粮食绿色增产模式推广示范辐射面积100万亩。三是推动蔬菜瓜果品质提升。普洱市增加设施蔬菜种植面积5万亩,蔬菜总产量100万吨左右。四是推进养殖业升级转型。普洱市实现肉类总产量22.88万吨,水产品总产量

20万吨。

3. 围绕加快农业产业化，加强服务体系建设

做大农业产业化引导资金规模，争取中央、省、市资金支持，加大对农业产业发展的投入力度。运用物联网等现代手段，实施电商品牌双轮驱动。到2020年，80%以上的市级龙头企业开展线上线下同步经营。支持农产品电子商务示范县创建。积极打造粮油食品、肉制品、奶酒饮品、水产品、生物质产品等五大优势产业集群，促进第一、二、三产业融合发展，2020年，农产品加工产值与农业总产值比达到0.6∶1。

4. 围绕绿色发展，实施乡村振兴战略

一是加快推进农业农村现代化。坚持农业农村优先发展，按照产业兴旺、生态宜居、乡风文明、治理有效、生活富裕的总要求，建立健全城乡融合发展体制机制和政策体系，实现破解城乡二元结构、推进城乡要素平等交换和公共资源均衡配置的重大突破，给农村发展注入新的动力。让广大农民平等参与改革发展进程、共同享受改革发展成果。二是加大农业面源污染治理力度。创新秸秆综合利用方式，力争综合利用率达90%以上，其中资源化利用率27.5%以上。推进化肥农药零增长行动，测土配方施肥技术覆盖率达90%以上，病虫害专业化统防统治覆盖率达40%以上。三是构建现代农业产业体系、生产体系、经营体系。在产业体系上，抓好高原粮仓、山地牧业、淡水渔业、特色经作等高原特色现代农业产业基地建设。生产体系上，重点抓好农业基础设施、农业科技培训、农产品健康品牌、标准化生产四个重点工作，认真实施中央农机购置补贴政策，提高农业机械化水平，力争主要农作物耕种收综合机械化水平达到46.6%以上。加大科技培训和应用推广力度，提高农业科技化水平，农业科技进步贡献率逐年提高。加大良种应用推广力度，提高良种化水平，主要农作物良种覆盖率稳定在90%以上。经营体系上，完善农业支持保护制度，发展多种形式适度规模经营，坚持把产业发展的着力点放在培育壮大庄园经济、龙头企业、农民专业合作社、种养大户等新型经营主体上，把千家万户的小生产与千变万化的大市场有机连接起来，不断提高产业发展的组织化、规模化、市场化经营水平。

5. 围绕增强发展活力，深化农村综合改革

一是贯彻落实"三权分置"政策。保持土地承包关系稳定并长久不

变，第二轮土地承包到期后再延长三十年。二是着力放活农村承包土地的经营权，促进多种形式的土地流转发展适度规模经营，农村承包土地的经营权流转占比逐年提高。三是强化土地确权登记颁证成果运用，建立市县农村土地承包经营权管理应用平台，探索土地确权成果在农业补贴、土地流转、抵押贷款、农业保险等方面的应用，激活各项权能。

滇西南民族医药资源的特色和优势

李剑美[①] 李学玲[②] 赵锋[③]

滇西南是指普洱市、西双版纳州、临沧市三个行政区域。本区域有湄公河、澜沧江、怒江等水资源的涵养，物种丰富，是全球生态热点较多的地区之一。世代居住着傣族、哈尼族、基诺族、佤族、拉祜族、布朗族、彝族、德昂族、景颇族等。由于三个行政区生态环境相似，分布的生物物种也相似，民族间的文化相互交融，形成了区域优势显著的民族医药文化。

一、民族医药对区域内常见病和多发病的诊疗优势

滇西南地区高温高湿的气候持续时间长，冬无严寒、夏无酷暑；地势复杂多样，耕作条件差、劳动强度高；当地居民饮食偏好酸、冷、咸，营养保健意识弱。因此，与湿、热、风、火相关的内科疾病以及与劳、伤相关的外科疾病，成为本地的常见病和多发病，本地民族在诊疗这些常见病和多发病方面积累的经验较为丰富。

何建疆编写的《中国哈尼族医药》一书中收录了672首方剂，涉及90种疾病，书中疾病种类统计如图1所示，其中排在前十的疾病有肝炎、感冒、骨折和跌打损伤、风湿性关节炎、慢性胃炎、痢疾、急慢性支气管炎、外伤出血、腹胀、疟疾。

付开聪和张绍云编写的《拉祜族医药验方精选》收录了295首方剂，涉及40种疾病，书中疾病种类统计如图2所示，其中在排前十的

[①] 李剑美，普洱学院农林学院教师，副教授，农学硕士，主要研究方向为民族植物文化、民族医药资源与活性。

[②] 李学玲，普洱学院生物与化学学院教师，讲师，理学硕士，主要研究方向为民族医药与地方特色食品的资源与活性。

[③] 赵锋，普洱学院农林学院副院长，教授，理学博士，主要研究方向为中药活性分子与民族医药资源。

疾病有跌打损伤、骨折、感冒、肝炎、胃腹痛、风湿性关节炎、气管炎、闭经、白带过多、痢疾。

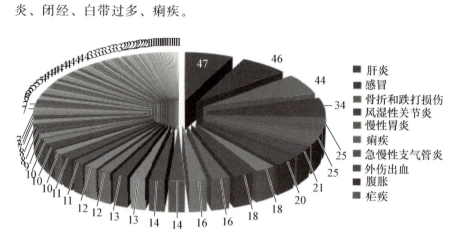

图1 《中国哈尼族医药》中疾病种类统计

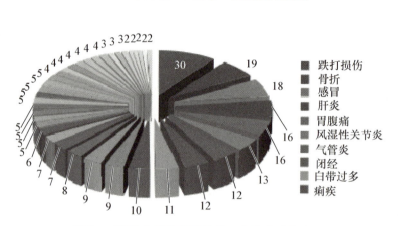

图2 《拉祜族医药验方精选》中疾病种类统计

《云南思茅中草药选》收录了449首方剂（包括应用例），涉及81种疾病，书中疾病种类统计如图3所示，其中排在前十的疾病有跌打损伤、骨折、风湿性疾病、感冒、泌尿系统疾病（包括膀胱炎、肾炎、尿路感染）、急慢性支气管炎、慢性胃炎、月经不调、外伤出血、急性胃肠炎。

通过文献研究和实地调研，2012年，刘斌收集整理云南民族医药

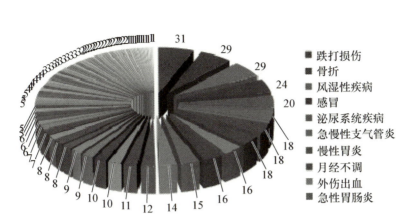

图 3　《云南思茅中草药选》中疾病种类统计

治疗肝病的单验方 806 首；2014 年，王红整理了傣医治疗风湿病的文献，收集整理傣医治疗风湿病的单验方 407 首；2017 年，张强收集整理了傣医治疗妇科病的单验方 1105 首，2020 年，张龙剑锋整理了哈尼族治疗骨伤疾病的文献，收集了哈尼族治疗骨伤疾病的单验方 60 首。

通过对滇西南地区主要少数民族的医药书籍和文献的研究，该区的常见病和多发病主要集中在外科（骨折、跌打损伤、外伤出血），传染疾病（肝炎、疟疾、痢疾），一般内科（感冒、急慢性肠胃炎、急慢性支气管炎、泌尿系统疾病等），以及专科疾病（妇科、儿科）。该区对这些疾病的治疗经验丰富，药物组合使用别具一格，疗效显著。

二、民族医药同病异治现象突出

2018—2020 年，普洱学院"云南省高校民族医药资源研究东南亚国际合作重点实验室"开展了滇西南地区民间治疗肝炎使用规律的研究。采用实地调研和文献研究的方法，收集该区主要民族治疗肝病的验方和该区出版书籍中治疗肝病的验方，并按照一定的标准建立数据库。共收集了肝炎方剂 379 首，其中，云南民族药志收集了 101 首，哈尼族医药文献收集了 98 首，傣族医药文献收集了 84 首，拉祜族医药文献收集了 18 首，景谷民族医药收集了 62 首，佤族医药文献收集了 14 首。用药 285 味共计 438 频次，药物 285 种，分布于 98 个科中。

1. 肝炎疾病认知和分类一致性的比较

滇西南民间医生普遍把肝炎分为黄疸型肝炎、慢性肝炎、急性肝炎、肝炎肝硬化、肝硬化腹水、肝癌、乙型肝炎、传染性肝炎、迁延性肝炎、病毒性肝炎等。肝炎中频次最高的为黄疸型肝炎，为184次，占全部肝炎类型的38.49%，另外急性肝炎，64次占全部肝炎类型的13.39%（表1）。《中医内科学》认为黄疸是由于"湿邪困遏脾胃，壅塞肝胆，疏泄失常，胆汁泛溢"，湿邪是黄疸的主要病因。滇西南地处热带季风雨林和亚热带季风气候区，夏季气候湿热，居民普遍喜食凉、酸、辣，容易造成脾胃的虚弱。因此，一旦湿邪内侵，脾胃失调，血液生成不足，则肝血不足，脾失健运，水湿内停，日久郁积生热，湿热郁蒸可以使肝脏疏泄不利而为黄疸。所以黄疸型肝炎属于该区的常见病，在长期与疾病的斗争中，滇西南民间医生积累了治疗黄疸型肝炎的医疗经验。

表1 滇西南地区不同肝炎类型统计频次、频率

序号	肝炎类型	频次	频率
1	黄疸型肝炎	184	38.49%
2	慢性肝炎	42	8.78%
3	急性肝炎	64	13.39%
4	肝炎肝硬化	26	5.44%
5	肝硬化腹水	5	1.05%
6	肝癌	3	0.63%
7	乙型肝炎	20	4.18%
8	传染性肝炎	11	2.30%
9	迁延性肝炎	1	0.21%
10	病毒性肝炎	1	0.21%
11	甲型肝炎	1	0.21%
12	无脓型肝炎	1	0.21%
13	肝炎	119	24.90%

2020年，黄远程在《基于数据挖掘研究治疗肝炎中成药的用药规律》一文中提到，主治西医疾病中明确有"肝炎"的中成药处方，包括急性肝炎、慢性肝炎、迁延性肝炎、黄疸型肝炎、非黄疸型肝炎等，其结果与滇西南民间医生对肝炎疾病的分类趋于一致。

2. 民间治疗肝炎药物资源种类及组成特点

治疗肝炎的药用植物优势科为菊科、豆科、大戟科、茜草科，占植物总科数的22.1%；其次为唇形科、蛇菰科、龙胆科、伞形科等，占植物总科数的10.1%（表2）；蕨类植物12种；菌类植物1种，即灵芝。尤其值得一提的是，蛇菰科植物在我国产有2属20种，在滇西南地区有使用记录的为7种，占我国蛇菰科植物的35%。另外，天仙藤、波叶青牛胆等防己科植物，裸茎千里光等菊科千里光属的植物毒性较强，在使用时应注意用法和用量。

表 2 药用植物资源在各科内的分布情况

数量	科
含10种及以上	菊科（26种）、豆科（14种）、大戟科（12种）、茜草科（11种）
含4种及以上	唇形科（9种）、蛇菰科（7种）、龙胆科（7种）、伞形科（6种）、玄参科（5种）、锦葵科（5种）、紫金牛科（4种）、野牡丹科（4种）、旋花科（4种）、五加科（4种）、藤黄科（4种）、桑科（4种）、忍冬科（4种）、蔷薇科（4种）、马鞭草科（4种）、兰科（4种）、夹竹桃科（4种）
含2~3种	远志科（3种）、小檗科（3种）、铁线蕨科（3种）、景天科（3种）、葫芦科（3种）、百合科（3种）、毛茛科（3种）、紫草科（2种）、樟科（2种）、芸香科（2种）、鸢尾科（2种）、西番莲科（2种）、苋科（2种）、卫矛科（2种）、水龙骨科（2种）、鼠李科（2种）、石蒜科（2种）、石竹科（2种）、十字花科（2种）、山茶科（2种）、山柑科（2种）、三白草科（2种）、茄科（2种）、葡萄科（2种）、千屈菜科（2种）、马钱科（2种）、萝藦科（2种）、爵床科（2种）、卷柏科（2种）、桔梗科（2种）、姜科（2种）、黄杨科（2种）、防己科（2种）、杜鹃花科（2种）

续表

数量	科
含1种	紫葳科、白花丹科、柏科、败酱科、车前科、川续断科、地钱科、凤尾蕨科、骨碎补科、海金沙科、红木科、胡椒科、胡颓子科、胡桃科、桦木科、虎耳草科、槲蕨科、堇菜科、蒟蒻薯科、苦苣苔科、楝科、买麻藤科、木棉科、木兰科、平科、木犀科、箭蕨科、清风藤科、秋海棠科、山矾科、石松科、柿科、苏铁科、梧桐科、无患子科、眼子菜科、阴地蕨科、罂粟科、棕榈科、酢浆草科

3. 民间治疗肝炎药材的频次特点

在治疗肝炎的药材中，使用频次超过20次的有地耳草、茵陈蒿、十大功劳（表3）。地耳草为藤黄科金丝桃属的植物，又称田基黄，未被《中华人民共和国药典》（以下简称《中国药典》）收录，主要含有间苯三酚衍生物、黄酮类化合物、酮类化合物和吡喃酮类化合物，具有抗氧化，保肝护肝，抗肿瘤、抑菌、抗疟和预防心血管疾病的活性。田基黄中医上使用其来退湿热，如在治疗病毒性肝炎合并黄疸时，利用经方小柴胡汤，外加鸡骨草、田基黄和茵陈蒿来加强清化湿热，取得了较为满意的效果，应关注该药在治疗肝炎方面的作用。

表3 复方药中前20味关键药材频次、频率

序号	药材名称	频次	频率
1	地耳草	24	2.95%
2	茵陈蒿	22	2.70%
3	十大功劳	21	2.58%
4	滇龙胆草	19	2.33%
5	车前子	16	1.97%
6	狭叶獐牙菜	14	1.72%
7	栀子	14	1.72%
8	过路黄	11	1.35%
9	玉米须	11	1.35%
10	白花蛇舌草	10	1.23%

续表

序　号	药材名称	频　次	频　率
11	板蓝根	10	1.23%
12	虎杖	9	1.11%
13	天仙藤	9	1.11%
14	密蒙花	8	0.98%
15	甘草	8	0.98%
16	夏枯草	8	0.98%
17	马鞭草	8	0.98%
18	柴胡	7	0.86%
19	假地蓝	7	0.86%
20	木蝴蝶	7	0.86%

2010年，周国亮收集中医古籍治疗黄疸型肝炎方剂时共统计了160首，涉及药材163味，频次出现20次以上的10味药材分别是茵陈蒿、栀子、甘草、大黄、茯苓、白术、泽泻、黄芩、人参、陈皮。中医古籍与滇西南药材使用频次超过20次的，重叠药材有茵陈蒿；将滇西南的药材使用频次降至10次以上，重叠药材有茵陈蒿和栀子，二者（滇西南草医和中医，下同）重叠率仅为20%。2019年，宋京美收集了中医专著中治疗肝病的验案良方共1181首，使用频次排前20的药材为茯苓、丹参、白术、茵陈蒿、柴胡、甘草、郁金、黄芪、赤芍、白芍、当归、大黄、陈皮、党参、泽泻、黄芩、虎杖、鸡内金、白花蛇舌草和车前子。二者对比来看，排前20的药材中重叠的有6味，分别是茵陈蒿、车前、白花蛇舌草、虎杖、甘草、车前子，二者重叠率为30%。

在实地调研过程中发现，滇西南少数民族以日常的茶饮来保养肝脏。例如，哈尼族（墨江县）在春天有喝白茅黄藤竹叶汤来养肝和护肝的习惯，彝族（景东县）日常以鸡肝散（四方蒿）做茶饮以清肝火、养护肝脏，哈尼族（宁洱县）以布都茶（薄荷）为茶饮解油腻、清肝火。也有做成药膳汤来保养肝脏的。例如，哈尼族（宁洱县、墨江县）常用木蝴蝶的树皮煮猪肝，鸡肝散（四方蒿）煮猪肝或煮鸡肉，蒲公英炖瘦肉、田螺煮木蝴蝶等药膳汤。

4. 民间治疗肝炎药物的四气特点

药物四气有寒、温、凉、热。其中，寒性药材使用频次最多142次，温性药材使用频次55次，凉性药材使用频次44次，平性药材使用频次43次，热性药材使用频次1次（图4）。中医专著中治疗肝病的验案良方中，凉性药材使用频次最多，其次是温性、平性、寒性、热性。中医使用药材更为平和，当地草医药性则更为猛烈，但是滇西南使用药材配伍时，善用药引，在使用寒性药材时，一般配伍通气、提热的药材。例如，一首来自墨江民间治疗急性黄疸的方剂为，青叶胆30g、野青菜30g，鲜品捣碎取汁加甜米酒和红糖，用适量开水冲服，日服3次。民间医生认为方剂中青叶胆属于极苦极寒药材，因此应配伍甜米酒或红糖来保护胃气不受或少受损伤。常见的药引有草果、荜拨、丁香、红糖、白酒、米酒等。

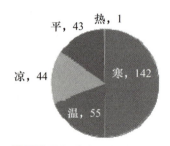

图4 滇西南民间治疗肝炎药物四气分析

5. 民间治疗肝炎药物五味特点

甘味药材使用频次最高为180次，其次为苦味药材159次，再次为辛味药材73次等，如图5所示。《黄帝内经》中指出"肝欲酸，急食酸以补之""肝苦急，急食甘以缓之""肝欲散，急食辛以散之，以辛补之，以酸泻之"。《难经》指出"损其肝者，缓其中"，张仲景主张"益用甘味之药调之"，以调整肝之体矛盾为出发点。滇西南使用药物时，基本趋于以甘味药材调整其偏性，补其不足，使病情趋于稳定即为缓之，然后加以苦味药材泻之，即泻肝用之有余。其基本遵循肝病治疗原则——补肝体之不足，泻肝用之有余。

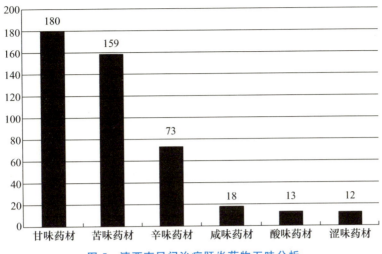

图 5 滇西南民间治疗肝炎药物五味分析

6. 民间治疗肝炎药物的归经特点

滇西南民间治疗肝炎的处方中,归肝经药物使用频次最多,为 188 次,其次是胃经(98 次)、肺经(92 次),胆经(84 次)等(如图 6 所示)。中医专著中治疗肝炎的验案良方中,归肝经药物使用频次最多,为 5390 次,其次是脾经(4986 次)、肺经(3738 次)。二者对比来看,归经排列规律一致。

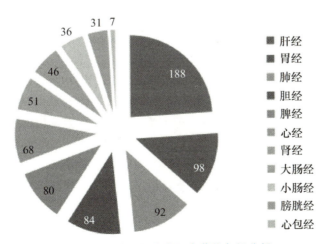

图 6 滇西南民间治疗肝炎药物归经分析

7. 基于关联规则的组方规律

在中医传承辅助平台（Traditional Chinese Medicines Inheritance Support System，TCMISS）软件中设置惩罚度2、相关度8、置信度大于0.6，得到相应的常用药物组合，见表4。

表 4 常用药物组合

序号	药物组合	序号	药物组合
1	叶下珠，黄金间碧竹，虫瓣臭茉莉	10	叶下珠，黄金间碧竹，黄连
2	白花树萝卜，阴行草，败酱草	11	地耳草，头状花耳草，败酱草
3	黄木巴戟，十大功劳，定心藤	12	十大功劳，定心藤，天仙藤
4	柴胡，茵陈蒿，滇龙胆草	13	夏枯草，茵陈蒿，滇龙胆草
5	板蓝根，郁金，茵陈蒿	14	郁金，茵陈蒿，栀子
6	板蓝根，白花蛇舌草，遍地金	15	板蓝根，白花蛇舌草，假地蓝
7	五味子，川芎，穿山甲	16	川芎，木贼，大黄，黄连
8	夏枯草，玉米须，大枣	17	玉米须，大枣，溪畔落新妇
9	何首乌，蕺菜，大芦	18	何首乌，蕺菜，米酒

在设置相关的参数以后，滇西南治疗肝炎的常见药物组合有18组，在这些药物中使用频次高的有茵陈蒿（4次）、板蓝根（3次），其次是十大功劳、白花蛇舌草等，但是基数较少，规律不显著（表4）。2019年，宋京美根据1000多首肝病药物组方的规律，得出茵陈蒿使用频次最高，茵陈蒿多与茯苓、赤芍、丹参、郁金搭配使用。二者对比来看，茵陈蒿是治疗肝病的核心药材，但是搭配上，中医在疏散、泻下的同时注重脾胃的养护，体现了"见肝之病，知肝传脾"的既病防变思想。而滇西南本地的草医主要以疏散、泻下为主，忽略了对脾胃的养护。

综上所述，滇西南民间医生治疗肝炎的方法和传统中医相比具有以下特征。

（1）对肝炎疾病的认知和分类基本趋于一致。传统中医和滇西南民间医生都将肝炎划分为急性肝炎、慢性肝炎、迁延性肝炎、黄疸型肝炎、非黄疸型肝炎。

（2）对肝炎疾病的辩证施治二者有异曲同工之处。主要体现为药物的四气、五味、归经基本趋于一致。在五味中，滇西南民间医生主要以寒味为主，但是他们善用药引来调和药性，药引的使用也是用药极具特色的地方。

（3）滇西南民间医生和传统中医治疗肝炎的药物重叠率较低，一般在20%～30%。

基于上述肝炎疾病的诊断分类及辩证施治基本一致的前提下，在一定程度上可认为肝炎疾病治疗新药的开发在滇西南有较强的资源优势。

三、民族医药资源药用化学成分研究

已知的普洱市植物资源普查数据显示，高等植物有352科，1688属，5600种，占云南省高等植物的40%。根据普洱市中药资源普查办公室统计公布，普洱市的中药材品种为1032种，其中植物药材1000种，动物药材30种，矿物药材2种；国家收购的中药材15种，常用中药材近360种，特有药用植物100余种；普洱市少数民族应用的植物药材5000余种，属于国家保护的珍稀植物58种。在全国统一普查的456种重点药材中，普洱市就有302种。其中，资源较为丰富、市场前景好，已探明医药价值，有地方特色的药材植物品种主要有铁皮石斛、龙血树、云南萝芙木、灯台树、茯苓、葛根、重楼、臭灵丹、何首乌、红豆杉、白及、滇黄精等。同时，大量的研究表明，普洱茶、小粒种咖啡、野生食用菌具有广泛的生理保健功效。目前，还有很多医药资源的药用价值尚未被开发。因此，民族民间特色药材的研发，具有巨大的开发价值。"十四五"期间，对民族医药中的药用化学成分进行挖掘，或对已知药用化学成分的功能进行研究，将为推动生物医药大健康产业的发展提供新的思路。

（一）民族医药资源的主要药用化学成分与检测技术

民族医药中普遍含有多种活性成分，如铁皮石斛主要含石斛多糖、生物碱、氨基酸、微量元素和菲类化合物等有效成分，具有增强机体免疫力、抗肿瘤、促进消化液分泌、抑制血小板凝集、降血脂、降血糖、抗氧化、抗衰老和退热止痛等药理作用。龙血树的树脂血竭，在《本草纲目》中被誉为"活血圣药"，有活血化瘀、消肿止痛、收敛止血的良好功效。云南萝芙木中含有大量的生物碱；滇黄精的主要成分为黄精多糖、皂甙、黄酮、维生素、微量元素等。现代植物化学和药理实验证明，滇黄精多糖是滇黄精中的主要活性成分之一，具有免疫调节、抗氧化、抗衰老、抗糖尿病、抗动脉粥样硬化等作用。目前，对药材化学成分的研究主要依靠以下几种技术手段。

1. 化学成分的提取

所有药材化学成分的研究，都是先对其化学成分进行提取。目前，药材化学成分的提取方法有：溶剂提取法（浸渍法、渗漉法、连续回流提取法、煎煮法、超声提取法、微波提取法、超临界流体萃取法等）和非溶剂提取法（水蒸气提取法、升华法等）。鉴于提取效率和成本等原因，现在常用的提取方法为连续回流提取法和超声提取法，少部分因为特殊考虑会选用其他的提取方法。常用的提取溶剂和它们各自的极性大小为：水＞甲醇＞乙醇＞丙酮＞乙酸乙酯＞二氯甲烷＞乙醚＞苯＞已烷，可以依次用以上溶剂对药材的有效成分进行提取，再开展后续研究。由于乙醇对各类极性和非极性的溶出效率很高，且经济成本低、环保无污染，因此常直接选取乙醇对药材成分进行初提，再进行后续研究。

2. 化学成分的初步定性

药材是否含有常见的有效活性成分，是否具有后续的研究价值，可以采用初步定性的方式来处理。目前采用的初步定性的方法有以下几个。

（1）显色法

生物碱类、多糖类、黄酮类、多酚类等因其结构的特殊性可发生特殊的显色反应，常采用显色的方法对样品提取液进行初步鉴定，如茚三酮可使生物碱显色，黄酮类物质亦可采用显色的方式进行初步鉴定。2019年，我们对黄果茄提取液中是否含有黄酮类化合物进行溶液显色鉴定（颜色反应见表5），得出黄果茄中的黄酮类化合物主要为黄酮类、二氢黄酮类、查尔酮类和异黄酮类，且化合物中可能含有游离的酚羟基。由于表中所列的反应颜色，只是某类黄酮体中大多数化合物所具有的共同颜色，要明确黄果茄提取液中的具体成分仍需做进一步的鉴定。

表 5　黄酮类的颜色反应

试　　剂	现　　象
氢氧化钠（NaOH）	红棕色
浓氨水（$NH_3 \cdot H_2O$）	黄色
氯化铁（$FeCl_3$）	墨绿色
盐酸-镁粉（HCl-Mg）	无变化

（2）紫外-可见光谱扫描法

紫外-可见光谱扫描法适用于分析药材提取液中是否含有某一已知结构的化合物，可先对已知化合物标准溶液进行全波长扫描，确定该物质的最大吸收波长，再将样品溶液进行扫描，观察样品在标准品的最大吸收波长处是否存在吸收峰来进行初步定性。

（3）高效液相色谱分析法

高效液相色谱分析法亦适用于分析药材提取液中是否含有某一已知结构的化合物。例如，澳洲茄碱可用于治疗牛皮癣、皮肤瘙痒及多种癌症等。为确定民族药材黄果茄中是否含有该成分，首先对澳洲茄碱标准品进行指纹图谱分析（图7），再在相同检测条件下对样品溶液进行分析，发现样品在澳洲茄碱出峰时间亦存在样品吸收峰（图8），基本可以确定药材黄果茄中含有澳洲茄碱。

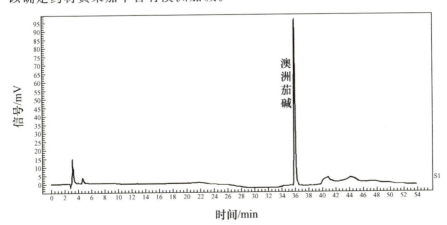

图 7　澳洲茄碱标准品指纹图谱

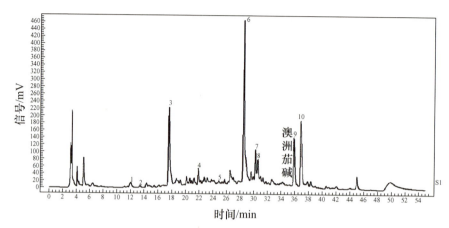

图 8 澳洲茄碱样品指纹图谱

(4) 质谱分析法

质谱分析法可以进行有效的定性分析,但不能分析复杂有机化合物,而且在进行有机物定量分析时要经过一系列分离纯化操作,操作流程比较复杂。而色谱法对有机化合物是一种有效的分离和分析方法,特别适合进行有机化合物的定量分析,但定性分析则比较困难,因此两者的有效结合可进行复杂化合物高效的定性定量分析。我们对黄果茄果实样品进行气相色谱-质谱联用仪(Gas Chromatographg – Mass Spectrometry,GC – MS)分析得出其挥发性物质组成及相对含量,其中黄果茄果实中的挥发性物质主要有 6 类共 22 种,见表 6。该法仅分析了其中的挥发性成分,不能够分析其中的非挥发性成分。

表 6 黄果茄果实挥发性物质组成及相对含量

序号	挥发性化合物名称	分子式	保留时间	相对含量
1	(Z) -2-庚醛	$C_7H_{12}O$	11.608	8.65
2	苯甲醛	C_7H_6O	12.002	32.04
3	1-辛烯-3-酮	$C_8H_{14}O$	12.898	1.24
4	1-辛烯-3-醇	$C_8H_{16}O$	13.135	3.89
5	苯甲醇	C_7H_8O	16.400	2.53
6	水杨酸甲酯	$C_8H_8O_3$	24.567	5.31

续表

序号	挥发性化合物名称	分子式	保留时间	相对含量
7	异山梨酯	$C_6H_9NO_6$	25.507	6.19
8	苯酚	C_6H_6O	32,076	3.79
9	十一烷	$C_{11}H_{24}$	34.305	1.57
10	3′,5′-二甲氧基苯乙酮	$C_{10}H_{12}O_3$	40.716	6.24
11	十七烷	$C_{17}H_{36}$	42.410	1.46
12	十四烷	$C_{14}H_{30}$	45.231	1.76
13	癸烷	$C_{10}H_{22}$	46.164	1.25
14	(Z)-7-十六烯酸甲酯	$C_{17}H_{32}O_2$	53.287	0.54
15	十六酸甲酯	$C_{17}H_{34}O_2$	53.895	5.59
16	正十六烷酸	$C_{16}H_{32}O_2$	54.723	3.28
17	十六烷酸乙酯	$C_{32}H_{64}O_2$	55.357	2.15
18	棕榈酸异丙酯	$C_{19}H_{38}O_2$	55.892	1.52
19	9,12-十八碳二烯酸甲酯	$C_{19}H_{34}O_2$	56.971	5.15
20	11-十八碳二烯酸甲酯	$C_{19}H_{34}O_2$	57.075	2.60
21	2-壬酮	$C_{19}H_{38}O$	57.175	2.86
22	硬脂酸甲酯	$C_{19}H_{38}O_2$	57.465	0.37

(5) 薄层色谱分析法

薄层色谱分析法是指把吸附剂和支持剂均匀涂布在玻璃或塑料板上形成薄层后进行色层分离的分析方法。将样品提取液与对照品在相同条件下分离展开，根据分离的各组分与对照品的 R_f 值或荧光特性来确定组分的种类。

(二) 民族医药资源化学成分的测定

经典色谱柱分析法仍然是目前高校与科研单位用于天然药用化学成分分离的主要手段。近几年，随着现代先进仪器的不断开发，将其结合多种自动化技术，能够实现高效快速分离药用化学成分的目的。针对民间具有某些疗效的药材进行化学成分研究，可以采取先分离其单一化学成分，再研究其药理，能否实现合成等思路。但鉴于科研机构人员缺乏、科研技术水平落后等原因，普洱市很多民间偏方药材仅限于粗提物的研究。很多文献仅针对如总黄酮、多糖、多酚等混合含量的研究，关于单一成分的分离分析研究较少,或仅针对已知的某些单一成分进行分析确认。关于未知化合物的结构、药理等存在很大的研究空白。

我们研究了民间药材黄果茄的总黄酮提取工艺,测得黄果茄总黄酮提取率为4.35%,并对其生物活性进行了研究,得出在抗氧化性方面黄果茄乙酸乙酯萃取相具有很好的DPPH·清除率(图9)。同时也对其镇痛活性(表7)和抗炎活性(表8、表9)进行了筛选,由表7可知,利多卡因组与空白组比较,明显提高小鼠的痛阈值,具有统计学意义($p<0.01$);给药30min后,DFSX组、WFSX组对延长小鼠的痛阈值与空白组比较有统计学意义($p<0.01$、$p<0.05$);给药60min后,PFSX组、DFSX组、NFSX组和WFSX组对延长小鼠的痛阈值与空白组比较有统计学意义($p<0.01$)。

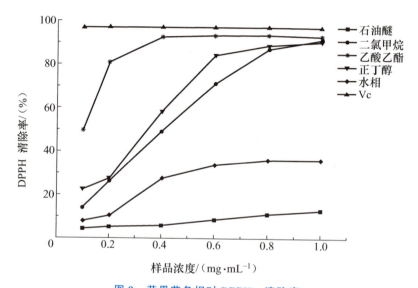

图9 黄果茄各相对DPPH·清除率

表7 小鼠热板致痛反应实验结果($\bar{x}\pm s$, $n=10$)

组别	剂量/(g·kg^{-1})	给药前痛阈值/s	给药后痛阈值/s		痛阈提高率/%	
			30min	60min	30min	60min
空白组	—	18.13±3.92	19.22±2.34	16.12±2.61	6.01	−11.07
利多卡因组	0.005	18.09±5.76	54.54±8.43**	23.39±4.58**	200.49	29.30

续表

组别	剂量/(g·kg^{-1})	给药前痛阈值/s	给药后痛阈值/s 30min	给药后痛阈值/s 60min	痛阈提高率/% 30min	痛阈提高率/% 60min
PFSX 组	1.0	18.09±5.02	20.93±3.29	28.03±7.48**	15.70	54.95
DFSX 组	1.0	18.13±3.97	26.05±2.35*	20.62±3.29*	43.68	13.73
EFSX 组	1.0	17.59±2.39	25.17±5.58	16.06±4.02	43.09	−8.70
NFSX 组	1.0	17.55±5.43	30.05±9.91	27.55±4.65**	71.23	56.98
WFSX 组	1.0	17.85±5.26	27.48±2.34**	21.24±3.14*	53.95	20.34

说明：与空白组比较，** $p<0.01$，* $p<0.05$ [黄果茄石油醚萃取相（PFSX）、黄果茄二氯甲烷萃取相（DFSX）、黄果茄乙酸乙酯萃取相（EFSX）、黄果茄正丁醇萃取相（NFSX）、黄果茄水萃取相（WFSX）]

涂布二甲苯后的各组小鼠与正常小鼠对比，发现其右耳很快出现不同程度的肿胀，部分血管清晰可见。由表8可知，模型组二甲苯涂布侧小鼠耳廓与正常组比较有明显的肿胀（$p<0.01$）；阿司匹林组、PFSX组、DFSX组、EFSX组、WFSX组与模型组相比，对小鼠耳廓肿胀抑制率的差异具有统计学意义（$p<0.01$、$p<0.05$）。

表8 小鼠耳廓肿胀实验结果（$\bar{x}±s$，$n=10$）

组别	剂量/(g·kg^{-1})	肿胀度/(mg)	肿胀抑制率/(%)
正常组	—	0.00±0.00	0.00
模型组	—	4.50±0.70##	0.00
阿司匹林组	0.4	0.65±0.21**	85.56
PFSX 组	1.0	1.37±0.61**	69.56
DFSX 组	1.0	1.54±0.70	65.78
EFSX 组	1.0	1.28±0.43**	71.56
NFSX 组	1.0	2.37±0.90	47.33
WFSX 组	1.0	2.00±0.86*	55.56

说明：与模型组比较，** $p<0.01$，* $p<0.05$；与正常组比较，## $p<0.01$，# $p<0.05$

由表 9 可知，模型组血清中 COX－2 的含量显著高于正常组，有统计学意义（$p<0.01$）；阿司匹林组、DFSX 组、EFSX 组、WFSX 组与模型组比较，均有效降低了血液中 COX－2 的含量，有统计学意义（$p<0.01$）。

表 9　小鼠血清中 COX－2 含量的测定结果（$\bar{x} \pm s$，$n=10$）

组别	剂量/(g·kg^{-1})	COX－2 含量/(pg·ml^{-1})
正常组	—	27.44±2.60
模型组	—	45.66±1.42##
阿司匹林组	0.4	32.04±2.96**
PFSX 组	1.0	42.96±4.17
DFSX 组	1.0	36.41±2.92**
EFSX 组	1.0	34.93±2.61**
NFSX 组	1.0	44.46±2.17
WFSX 组	1.0	39.02±1.86**

说明：与模型组比较，** $p<0.01$，* $p<0.05$；与正常组比较，## $p<0.01$，# $p<0.05$。

目前以上方式对民族药材进行的研究比较广泛，但不够深入，后期在民族医药的深入研究方面仍需不断加强。

四、民族医药研究现状——以哈尼族医药为例

（一）哈尼族医药的形成和特点

哈尼族为氐羌族后裔，分布于动植物资源多样性和生态多样性十分丰富的藏羌彝走廊，这里海拔高低悬殊，地势复杂，气候多样，动植物资源异常丰富，是全球生物多样性热点分布较多的区域。在不断与疾病和自然环境进行斗争的过程中，哈尼族人不断学习、积累了当地丰富的植物和动物民族文化，形成地域性和民族性极强的哈尼族医药。哈尼族为迁徙民族，在迁徙过程中不断地吸纳和兼容了中医药学及彝、苗、傣、壮、瑶等各个民族以及泰国、缅甸、老挝等外国传统医学的一些理论、诊疗方法，形成了在祖国民族医学之林独树一帜的哈尼族医药。

哈尼族现有医药专著 7 部，分别为《中国哈尼族医药》《哈尼族医药》《哈尼族医药单验方精选》《哈尼族传统医疗法技术考述》《西双版纳哈尼族医药》《元江哈尼族药》《哈尼族药用植物》。2018 年，"云南省民族民间医药学会哈尼医药分会"的成立和"首届国际哈尼族医药发展交流会"的召开，使得哈尼族医药的发展更上了一个台阶，但与其他民族相比，还是相对滞后。

（二）哈尼族医药文化研究基础薄弱，成果转化率低

滇西南主要民族为傣族、哈尼族、基诺族、佤族、拉祜族、布朗族、彝族、德昂族、景颇族。其中，傣族和彝族的医药研究相对充分，但是人口最多的哈尼族民族医药与中国四大民族医药（藏药、蒙古药、傣药、维药）比较则相对薄弱。主要表现在以下两个方面。

1. 哈尼族医药基础研究薄弱，研究不充分

在中国知网检索"哈尼"并含"医药"有 51 条记录，"哈尼"并含"药"有 27 条记录；检索"藏族"并含"医药"有 233 条记录，"藏族"并含"药"有 197 条记录；检索"傣族"并含"医药"有 214 条记录，"傣族"并含"药"有 93 条记录；检索"维吾尔族"并含"医药"有 135 条记录，"维吾尔族"并含"药"有 224 条记录；检索"蒙古族"并含"医药"有 264 条记录，"蒙古族"并含"药"有 321 条记录，检索"苗族"并含"医药"有 401 条记录，"苗族"并含"药"有 272 条记录；检索"壮族"并含"医药"有 308 条记录，"壮族"并含"药"有 171 条记录；检索"彝族"并含"医药"有 229 条记录，"彝族"并含"药"有 168 条记录。从上述资料可知，与四大民族医药以及苗、壮、彝族医药相比，哈尼族医药的研究基础相对薄弱。另外，现有哈尼族医药的文献资料多以零散的形式存在，或者收集整理成精选方、实用方的册子。其优点是方便查阅，不足之处是未按照严格的入选标准进行收纳集合形成完整的哈尼族医药数据资料。总体来说，哈尼族医药研究的系统性和深入性与哈尼族医药的文化影响程度不相匹配，致使哈尼族医药的特色不突出，优势不明显。

2. 哈尼族医药成果转化率极低

在国家知识产权局专利检索网站"专利检索与分析"中检索到仅 1 项与哈尼族医药相关的专利，即"哈尼痔疮药膏及其制作工艺"，而藏

药有1292项，傣药有106项，维药有153项，苗药有536项，彝药有53项，壮药有193项。科技创造的目的不仅仅是获得知识产权，关键还是要进入市场并最终服务社会，相较于其他民族医药的研究，哈尼族医药的专利仅有1项，科技成果转化率极低，也进一步说明了对拥有160多万人口，且处于动植物资源非常丰富地区的民族而言，其医药文化的研究是极度匮乏的。

（三）哈尼族医药助力地方经济发展模式的思考

1. 形成一批疗效显著、特色突出的哈尼族医药专利

哈尼族医药的特色具体表现在哪些方面？哈尼族医药的优势是什么？如何将资源的优势特色转化为地方经济发展的助力？这是研究哈尼族医药需要思考的关键问题。

我们认为，首先建设系统完整的哈尼族医药数据库。数据库建设可以包括两个方面：一方面整合现有的零散的医药文献资料以及已出版的书籍，形成完整的哈尼族医药数据库；另一方面继续扩大哈尼族医药资源挖掘的范围，健全和完善现有的哈尼族医药文献。其次，利用中医传承辅助平台比较和分析哈尼族医药与传统中医、其他民族同病异治的现象，进而挖掘出哈尼族医药的特色及其优势，形成一批经实践检验确有疗效的特色方剂。对确有疗效的特色方剂，采用网络药理学和动物模型等现代药效评价手段进一步评价其药效，对确有疗效的方剂申请专利，实现哈尼族医药成果的应用和转化。

2. 哈尼族药膳助力大健康产业的发展

（1）哈尼族药膳是哈尼族医药文化的底色

2013年，王毅蓉等在比较归类整理了近2000个哈尼族验方后，发现哈尼族是一个擅用药膳的民族。普洱市思茅区一年一度的"端午药市"有药膳植物65种。2019—2020年，普洱学院"云南省高校民族医药资源研究东南亚国际合作重点实验室"在墨江县城调查哈尼族民族植物中发现，常见的野生民族植物约100种，其中药膳植物占40%，这些植物不仅是哈尼族防病治病的药物，相当一部分还是重要的食材，充分发挥着其强身健体、美容抗衰、益寿延年，乃至预防和治疗疾病的作用。但是，目前药膳产业的接纳程度较低，市场占有率低，未能成为地方经济发展的一大助力。

(2) 哈尼族药膳产业中存在问题解析

2016—2020年，普洱学院先后在普洱市科技计划项目（2013kj19）、云南省科协项目（普洱民族民间医药资源的传承与保护）、云南省高校亚热带药用食用生物资源开发与利用重点实验室、云南省高校民族医药资源研究东南亚国际合作重点实验室的支持下，开展了普洱药膳药材基源考证研究。发现同名异物、同物异名和替代药材的现象非常普遍，已经严重影响了药膳市场健康持续的发展。药膳药材基源不清、同名异物的现象，是阻碍药膳药材市场进一步发展的阻力和壁垒。

白及是端午药市和其他各县区主要的药膳药材，常与理肺散一起炖猪肺，或者与蜂蜜混合后内服，起到润肺止咳的功效。我们在普洱市开展白及资源调查，在江城县、墨江县、澜沧县、宁洱县、思茅区、景东县收集到了以"土白及""大白及"和"小白及"为名的药材共19份，并进行了植物学形态、组织学、化学成分和薄层色谱的研究。研究发现，药典收录的白及和几种代用品来源相近，都属于兰科兰亚科树兰族植物，药用部位均为块茎或假鳞茎。值得注意的是，筒瓣兰和白及的化学成分非常相似，均含有氨基酸、糖类、甙类、鞣酸、有机酸、生物碱、皂苷、黄酮类、酚类、内酯、香豆素及苷类、强心苷、甾萜类等物质。实验证实，这其中以多糖和黄酮类反应比较明显，甚至筒瓣兰的黄酮含量高于白及。

当归是药膳市场的宠儿，常炖鸡食用。我们调查了普洱市以"归"为名的药膳药材，并将其收集，用"采集地+地方名"进行命名，共获得了9份"当归"药材，分别为"大卢山当归""西盟当归""澜沧当归""景东秦归""镇沅秦归""墨江野生当归""墨江栽培当归""墨江大叶当归"和"墨江岩归"（见表10）。这些以"归"为名的药材，实际使用中均以中药"当归"入药。为区分这些药材的基源，我们开展了DNA条形码鉴定研究，研究结果如表11所示。

表10 普洱市9种以"归"为名药材的标本信息

序　号	地方名	采样地点
1	镇沅秦归	云南省普洱市镇沅县帮过组
2	西盟当归	云南省普洱市西盟县新厂乡

续表

序 号	地方名	采样地点
3	澜沧当归	云南省普洱市澜沧县竹塘乡
4	墨江栽培当归	云南省普洱市墨江县集贸市场
5	墨江野生当归	云南省普洱市墨江县集贸市场
6	大卢山当归	云南省普洱市思茅区集贸市场
7	墨江岩归	云南省普洱市墨江县集贸市场
8	墨江大叶当归	云南省普洱市墨江县通关镇
9	景东秦归	云南省普洱市景东县冷窝组

表 11　普洱市 9 种以"归"为名药材的 DNA 条形码鉴定

药材本地名	学 名	拉丁名	Identities	Gaps	引 物
澜沧当归	尖叶藁本	Ligusticum acuminatum	95%	3/361	ITS2
墨江栽培当归	石防风	Peucedanum terebinthaceum	97%	1/396	ITS2
墨江野生当归	藁本	Ligusticum acuminatum	97%	2/456	trnH-psbA9
墨江大叶当归	紫花前胡	Angelica decursiva	99%	3/300	ITS2
大卢山当归	辽藁本	Ligusticum jeholense	95%	0/512	trnL-F9
镇沅秦归	拐芹	Angelica polymorpha	97%	0/520	trnL-F9
西盟当归	藁本	Ligusticum sinense	98%	0/321	ITS2
墨江岩归	滇芹	Meeboldia yunnanensis	99%	3/331	ITS2
景东秦归	川明参	Chuanminshen violaceum	99%	1/531	ropC19

9 种以"归"为名的药材,在 DNA 序列数据库(Genebank)中,均未与《中国药典》收录的当归药材相匹配。9 种以"归"为名的药材中,被《中国药典》收录的有藁本(墨江野生当归、西盟当归)、辽藁本(大卢山当归)、紫花前胡(墨江大叶当归)。拐芹(镇沅秦归)、石防风(墨江栽培当归)、川明参(景东秦归)、滇芹(墨江岩归)、澜沧

当归（尖叶藁本）均未被《中国药典》收录。9种以"归"为名的药材，在当地均以"当归"使用。根据《中国药典》记载，当归具有补血活血、调经止痛、润肠通便的功效；藁本或辽藁本具有祛风、散寒、除湿、止痛的功效；紫花前胡具有降气化痰、散风清热的功效；拐芹具有发表祛风、温中散寒、理气止痛的功效；滇芹属仅有1种即滇芹，又称黄藁本、秦归，据《新华本草纲要》记载，具有治头痛、明目的功效，民间有治疗感冒风寒、头痛发热的功效；川明参属仅有1种即川明参，据《中华本草》记载，具有利肺、和胃、化痰、解毒的作用。由以上资料可知，9种以"归"为名的药材与当归的功效差异较大。但是，除川明参外，均具有散寒、除湿的功效，这与端午节服用"百草根"习俗（祛湿、解毒、补虚）相吻合。因此，可以推测普洱9种以"归"为名的药材，虽然以当归名称入药，只是基于形似当归，而实际表现为当归的祛湿、散寒等功效。

滇西南因植物资源丰富，在长期与自然打交道的过程中，人们充分利用了这些资源。同时，根据形似或功能相似的特征寻找传统中药资源的替代品，创造了丰富的民族药用植物文化。因此，如何打好这张民族药用资源文化牌，既需要肃清目前药膳市场的伪资源，又需要明确药膳药材的基源植物，从源头上确保药膳原料的安全性。同时，要挖掘民族药膳的经验疗效和现代药理药效，明确民族药膳对疾病预防和治疗的精准性，使其成为滇西南独具特色的药膳文化。

五、民族医药的发展定位与思考

"十四五"期间，要着力推动产业基础高级化和产业链现代化，以高原特色现代农业、林业产业、生物医药和大健康、文化旅游、数字经济为切入点和突破口，推动产业优化升级，以产业振兴带动乡村全方位振兴。民族医药在"十四五"期间的发展定位，必须以推动民族医药和大健康产业的发展为目的。

首先，需要建立以世居民族为主题，民族医药资源为中心的民族医药资源研究集成平台。该平台主要有民族医药资源的保护、创新利用和民族医药资源文化传承与产业联盟两大职能。

其次，建立民族医药资源的保护、创新与开发中心。滇西南主要民族多数为跨境民族，其分布区域辐射南亚和东南亚。因此，在已有资源收集的基础上，以某一民族为主线，收集相关区域，并进一步辐射南亚和东南亚，来完善和健全现有的民族医药数据库。在充分发挥本土科研人才才能的同时，引进高端人才，并挖掘特色、优势资源，研发民族医药产品，形成一批具有市场竞争力的民族医药研究成果，以实现资源创新与开发中心的职能。

最后，建立民族医药资源文化的传承与产业联盟中心，建成民族医药科普馆，包括民族医药图片、数据展示中心、民族医药种质资源种植开放中心，成立民族医药产品体验中心。一方面传承民族文化，另一方面将这些场馆和中心联合为一体，形成独具特色的民族文化旅游资源。

参 考 文 献

[1] 黄远程，黄超原，蒋凯林，等．基于数据挖掘研究治疗肝炎中成药的用药规律［J］．中成药，2020，42（3）：809-812.

[2] 刘斌．云南民族医药治疗肝病的文献收集整理研究［D］．昆明：云南中医学院，2012.

[3] 王红．傣医治疗风湿病文献整理与用药特色的数据挖掘［D］．昆明：云南中医学院，2014.

[4] 张强．傣医治疗妇科病单验方文献整理及用药特色的数据挖掘［D］．昆明：云南中医学院，2017.

[5] 张龙剑锋．哈尼医药治疗骨伤疾病特色疗法的整理研究［D］．昆明：云南中医药大学，2020.

[6] 周国亮．古代治疗黄疸方剂源流及用药规律研究［D］．沈阳：辽宁中医药大学，2010.

[7] 宋京美．基于数据挖掘的中医治疗肝病临床用药规律与作用机制研究［D］．北京：北京中医药大学，2019.

[8] 王毅蓉，赵永刚．哈尼族验方特点浅析［J］．中国民族民间医药，2013（6）：9-11.

[9] 刘颖颖，姚昕，李海涛，等．普洱端午药市植物的民族植物学研究［J］．中国民族民间医药，2016，25（22）：128-131.

[10] 张雪珂，陈勇，胡琳珍，等．地耳草化学成分及药理活性研究进

展 [J]. 中草药, 2020, 51 (6): 1660-1668.
[11] 关一鸣, 冯少琪. 经方治疗黄疸的体会 [J]. 新中医, 2002 (3): 72.
[12] 李剑美, 李学玲, 陈锦盛, 等. 白芨及其替代品化学成分预试及薄层色谱分析 [J]. 云南化工, 2020, 47 (2): 50-54.
[13] 李剑美, 尚宇南, 叶德平, 等. 白及与其代用品的形态组织学对比研究 [J]. 中药材, 2016 (4): 747-752.

普洱市旅游产业高质量发展研究报告

段朋飞[①] 唐秀忠[②] 杨遥[③]

新时代背景下,我国旅游产业正从高速增长阶段转向高质量发展阶段,高质量发展是未来旅游产业发展的主要方向。近年来,普洱市旅游产业主动融入并服务云南省省、市发展战略,践行文化和旅游"六个融合"理念和普洱"建设生态宜居之城、健康养生之地、普洱茶文化之源"新发展定位,走出一条跨越式发展的路子。普洱市旅游产业在稳经济增长、调市场结构、惠民生福祉、促合作交流等方面的功能和作用日益突显,在有为政府和有效市场的共同作用下,连续多年保持两位数增长,规模与质量协调发展,提质转型升级效果明显。在不断满足人民美好生活愿望的新时代背景下,普洱市旅游产业将在生态文明建设、全域旅游示范区建设、地方民族文化创造性发展、大众创业创新及乡村振兴等方面发挥服务产业的优势,发挥更加重要的作用,助推普洱服务业的供给侧结构性改革,走上高质量发展的新征程。

一、普洱市旅游产业发展总体情况

(一)普洱市旅游产业发展概况

普洱市拥有"一市连三国,一江通五邻"独特的区位优势、得天独厚的旅游条件,以及优越的生态资源、悠久的茶马古道文化、多样的民族文化。普洱市有文物古迹旅游资源52个,自然旅游资源307个,少数民族旅游资源32个,人文旅游资源397个。在全国72类旅游资源

[①] 段朋飞,普洱学院经济管理学院副院长,副教授,工程硕士,主要研究方向为旅游经济、区域经济。
[②] 唐秀忠,普洱学院经济管理学院党总支书记,副教授,软件工程硕士,主要研究方向为信息管理与信息系统。
[③] 杨遥,普洱学院经济管理学院办公室主任,副教授,管理学硕士,主要研究方向为旅游住宿产业经济、产业政策。

中，普洱市就有 59 类，占了全部种类的 81.94%，形成丰富的旅游资源。依托普洱市原生态的自然生态文化，结合普洱国家绿色经济试验示范区建设，构建了一个文化生态、自然生态、民族生态的特色旅游体系，形成普洱市九县一区主要景点及特色节日活动（见表 12）。

表 12　普洱市各区县主要景点及特色节日活动

区/县	主要景点	特色节日活动
思茅区	国家森林公园、茶马古城、倚象镇、梅子湖公园	普洱茶节、丢三包节、百草根美食节
宁洱县	普洱山、茶马古道、松山自然保护区、特色温泉	烧烤节、谷雨节、红蛋节
墨江县	北回归线标志园、国际双胞文化园、太阳广场、碧溪古镇等	双胞节
镇沅县	飞来寺景区、无量湿地公园、难搭桥景区、南京战役遗址	火把节
孟连县	孟连宣抚司署、孟连大金塔、勐马温泉、腊福大黑山风景区	娜允神鱼节、放许愿灯、堆沙、浴佛节、朝拜等活动
江城县	十层大山、山神庙丫口阻击战遗址、猛烈湖湿地	火把节、泼水节、盘王节、哈尼年
景东县	文庙、勐卧总佛寺	火把节
西盟县	勐梭龙潭、木依吉神谷景区、佤山榕树王	佤族木鼓节
澜沧县	景迈山古茶林、拉祜风情园、翁基布朗族古村落、糯岗傣族水寨	葫芦节、千人拉木鼓、镖牛祭拜司岗里、祭拜龙摩爷、民族工艺品展示活动
景谷县	威远江自然保护区、帕庄河自然保护区、迁糯佛寺、芒玉大峡谷等	泼水节

资料来源：董雅洁，石红. 旅游环境承载力研究：以云南省普洱市例［J］. 安徽农业科学，2019，47（24）：78-81.

（二）普洱市旅游产业拉动地方经济增长作用明显

2012年以来，普洱市旅游总收入占GDP的比重逐年上升，2019年达到51%（见图10），旅游产业在拉动经济增长方面的作用不断增强，旅游产业的潜在能量正在逐步释放，为全市第三产业注入生机与活力。

图 10　普洱市旅游收入占比

数据来源：普洱市统计局普洱市国民经济和社会发展统计公报。

（三）旅游产业规模持续稳步增长

2012年以来，普洱市旅游产业规模持续稳步增长。从旅游产业的收入情况来看：总收入持续增加，2019年达到443.48亿元；外汇收入增长较快，达到0.86亿美元。从旅游人次来看：旅游人次持续增长，2019年达到4126.23万人次。

普洱市旅游产业每年以两位数增长，旅游总收入平均增长率为37%，旅游人次增长率为26.3%（见图11和图12）。

（四）旅游产业惠民生效应逐步放大

文旅惠民方面，一是"四馆一站"阵地不断巩固。普洱市图书馆共接待读者41万人（次），图书流通30余万册，组织公益讲座培训252次（期），普洱文旅大讲堂成为品牌惠民活动；全市文化馆（站）组织开展各类惠民活动560余场（次）；全市8个博物馆全部免费开放，博物馆、美术馆举办精品展览26场，提升改造市图书馆、2个乡（镇）综合文化站，建设3个乡（镇）综合文化站和11个村综合文化服务中

图 11　2012—2019 年普洱市旅游收入情况
数据来源：普洱市统计局普洱市国民经济和社会发展统计公报。

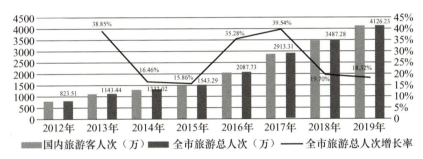

图 12　2012—2019 年普洱市游客规模情况
数据来源：普洱市统计局普洱市国民经济和社会发展统计公报。

心。二是文化活动深入民心。开展"中国梦·普洱情——文化大篷车""深入生活·扎根基层""文化进万家""扫黑除恶专项斗争"等主题文化惠民演出。2019 年，普洱市共组织惠民演出 1134 场（次），惠及群众近 200 万人（次）。

在促进就业方面，有普洱市旅游产业本身带来的就业，旅游产业带动的餐饮业、住宿业、交通业等相关产业发展带来的就业，地方经济发展带来的就业等。比如，思茅区倚象镇普洱国家公园犀牛坪景区吸纳普洱本地 300 余人（占景区员工总数的 90%）到景区工作，人均月工资达 2600 元。同时，周边村寨依托景区积极发展餐饮、种植等产业。澜沧县惠民镇柏联茶庄园和精品酒店 99% 的员工是周边茶农，人均月工资达 3500 元，带动 850 多户茶农户增收 3.5 万~4 万元。

(五)对外合作交流更加自信

2019年,普洱文旅品牌营销活动频繁。普洱民族艺术精品先后在马来西亚婆罗洲文化节、中国少数民族迎春大联欢电视晚会、庆祝中华人民共和国成立七十周年暨全国民族团结进步表彰大会等国内外舞台亮相;组织参加2019年南亚东南亚国家商品展暨投资贸易洽谈会、2019年上海对口帮扶地区特色商品洽谈展销会、第三届中国国际茶叶博览会、2019中国国际旅游交易会等会展活动;在昆明长水、西双版纳纳嘎洒、大理荒草坝、丽江三义4个机场投放普洱旅游形象广告;聘请知名时装设计师马艳丽和音乐人徐子崴为普洱市文化和旅游形象大使,策划开展一系列文化旅游宣传营销活动;组织开展"茶咖之旅线路"媒体及旅行社采风踩线活动、"最普洱"旅游达人踩线宣传、开展"最普洱"旅游评选活动;在中国网、人民网、云南网、普洱电视台、"普洱文旅资讯"微信公众号等媒体推送宣传信息,以文促旅,以旅促文,文旅对外宣传营销实现双赢;强化App推广使用,通过特色民族节庆、普洱(国际)精品咖啡博览会、上海黄浦·云南普洱扶贫协作文化活动周、茶博会等活动大力推广"游云南"App。

二、普洱市旅游产业发展的新特征

(一)绿色生态成为普洱市旅游产业发展的核心要素

普洱具有全球北回归线上最大的生态绿洲。作为云南省面积最大的地级市,普洱生态资源丰富,分布着16个自然保护区,保存着全国近三分之一的物种,森林覆盖率高达71.18%;咖啡种植面积全国第一,茶叶、石斛种植面积云南省第一;有高等植物5600多种、动物1496种、已知药用植物1000多种;空气中的负氧离子含量高于世界卫生组织清新空气标准12倍,被联合国开发计划署和世界旅游组织专家团队誉为"世界的天堂,天堂的世界"。普洱打造了一批旅游文化休闲养生精品,如普洱国家森林公园、普洱茶马古道旅游景区、普洱西盟勐梭龙潭等,荣获"中国十大最具投资潜力旅游目的地"称号。普洱已成为令人向往的休闲度假养生目的地。近年来,普洱市成功建设成为国家园林城市、卫生城市、森林城市、全国文明城市、全国水生态文明城市,被确定为国家循环经济示范城市建设地区。普洱紧紧把握时代发展脉搏,贯彻落实国家生态文明建设和云南绿色经济强省战略，坚定不移地走"生态立市、绿色发展"的道路，大力发展绿色经济，围绕建设国家绿色经济试验示范区，积极在生态旅游和环境保护方面先行先试，得到了国家和省级层面的大力支持，引领生态文明建设方向。

（二）品牌战略成为新时代普洱市旅游产业发展的主题词

普洱正在全力推动全域旅游发展，打造品牌旅游目的地。其品牌战略体现在 A 级景区的打造，旅游度假区、名城、名县、名镇、名村的打造，名企的打造，品牌旅游节庆活动的打造。普洱市现有 4A 级旅游景区 5 家，3A 级旅游景区 13 家（见表 13）。根据云南省文化和旅游厅印发的《云南省文化和旅游厅关于公布省级旅游度假区等 5 项名单的通知》（云文旅发〔2020〕21 号）：西盟县被认定为云南省特色旅游城市；澜沧县被认定为云南省旅游强县；西盟县勐卡镇、澜沧县惠民镇、宁洱县同心镇被认定为云南省旅游名镇；西盟县博航村、宁洱县那柯里村、思茅区高家寨、澜沧县老达保村、江城县整董村被认定为云南省旅游名村。普洱市进驻知名旅游集团（云南湄公河集团有限公司）、全球化的酒店集团（洲际酒店集团）等；积极打造了思茅端午百草根节、墨江双胞胎节、澜沧葫芦节、孟连神鱼节、景谷泼水采花节、西盟佤族木鼓节、中老越三国丢包节等一批具有影响力和传播力的品牌民俗节庆活动，提升了普洱休闲度假康体养生品牌价值。

表 13　普洱市 4A、3A 级旅游景区名录

普洱市 4A 级旅游景区（5 家）	普洱市 3A 级旅游景区（13 家）
普洱茶马古道旅游景区（思茅区） 天士力帝泊洱生物茶谷（思茅区） 普洱国家森林公园（思茅区） 墨江北回归线标志园（墨江县） 普洱西盟勐梭龙潭（西盟县）	普洱中华普洱茶博览苑（思茅区） 普洱景迈山古茶林景区（澜沧县） 澜沧拉祜风情旅游区（澜沧县） 澜沧县老达保乡村音乐小镇（澜沧县） 普洱宁洱·那柯里茶马古道小镇（宁洱县） 普洱民族团结园（宁洱县） 普洱景东文庙（景东县） 普洱景东杜鹃湖（景东县） 西盟木依吉神谷景区（西盟县） 孟连宣抚司署（孟连县） 勐卧总佛寺（景谷县） 镇沅无量湿地公园（镇沅县） 江城县勐桑洛小镇（江城县）

注：数据截止到 2020 年 12 月。

（三）融合发展成为普洱市旅游产业发展的内涵特征

普洱市坚持"宜融则融、能融尽融"原则，通过旅游主导的多产业联动发展，实现传统旅游资源开发模式的升级，推动以旅游为目标导向的传统产业向泛旅游产业的延伸发展，形成泛旅游产业与旅游经济互动发展的结构，推进旅游产业链延展，构建旅游产业集群，培育旅游持续发展的经济动力。普洱市旅游产业在"旅游＋数字化""旅游＋茶文化""旅游＋康养""旅游＋原生态""旅游＋美食"等几个方面深度融合发展。"旅游＋数字化"方面：普洱市3A级以上景区基本实现智慧停车、刷脸入园、导览导航、人流统计等智能服务，建成景区智慧厕所25座、智慧停车场10个。11个城市名片、17个景区名片不断优化，名优产品上线37项，占云南省上线商品的18％，"一部手机游云南"普洱版块不断丰富，"网上普洱文旅超市"功能突显。"旅游＋茶文化"方面：发展茶文化产业，以茶马古道为核心，结合普洱府文化、皇家茶园文化打造普洱茶产品体系。目前，中华普洱茶博览苑、茶马古道景区等一批以茶为主题的景区景点深受游客喜爱，那柯里茶马驿站、景迈山古茶林景区等项目正在着力推进中，推出以"茶之旅"为主题的旅游线路，让茶真正成为推动旅游产业发展的原动力。"旅游＋康养"方面：第一、二、三产业有机融合形成大产业链的有效发展路径。开发以普洱特色生物资源为原料的保健餐饮产品，建设国际性旅游度假休闲养生基地。"旅游＋原生态"方面：以原生态民俗体验、原生态美食、原生态自然资源为基础，创建普洱最佳生态旅游目的地、生态养生度假地。"旅游＋美食"方面：餐饮是旅游路线的基本组成部分，是丰富旅游路线内容、提升旅游路线知名度的重要手段。主要内容包括设计"美食之旅"线路，建设特色美食小镇、美食街区，优化旅游餐饮品质。

（四）乡村振兴成为普洱市旅游产业发展的增长极

普洱市编制了《普洱市旅游业高质量发展三年（2020—2022）行动计划》《普洱市乡村旅游发展规划》等专项规划。普洱市大力发展乡村旅游，把绿水青山变成金山银山，涌现出了高家寨、那柯里、老达保、景迈山等一批乡村旅游典型，乡村旅游已成为普洱旅游的一张亮丽名片；推进实施乡村旅游示范创建工程、非遗助推乡村旅游、积极开展乡村旅游市场营销、培养乡村旅游发展人才。思茅区南屏镇高家寨、宁洱县同心镇那柯里和西盟县勐卡镇马散村永俄寨被中华人民共和国文化和旅游部授予全国乡村旅游重点村称号；澜沧县和西盟县被省文化和旅游厅认定为云南省旅游扶贫示范县；澜沧县糯扎渡镇雅口村、酒井乡勐根村、惠民镇芒景村，西盟县勐卡镇马散村永俄寨、勐梭镇秧洛村博航村民，景谷县凤山镇平寨村，江城县整董镇整董村被认定为云南省旅游扶贫示范村，为推动全市的乡村旅游发展注入了新动力。普洱市推出了普洱茶之旅、咖啡之旅等乡村旅游线路，以及倚象山半山酒店、芒卡熙康•云舍健康度假酒店等乡村特色休闲度假养生产品。

（五）人才培养成为普洱市旅游产业发展的智力支撑

学校人才培训方面：普洱市拥有普洱学院、云南农业大学普洱校区、普洱市职业教育中心、各县职业高级中学，构建旅游管理类专业本科、大专、中专三层次旅游人才培养结构，坚持"产教融合、校企合作"的人才培养模式，创新"产学研"合作教育方式，以专业型人才培养助力地方经济社会发展。比如普洱学院与地方政府、科研院所、企业联合成立产教融合理事会，构建教育与产业融合发展格局，着力打造产教融合、校企一体、资源共享和订单式人才培养模式，实现校企"双赢"的良好局面，全面提升高等院校服务经济社会发展的人才培养能力和水平。普洱学院与中国科学院傅伯杰院士工作站、中国科学院亚热带农业生态研究所合作成立"普洱学院生态文明与乡村振兴研究院"，打造生态文明与乡村振兴"人才实践高地、科学创新高地、决策智库高地"。普洱学院与镇沅县人民政府签订产教融合人才培养与合作办学协议，共建新型职业农民学院，开展合作办学，在人才培养、科研合作、服务发展、文化传承等方面进一步强化务实合作，深化产教融合，推动实现优势互补、共赢发展。

社会人才培训方面，普洱市创业公共实训基地建设项目是国家第一批、云南省第一个公共实训基地建设项目，于2016年4月由国家发展改革委下达投资计划，项目总建筑面积约1.9万平方米，总投资9850万元，于2016年8月开工建设，2018年5月建成运营。实训基地采取政府引领、校企融合、企业运营、服务社会的合作运营管理模式，搭建创业能力实训、高技能人才培训、少数民族综合能力提升培训，设置了导游综合模拟、旅行社信息化、酒店前厅与客房服务、餐饮服务等项目，为地方培训旅游人才提供保障。

三、新时代普洱市旅游产业发展面临的机遇和挑战

中国共产党第十九届中央委员会第五次全体会议《中共中央关于制定国民经济和社会发展第十四个五年规划和二〇三五年远景目标的建议》中提到"推动文化和旅游融合发展，建设一批富有文化底蕴的世界级旅游景区和度假区，打造一批文化特色鲜明的国家级旅游休闲城市和街区，发展红色旅游和乡村旅游。以讲好中国故事为着力点，创新推进国际传播，加强对外文化交流和多层次文明对话"。普洱市旅游产业要重视高质量发展、呼应新发展格局，突出文旅融合、强化文化认同，要与国家"十四五"规划和二〇三五年远景目标进行对标对表。云南省提出打造"绿色能源牌""绿色食品牌""健康生活目的地"三张牌，这"三张牌"的共同特点就是让"绿色"成为云南产业转型升级、经济高质量发展的鲜明底色。普洱市作为全国唯一国家绿色经济试验示范区，实施"生态立市、绿色发展"战略，助推绿色普洱、通畅普洱、文化普洱、品牌普洱、效率普洱、幸福普洱"六个普洱"建设，以文化旅游高质量融合发展为主线，主动融入并服务国家、省、市发展战略，践行文化和旅游"六个融合"理念及普洱"建设生态宜居之城、健康养生之地、普洱茶文化之源"新发展定位，以"高端化、国际化、特色化、智慧化"为目标要求，构建面向东南亚国家区域性综合交通枢纽，打响"天赐普洱·世界茶源"城市品牌，建设国际休闲度假养生基地。普洱市旅游产业面临国家、省、市重要战略机遇，但也面临诸多挑战：旅游产业发展质量不高、旅游产业发展协调性不足、生态环境保护与地方经济发展存在矛盾、突发疫情导致人员流动带来的旅游脆弱性等。

四、普洱市旅游产业高质量发展的展望

旅游业是最能完整体现新发展理念的产业之一，普洱市旅游产业高质量发展必须全面贯彻新发展理念，将创新、协调、绿色、开放、共享贯穿旅游发展全过程，以新发展理念凝聚高质量发展共识。

（一）实施创新发展战略，推动旅游转型升级

创新是引领旅游产业发展的内在动力，推进文化和旅游融合创新发展是中央对文化旅游工作提出的战略要求，必须把创新作为贯穿普洱旅游产业"十四五"发展规划和相关工作的核心。第一，将"互联网＋""旅游＋""大众创业、万众创新"结合起来，推动跨行业、跨领域协同创新；第二，支持旅游相关院校开设旅游产业学院，搭建创新创业平台，引进旅游创新创业导师，编制旅游创新创业教材，开设创新创业课程；第三，培育新产品，构建新业态，大力开发休闲度假产品、发展健康养生旅游、文化旅游、美食旅游、自驾车房车旅游、红色旅游，以旅游为带动、以餐饮为基础、以文化为灵魂、以购物为支撑，培育夜间经济发展载体，完善夜间经济保障体系，挖掘夜间消费新动能，打造普洱新名片；第四，提升普洱旅游智慧化水平。在范围上，从"点"上的智慧景区、智慧酒店等向"面"上的全域旅游信息化发展迈进。以"一部手机游云南"为抓手，进一步深化云计算、大数据、物联网、移动互联网、人工智能等新一代信息技术与旅游的深度融合。

（二）实施协调发展战略，构建科学发展格局

立足普洱旅游整体发展理念，构建旅游城市发展框架，突出城旅一体化发展，塑造休闲城市文化特质。以建设国际性休闲养生旅游地为目标，构建生态观光、城市休闲和养生度假为主导的多元产品体系；完善旅游基础设施和服务体系，引导传统优势产业与休闲旅游产业融合发展。第一，强化旅游区域协调，推进城乡旅游互联互通和协调发展。普洱市九县一区初步形成了旅游产业东西南北区域协调空间布局。中部片区：思茅区、宁洱县，4A级旅游景区3家，3A级旅游景区3家；北部片区：景东县、景谷县、镇沅县，3A级景区4家；西南片区：澜沧县、西盟县、孟连县，4A级旅游景区1家，3A级旅游景区5家；东部片区：墨江县，4A级旅游景区1家；东南片区：江城县，3A级旅游景区1家。第二，促进普洱旅游要素协调发展，在做好"食、住、行、游、购、娱"六大基本要素、发展传统旅游的基础上，推进"商、养、学、闲、情、奇"新六大要素。第三，促进普洱旅游与地方经济发展耦合协调发展。构建两系统耦合协调度模型，测算普洱市旅游产业与地方经济耦合协调度值，并对结果从时间角度和空间角度进行分析和评价。将旅

游产业放在经济社会发展的大背景下，通过旅游主导的多产业联动发展，实现传统旅游资源开发模式的升级，推动以旅游为目标导向的传统产业向泛旅游产业的延伸发展，形成泛旅游产业与旅游经济互动发展的结构，推进旅游产业链延展，构建旅游产业集群，培育旅游持续发展的经济动力。第四，与周边"大理、西双版纳、玉溪、临沧、楚雄、红河"六州市联动，构建区域旅游协调发展格局，紧密联动周边地区，借势撬动普洱旅游快速发展。

（三）实施绿色发展战略，推进生态文明建设

推进国家绿色经济试验示范区，坚定不移地走"生态立市、绿色发展"道路，围绕建设国家绿色经济试验示范区，积极开展生态建设和环境保护、绿色产业基地建设，创新绿色发展体制机制。第一，构建"绿色餐厅、绿色酒店、绿色景区、绿色旅游商品"等绿色产品体系，建设一批生态旅游产品。支持建设生态旅游热点景区，培育生态旅游热点目的地和生态旅游精品线路。第二，发挥生态优势，打造普洱茶文化旅游目的地，提升普洱茶文化民族风情旅游线路产品。以茶产业为基础，以茶区多样性的自然景观和特定历史文化景观为依托，以茶为文化载体，以丰富的茶文化内涵和绚丽多彩的民风民俗为内容，发展涵盖观光、求知、体验、习艺、娱乐、购物、度假等多种旅游功能的新型旅游产品。第三，打造健康旅游目的地项目，依托高原特色农业、茶叶、咖啡等产业，积极建设旅游庄园。打造国家级自驾游目的地项目，以"昆勐磨"精品自驾旅游示范线路建设为重点，统筹推进衔接入普的"昆曼""大景思""澜景""耿墨宁"4条云南省精品自驾游线路，打造以普洱为起点通达世界各地的5条茶马文化主题自驾游线路，构建新茶马驿站。第四，推广绿色低碳旅游理念，倡导绿色消费方式，倡导游客在"食、住、行、游、购、娱"各环节上勤俭节约的旅游消费观，坚决抵制和反对任何形式的奢侈浪费和过度消费。

（四）实施开放发展战略，促进对外合作交流

发挥旅游产业在对外开放合作中的纽带和桥梁作用，深化旅游对外交流合作。从"茶马古道"走向"一带一路"，深化"一带一路"国际旅游合作，打造面向东南亚区域性水陆空交通枢纽，联合打造有"茶马古道"特色的国际精品旅游线路和旅游产品；依托澜沧江-湄公河沿线

各国认知度、共识度高的文化资源，打造旅游文化节事活动，构建旅游文化品牌。依托普洱"天赐普洱世界茶源"的城市品牌，创新宣传方式，拓宽营销渠道，彰显优势特色，不断提升普洱旅游的知名度、美誉度。不断提升、完善、丰富"一部手机游云南"普洱板块，加强对外营销，在中国网、人民网、云南网、普洱电视台、"普洱文旅资讯"微信公众号等媒体推送宣传信息，以文促旅，以旅促文，文旅对外宣传营销实现双赢。

（五）实施共享发展战略，推进幸福产业升级

以社会主义核心价值观引领普洱市旅游业创新发展，坚持大众参与、全民共享，推进旅游为民，推动特殊人群在旅游发展中受益，促进人民大众在旅游发展中就业、创业，公平享有旅游权利，使旅游产业发展成果普惠广大人民，发挥旅游乡村振兴中的带动作用。完善游客休息站、观景平台、旅游厕所、汽车租赁网点、应急救援站等旅游配套公共服务设施建设，实现通信网络信号连续覆盖。加强文明旅游正面宣传教育，传播行业正能量。同时，加强文明旅游警示教育，惩戒不文明旅游行为，发挥警示教育作用。积极推进将规范游客不文明行为纳入法律法规，依法对不文明旅游者追责，加重对不文明行为的处罚。重点整治出境旅游不文明行为，发布出境旅游文明提示，做到出境旅游管理审核培训责任到位、行前说明提示到位、领队履行职责到位，把好出境旅游管理"组团关""落地关""行程关"。

参 考 文 献

[1] 张彩虹，段朋飞. 民族村寨居民对旅游发展的感知与行为 [J]. 中国集体经济，2020（18）：116-117.

[2] 段朋飞，宫润华，杨遥. 西南地区餐饮产业与区域经济发展协调度评价研究 [J]. 普洱学院学报，2020，36（2）：10-14.

[3] 董雅洁，石红. 旅游环境承载力研究：以云南省普洱市为例 [J]. 安徽农业科学，2019，47（24）：78-81.

[4] 刘滢. 生态文明视域下普洱生态旅游可持续发展路径探析 [J]. 普洱学院学报，2019，35（2）：36-38.

［5］周效东．"一带一路"倡议下普洱茶旅游资源开发策略［J］．四川旅游学院学报，2019（2）：64－66．

［6］李庆娇．云南省普洱市文化旅游产业营销探究［J］．现代营销（经营版），2019（2）：104．

［7］张彩虹，段朋飞，尹琳珊．文旅融合视角下乡村振兴路径研究［J］．当代农村财经，2018（12）：4－7．

［8］苏慧琳．普洱市普洱茶文化旅游市场开发研究［D］．昆明：云南大学，2018．

［9］郭思乾，马晓，李海英，等．基于全域旅游视角的普洱市旅游发展探析［J］．科技经济导刊，2018（5）：2．

［10］张新华．旅游养老目的地开发研究：以云南普洱为例［D］．昆明：云南大学，2015．

［11］邓芳．普洱茶文化旅游产品的开发：以普洱市为例［J］．价值工程，2015，34（20）：54－55．

［12］张彩虹，段朋飞．智慧旅游背景下云南旅游转型与发展的策略研究［J］．旅游纵览（行业版），2014（11）：204－206．

休闲体育旅游产业助力普洱绿色经济发展

施吉良[①]

一、北回归线保存最完整的绿洲——普洱市

云南省普洱市位于祖国的西南边陲，横跨北回归线，与越南、老挝、缅甸三国接壤，面积4.5万平方千米，人口265万，辖9个民族自治县和1个行政区，有14个世居少数民族，分布着16个自然保护区，拥有全国近三分之一的物种，森林覆盖率高达71.18%，是我国气候舒适指数最高、空气洁净度最好、负氧离子浓度最高、生物多样性最丰富的地区之一。2013年，普洱市被国务院确定为我国唯一的国家绿色经济试验示范区。2020年11月，普洱市被评为全国文明城市。2015年5月29日，由首都经济贸易大学和普洱学院联合主办，普洱绿色经济发展研究院、普洱市东南亚研究院承办的"首届普洱绿色经济发展论坛"在普洱学院隆重召开。该届论坛的参加者包括来自全国14所高等院校和4个科研机构的专家学者，普洱市委、市人大、市政府、市政协、市绿色产业办的领导及全市所辖9县1区领导，相关部门领导，当地知名企业家和普洱学院师生代表。论坛的议程是开幕式和揭牌仪式、大会主论坛和分论坛。分论坛分别是绿色农业与区域经济发展论坛、绿色生物医药与产业化论坛、绿色服务贸易与生态旅游论坛、绿色经济核算与考核评价论坛。

二、普洱国家绿色经济试验示范区建设下的发展状况

普洱市位于云南省西部，境内群山起伏，受亚热带季风气候的影响较大，冬无严寒、夏无酷暑，无论是温度还是降雨量都比较适宜，因此

[①] 施吉良，普洱学院体育学院专任教师，副教授，体育教育硕士，主要研究方向为休闲体育、体育教育。

气候非常宜人,有天然氧吧的美誉。普洱市的自然资源非常丰富,无论是黄金储量,还是铁、铜、铅、钾盐的储量都非常丰富。普洱市水力资源非常丰富,水能蕴藏量1500万千瓦,是"西电东送"的重要基地。普洱市的森林覆盖率高达71.18%,茶园达318万亩,有16个自然保护区(其中2个国家级、4个省级),是北回归线上最大的绿洲。正是因为普洱市自然资源丰富,植被覆盖率高,负氧离子非常丰富,使其成为人们健康养生的圣地。2019年,普洱市共接待国内游客4112.74万人次,同比增长18.32%;接待海外游客13.49万人次,同比增长17.62%;旅游总收入433.48亿元,同比增长25.24%。普洱市具有"一市连三国、一江通五邻"的区位优势,不仅对外交通便利,而且市内交通规划也愈发完善,无论是客运交通、城区轨道交通还是高速公路的建设均比较完备,这不仅拉动了当地体育旅游快速发展,而且吸引了更多的外资注入普洱市,更重要的是使得当地资源承载度越来越好,无论是自然资源的可持续发展,还是文化资源的不断丰富都有了更加广阔的发展平台。普洱市在环境、资源、文化、经济、交通等多方面,都非常适宜人们居住,因此吸引了大批的国内外游客来普洱体验旅游。普洱市历年接待游客及旅游收入情况见表14。

表14 普洱市历年接待游客数量及旅游收入情况

年份	指标名称	单位	实际完成	比上年同期(%)	备注
2015年	海外游客	人次	60137	4.51	
	口岸入境-日游人数	万人次	11.07	-19.01	
	口岸入境-日游创汇	万美元	783.26	-15.55	
	海外旅游收入	万美元	2188.28	22.63	
	国内游客	万人次	1523.06	16.04	平均停留天数为1.9天
	国内旅游收入	万元	1056824.35	20.09	
	旅游业总收入	万元	1075158.75	19.9	旅游总人数1529.07万人次(不包括口岸入境)

续表

年份	指标名称	单位	实际完成	比上年同期（±%）	备注
2016年	海外游客	人次	74222	23.42	
	口岸入境-日游人数	万人次	14.71	32.93	
	口岸入境-日游创汇	万美元	1041.2	32.93	
	海外旅游收入	万美元	2901.94	32.61	
	国内游客	万人次	2065.62	35.62	平均停留天数为1.94天
	国内旅游收入	万元	1659262.91	57	
	旅游业总收入	万元	1683592.09	56.59	旅游总人数2073.04万人次（不包括口岸入境）
2017年	海外游客	人次	92190	24.21	
	口岸入境-日游人数	万人次	16.48	12.02	
	口岸入境-日游创汇	万美元	1233.42	18.46	
	海外旅游收入	万美元	3499.87	20.6	
	国内游客	万人次	2887.61	39.79	平均停留天数为2.14天
	国内旅游收入	万元	2668035.28	60.8	
	旅游业总收入	万元	2699984.99	60.37	旅游总人数2896.83万人次（不包括口岸入境）
2018年	海外游客	人次	114663	24.38	
	口岸入境-日游人数	万人次	19.37	17.55	
	口岸入境-日游创汇	万美元	1565.17	26.9	
	海外旅游收入	万美元	5318.56	51.96	

续表

年份	指标名称	单位	实际完成	比上年同期（±%）	备注
2018年	国内游客	万人次	3475.81	20.37	平均停留天数为2.4天
	国内旅游收入	万元	3495523.47	31.01	
	旅游业总收入	万元	3541093.77	31.15	旅游总人数3487.28万人次（不包括口岸入境）
2019年	海外游客	人次	134864	17.62	
	口岸入境-日游人数	万人次	20.93	8.04	
	口岸入境-日游创汇	万美元	1704.03	8.87	
	海外旅游收入	万美元	6901.45	29.76	
	国内游客	万人次	4112.74	18.32	平均停留天数为2.33天
	国内旅游收入	万元	4375312.09	25.17	
	旅游业总收入	万元	4434775.96	25.24	旅游总人数4126.23万人次（不包括口岸入境）

三、普洱国家绿色经济试验示范区建设下发展生态休闲体育产业的必要性

（一）生态休闲体育产业的当代价值

在经济快速发展的时代，生态文明建设是十分重要的战略任务。信息时代，信息的数量呈爆炸式增长，要想真正贯彻生态文明建设的战略内涵，必然要加强对产业的整体升级，将持续创新贯穿于整个休闲体育

产业发展的始终。事实证明，不断创新是社会发展的重要推动力。但是我们需要强调的一点是，创新要建立在实践的基础之上，也就是我们想要真正的创新，就要准确地把握创新的条件及内涵，这样才能保证创新的有效性。

休闲体育产业作为现阶段我国大力发展的新兴产业，是随着社会发展而产生的，可以说其就是创新的产物。因此，生态休闲体育产业对于生态文明建设的发展来说是必不可少的一部分。社会本身就处于不断发展之中，生态休闲体育产业想要满足社会不断发展的需求，就要保证自身发展的动态性，因此创新是其发展的内在要求。社会的发展是实践的产物，而休闲体育产业又是社会发展的产物，因此基于生态文明视角下发展休闲体育产业也要坚持在实践的基础之上。现在我们强调的生态休闲体育产业，其实就是经过不断实践之后总结出来的可以满足可持续发展理念的实践方法，所以发展休闲体育产业对于生态文明建设有着重要的意义。

针对以上研究，我们基本上已经认识到了发展生态休闲体育产业的重要意义，下面我们就要讨论如何进行创新。基于此，在生态文明建设的引导下，休闲体育产业的发展要立足于时代的进步，在坚持动态化发展原则的基础之上实现长久的创新，这样才能与时代发展相接轨。

（二）生态休闲体育产业发展的时代诉求

随着全球化时代的快速发展，很多国家都非常重视生态文明建设，都在强调生态文明建设对于经济发展的重要意义。现在我国休闲体育产业的发展已经取得了较好的成绩，这不仅因为我国为其提供了更加广阔的发展空间，而且因为我国学者也展开了对于休闲体育产业的细致研究。休闲体育产业在发展过程中更多的是要满足人们的精神需求，也就是说在休闲体育产业的市场上，人们在消费的过程中所体验的更多是一种精神上的消费。休闲体育产业所涉及的领域比较广泛，但无论哪一方面，都要与社会发展及人们的生活情况相关联。随着生态文明建设的全面推进，生态成为休闲体育产业发展的新模式，这种发展模式主要彰显了休闲体育产业创新的重要性，并且强调要以更加人性化的管理方式来提升休闲体育产业内涵的发展价值。休闲体育产业作为提升人们精神力量的一种新兴业态，在发展过程中有着自己的发展模式及发展要求，正因如此才更能彰显生态休闲体育内涵的独特性，才更能吸引人们对休闲体育产业的关注，从而增强人们对生态文明建设的正确认识。

当前休闲体育产业在建设的过程中，不仅促进了经济的快速发展，而且改变了人们的思维方式及生活方式，使生态文明意识在人们的心中生根发芽，也在一定程度上为民族体育文化的发展贡献了巨大的力量。现在我国对于休闲体育产业的发展给予了非常广阔的发展空间，肯定了休闲体育产业在当前社会发展中的重要地位。针对这一点，我们应该正视休闲体育产业对于国家生态文明建设的重要作用，确保人们对于生态休闲体育产业的发展有着正确及深刻的认识，这样才能保证国家的软实力不断增强。

我国休闲体育产业在发展的进程中还存在一些问题，而且这些问题也确实影响着我国休闲体育产业的进步和发展，意识到这些问题，我们才能在发展进程中有针对性地找到解决办法，从而为休闲体育产业的发展创造更多的发展空间和社会效益。我国休闲体育产业的发展起步比较晚，故与发达国家休闲体育产业的发展存在一定差距，再加上现阶段我国休闲体育产业的发展速度比较快，而创新速度没能跟上发展的速度，因此很容易在发展的过程中影响产业的质量。现在休闲体育产业的很多相关产品在步入市场之后会出现同质化的现象，因为现阶段休闲体育产业市场发展不是特别规范，所以对相关企业的约束力不够，很多企业为了获取更多的利益便模仿相似产品，这样不仅扰乱了市场的正常发展，而且打击了一部分企业自身创新力。基于此，为了更好地发挥休闲体育产业的优势，势必要及时解决这些细微问题，使其成为我国生态文明建设的重要助推力。

四、生态休闲体育在普洱国家绿色经济试验示范区建设中的角色定位

（一）普洱市产业升级的带动者

生态文明建设主要是倡导对能源的节约及对环境的保护，休闲体育在此环境下发展必然会促使自身的产业结构更加科学，从而使生态化发展成为整个产业升级的重要标准。在普洱国家绿色经济试验示范区的建设中，设定了产业结构优化升级、促进当地产业的健康协调发展，依托

于高新技术来实现可持续发展的目标。休闲体育产业是第三产业的重要组成部分，只要严格按照休闲体育产业的发展标准执行，就不会对生态环境造成不可逆的影响。普洱市的资源配置更加合理。同时休闲体育产业作为一个综合性的产业，对于当地其他产业的发展具有很好的带动作用，能够使相关行业依托于此转变增长方式，这种连带作用会使得普洱国家绿色经济试验示范区的建设事半功倍。

（二）实现以人为本的发展要求

现代社会的休闲运动不仅反映了人民的全面自由发展，而且是中国体育与社会和谐发展的最重要体现。进入21世纪以来，全球体育进入了休闲时代，体育已被确认为一种社会和文化现象。休闲运动已成为提高人民生活质量、促进文化发展和人民健康生活的重要手段。正是如此，充分利用娱乐性体育运动的价值，吸引人们参加娱乐活动，并最终提高个人的总体素质，为个人进步做出贡献。以人为本是生态文明建设的内在要求，在休闲体育产业发展中坚持以人为本，可以为休闲体育产业的发展带来更多的机遇。另外，从在全球化背景下发展中国体育文化的角度来看，抓住机遇创新中国特色的新型体育文化，适应世界体育文化的发展，是非常重要的，这样既可以为我国休闲体育产业的发展搭建更广阔的平台，同时也能增强人们在进行休闲体育活动时的自我实现感，从而获得更多的成就感。目前，普洱市已做出许多努力，投资建设大量公共体育设施，并获得更多的体育资源，以发展当地的休闲体育产业，将体育产业的建设与群众自身发展密切联系在一起，使当地居民获得更好的精神体验。在新的生态文明建设背景下，为了发展与社会兼容的体育和文化产业，必须加强体育制度和文化保护，充分利用现有的普洱国家绿色经济试验示范区，扩大当地休闲体育产业发展的渠道。结合生态文明视域下休闲体育产业的总体趋势和良性特点，弥补当地休闲体育产业发展体系的缺陷，从而为普洱国家绿色经济试验示范区的快速、健康发展做出贡献。

（三）促进普洱市建设和谐发展

我国是一个统一的多民族国家，每个民族都有自己的独特文化，这使我们的传统文化极具多样性。在建设休闲体育产业的过程中，应坚持生态文明建设的和谐要求，秉承中国传统体育文化的内在精神，将继承与创新结合起来，寻求休闲体育产业的发展方向。从这一观点出发，普洱市休闲体育产业的发展应以和谐发展为基础，在遵循民族文化观念的反映、民族风格的表达、民族个性的优化和传统文化表现的发展规律之上进行创新，这样才符合生态文明建设的要求，才能促进普洱市城市建设的和谐发展。根据当前普洱国家绿色经济试验示范区建设的基本需要，结合生态化和娱乐发展战略，普洱市在各个方面丰富休闲体育文化，促进休闲体育产业的发展。普洱国家绿色经济试验示范区的发展，促使普洱市的商业机会日益多样化，再加之体育文化的发展创造了一种以体育业为基础的商业制度，从而为普洱市休闲体育产业的发展带来了更多的契机。第一，休闲体育产业不仅满足人们的精神娱乐和身心健康需要，而且创造了巨大的商业机会，带来了无法估量的经济利益。随着社会的进步和发展，人们正逐渐从物质需求转向精神需求，同时对健康需求的关注也在增加。休闲体育已成为当今人民生活的一个重要组成部分，休闲体育产业中人的消费水平大幅度提高。休闲体育在市场上形成了一个庞大的消费者市场。人民生活水平的提高使得市场上休闲体育的产业结构稳步改善，人们不仅获得了更多的工作岗位，而且得到了精神上的放松，这为经济的发展营造了更加安定的社会环境。社会经济健康发展和人民生活水平不断提高，人人都能参加体育运动为体育产业带来巨大的经济利益。第二，由于各种社会因素的推动，休闲体育产业的潜力得到了极大的发展。在对市场和媒体广告的需求方面，休闲体育行业已成为普洱市市场经济中一个高利润行业。总之，从目前普洱国家绿色经济试验示范区建设的角度来看，要实施可持续的休闲体育产业发展战略，就必须根据当地经济发展的具体情况，将体育文化与城市建设的发展结合起来，在生态文明制度的指引下，充分且合理地利用当地的资源，制定更加切合实际的发展战略，打破休闲体育产业发展的桎梏，形成更加安定、团结的社会局面。

五、普洱国家绿色经济试验示范区建设引领普洱市生态休闲体育旅游科学发展

随着社会消费结构的变化，走进自然、回归自然，不但成为一种时尚追求，也是人们追求美好生活环境和提高生活质量的一个重要方面。

拥有丰富多彩的自然生态、人文旅游和民族风情的普洱，应依托资源优势，努力把旅游业培育成普洱市的骨干产业，使普洱成为全国有名的康体休闲度假旅游目的地，成为普洱未来经济发展的一条主线。

（一）城市面貌发生极大变化

普洱市紧紧围绕"一品牌联动两产业"的发展战略，全力打造中国茶城大品牌和"绿色普洱、文化普洱、生态普洱"，城市面貌发生极大变化。在城市基础设施建设上，运用大手笔，开展大建设，在普洱城区启动了基础建设工程和亮化、美化工程，新建茶城大道、茶苑大道等22条、近30千米的城市路网。城区框架不断拓展，面积由原来的7.5平方千米扩大到23平方千米，新增绿化面积15万平方米。无论是普洱市城区，还是各县县城，在城市绿化、净化、亮化和美化方面都发生了明显变化。为了突出茶文化、民族文化内涵和提升城市形象，普洱城区还修建了春芽、马帮小憩、妇女制茶、雅仕品茶和民族团结丰碑等8个雕塑群和"世界茶文化名人园""中国茶文化名人园""普洱茶文化博览园"等茶文化、民族文化展示园地。

（二）结合特色打造旅游品牌

普洱市初步形成了大品牌联动小品牌、小品牌支撑大品牌的文化旅游产业品牌格局。思茅区打造"中国茶城"；宁洱县打造"文化宁洱、风情茶都"；墨江县打造"太阳转身的地方、双胞胎之乡"；景谷县打造"林海明珠、茶祖之乡、佛迹仙踪旅游"；镇沅县打造"走金光大道、拜世界茶王、品千年古茶、探神秘苦聪"；江城县打造"一眼望三国——跨国风情旅游"；澜沧县打造"《芦笙恋歌》诞生地——拉祜山乡"；西盟县打造"英雄江山木落的故乡、司岗里的故乡、木鼓之乡"；孟连县打造"游古城、捉神鱼、逛金三角"的文化旅游品牌。

（三）打造了一批特色鲜明、文化内涵深厚的精品景区景点

普洱市围绕茶文化资源、民族文化资源、自然景观、人文景观资源的挖掘和开发，以"茶林里长出的城市"为主题，打造思茅-宁洱-墨江旅游线路；以"健康又好玩"旅游主题，凸显"景迈澜沧""土司孟连""狂欢佤部落"的旅游品牌；在思茅-澜沧-西盟-孟连建成了一条符合国际惯例的自驾车跨国民族风情旅游线。普洱市建成了思茅梅子湖公园、中华普洱茶博览苑、普洱国家森林公园；宁洱茶源广场、茶马古道、民

族团结誓词碑纪念园；墨江碧溪茶马古镇、太阳广场、北回归线标志园；景谷佛迹仙踪、芒玉峡谷；景东御笔山公园、陶府文化展示园；镇沅飞来寺景区、金山丫口观景点；澜沧景迈万亩古茶园；孟连娜允古镇和宣府司署、金塔；西盟勐梭龙潭、龙摩爷圣地等一批特色鲜明、文化内涵深厚的旅游景区景点。

（四）多角度、全方位地加大宣传促销力度

以成功举办"中国普洱茶叶节""国际双胞胎节""江城国际丢包节""普洱马拉松""普洱太阳河大三铁赛""普洱景迈山地马拉松赛""中国·景谷摩托车雨林挑战赛""景谷国际雨林汽车拉力赛""爱心飞翼世界杯景谷总决赛""景东攀岩邀请赛""佤族木鼓节""拉祜葫芦节""孟连神鱼节"等活动为契机，加大对传统民族文化、生态休闲体育旅游的推荐力度。普洱"中国茶城"的知名度与日俱增，影响力不断增加。2007年6月21日，中央电视台经济频道和青岛啤酒集团联合主办的《倾国倾城：最值得向世界介绍的中国名城大型电视活动》普洱推介会，充分展示了普洱的崭新形象，提高了普洱的知名度。普洱的城市推介片《流香的绿洲——普洱印象》和《魅力普洱》展示了城市生态、绿色、休闲、民族风情的旅游资源。在《云南日报》《春城晚报》《都市时报》《普洱日报》，以及普洱电视台、云南广播电台等媒体上宣传普洱丰富多彩的旅游资源。

（五）发挥优势，突出民族特色

民族文化作为民族的本质特征，是民族的根和魂，它最美的东西是自然的东西，最珍贵的东西是古老的东西，最具世界性的东西是民族的东西，最有活力的文化是民间文化。要注意培育有地方民族特色的文化节，做到节日年年过，活动月月有，内容次次新，从而促进旅游文化活动的品位升级，同时，努力提炼景点精品。普洱民族文化旅游资源的开发和景区景点的建设刚刚起步，加快旅游业的发展必须加快重点景区景点的建设。第一，景区景点建设要突出重点，少而精。每个县重点建设2至3个景区景点。作为重点建设的景区景点，必须按精品的高标准、高起点、高水平进行规划、设计和建设。第二，突出参与性、娱乐性和休闲性。各旅游景点特别是普洱茶文化、民族民俗文化旅游景点的游览活动，要让游客自己动手、动脑，真正参与进去，使游客在观光的同

时，获得娱乐和体验的感受。第三，突出少数民族文化风貌及特色。各景区景点在组织开展各类休闲娱乐活动时，要突出当地的民族特色，特别是体现当地民族的独特性；相关建筑物的外貌要保持当地民族建筑的特色，并与周围的环境融为一体。要充分挖掘和利用哈尼族、彝族、傣族等少数民族在饮食、服饰、居住、生产、生活、节日、庆典、社交礼仪、婚嫁、宗教等方面风俗习惯的独特性和神秘性，将其中具有独特性、实用性、艺术性、纪念性的物品，开发制作为旅游商品，包括民族服装服饰、民族工艺美术品、民族乐器、民族日用品、民族宗教用物仿制品等。

（六）行业管理取得显著成效

聚力聚焦打造"健康生活目的地"这一核心，做足"养在普洱"文章，"旅游＋"体系不断丰富，市场竞争力不断增强。普洱国家森林公园入选森林体验国家重点建设基地，西盟佤部落成功创建为普洱首个省级旅游度假区，思茅区、澜沧县、西盟县省级全域旅游示范区创建工作有序推进；新增2个3A级景区、4个旅游三星级酒店，茶马古道景区创建国家4A级景区通过省级现场评定；东软·熙康云舍西盟店、景谷店正式营业，梅子湖洲际酒店集团华邑酒店、智选假日酒店开工建设；加快推进"百里普洱茶道"、景迈古树茶小镇、安缦酒店等康养项目；3个汽车旅游营地建设有序推进，普洱倚象山茶旅汽车旅游营地尚未正式营业时就成为网红打卡点；宁洱县那柯里村民小组、思茅区高家寨村民小组成功入选首批全国乡村旅游重点村，老达保、博航、整董等一批乡村旅游村，以及三国庄园、爱伲庄园、斛哥庄园、银生庄园等一批茶咖庄园成为普洱旅游新亮点。旅游经济呈现出高速增长的态势，旅游业在整个社会经济发展中的作用也日益显现。

六、休闲体育旅游产业助力普洱绿色经济发展模式

经过几年的努力，普洱旅游业的发展，已基本形成了以市场为导向，以自然景观为依托，以民族文化、茶文化为内涵，突出特色，抓住重点，打基础、创品牌，强化旅游的带动作用，促进地区经济和社会发展的基本思路。当前和今后一段时间，普洱旅游的发展要坚持以人为

本，全面、协调、可持续发展的科学发展观，抓住云南省旅游"二次创业"的机遇，围绕把普洱建成生态、休闲、康体、度假旅游目的地，成为云南省旅游发展主力军的目标，在充分发挥茶文化、多民族文化、生态和边境特色优势的基础上，提升旅游产品的文化内涵，不断创造和发展旅游亮点，增强普洱旅游产品的吸引力和竞争力。

（一）更新观念，提高认识

第一，树立大旅游的观念。要从更深的层次来认识旅游在国民经济中的地位和作用，从更广的视角来规划和建设旅游支柱产业，并正确处理旅游业和相关产业的关系；从整个社会经济发展的角度来考虑旅游业的发展，把社会效益、经济效益和生态效益有机结合起来，实现经济社会可持续发展；必须增强人民群众的旅游意识，自觉地从各方面搞好旅游服务及相关工作。第二，树立大市场观念。要把开拓国际客源市场和国内客源市场相结合，既重视国际客源市场的开发，也重视国内客源市场潜力的挖掘。要结合普洱旅游资源和旅游产品的特点，进行旅游市场的定位，有针对性地开发新兴客源市场。要力求运用大手笔，形成大声势、造就大影响，吸引大人流，产生大效益。

（二）突出特色，全力打造

第一，以茶文化为突破口，全力打造普洱旅游。实践证明，但凡旅游业兴旺发达的地区，无不借助其资源的"独特"一面。普洱要做强做大旅游业，其独具特色的"茶文化"是最好的有效载体，是最佳的突破口。为此，要紧紧抓住"普洱茶"这块金字招牌，充分发挥普洱茶文化的独特魅力和影响力，强力打造和树立"世界茶源、中国茶城、普洱茶都"这一主题鲜明的普洱文化旅游的整体形象，使之成为普洱旅游产业的引擎。第二，加快精品旅游设施建设，打造普洱旅游引力场。要围绕"绿色氧吧、风情茶乡、自驾车生态旅游天堂"的品牌形象，重点推出民族风情旅游、自然生态旅游和跨境旅游等旅游精品。民族风情旅游要挖掘整理民俗、民间文化，重点打造黑色阿佤、拉祜葫芦、傣家古城、回归哈尼。建立一批民族文化旅游村寨，推出一批游客可观、可闻、可参与的民族风情旅游活动。自然生态旅游要以莱阳河、无量山、杜鹃湖等森林生态旅游景区景点为重点，着力推出江河风光、山林观光旅游，森林休闲度假、探险、科普考察等多种形式旅游产品，逐步形成对外界具有强劲吸引力的亮点。在中缅、中老、中越边境的交界地带，发展以购物、异域风情为主的跨国经济、文化和边关风情旅游。第三，用大项目建设来带动普洱旅游业的大发展。要按照文化先行的理念，用高起点、高标准地要求将澜沧县景迈山千年万亩古茶园打造成世界级的普洱茶自然博物馆、联合国茶文化村；将孟连县娜允古镇建成国家4A级景区、中国魅力名镇；将西盟龙潭湖建设成国家4A级景区；重点开发西盟县、孟连县、澜沧县原生态"绿三角"旅游线路。以墨江县北回归线4A级旅游景区带动景东-镇沅-景谷滇东南亚热带民族风情旅游线路和思茅-江城"一眼望三国"跨国生态旅游区的开发，发挥产业的联动作用。要充分发挥思茅区作为旅游集散中心的作用，加大对普洱国家森林公园的开发力度，尽快建设集中国普洱茶检测鉴定中心、普洱茶文化交流、普洱茶餐饮、普洱茶贸易为一体的大型旅游文化古镇"天下普洱""迎宾馆""茶园高尔夫球俱乐部"等山地康体休闲项目。

1. 普洱茶宴开发

普洱茶宴是指以普洱茶为主料或者配料的养生保健宴席，可结合普洱当地风味开发包括普洱茶菜肴、普洱茶面点、普洱茶粥品、普洱茶汤羹、普洱休闲茶食、普洱茶与当地土特产结合的特色菜肴等。普洱市重点开发普洱茶高档特色膳食系列产品，尤其要与地方民族特色菜相结合，精心选用大山里的野生菌、石斛、刺五加、中草药材等配伍创制具有保健养生功效的普洱茶宴会菜肴系列、普洱茶食品，向不同层次的游客全面推出，推动普洱旅游餐饮业的发展。

在普洱茶菜肴方面，可以开发凉拌普洱绿茶、普洱茶香芽虾仁、普洱红茶柠檬鸡丁、普洱红茶鸡片、茶肉子椒、普洱茶炒牛肉、普洱茶炒蛋、清蒸普洱茶鱼、油炸普洱茶排骨、茶烧牛肉、普洱茶籽煮鱼等。还可将茶叶与各种食品原料配合，制作成茶制食品，如普洱茶叶面条、普洱茶叶馒头、普洱茶叶蛋糕、普洱茶叶米饭、普洱茶粥等；各类茶糕点，如茶月饼、茶酥饼、茶蒸糕、茶果冻、茶软糖、茶巧果等。在普洱茶宴的餐具方面可以设计成普洱茶造型，如普洱茶尖杯、盘、刀、叉等，集中体现普洱茶宴高品位的设计理念。也可以开发便于携带的茶膳旅游商品，推广普洱茶特色宴饮。

2. 普洱沐浴温泉茶疗开发

当前各地茶乡及非茶乡都非常重视开发茶疗类养生保健产品。茶水对人体皮肤、神经、呼吸系统的保健作用，医学上已有证实。结合普洱丰富的中药材资源，在星级酒店可以开发普洱茶沐浴温泉茶疗项目，并且开发出系列茶疗商品。根据普洱茶的种类和当地中药材开发普洱生茶沐浴温泉项目、普洱熟茶沐浴温泉项目、普洱花茶沐浴温泉项目、普洱茶中药材配制温泉项目等；根据不同的消费市场细分，可以开发老年人长寿普洱茶浴、中青年休闲保健养生普洱茶浴、女性普洱花茶沁心养生美容浴、婴幼儿童防蚊虫护肤戏水普洱茶浴等。除了开发沐浴场所服务之外，还可以发放便于携带的小包装茶药浴商品（如普洱茶浴盐、普洱茶花浴糕、普洱茶沐浴露、普洱茶药包、普洱茶竹炭包等），以"保健疗程"的形式延伸普洱茶疗商品旅游购物的生命线。

3. 民族普洱茶饮开发

增添普洱茶养生旅游的民族文化特色，使普洱茶养生旅游不仅体现生态养生，而且体现文化养生，如使人们了解各少数民族的喝茶习俗。

4. 普洱茶文化艺术品开发

在《红楼梦》等著作中普洱茶就与文学艺术结合了起来。以茶益思，诗词歌赋自是广为流传。可以收集整理普洱茶诗词、普洱茶画、普洱茶书法、普洱茶艺、普洱茶歌、普洱茶谚、普洱茶楹联等，将普洱茶与艺术交融。以普洱茶为内容的书法作品，在中国书法艺术长河中有"无茶墨不香"之誉，在当代更受到喜爱艺术的人士青睐。除加强弘扬绝版木刻艺术外，以普洱茶为墨，开发"普洱茶墨汁"系列艺术品。如用各类浓茶汁为墨，融入绝版木刻艺术作品，或者在布、纸张上作画，增添画的普洱茶韵味。也可以开发多种普洱茶疗养保健商品，如普洱茶枕、普洱茶车垫、普洱茶沙发垫、普洱茶抱枕等。

5. 普洱茶音乐舞蹈开发

在发展普洱旅游业的同时，应注重加大对民族民间文艺的保护与发展，如普洱采茶歌、普洱采茶戏、普洱采茶舞等，结合民族特色的传统艺术门类，在一些大型节事活动期间，可以在广场、公园举行公益表演。

音乐是人们心灵的栖息地，是涵养人们道德品性的旋律，品普洱茶，若有音乐相伴，则可排遣躁忧，使心灵得以抚慰。音乐能把自然美渗透到饮茶人的思想深处，引发饮者心中的和美，为品普洱茶创造一个美好的气氛。同时，边饮茶边欣赏音乐可促使饮者问"茶道"，思悟中国养生哲学的思想及中国茶道的真谛。根据不同的场所开发不同的音乐和旋律，使品茶、静心、舞蹈、宗教音乐和信仰与普洱茶很好地结合起来。

6. 加强普洱茶区域合作，促进普洱茶养生旅游的发展

普洱茶主要产区在我国云南省的普洱市、临沧市、西双版纳州，在泰国、印度也有分布。普洱市应加强普洱茶产区的合作，规避省内同类项目重复开发造成不必要的竞争，加强区域间各国间有关普洱茶养生旅游合作，并且举行区域间、各国间普洱茶养生旅游的学习与交流，探讨普洱茶养生文化旅游，以及普洱茶养生旅游产品的开发，借助"普洱"品牌效应，推出区域间系列普洱茶养生体验产品，推动普洱茶养生旅游的进一步发展。

（三）扩大宣传，提升影响

第一，以开展旅游节庆活动为载体，制造旅游人气和旅游氛围。"中国普洱茶叶节""哈尼回归太阳节""墨江国际双胞胎节""孟连国际神鱼节""普洱马拉松"等活动，已具有了一定的知名度，逐渐成为普洱向外界充分展示茶文化、民族文化和旅游资源的名片和平台。今后要在办好这些活动的基础上，不断增加文化内涵和吸引力，使活动产品化、市场化，提高普洱旅游的影响力。以狂欢节、挑战赛事（如国际户外定向徒步越野体育赛事等）和申请世界组织开办全球性的生态保护或生命健康普洱论坛等，迅速吸引人气，提高国际、国内市场占有率。第二，与旅游发达地区互相协作，互动促销。要定期举办旅游推介会、研讨会，增进与各地旅游业之间的了解与合作。要继续加强与昆明市、玉溪市、西双版纳州的合作，共同打造"滇中南亚热带山光风情"旅游线路，实现区域内无障碍旅游。第三，多形式、多媒体宣传丰富多彩的旅游资源。要利用互联网、报纸期刊、电视台等群众喜闻乐见的宣传形式，加大旅游宣传力度。第四，进一步提升旅行社开拓市场的能力，强化旅行社的招徕、组团功能。支持、鼓励在国内外有客源、有航空背景的旅行商家进驻普洱设立分社和办事处，增大旅行社吸引客源的力度。

（四）加大投资，加快旅游基础设施建设

第一，加大投入，切实解决旅游业建设资金不足的问题。要适应新形势的要求，按照市场规律"两轮驱动"，一方面积极争取国家、省的

支持；另一方面要拓宽旅游投融资渠道，采取积极有效的措施，巧借各种契机，整合一批有特色、有规模、有影响、有市场的旅游大项目推向旅游招商引资市场，加大招商引资的力度，加快推进普洱旅游资源的开发。第二，要加快旅游基础设施建设的力度。旅游业的发展离不开良好的基础设施和配套设施。普洱市旅游资源丰富，但旅游资源点多面广、线路过长。普洱公路交通等级低、弯道大、路况差，形不成环线，制约了普洱旅游业的发展。因此，加大交通、城镇等基础设施和配套设施硬件建设是普洱旅游业发展的当务之急。各级政府和有关部门在规划交通等设施及城镇建设时，应统筹考虑旅游发展的需要，优先安排旅游景区（点）的公路网建设，切实解决旅游交通环线及重点景区连接线的建设，为旅游业的发展创造良好的基础条件。第三，快速推进"普洱旅游电子信息数字平台"建设。进一步完善旅游信息中心网络，积极推进旅游电子商务交易平台，建设包含全市各景区（点）、星级宾馆、旅行社及其他旅游服务设施在内的旅游资源数据库，形成联网互通、实时监测、资源共享的全市旅游信息网络体系，迅速提高市场占有率。

旅游基础设施是发展旅游产业的必要条件。普洱要进一步加快旅游配套基础设施建设。第一，高起点建设交通网络。尽快推进与市内、省内各旅游区及境外旅游区的高等级公路建设。第二，高标准打造旅游景观、景点，提升文化含量。积极建设和打造连接莱阳河国家森林公园-梅子湖公园-营盘山万亩茶园—80号雨林谷的4A级亚热带雨林风景区、中华普洱茶博览苑4A级普洱茶文化博物馆景区、世界普洱茶源头4A级茶马古道风景区、十层大山3A级地形风景区和北回归线标志园4A级天文地理风景区；同时，通过文字介绍、影视、图画宣传等手段，提升这些景区、景点的文化含量。第三，高规格建设和完善旅游接待设施。要重点提升一些酒店的接待功能，在集观赏性、娱乐性、休闲性为一体的高端康体休闲等方面下工夫，同时，建设一批满足不同消费群体需要的星级宾馆。第四，打造一批特色精品文化节目。要突出反映普洱茶历史、文化和团结诚信、文明高效的普洱精神，提升"天下普洱"歌舞茶艺表演节目；要扩大双胞胎才艺展演活动的参与度和影响力；要深入收集、整理少数民族传统文化，积极打造大策划、精制作、全景式哈尼太阳文化展示节目，并形成品牌，走文化节目品牌化之路。

(五）正确认识和处理民族文化保护与旅游开发的关系

民族文化保护与旅游开发是一对矛盾，不合理的旅游开发会给旅游地的民族文化带来许多消极影响和负面效应，如民族文化的同化、庸俗化等。但合理、科学的旅游开发也能促使优秀的传统文化得到发掘、保护，民族文化的精髓得到提炼、弘扬和发展。因此，普洱市在发展民族文化旅游的过程中，要加强对民族文化资源的保护，使优秀的民族传统文化能够传承并动态向前发展。为此，应遵循"保护第一，开发第二"的原则，采取一切有效的方法来保护民族文化遗产，不要让经济效益冲昏了头脑，任由民族传统文化在开发利用中消失。只要抢救、挖掘、保护好，并合理加以利用，原有的古老民族文化定能放出异彩，实现经济效益和社会效益双丰收。

（六）提高认识，高度重视旅游人才的吸引和培养

从事民族文化旅游业人员素质的高低，将直接影响民族文化旅游的发展。第一，要把合理使用人才，着力培养人才，努力营造"留住人才、吸引人才"作为普洱发展民族文化旅游的重要工作抓紧抓实。第二，在人才培养过程中，特别要注意培养民族文化旅游资源开发方面的人才，这既包括专业表演人才，又包括管理人才和研究人员，尤其要注意培养具有影响力的领军人物。第三，坚持培养与引进相结合，以满足普洱民族文化旅游业发展对人才的多种需求，为普洱民族文化旅游的发展提供大力支持。

七、结　　语

普洱自古就是沟通我国和东南亚的文明走廊。在不断的发展过程中，普洱本土文化与外来文化不断交融，孕育出了绚烂多姿、魅力独特的普洱民族文化，其率真淳朴的民族风情、古老神秘的文化遗产及雄奇幽险的自然景观，作为旅游资源具有丰富性和多样性，而且具有独特性。在普洱获全国文明城市下，在普洱国家绿色经济试验示范区建设下，普洱不断发展生态休闲体育旅游对于加强对外文化交流、发展经济、扩大就业，促进各族群众脱贫致富，实现各民族共同繁荣具有十分重要的现实意义。

参 考 文 献

[1] 杨招萍. 农村休闲体育资源开发产业链与生态链耦合模式探析: 基于体育旅游视角 [J]. 山西农经, 2020 (19): 29-30.
[2] 唐皓. 生态文明视域下城市休闲体育产业发展定位及发展理念: 以无锡为例 [J]. 产业创新研究, 2020 (17): 33-34.
[3] 陈祥伟. 绿色经济发展域下休闲体育产业与旅游业融合发展效应分析 [J]. 体育科技文献通报, 2020, 28 (1): 49-50.
[4] 谭贤. 休闲体育产业与健康旅游产业融合发展动因及路径研究 [J]. 运动精品, 2020, 39 (3): 49-50.
[5] 施吉良, 高龙. 休闲体育在提升普洱休闲宜居生态城市竞争力中的作用研究 [J]. 普洱学院学报, 2019, 35 (6): 60-62.
[6] 李雪剑, 罗光捷, 李彦龙. "健康中国" 背景下运动休闲与健康生活探讨: 首届休闲体育东湖国际论坛研讨会综述 [J]. 当代体育科技, 2019, 9 (33): 255-256.

普洱市口岸经济发展的现状、问题与对策

孙卫新[①]　左永平[②]

习近平总书记五年内两次考察云南，指出"云南经济要发展，优势在区位、出路在开放"，提出建设"面向南亚、东南亚辐射中心"的定位。普洱市作为建设南亚、东南亚辐射中心的黄金前沿，具备了从边缘地区变为开放前沿和辐射中心的战略视野和条件。普洱市沿边口岸的独特区位和口岸经济的发展充分发挥了口岸对外开放的门户作用，积极贡献出维护边境安全稳定、兴边富民、禁毒防艾、疫情防控、决胜脱贫攻坚、促进乡村振兴的普洱力量。沿边口岸经济的发展还促进了普洱市边境经济、城市空间布局与产业结构的转型升级，极大地促进了普洱市和澜湄国家、东盟伙伴国家之间的国际合作、经贸发展、人员往来、对外交流，在普洱市开放型经济发展进程中发挥着重要作用。全力推进"一带一路"建设，促进沿边口岸与普洱市边境城市经济的互动，构建以国内大循环为主体、国内国际双循环相互促进的新发展格局。

一、普洱市口岸经济发展的现状

云南省分布着18个国家一类口岸和7个国家二类口岸，与缅甸、越南、老挝三国接壤。普洱市"一市连三国"：东南部的江城县和越南、老挝接壤，西南部的孟连县和缅甸掸邦第二特区（佤邦）接壤，国境线长约486千米；"一江通五邻"：澜沧江下游的湄公河流域分布着柬埔寨、越南、老挝、缅甸、泰国。普洱市有思茅港口岸、勐康口岸2个国家一类口岸、孟连口岸1个国家二类口岸，18条通道，是云南建设面

[①] 孙卫新，普洱学院发展规划处副处长，副教授，教育学硕士，研究方向为课程与教学论、古代汉语。
[②] 左永平，普洱学院发展规划处处长，教授，研究方向为民族文化、国际政治与经济、高等教育管理。

向南亚、东南亚辐射中心的前沿[①]，也是澜沧江-湄公河次区域、昆曼国际大通道和泛亚铁路中线的重要节点，国际区位优势明显。

（一）中国勐康口岸-老挝兰堆口岸

勐康口岸为一类口岸，2011年7月24日国务院批复同意勐康口岸对外开放，位于普洱市江城县康平镇，与老挝丰沙里省、越南奠边省毗邻。江城县总面积3544平方千米，国境线全长183千米（老挝段116千米、越南段67千米），勐康口岸距县城35千米，距昆明市444千米，距普洱市思茅区145千米。从老挝首都万象过江城勐康经墨江至昆明总里程约1200千米，是云南省通往老挝及通向东南亚最便捷的陆路通道之一。中国勐康口岸-老挝兰堆口岸于2013年12月28日共同开放；2019年10月7日，国务院批复同意勐康口岸扩大开放，性质为国际性常年公路客货运输口岸。勐康口岸主要进出口货物包括煤炭、木材、甘蔗、农机具及日用百货等。

老挝兰堆口岸，位于老挝丰沙里省约乌县北端，距首都万象830千米，约乌县城距省城丰沙里186千米，有四级砂石、油路相连，约乌县城与中国勐康口岸对接的兰堆口岸相距52千米。老挝是一个内陆国家，国土面积23.68万平方千米，北邻中国，南接柬埔寨，东接越南，西北达缅甸，西南毗连泰国，经济以农业为主，工业基础薄弱，人口691.4万（2018年）；矿产资源丰富，金、银、铜、铁、钾盐、铝土、铅、锌等矿藏储量可观；水电资源充沛，湄公河水能蕴藏量60%以上在老挝境内，全国200千米以上河流20余条，有60多个水能丰富的水电站建站点，被誉为"东南亚蓄电池"；土地资源丰厚，日照时间长，雨水充足，农业开发条件较好[②]。丰沙里省总面积1.63万平方千米，人口约18.3万（2018年），辖7个县，有28种民族聚居；经济以农林业为主，农林业占全省生产总值的50%以上，除稻谷和玉米外，经济作物主要有橡胶、甘蔗、砂仁、豆类、茶叶等。古茶树、咖啡在老挝及周边国家小有名气。

老挝属世界上经济不发达国家之一，与中国经济互补性强，合作潜

[①] 普洱市情.2020年05月28日，http://www.puershi.gov.cn/info/1192/99356.htm.
[②] 商务部国际贸易经济合作研究院，中国驻老挝大使馆经济商务参赞处，商务部对外投资和经济合作司.对外投资合作国别（地区）指南：老挝（2018年版），2018（5）：1.

力很大。中老两国边界线长509千米,是山水相连的友好邻邦,两国人民自古以来和睦相处,理想信念相通、社会制度相同、发展道路相近、前途命运相关[①]。2009年9月,两国关系提升为全面战略合作伙伴关系。习近平总书记同本扬总书记于2017年11月中发表了《中老联合声明》,2019年签署《构建中老命运共同体行动计划》。中国从老挝进口的商品主要以农产品为主,出口老挝的商品主要包括摩托车、农机具及配件、百货、建材等。

勐康口岸正式开放以来,中老双边贸易日趋繁荣,双方在教育、文化、卫生及反恐、禁毒等多个领域交流合作且不断深化。2018年,出入境人员10.2万人;出入境车辆3.36万辆;进出口货物6.27万吨;进出口货值2491万美元。2019年,出入境人员12.57万人;出入境车辆4.25万辆;进出口货物12.62万吨;进出口货值7668万美元。

2020年一季度,出入境人员3.6万人次;出入境车辆2.1万辆;进出口货物15.6万吨,进出口货值9730万美元。勐康口岸的扩大开放,出入境货物种类将由单一化向多元化转变,货物的数量也将大幅度增加。随着粮食、水果、肉类、冰鲜等监管场所的建成,勐康口岸各项进出口数据近年也将成倍提升[②]。

(二)中国孟连口岸

1991年,孟连口岸被云南省政府批准为二类口岸,有勐阿、芒信两个指定通道,2011年国务院批准建设孟连(勐阿)边境经济合作区,2012年被云南省政府正式批准为省级边境经济合作区,2016年孟连(勐阿)边境经济合作区管委会正式获批为正处级机构。孟连口岸坐落于普洱市西南部孟连县西南的勐阿村,与缅甸掸邦第二特区(佤邦)邦康市相接,国境线长133.399千米,区位优势明显。孟连口岸距孟连县城50千米,距澜沧县城102千米,距西盟县城104千米,距普洱市思茅区274千米。孟连口岸进口货物主要是以矿产、橡胶、甘蔗、农副产品等资源性产品为主,出口货物以建材、水泥、百货、成品油、煤、机电产品等产品为主,是云南省通往缅甸、泰国等东南亚国家的重要门

---

① 资料来源:驻老挝人民民主共和国大使馆经济商务处.2020-12-22,http://www.cn-asean.org/xwfb/202012/t20201224_1041054.html.
② 资料来源:普洱市口岸办,2021-01-15.

户，是云南省南亚东南亚辐射中心"前沿窗口"①。

孟连（勐阿）边境经济合作区规划辐射面积为 243 平方千米，人口规模 9.5 万人，控制总面积 14.12 平方千米，辐射孟连全境。2012 年以来，边境经济合作区累计投入资金 7.87 亿元，先后建成了孟康大桥、国门、联检楼、查验货场、边民互市点、集贸市场、芒信通道查验货场等一大批口岸功能设施，还建成了勐阿国际、保税仓库、免税商店，强力推进勐阿小镇建设，启动椿林十二年一贯制学校等一批重大招商引资项目。孟连口岸大力提升服务，边境经济合作区营商环境不断优化：依托口岸联席会议制度，由孟连（勐阿）边境经济合作区管委会牵头，召开席会议研究提升通关便利化的举措；实行口岸通关"一条龙"服务，全面改善了口岸通关环境；口岸还创新推行"阳光早市""阳光急救热线""阳光求学通道"通关服务。2017 年，孟连口岸实现进出口货值 11.6 亿美元，货流量 63.8 万吨，人流量 159.6 万人次，车流量 32.59 万辆次，上缴关税及进出口增值税 10.93 亿元；2018 年，口岸实现进出口货值 10.6 亿美元，货流量 69.34 万吨，人流量 173.14 万人次，车流量 37.20 万辆次，上缴征收税款 9.24 亿元；2019 年，口岸实现货值 76.4 亿元，货流量 231.72 万吨，人流量 205.63 万人次，车流量 54.15 万辆次，上缴征收税款 6 亿元，成功举办第二届边交会、第三届跨境民族运动会。

缅甸掸邦第二特区（佤邦）邦康市与中国孟连口岸接壤，位于阿佤山区，是缅甸联邦的一个自治区，北面与中国云南省接壤，南面与泰国接壤。佤邦东北面与中国云南省临沧市耿马县、沧源县，普洱市的澜沧县、西盟县和孟连县，西双版纳州的勐海县接壤。佤邦总人口约 60 万，主体民族是佤族，为主要缅北华人聚居区，主要经济为农业及矿业。

中缅两国山水相连，中国是缅甸的第一大贸易伙伴，双方合作潜力巨大、前景广阔。2020 年 1 月，习近平总书记对缅甸进行历史性访问，两国领导人就共建"一带一路"和中缅经济走廊、共同构建中缅命运共

---

① 孟连傣族拉祜族佤族自治县人民政府工作报告，2020 - 05 - 26，http：//www.menglian.gov.cn/xxgklby_list.jsp?urltype = egovinfo.EgovTreeURl&wbtreeid = 1100&type = egovinfodeptsubcattree&sccode = ml_zfgzbgjdwgzbg&subtype = 1&dpcode = P004&gilevel=2.

同体达成共识。2020年以来,面对新型冠状病毒肺炎疫情(简称新冠疫情),中缅两国同舟共济、守望相助,生动地诠释了命运共同体的内涵。当前,中缅经济走廊重大项目稳步推进,中缅在电力合作、公路铁路基础设施联通、农业、制造业等领域合作不断推进,为两国人民带来了实实在在的利益[①]。据海关总署统计,2019年,中缅贸易额187亿美元,同比增长22.8%,其中,中国对缅甸出口额123.1亿美元,对缅甸进口额63.9亿美元,同比分别增长16.7%和36.4%[②]。

(三) 中国思茅港口岸

思茅港口岸于1993年7月被国务院批准为国家一类对外开放口岸,2001年4月交通运输部批准对外国籍船舶开放,是澜沧江-湄公河国际航运中国境内的第一港,可通航300吨至500吨国际航运船舶。思茅港位于普洱市思茅区西南部,距普洱市主城区80千米,距下游景洪市约85千米,距泰国清莱420千米,距老挝琅勃拉邦787千米、万象1260千米,沿水路可达老挝、缅甸、泰国、柬埔寨、越南5个国家,被誉为"东方多瑙河"。1993—2004年是思茅港的繁荣发展期,1995年实现货流量3.42万吨、人流量1.46万人次,2000年实现货流量16.50万吨、人流量为0.25万人次,2001年实现货流量21.23万吨。2005—2018年6月是国际航道停运期,由于景洪电站建设造成思茅段断航,从事国际运输的思茅籍船舶全部进入西双版纳州开展业务,海关查验、边防检查等工作业务按下暂停键,港务大楼、保税仓库、查验大厅等场所设施暂停使用。2018年6月以来是思茅港转型升级期,目前思茅港库区国际航运吞吐量、无货物运输及流向,有部分采砂企业运输。库区内航道实现客运从无到有,单船货运能力从300吨增长到超过1100吨。

二、普洱市口岸经济发展的问题

普洱市口岸经济发展受到地理区位分布、政策环境、规划设计等因素的影响,在与云南省其他口岸经济的发展中,更能凸显问题,以便问诊把脉,作为提供改进建议、对策的参考依据。下文根据口岸类型、口

---

① 陈海. 中国新发展和中缅关系新时代 [N]. 环球新光报 (英文), 2020 (11): 27.
② 资料来源:中华人民共和国驻缅甸联邦共和国大使馆网站, 2021-01-19.

岸与城市经济发展特点和经验做横向比较，主要从"政策沟通、设施联通、贸易畅通、资金融通、民心相通"五个维度发现问题。

（一）孟连口岸与中缅重点口岸的比较

云南省共有 25 个口岸，是中国与缅甸接壤的主要省份，对缅甸开放共 11 个口岸，其中，有 5 个国家一类口岸、5 个国家二类口岸、1 个省级二类口岸，见表 15。

表 15　云南对缅甸开放口岸情况

序号	口岸名称	口岸级别	分布地点	支撑平台
1	中国瑞丽-缅甸木姐	国家一类	德宏州瑞丽市	中国（云南）自由贸易试验区德宏片区（2019）国家级边境经济合作区（1992）
2	中国畹町	国家一类	德宏州畹町县	国家级边境经济合作区（1992）
3	中国章凤-缅甸雷基	国家二类	德宏州陇川县	
4	中国盈江	国家二类	德宏州盈江县	
5	中国打洛-缅甸景栋	国家一类	西双版纳州勐海县	
6	中国孟定清水河-缅甸清水河	国家一类	临沧市耿马县	省级边境经济合作区（2012）；国家级边境经济合作区（2013）
7	中国南伞	国家二类	临沧市镇康县	
8	中国永和	国家二类	临沧市沧源县	
9	中国勐连-缅甸邦康	国家二类	普洱市孟连县	省级边境经济合作区（2012）
10	中国腾冲猴桥-缅甸甘拜地	国家一类	保山市腾冲市	省级边境经济合作区（2012）

续表

序号	口岸名称	口岸级别	分布地点	支撑平台
11	怒江州片马	省级二类	怒江州泸水县	省级边境经济合作区（2012）

边境经济合作区是中国沿边开放城市发展边境贸易和加工出口的区域。沿边开放是我国中西部地区对外开放的重要举措，自1992年以来对发展我国与周边国家（地区）的经济贸易和睦邻友好关系、繁荣民族地区经济发挥了积极作用。边境经济合作区对获批口岸来说，可获得相对更大力度的政策和平台支持；对口岸城市经济发展来说，能发挥推动区域合作、维护边境地区和谐稳定、提升沿边开放水平、带动区域经济发展、促进产业要素聚集等综合效应。

下文选择孟连口岸与瑞丽口岸、孟定清水河口岸、打洛口岸3个与缅甸交往情况相近和相似的重点口岸进行比较（见图13①），可发现孟连口岸经济建设中可以改进的地方。

从图13可见，瑞丽口岸在对缅甸贸易中，在人流量、车流量、货流量和进出口货值四项口岸运行主要指标上，均处于遥遥领先的地位，2020年因受新冠肺炎疫情影响，口岸主要指标受到一定程度的影响。2017—2019年，人流量大约每年递增155万人，年平均增长8%；货流量分别增长459.22万吨、624.71万吨，增长率分别达到48.6%、44.5%；进出口货值2019年比2017年净增57.62亿美元，增长率达到87.1%。可以看出瑞丽口岸受国家级边境经济合作区和中国（云南）自由贸易试验区德宏片区（2019）政策叠加效益的影响非常明显。2017—2019年，孟连口岸人流量由159.6万人增加到231.72万人，净增72.12万人；车流量由32.59万辆增加到54.15万辆，净增21.56万辆；货流量由63.8万吨增加到205.63万吨，净增141.83万吨；进出口货物总值在2019年达到11.07亿美元。在四个主要对缅甸口岸中的四项主要指标排名中，孟连口岸排

---

① 数据来源：瑞丽口岸数据来自德宏州商务局、瑞丽市商务局；打洛口岸数据来自勐海县统计局《勐海县2017年国民经济和社会发展统计公报》《勐海县2018年国民经济和社会发展统计公报》《勐海县2019年国民经济和社会发展统计公报》；清水河口岸数据来自临沧边境经济合作区管理委员会、耿马县人民政府网站；孟连口岸数据来自普洱市口岸办。

名第二、打洛口岸排名第三、孟定清水河口岸排名第四。可见，孟连口岸的实力与国家二类口岸级别是不符的，其口岸级别明显限制了孟连口岸的发展。孟连口岸存在以下问题。

一是规划定位不足，政策联通滞后。孟连边境经济合作区在规划定位中，对发展"一国两城"站位认识不够，对建设口岸城镇、口岸城市发展定位不清晰，致使边境经济合作规划功能不够完善，协同能力较低。边境经济合作规划融合度低，与国家绿色经济试验示范区、国家产城融合示范区、沿边金融综合改革试验区和普洱"绿三角"旅游规划等衔接、融合和配套不足，致使部分建设未按照国家级、国际标准推进，一定程度影响边境经济合作开放、开发速度。特别是边境经济合作区自2011年国务院批准建设以来，总体规划到2015年才通过专家组评审，现又处于统规、调规阶段，造成边境经济合作建设起点低，难以适应口岸城镇发展需求，功能布局相对落后。中缅双方在车辆互认、信息互享、监管互认和执法互助等方面也未达成共识，跨境金融结算机制有待发展等。

孟连口岸对接缅北掸邦第二特区（佤邦）邦康市，该地区是缅甸民族和平进程中的错综复杂的焦点地区，民族地方武装形成了事实上的武装割据局面，缅甸中央政府、缅军与民族地方武装之间的武装冲突与斗争持续不断。据统计，2009年以来双方冲突次数接近4300次，且冲突在短期内无法消除，持续性冲突将是缅北的常态。加之边境毒品贩运、赌博、电信诈骗等现象屡禁不绝，目前缅北佤邦成为缅甸民族地方武装中最大的势力，缅甸中央政府政策不能顺利通达，缅北佤邦形势制约了两国政策联通，造成了云南边境一线与缅甸互联互通的一个中空地带，直接影响孟连口岸与缅甸的边境贸易。再者，缅甸投资政策不稳定，透明度差，自我保护意识强，反复出台限制出口木材、矿产品的政策，企业投资风险大，导致边境贸易增速缓慢。

二是基础和配套建设滞后，设施联通投入不足。孟连边境经济合作区基础设施建设资金投入严重不足，口岸和通道基础设施建设滞后，口岸公共卫生管理滞后，街道绿化、口岸城镇景观差，一定程度上影响了国门形象。加之境内孟连通往勐阿主干道公路正在建设，路面等级虽由四级升为二级，但从全省"五网"建设5年大会战、沿边开发开放战略实施角度考虑边境经济合作区长远发展，路面等级仍难以承载车辆流量、承载大型货运车辆通行。通关布局不能对载货及非载货车辆进行分离管理，且车辆监管科技设备投入不足，造成车辆进出通关时间过长，勐康大桥、国门大桥超负荷运行，阻碍了口岸通关便利化水平的提升。同时由于主干道与口岸、通道、境外之间相互响应、相互连接的沿边整体交通网络规划尚未完全形成，部分通道规划项目停滞不前，直接影响了城镇要素集聚力、辐射力和带动力。

三是边民互市活力不足，贸易畅通层次低。目前，孟连边境经济合作区对外合作形式虽已由边民互市、小额贸易扩展到替代种植、矿产开发、华文教育、物流、农业科技等领域，但由于口岸在投资贸易、工商管理、税收、土地、金融和外汇等方面缺乏成熟、系统的优惠政策，城镇功能不足，投资吸引力弱。加之边境经济合作区产业结构单一，企业经营规模较小，龙头企业带动能力不强，在产品深加工、品牌经营等方面竞争力不强，现代市场体系不健全。边民互市、跨境贸易、转口贸易、补偿贸易等发展不充分，导致替代种植项目甘蔗、橡胶等产品进口配额不足，大量产品进不来；国家对铁矿石实行特许经营，需要得到中缅双边政府批准，只有极少数企业才能办此业务，加之境外公路通行能力较差、受季节性影响大，较大程度上制约了电子产品、矿石的边贸进口；禁止活体牲畜和粮食边贸进口，造成边民互市活力不足，制约着边境贸易发展，影响了口岸与国内经济腹地和国际市场的衔接。

四是口岸开放程度受限，资金融通能力受限。通关水平有待提升。孟连口岸的通关政策、机构设置、人员配备按国家二类口岸设置，禁止第三国人员过境，未恢复开通边境异地办证业务，口岸的配备难以满足现代口岸城市发展的需求。加之口岸缺少特殊政策支持，如配额和许可证管理政策一定程度上制约了边经济合作区境外替代持续发展。境外佤邦银行信用度低、账务处理方式比较粗放，无法进入国际清算组织进行人民币跨境结算与清算，只能采取现金调运的方式实现结算，现金携带数额也受限，磨憨口岸人均每日现金携带上限是 5 万元，孟连口岸人均每日最多携带 2 万元，导致跨境资金流动困难重重。同时受通货量小、通关查验人员不足、检查设备落后、技防设施滞后等，制约口岸的通关速度和效率。

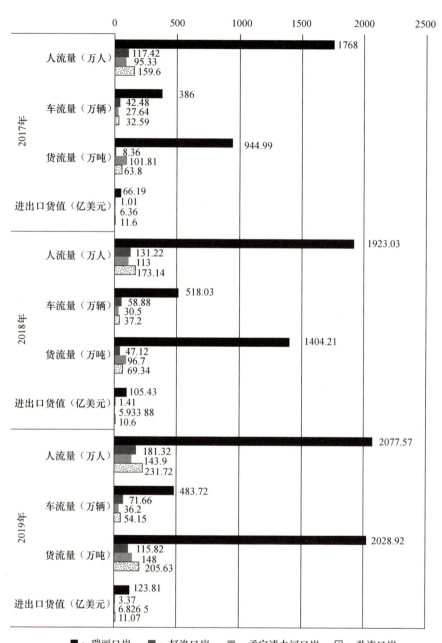

图 13 2017—2019 年中缅重点口岸主要指标比较

（二）勐康口岸与磨憨口岸的比较

中国与老挝接壤的国界线主要分布在云南省，云南与老挝 710 千米边境线上共有 2 个陆路口岸，分布在西双版纳州勐腊县和普洱市江城县，见表 16。

表 16 中老国家级口岸情况

序号	口岸名称	口岸级别	分布地点	支撑平台
1	中国磨憨-老挝磨丁	国家一类	西双版纳州勐腊县	勐腊（磨憨）省级边境经济合作区（2012）；勐腊（磨憨）国家级重点开发开放试验区（2015）；国家级中国老挝磨憨-磨丁经济合作区（2016）
2	中国勐康-老挝兰堆	国家一类	普洱市江城县	国际性常年公路客货运输口岸（2019）

1992 年国务院批准磨憨口岸为国际性客货国家一类陆路口岸，属中国与老挝双边协议口岸，距云南昆明 701 千米、景洪 170 千米，位于云南省西双版纳州勐腊县，与老挝磨丁口岸接壤，距老挝南塔 58 千米、波乔 228 千米、琅勃拉邦 285 千米，距泰国清孔口岸 228 千米。磨憨口岸是中老两国第一个也是最大的公路口岸。磨憨口岸进口货物主要有电子产品、金属型模、木材、水果、橡胶和玉米等，出口货物主要有电子产品、机械产品等。磨憨口岸开发相对较早，口岸配套政策、实施基础、口岸运行指标都比勐康口岸要强大很多，勐康口岸很难追赶。2017—2020 年中老重点口岸主要指标比较见表 17。

表17 2017—2020年中老重点口岸主要指标比较[①]

序号	口岸	2017年				2018年				2019年				2020年			
		人流量	车流量	货流量	进出口货值	人流量	车流量	货流量	进出口货值	人流量	车流量	货流量	进出口货值	人流量	车流量	货流量	进出口货值
1	磨憨口岸	165	52.3	349.9	30.03	175.6	51.53	367.97	27.74	173.27	47.31	434.21	33.02	58.16	301724	343.59	40
2	勐康口岸	10.61	3.44	11.03	0.61	10.2	3.36	6.27	0.23	12.57	4.25	12.62	0.77	3.6	2.1	15.6	0.97

注：人流量的单位为万人，车流量的单位为万辆，货流量的单位为万吨，进出口货值的单位为亿美元。

[①] 数据来源：磨憨口岸2017年数据来自西双版纳州统计局《西双版纳州磨憨经济开发区概况》，2018年数据来自勐腊县统计局《勐腊县2018年国民经济运行情况分析》，2019年数据来自勐腊县统计局《勐腊县2019年国民经济和社会发展统计公报》，勐康口岸数据来自普洱市口岸办。

由表 17 数据可见，两个中老口岸在国家"一带一路"倡议、历史积累和政策叠加效应所反映出的成绩是很直观的。近四年，磨憨口岸在人流量、车流量、货流量、进出口货值 4 个方面一骑绝尘，每项指标都是勐康口岸的 15 倍以上。可以预测，随着 2021 年 12 月中老玉磨铁路中国段建成通车，以及今后老挝段铁路的全面通车，160 千米的时速带来的虹吸效应，会使磨憨口岸在"一带一路"、中老经济走廊建设中取得更加瞩目的经济奇迹。磨憨口岸 20 多年的发展历程中，2008 年昆曼大通道公路的畅通和 2019 年中老铁路建设的推进是两个重要节点。磨憨口岸大发展的经验有中老政策沟通、民心相同等要素促动，但设施联通无疑发挥了巨大推力。因此，作为后来者，勐康口岸经济发展面临的问题也比较明显。

一是规划引领滞后，政策沟通薄弱。勐康口岸原规划已不符合口岸现行发展需求，导致勐康口岸进境粮食、水果海关监管场所建设项目部分用地未报批，已向云南省自然资源厅提交报批申请，但截至目前未得到批复。近年来，中国与老挝签署《关于构建中老命运共同体行动计划》，共同推动通过澜湄领域《万象宣言》，务实开展新冠肺炎疫情防控等重大双边活动，但口岸仍然存在双方检验结果不完全互认、"一站式"口岸便利通关难实现、捕捉政策红利和落实细节上没有与老挝方面形成具体的路线图和时间表等问题。

二是交通建设制约，设施联通不足。江城县至今未通高速公路，连接国内外的公路等级低，路况差，大型企业不愿入驻勐康口岸，物流不愿从勐康口岸出入境，老挝北部山区低等级公路交通成为制约口岸发展的最大瓶颈。2020 年以来勐康口岸基础设施建设工程共欠债 1407 万元，其中"一关两检"综合业务用房欠建设资金 999.3 万元，勐康口岸综合业务用房欠前期费用 7.7 万元，勐康口岸边民互市二期工程欠款 400 万元。目前欠款无资金来源。勐康口岸冷链物流园区建设项目规划投资 2.58 亿元，其中申请专项债券 1.2 亿元，2020 年争取到债券 0.6 亿元，目前已投入建设资金 1.2 亿元，缺口资金 0.6 亿元。

三是产业基础薄弱，贸易畅通支撑不足。江城县域经济综合实力差，经济体量小，缺乏规模大的工业企业，老挝与江城县接壤地区属于落后地区，经济及交通基础设施落后，跨境物流运输成本高、效益低，对外区位优势不能充分发挥，外向型经济难以发展。勐康口岸外贸商品主要是初级产品、原材料或者是过境商品，导致企业规模小、层级低、实力弱，难以做大做强。矿石、香蕉、杏仁、甘蔗等进出口商品大多以初级产品或原料形式输送到市外，日用百货、农业矿山机械、五金机电等出口商品主要从国内配送过来，边境贸易主要以原材料进出口为主，这些商品的进出口对地方经济的发展贡献很有限。

四是对外开放人才匮乏。江城县对外开放专业人才严重不足，层次较低，缺乏熟悉进出口业务、出口退税政策、国际贸易法律、国际金融等方面的高层次复合型人才，不利于对外开放的提升和发展。

（三）思茅港与景洪港的比较

思茅港作为国家一类水路口岸受景洪水电站建设的影响而长期断航，自2018年复航以来，国际航运和关检业务仍未能恢复，与景洪港的蒸蒸日上似乎不具有可比性。思茅港从开放繁华到闭港衰落再到复通冷清的起伏的过程显示，思茅港口岸经济发展主要面临两个问题。

一是定位不准，口岸与城镇经济发展的联系脱节。曾经的思茅港被当地人誉为"小香港"，南来北往的客商带来了人流、物流和税收，货物的流动带动了思茅港镇和城区经济的发展。如今仅有门可罗雀的短途库区旅游和采矿企业的零星商业活动，思茅港需要抓住新发展理念指导下的新机遇，实现涅槃重生。

二是口岸交通及配套设施设备严重短缺，2021年1月20日思澜高速公路通车前，思茅港经80千米陆路北向到达普洱主城区或南向到达澜沧县城，仅有弯多路窄的思澜省道，且都需2小时左右的车程，走景洪港85千米水路经景洪水电站到达景洪市区大概需要半天时间，景洪电站升船机过坝能力小且效率较低；景洪电站升船机的设计过船吨位为300吨，单边过坝需要2.5~3小时，一天只能上下各一艘船舶，远期规划也仅为500吨，因此，思茅港下游水运供货能力有限。相对地，景洪港可通过思小高速连接普洱主城区，直通景洪市和西双版纳国际机场口岸，可更近地经水路达湄公河流域口岸城市，还能在2021年年底连接中老铁路景洪站，交通优势比思茅港更为突出。另外，思茅港内海关、边检、保税仓等设施废弃多年，已不能匹配当前关检业务，需重新配置。

三、启示与对策建议

中国共产党第十九届中央委员会第五次全体会议提出,"十四五"时期,我国将进入全面建设社会主义现代化国家、向第二个百年奋斗目标进军的新发展阶段。普洱口岸建设应深刻学习领会贯彻习近平新时代中国特色社会主义思想和习近平总书记考察云南重要讲话精神,立足新发展阶段、贯彻新发展理念、构建新发展格局,突出谋划面向南亚东南亚辐射中心"前沿窗口"建设,找准普洱市在全省"滇中崛起、沿边开放、滇东北开发、滇西一体化"发展格局中的功能定位。

(一) 主动融入国家战略,加强规划引领

主动融入"大循环、双循环"新发展格局,围绕国家"一带一路"倡仪、西部大开发、长江经济带发展、乡村振兴、云南面向南亚东南亚辐射中心、孟中印缅经济走廊、中缅经济走廊、中老经济走廊等战略实施,加快建设云南自由贸易试验区普洱联动创新区。[①]

以"十四五"规划开局为契机,一是把产业融合发展作为口岸经济建设核心值。以建设国际次区域中心城市为目标,统筹实施云南省"三张牌"和普洱市高原特色现代农业、现代林产业、旅游康养产业三个"千亿产业",生物制药、茶、现代制造业三个"五百亿产业",现代物流、数字经济两个"百亿产业"作为重要抓手进行统筹规划,抓紧编制"十四五"口岸建设专项规划,以规划引领工作有序推进。二是规划编制要突出普洱的资源优势、区位优势,深度挖掘普洱市口岸特色,避免同质化,提升口岸核心竞争力。三是注重对接《普洱市国民经济和社会发展第十四个五年规划和二〇三五年远景目标》和《思宁发展一体化规划》等其他专项发展规划的衔接,积极探索推进"多规合一",增强规划协调性、科学性和可操作性。

(二) 坚持共商、共建、共享,推进互联互通

习近平总书记提出,要坚持共商、共建、共享的全球治理观,不断改革完善全球治理体系,推动各国携手构建人类命运共同体。普洱市口

---

① 资料来源:《中共普洱市委关于制定普洱市国民经济和社会发展第十四个五年规划和二〇三五年远景目标的建议》。

岸建设立足新发展阶段,要以此为准则,着力推进政策沟通、设施联通、贸易畅通、资金融通和民心相通。

一是密切政策沟通。把握中国(云南)自由贸易试验区建设和区域全面经济伙伴关系协定(Regional Comprehensive Economic Partnership,RCEP)签署的历史机遇,共同应对新冠肺炎疫情冲击,着力推进互联互通。进一步加强与老挝、缅甸等国落实国际双边和多边协议,建立和落实双边地方合作机制;尽快达成和落实通关便利对等协议,共建跨境经济合作区,跨境金融、跨境贸易、跨境旅游、跨境汽车运输等协议,推动普洱市"一核一屏两区两带"① 经济发展空间布局相关配套政策的出台和实施。建议提升口岸政策对等行动,促请老挝、缅甸履行和遵守《大湄公河次区域便利化货物及人员跨境运输协定》和《中老泰备忘录》等协议的有关条款和规定,停止不合理收费行为,降低口岸收费标准,简化通关手续,确保口岸之间快速通关,共同打造国际陆港便捷通道。

二是推进设施联通。构建内联外通的综合交通网络,形成陆路、航空、水路口岸综合立体交通网络。争取交通短板进入云南省重大规划盘子,加快"两横三纵一圈"公路网建设,推进墨江-江城-勐康口岸、孟连(勐阿)-澜沧-思茅-江城-红河、双江-澜沧-勐海3条高速大通道建设;稳步推进"一主四支两过境"铁路网建设,加快推进中老铁路玉磨段2021年12月建成通车,开工建设临沧-普洱段铁路,加快普洱-楚雄连接四川铁路、普洱-蒙自铁路、思茅-勐阿铁路等铁路前期工作,推进公铁联运设施建设;有序加快"三支线五通用"航空网建设,提速迁建普洱思茅机场、新建景东民用机场,完成澜沧景迈机场改扩建,适时推动通用机场建设;加强澜沧江黄金水道航运基础设施建设,盘活思茅港航运,加快构建多式联运体系。加大沿边国家交通基础设施援建力度,优先打通瓶颈和关键路段,有效解决"边梗阻"问题,方便货物运输和人员往来。

三是提升贸易畅通。争取云南自贸区政策支持边境经济合作区与云南自贸区昆明、德宏、红河片区相同的贸易便利化政策,推进与周边国

---

① 一核:打造普洱市国际次区域中心城市核心区;一屏:筑牢无量山—哀牢山生态安全屏障;两区:建设景景镇、澜孟西协同发展区域;两带:构建两条开放经济带。

家建立货贸互检互认、信息互换、执法互助和贸易统计等合作机制，将边境经济合作区建成自由口岸，实现人员、资本、商品、技术、信息等要素资源在区内自由流动的局面。加大沿边国家口岸基础设施和技术手段援建力度，帮助沿边国家提升口岸产品通关查验能力，解决开放能力不对等的问题。要积极主动承接长三角、珠三角地区产业转移，充分发挥与各类兄弟园（区）战略合作，切实引进一批龙头企业，落实重点项目。

四是促进资金融通。积极争取上级出台适当放宽相关指导性政策和规定，畅通跨境结算渠道。将个人人民币现钞携带限额增至20万元，促进沿边地区经济和对外贸易的发展，继续推进人民币现钞出入境和双边银行间现钞跨境调运。引进金融机构和商业银行进驻边境经济合作区，加大金融基础设施建设以畅通结算渠道。鼓励中外银行在边境经济合作区设立分支机构，开展人民币跨境结算业务，探索建立跨境金融支付服务点。

五是增进民心相通。增进口岸双方地方高层与民间交往，提升中老越边境商品交易会、勐阿-邦康边境商品交易会等边贸互市内涵和品牌效应。务实开展高等教育国际合作，为周边国家培养高层次专门人才，扩容留学生奖学金政府项目，支持普洱学院等高校培养老挝留学生，开拓缅甸和泰国留学生项目，培养老挝语、缅甸语、泰语等小语种人才，积累"走出去"跨境合作与交流的人才储备。全面深化口岸双边地方在人文交流、农业科技、医疗卫生、跨境旅游、替代种植等方面的合作，进一步加强边境管控、疫情防控、反恐、禁毒防艾、打击走私等安全领域合作。在周边国家务实开展消除贫困、基础建设、卫生健康、教育培训、技术技能培训、减灾防灾和灾后重建等国际援助活动。

（三）统筹齐聚口岸要素，协调一岸一策

以"五通"为抓手，找准普洱市口岸的地位、作用和定位，彰显优势和特色。参照2018年太和智库与北京大学联合发布的《"一带一路"五通指数研究报告》，目前"一带一路"94个国家中，老挝被评为仅次于"畅通性国家"的"连通性国家"，综合排位第25位；缅甸位于第三等次位"良好性国家"，综合排位第40位；在19个"整体畅通型"中，澜湄流域的泰国、越南名列其中；在14个"潜力巨大型"中，老挝名

列其中；缅甸被列入"金融短板型"。据此，本文提出，形成统揽普洱市口岸布局并与一岸一策相结合，形成"一扩二升三活"建设普洱市口岸的思路。

一是"扩"，就是扩大勐康口岸开放型经济新发展格局。"扩"就是要重点建设普洱市目前唯一一个国家一类公路口岸，确立按照大循环口岸的标准来建设和发展勐康口岸。梳理和确立勐康口岸的定位与发展思路为：中国面向东南亚开放的重要门户、中老及中越战略友好合作先行区、跨境经济合作试验区，以发展国际物流、进出口加工、国际贸易、现代服务业为主的国际口岸。按照大型循环口岸的标准来建设和发展勐康口岸。组织专门力量对现有政策体系进行深入研究，全面梳理财税扶持、口岸监管、投融资、产业发展、土地利用、边境贸易等重点领域的政策执行情况及存在问题。加快实施建设勐醒-江城-绿春的沿边高速公路；思茅-整董高速公路；加快推进江城通用机场、蒙自-普洱的沿边铁路前期工作。积极探索"一站式"通关服务，申报中老跨境经济合作区，联动申报中越龙富通道升级为中越国家一类公路口岸，形成中老越三角跨境经济圈。

二是"升"，就是升级孟连口岸为国家级边境经济合作区。2017—2019年，孟连口岸在云南省4个对缅甸重点口岸中综合排名第二，4个对缅甸重点口岸中只有孟连口岸是省级边境经济合作区，现有的省级政策和规定极大地限制了孟连口岸的高质量发展。缅甸民族和平进程的推进，将会对中缅经济走廊建设起到积极推动作用，孟连口岸与缅甸的边贸潜力必将大幅释放。因此，根据《云南省政府关于贯彻落实国务院深化泛珠三角区域合作文件的实施意见》，建议多方努力，争取孟连（勐阿）边境经济合作区升级为国家级边境经济合作区，推进边合区升级，打造开放新平台。积极争取中央对边境经济合作区符合条件的公共基础设施项目给予贷款贴息，地方政府债务置换规模向边境经济合作区倾斜，加大对勐阿边境小额贸易专项转移支付规模，支持边境小额贸易企业能力建设，促进边境地区贸易发展。借鉴云南自由贸易试验区（德宏片区）跨境经济、临沧国家级边境经济合作区、勐腊（磨憨）重点开发开放试验区在规划理念、建设管理、开放政策等方面的经验和做法，充分利用边境经济合作区地理位置，加强与缅甸掸邦第二特区（佤邦）邦康市在城镇空间布局和经济、文化、产业、边贸等方面的融合发展，着力打造"两国一城",推动滇西沿边联动开发开放①。

三是"活",就是盘活思茅港口岸。以"五通"为指标依据,深度融入"思宁一体化规划",借鉴景洪港口岸、关累港口岸积累的经验,以疏港公路、公水联运为重点,对接《澜沧江-湄公河国际航运发展规划(2015—2025年)》、澜沧江水上机场建设、临沧港四级航道改造,重新规划思茅港,争取思茅港建设进入省市规划大盘。水路方面,争取到2025年建成思茅港-老挝琅勃拉邦890千米,通航500吨级船舶的国际航道;公路方面,借2021年1月思茅澜沧高速公路建成通车的契机,对接高速公路建成疏港公路;铁路方面,主动谋划对接中老铁路。把思茅港积极开拓国际货源作为首要任务,并根据未来港口吞吐量、货物种类、货物流量及流向等实际发展情况来定义港口与城市之间的关系。在拓展国际货源方面,可以通过建设疏港公路,发展公水联运,畅通思茅港陆路集疏通道②。

(四) 引培并举,加强口岸人才队伍建设

一方面,通过学习先进的管理理念与模式,积极优化人才结构,通过与国内外高校合作,加快培养进出口业务、出口退税政策、国际贸易法律、国际金融、口岸经营管理等方面的高层次复合型人才,提升口岸管理人员的工作能力和业务水平。另一方面,要加快建立专业人才引进机制,出台相关政策,提高工资待遇和福利,吸引口岸管理运营人才落户普洱。争取国家落实新开口岸机构和人员编制。优化口岸和边境经济合作区的人力资源配置。重视电子口岸专业人才培养,提升监管口岸服务水平。

---

① 政协普洱市委员会. 关于孟连(勐阿)边境经济合作区建设情况调研报告 [OL]. 2017-12-22 [2021-1-14], https://www.pezx.gov.cn/jyxc_nrmb.jsp?urltype=news.NewsContent Url & wbtreeid=1066 & wbnewsid=3531.

② 普洱市发展和改革委员会, 国家发展和改革委员会宏观经济研究院. 普洱迈向国际次区域中心城市的战略选择 [M]. 昆明:云南科技出版社, 2019.

思茅区绿色发展报告
(2012—2020)

  自建设普洱国家绿色经济试验示范区以来，思茅区始终坚持"生态立区、绿色发展"战略，努力践行习近平总书记"绿水青山就是金山银山"理念，坚持不懈地把绿色发展理念和生态文明建设的各项决策部署贯穿全区经济社会发展的全过程，立足自身生态优势，积极转变经济发展方式，培育绿色产业，推动绿色发展，让青山常在、碧水长流。

一、绿色发展基本情况

  思茅区总面积3928平方千米，辖4镇3乡，总人口25.45万人，聚居着彝族、哈尼族等26个少数民族，少数民族人口占总人口的30%。气候属低纬度高原南亚热带季风气候，具有高温、多雨、静风的特点。区内海拔在1000米以下的热区面积78万亩，具备热区开发的优越条件。全区有林地456万亩，森林覆盖率76.9%，是全省重点林区之一，享有"绿海明珠""林中之城"的盛誉。思茅区冬无严寒，夏无酷暑，四季如春，是消暑避寒、旅游休闲的胜地，是最适宜人类居住的地区之一。

  思茅区立足《普洱市建设国家绿色经济试验示范区发展规划》，紧紧围绕四大绿色产业基地建设，实施"八大试验示范重点工程"，对存量经济进行绿色化改造，对增量经济进行绿色化构建，用发展循环经济、低碳经济、生态经济，推进"产城融合"等绿色发展方式，引领产业提质增效，在产业发展中坚守"发展底线"和"生态红线"，努力探索经济发展与资源节约和环境保护相协调、"绿起来"与"富起来"相统一的绿色发展道路。2019年，全区地区生产总值实现217.17亿元，同比增长9.7%；绿色地区生产总值206.62亿元，同比增长36.45%，占GDP比重达95.14%；城镇常住居民人均可支配收入34258元，同比增长8.91%，农村常住居民人均可支配收入12337元，同比增长10.52%；资源产出率70.54%；农田灌溉水有效利用系数55.3%；万元工业增加值用水量26.85立方米/万元；二级以上空气质量占比95.9%，城镇污水集中处理率94.16%；城镇生活垃圾处理率99.1%；森林覆盖率72.64%。

（一）推动循环发展

积极支持绿色清洁生产，一是发展绿色农业，推进绿色农业生态化，建成国家有机产品认证示范区、全省首个国家现代农业产业园；二是发展绿色工业，推进绿色工业循环化，着力培育以茶叶、咖啡、生物药为重点的绿色新型工业，引导企业实施节能改造、余热利用等，强化节能减耗；三是发展绿色服务业，推进绿色服务业持续化，打造生态资源和普洱茶文化两张名片，推进实施全域旅游，改造提升传统商贸物流业，搭建电子商务第三方交易平台。

（二）推动低碳发展

积极落实第三批国家低碳城市试点工作，建设兰花低碳社区，倡导低碳生活、绿色消费，推行绿色交通，开展绿色机关、绿色学校、绿色社区、绿色家庭创建活动。

（三）推动生态发展

积极创建省级生态文明区，建成省级生态文明乡镇6个，市级生态村创建率达100%；深入开展"七彩云南·生态思茅"保护行动和"森林思茅"建设，构建生态文化体系，全区公众对生态环境满意率达96.67%。

（四）推行绿色考评

一是开展绿色GDP和GEP双核算。严格按照《普洱市绿色经济考评体系（试行）》和《普洱市绿色经济考评办法（试行）》，做好2015—2019年绿色经济考评及2017—2018年生态系统生产总值核算；二是开展生态文明建设年度评价。根据《普洱市生态文明建设目标评价考核办法》《普洱市绿色发展指标体系》《普洱市生态文明建设考核目标体系》，做好2016—2018年生态文明建设评价，不断推进生态文明均衡发展。

二、主要做法和成效

(一) 以生态茶园改造引领农业有机化发展和品牌建设

为全面提升普洱茶品质,打响普洱茶金字招牌,全区采取每亩茶园种植覆荫树10株,不少于6种树种的生态茶园标准,大力实施生态茶园改造,减少对茶园及周边环境的不良影响,通过在茶园间套种各种植物或种植与养殖相结合的模式,构建新的生态系统,以生物防控和物理防控技术措施相结合,减少茶园病、虫、草危害,逐步改善茶园生态环境。同时,通过抓标准、抓品牌、抓"互联网+"、抓融资、抓庄园、抓整合"六抓"战略要求,创建国家有机产品认证示范区,组建"普洱思茅有机茶"产业联盟,建设有机产品生产基地等,引领有机方向发展和品牌建设。全区共有26家企业通过有机产品认证,认证有机茶园29420亩,转换23834亩;有机咖啡园7000亩,转换1281亩;有机生物药园4861亩。代表企业如下。**茶叶**:省级龙头企业4家、市级龙头企业11家,帝泊洱茶珍、祖祥有机普洱茶"无量淳普"等入选云南省绿色食品"十大名品",云南天士力帝泊洱生物茶集团有限公司等入选云南省绿色食品"20佳创新企业"。**咖啡**:国家级龙头企业1家[云南爱伲农牧(集团)有限公司],省级龙头企业6家[云南爱伲农牧(集团)有限公司、普洱桑莱特咖啡有限公司、云南宏基咖啡产业有限公司、普洱凰关咖啡有限公司、普洱金树咖啡产业有限公司、普洱鑫丰农业开发有限公司],市级龙头企业2家[云南思茅北归咖啡有限公司、普洱市龙科咖啡有限公司]。**生物药业**:省级龙头企业3家、市级龙头企业5家,从事中药材产业企业34家。生物药业坚持林区野化种植与地道药材种植相结合,打造思茅生物药特色品牌,种植的生物药品种主要有石斛、白及、重楼、黄精、龙血树、鹿仙草、沉香、砂仁、灯台叶、七叶莲、黄藤等30余种,全区生物药种植总面积7.33万亩,投产面积4.36万亩。

经验:祖祥全面开启4.0模式,"普洱思茅有机茶"产业发展迈上新台阶。普洱祖祥高山茶园有限公司从创业初期就始终把农产品质量安全放在第一位,以高标准、高起点发展有机茶叶种植。通过近20年的不懈努力，在探索有机茶产业发展过程中，经历了产业1.0时期（2000年）——"公司＋农户"的经营模式；2.0时期（2010年）——"公司＋合作社＋农户"的经营模式；3.0时期（2014年）——"公司＋合作社＋产业联盟＋农户"的经营模式；4.0时期（2018年）——"公司＋合作社＋有机茶产业联盟＋有机技术服务中心＋农户"的五位一体的经营模式，使"普洱思茅有机茶"产业发展的产业链条更加完善，保障措施更加全面，促进有机茶产业发展迈上一个新台阶。

经验：推广立体生态茶园模式，标准化提升茶品质。国家立体生态茶园标准化示范区项目于2008—2018年建设，是由普洱茶叶专家肖时英首创的多品种组合种植、修剪两个采摘面的茶园建设创新模式。项目实行多品种组合种植、园林化改善生态环境、培养立体采摘面茶树高产树形、茶园散养土鸡防控虫害、坚持只在非采茶期喷施绿色食品允许使用的农药和施有机肥等绿色措施管理茶园，建设生产绿色安全优质茶、多种生物共生互利和具有自我维持功能的人工生态经济系统。该项目被列为国家第六批农业标准化示范区项目，2018年10月已通过目标考核。2019年《立体生态茶园建设技术规程》申报为普洱市地方标准。

经验：建设国家现代农业产业园。国家现代农业产业园作为推进农业供给侧结构性改革、培育农业农村新动能的加速平台，全力抓规划、抓产业、抓基础、抓创新，明确了"四中心、一基地"的功能定位，形成了"一心、两片、一环、一基地"的产业布局，其建设关键在于以下四点。一是推动优质高效产业基地建设。按有机化、科技化、景观化的要求，建成绿色茶园12.02万亩，其中有机茶园认证与转换面积3.9万亩；按照"茶＋有机肥＋配方肥""茶＋有机肥""茶＋自然生草＋绿肥"三个模式，推广1.7万亩有机肥替代化肥示范项目，实现化肥减量17.8%，园区内75%的茶园达到国家标准园水平。二是逐步提升加工转化能力。按"生产过程自动化、生产环境清洁化、产品标准化"要求，实施茶叶加工环节现代化转化，新建或改造茶叶初制所23家，SC认证茶叶加工厂82家，精制率达到76.01%；进行茶叶新产品研发，获批发明技术专利100多项。三是强化科技支撑。与国内外7家科研机构合作，建立1个院士工作站、1个研究院、1个国家级检验检测中心、2个技术研发中心、3所茶专业高等院校。搭建农教科结合、产学研协作平台，购置大型科学仪器设备12套，提高科研条件，培育新型经营主体。开展新型职业农民培育4期共计428人次，发展省级龙头企业4家，建成合作社170个，培育种植大户、家庭农场237户，引导新型经营主体与农民建立紧密、稳定的合作关系，带动农民共享发展。**四是推进全产业链融合发展**。采取"基地＋加工＋品牌＋文旅"发展模式，推进第一、二、三产业融合发展，建成茶叶庄园8个，2个4A级、3A级茶旅融合国家级景区，正申报4A级国家级景区1个，带动游客量200余万人次。

（二）以循环化改造引领工业绿色化发展

严格执行新型工业化标准，落实节能减排责任制，提高能源和资源利用率，限制煤炭等石化能源使用，开展强制性清洁生产审核。完成建成区燃煤锅炉全淘汰；完成普洱市思茅区森盛林化有限责任公司、普洱合利雪速冻食品有限公司、云南省普洱市乾合食品有限公司等企业锅炉煤改天然气清洁化改造，实现全区工业企业使用天然气零的突破；推广普洱茶、咖啡太阳能烘干技术运用，云南茶祖茶业有限公司开发拥有自主知识产权的纯太阳能烘干系统和蒸汽系统，建成无烟普洱茶生产加工厂；实施水泥企业余热发电节能改造，云南尖峰水泥有限公司利用余热余压发电，对煤渣等固体废弃物进行再利用，对污水进行处理后循环使用，减少了排放，保护了环境，被评为云南省清洁生产合格企业；普洱市思茅区康和木制品厂利用咖啡壳、木材加工剩余物和回收城镇废弃塑料制作原料生产环保型木塑复合材料，充分节约利用了资源；另有云南大唐汉方制药股份有限公司被称为"云南省民营小巨人"，大平掌铜矿被称为"绿色矿山"，普洱淞茂滇草六味制药股份有限公司被评为工业产品绿色设计示范企业。2019年，全区资源利用效率不断提高，能源消费总量目标完成率100%；单位生产总值能耗0.536吨标煤/万元；规模以上万元工业增加值能耗1.363吨标煤/万元（2018年数据）；万元工业增加值用水量26.85立方米/万元；农田灌溉水有效利用系数55.3%；规模以上工业固体废物处置利用率100%；林业"三剩物"综合利用率95%；资源产出率70.54%；主要再生资源回收率90%。

经验：科技助推清洁能源利用，促进产业提质增效。普洱市思茅区森盛林化有限责任公司于2018—2019年进行了松脂生产线技术提升改造和清洁能源化改建，对原有生产线进行了国内最先进的工艺技术改造,淘汰了原有燃煤锅炉,使用天然气导热油锅炉和太阳能集热器作为新能源动力,新建了废渣、废液、废水回收装置,形成新型天然气真空蒸馏法生产线。厂区还拥有全套先进的检验检测设备和方法。新设备体系投入生产后,厂区实现了无烟、无粉尘的清洁生产;产量大幅度提高,日生产脂松香量由40吨提高到100吨实现年生产2万吨脂松香、4200吨松节油、6000吨歧化松香;产品质量也由合格率40%提高到80%;节能效果显著,实现909.66吨标准煤节能量,节煤率达85.42%。普洱市思茅区森盛林化有限责任公司为全区淘汰燃煤锅炉、采用新能源工作起到了积极的示范作用。

(三)以全域旅游发展引领健康生活目的地打造

以生态体验、养老养生、医疗保健、康体运动、健康服务业等为重点,大力发展全域旅游,建成普洱国家公园、天士力帝泊洱生物茶谷、中华普洱茶博览苑、普洱茶马古道、普洱倚象山茶旅汽车旅游营地等景区。龙潭乡龙潭村委会南本自然村被列入中国传统村落名录;高家寨村民小组入选全国乡村旅游重点村;箐门口村、曼昔坝村入选国家森林乡村;普洱茶马古道旅游景区荣获亚洲旅游红珊瑚奖。思茅区已成为全省20个旅游型城市综合体之一、第三批全国旅游标准化示范区、全国森林康养基地试点建设县区、"中国最美旅游名区""新时代品质旅游城市"。2019年,共接待游客1199.44万人次,同比增长22.8%;旅游总收入133.65亿元,同比增长31%。全区共有各类旅游酒店420家,其中旅游星级酒店12家,旅游经济型酒店2家,精品酒店10余家,特色民居客栈71家;区内有旅游汽车公司3家,特色农家乐50家,旅行社10家,旅行社分社3家,旅行社服务网点11家,旅游散客集散中心1个;全区旅游餐饮业达1200余户,共有旅游直接从业人员18600余人,间接从业人员39230余人。思茅区现已基本形成以观光、休闲、养生度假为主导,以主题文化体验为重要补充,以乡村旅游、自驾车旅游、工业观光旅游、农业观光旅游为新支撑点的复合型产业体系,其作为普洱市旅游核心区、旅游集散地的作用逐步显现。

经验:打造半山酒店项目。普洱倚象山茶旅汽车旅游营地位于思茅区倚象镇大寨村倚象山,是由云南城投集团全资子公司云南云缦汽车旅游投资有限公司倾力打造的精品野奢房车自驾旅游营地。营地距离思茅主城区 15 千米,营地海拔 1549～1743 米,全年空气质量优良率达 100%,年平均气温 18℃。项目总投资 1 亿元,规划总面积 293.57 亩 (东地块 264.07 亩,西地块 29.5 亩)。项目依据点状供地集约使用建设用地相关政策,建设用地 47.55 亩(分 9 宗),项目所有建筑均落位于建设用地上,规划总建筑面积 5242.19 平方米,其中东侧游客服务中心 2451 平方米,西侧游客服务中心:724 平方米,帐篷客房 1037.88 平方米(27 个),木屋客房 1029.31 平方米(16 个),停车位 52 个。该项目地处大滇西旅游环线重要节点,有较好的引流条件,群山环绕,茶园葱郁,云海景观极具震撼力,周边形成"悦山云"金丝楠木展示体验区,普洱茶体验区业态完善,现有基础配套完备,符合半山酒店打造条件。

(四)以"互联网+"引领新经济新业态发展

积极发展新经济新业态,建成云南普洱茶交易中心、云南咖啡交易中心,率先建设电子商务公共服务中心,运营阿里巴巴思茅区农村淘宝服务中心和 34 个村级服务站。建成"云科德润众创空间",获得国家级众创空间备案认定。通过中国普洱茶节、中国云南普洱茶国际博览交易会、普洱茶产品拍卖会、《普洱》杂志茶山行、"县长直播带货"等推介活动,依托电子商务公共服务中心,不断提升区域品牌价值及国内外影响力,推动各类经营主体广泛参与国际国内市场竞争,扩大市场占有率和影响力。提升资源配置效率,建立采购商-茶农-生产商-投资者-消费者服务体系,构筑线下与线上相结合的产品交易市场,让原本只能在邻近地区销售的茶叶产品迈出家门、走向全国,部分产品甚至销往国外,有效带动了农民增收,让老百姓切身感受到"绿水青山就是金山银山"。

经验:开启社区团购新模式。社区团购是一种全新的团购模式,由平台统一提供相应产品,通过社区团长辐射社区用户,社区用户在小程序下单后,平台可直接发货至用户,或用户至团长处自提。平台通过"预售+拼团"的形式,以产定销,降低损耗和成本,用户可以真正享受实惠。思茅区充分发挥区域电商功能,依托"普洱市电子商务初级农产品进城"项目,建成的 25 个"佳门口"社区团购点,打通思茅区初级农产品上行渠道。"佳门口"社区团购点自 2019 年 12 月 1 日启动至 2020 年 5 月 8 日以来,帮助农户销售滞销土鸡蛋、瓜果、蔬菜、腌菜等农产品 80 余款,约 25 吨,销售金额 40 余万元。

经验：开展"网络直播带货"活动，助力农特产品销售。2019 年 12 月至 2020 年 1 月，开展"普洱优品双十二网红电商消费扶贫主题活动"，带货人包括思茅区人民政府副区长梅文升、"芒果台快乐购"主播阿雅。活动上线产品有普洱云顶复水竹笋笋片、茶叶、咖啡、美藤果产品等。该活动分多场进行，其中 1 月 15 日薇娅直播销售普洱云顶复水竹笋笋片 5000 余件，多上果汁（景谷）1.6 万件（20 万罐），总引导成交金额 146.26 万元，共引来 516.24 万观众围观。

2020 年 4 月 6 日，开展"抗疫助农，助力扶贫"系列公益直播之"县市长请您品春茶"——第二届春茶采购节（线上）大型推介、对接活动，带货人包括普洱市茶业和咖啡产业发展中心副主任王永刚、本地网络主播王俊杰和钟午木。活动上线产品有普洱祖祥高山茶园有限公司、云南龙生茶叶股份有限公司、云南天土力帝泊洱生物茶集团有限公司三家企业产品，在 30 分钟直播时间里，共销售茶叶金额达 12 万元。

2020 年 5 月 9 日，开展"抖音有好货，县长来直播"活动，思茅区人民政府常务副区长周强亲身体验了网络直播带货，在整整 5 个小时的直播中，向广大网友推介思茅区的 4 款普洱有机茶。通过直播，4 款产品共销售 2.6 万件，销售总额达 242 万元（其中：龙生普洱茶 1.7 万件，共计 184 万元；祖祥普洱茶 0.9 万件，共计 58 万元）。

2020 年 5 月 20 日，在百度全民小视频直播平台开展"县长直播带货活动"推介思茅爱伲咖啡。直播间人数 1.2 万人，直播两个半小时内销售额 95.7 万元。

（五）以绿色产业扶贫引领脱贫攻坚迈出新步伐

将林业与扶贫相结合，推动森林生态效益补偿、天然商品林停伐补助、湿地生态补偿、草原生态补偿等政策在贫困地区落地落实，开展森林碳汇精准扶贫试点示范。坚持向生态环境和可持续发展要效益，大力提升脱贫攻坚的"含绿量"，全力构建"绿色产业＋扶贫"工程，走"绿富双赢"的脱贫新路。

经验："森林碳汇＋扶贫"模式。为把森林资源优势转变成精准扶贫的一种长效机制，探索生态补偿与扶贫相结合的新模式，2019 年，云南省科学技术情报研究院开展研究森林碳汇精准扶贫试点示范项目。项目选取了思茅区龙潭乡老鲁寨村 55 户建档立卡贫困户的 6724.6 亩林地资源，以 2005—2019 年为碳汇计入期，对共计 22059.38 吨碳汇量进行网上交易。通过云南省碳汇自愿交易平台，介绍气候变暖、碳足迹、森林碳汇、贫困人口等相关知识，大众可以每吨 35 元的价格自愿购买碳汇抵消其生活中的碳足迹，所得碳汇资金直接进入贫困户账户。自 2019 年 6 月 17 日正式交易后，共销售碳汇量 958 吨，获得碳汇资金 33530 元。该项目以丰富的森林碳汇为载体，以消除碳足迹为目的，以脱贫攻坚为目标，通过大力宣传，让人民大众购买碳汇抵消其碳足迹，获得收益用于扶贫，积极探索了践行"绿水青山就是金山银山"的途径。

经验："特色生物药业＋扶贫"模式。2019 年，思茅区紧紧围绕普洱市建设特色生物产业基地的目标，结合国家中药材产业扶贫计划，以"特色生物药业＋扶贫"模式，在倚象镇易地扶贫搬迁安置点建设以茯苓削皮、加工、储存、育苗为主要生产项目的扶贫车间。扶贫车间建成后，可提供 400 人以上的就业岗位，人均务工收入每天可以达到 80~150 元不等，年人均收入超过 2.5 万元，有效解决了搬迁群众的后续就业帮扶问题。扶贫车间建在了家门口，群众有了稳定的收入来源，上能顾老、下能领小，实现了"挣钱顾家两不误"，还可以逐步消除安于现状、"等靠要"的依赖心理，增强自立自强、靠辛勤劳动创造美好生活的信心和志气，实现由"要我脱贫"到"我要脱贫"的思想观念转变。

经验："林下经济＋扶贫"模式。自思茅区 2013 年被列为国家林下经济示范基地以来，按照"生态建设产业化，产业建设生态化"的发展思路，充分利用优越的自然生态环境的优势，积极发展林下种植、养殖、采集、旅游产业，采取"公司＋基地＋贫困户""合作社＋基地＋贫困户"等形式吸收贫困户参与其中，为林地增产增效、林农增收致富做出积极贡献。全区林下种植以黄精、重楼等生物药为主，经营面积 34680 亩，产量 13407 吨，产值 45800 万元，涉及 20 家企业及个人；林下养殖面积 61187 亩，养殖数量达 42998 头（只），产值 2467.85 万元；林下采集野生菌年产量 800 吨，产值 7000 万元；林下旅游年产值 5000 万元，接待旅游人数 50 万人次。

三、存在的主要困难和问题

（一）经济实力不强，产业量小质弱，支撑绿色经济高质量发展的动能不足

思茅区绿色产业经济结构方面存在如下问题：一是产不大，茶叶、咖啡等优势产业仍处于产业链的中低端，高端产品开发不足；二是产不强，工业结构单一，矿电总产值约占工业总产值的40%，制造业层次低，产业链短，未形成具有竞争力的优势产业集群；三是产不优，健康养生产业发展水平不高，对绿色资源的开发利用和人文资源的挖掘不够，短期内难以发挥支撑和带动作用。

（二）政策机制不完善，要素保障不力

绿色发展评价机制尚在建立完善中，部分部门创新不足，协调推进、督促检查等机制不够完善；绿色发展所需的人才、资金等要素还面临着供给困难；城市规划区产业用地预留不够，可利用的集中连片土地资源紧缺，项目建设用地落实难。

（三）绿色发展意识仍有较大提升空间

绿色发展、绿色生活的概念，不应局限在经济产业发展方面，也不应局限在政府工作人员或相关从业者范围内，更应该推广至每一位民众。在民众日常生活方式、思想观念转变等方面，绿色发展意识的普及推广仍有较大的提升空间。

四、下一步对策建议

持续深入推进习近平生态文明思想的宣传贯彻，坚持"绿水青山就是金山银山"理念，继续推进可持续发展战略，营造绿色生产、绿色生活、绿色消费的良好氛围，积极倡导绿色低碳、文明健康的生活方式和适度消费的绿色消费习惯。

转变经济发展方式，大力发展绿色产业，积极开展重点行业、重点领域的绿色转型和产业升级。加强对生态建设、绿色发展项目的服务，促进项目落地，增强绿色发展的支撑力。

紧紧抓住数字化、网络化、智能化发展机遇，利用数字赋能，着力推动传统产业与数字经济的融合发展。实施存量经济绿色化改造和增量经济绿色化构建，通过数字经济的引领带动作用将区内独有的生态优势、资源优势、区位优势转变为经济优势和发展优势，实现速度与效率并重、经济社会与绿色生态协调发展。

五、今后工作打算

全区将紧紧围绕"十四五"规划总体思路，坚定不移地贯彻新发展理念，把发展绿色产业作为推动经济高质量发展的突破口，在将绿水青山转换为金山银山上下功夫。

（一）推动第一、二、三产业融合发展

打造"绿色能源""绿色食品""健康生活目的地"这"三张牌"，以国家现代农业产业园、一县一业、百里普洱茶道建设为抓手，加快全区绿色、有机食品生产基地建设；推动茶、咖啡、生物药等产业提质增效和精深加工；壮大休闲度假产业，促进产业融合、产城融合。

（二）加快实施乡村振兴战略

全面巩固脱贫攻坚成果，推动乡村产业发展，整治农村人居环境，做到建设美丽乡村和经营美丽乡村并重，充分发挥乡规民约作用，倡导现代文明理念和绿色生活方式，加强乡风文明建设，促进城乡融合发展。

（三）推动数字经济稳步发展

积极利用数字技术在产业发展、乡村振兴、生态环境保护、休闲度假旅游、健康养生、城市管理、交通出行等方面进行数字赋能，开启"数字绿色思茅"新探索。

（四）开展绿色生活创建活动

围绕绿色机关、绿色学校、绿色社区、绿色家庭、绿色出行、绿色商场、绿色建筑七个重点行动领域，广泛宣传简约适度的生活理念，积极倡导绿色低碳的生活方式，践行绿色发展。

宁洱哈尼族彝族自治县绿色发展报告
（2012—2020）

2020年是"十三五"的收官之年，也是普洱市建设国家绿色经济试验示范区的目标年，宁洱哈尼族彝族自治县（以下简称宁洱县）坚持以习近平生态文明思想为指引，牢固树立"发展是第一要务、保护是第一政绩"的理念，保持"生态立县、绿色发展"的战略定力，高度重视国家绿色经济试验示范区建设工作。

一、基本情况

（一）主要指标完成情况

1. 地区生产总值

地区生产总值逐年增长，经济总量迈上新台阶。2012年全县实现生产总值318672万元，同比增长15.3%；2013年实现357050万元，同比增长12.0%；2014年实现394112万元，同比增长8.8%；2015年实现426152万元，同比增长10.0%；2016年实现472192万元，同比增长10.7%；2017年实现526671万元，同比增长10.6%；2018年实现554547万元，同比增长7.2%；2019年实现612801万元，同比增长6.4%，比2012年年底的318672万元增加294129万元。（注：2012—2019年生产总值绝对值数据均为历年初步核算数，尚未经修正为最终核实数）

2. 耕地面积增长率

至2020年年底，宁洱县耕地保有量不低于417345亩。依据最新的土地变更调查结果，目前宁洱县耕地面积432490.5亩，大于目标任务。

3. 全县林业用地及森林覆盖率

至2020年年底，全县林业用地面积469.08万亩，占全县土地总面积（549.91万亩）的85.3%，活立木总蓄积量2672.73万立方米，草原面积 41.71 万亩，湿地总面积 6.61 万亩。林业"三剩物"综合利用率 96%，木材消费量 29.23 万吨，森林覆盖率 77.37%，林业"三剩物"综合利用率和森林覆盖率排名全市第二。林地占用量 1038 亩，单位林地平均占用成本 1.14 万元/亩，植被恢复投入 2456 万元，年度林木资源采伐量 292295 立方米，单位林木资源平均价格 450 元/立方米。木本油料（含坚果、核桃、油茶等）总产值逐年增长，从 2012 年的 599 万元提高到 2020 年的 3650 万元，其中 2012 年 599 万元，2013 年 993 万元，2014 年 1389 万元，2015 年 936 万元，2016 年 1350 万元，2017 年 1839 万元，2018 年 1890 万元，2019 年 3648 万元，2020 年 3650 万元。

4. 单位 GDP 能耗

经过狠抓落实各项节能措施，2016—2019 年，宁洱县实现 GDP 能耗累计下降 10.13%。截至 2020 年年底，宁洱县万元 GDP 能耗比 2015 年降低 12%。

5. 能源消费总量及能耗下降情况

2012 年宁洱县能源消费总量为 357862 吨标准煤，单位 GDP 能耗为 1.2436 吨标准煤/万元，单位 GDP 能耗下降率为 2.91%；2013 年全面完成节能减排任务，全县能源消费总量为 391993 吨标准煤，单位 GDP 能耗为 1.2159 吨标准煤/万元，单位 GDP 能耗下降率为 2.2%；2014 年能源消费总量为 414138 吨标准煤，单位 GDP 能耗为 1.1810 吨标准煤/万元，单位 GDP 能耗下降率为 2.9%；2015 年能源消费总量为 398133.6 吨标准煤，单位 GDP 能耗为 1.0575 吨标准煤/万元，单位 GDP 能耗下降率为 2.9%；2016 年能源消费总量为 431022.54 吨标准煤，单位 GDP 能耗为 0.9139 吨标准煤/万元，单位 GDP 能耗下降率为 2.2%；2017 年能源消费总量为 462877 吨标准煤，单位 GDP 能耗为 0.8766 吨标准煤/万元，单位 GDP 能耗下降率为 2.9%；2018 年能源消费总量为 477068.57 吨标准煤，单位 GDP 能耗为 0.8498 吨标准煤/万元，单位 GDP 能耗下降率为 3.85%；2019 年能源消费总量为 46.46 万吨标准煤，单位 GDP 能耗为 0.8275 吨标准煤/万元，单位 GDP 能耗下降率为 1.18%。

6. 非化石能源占一次能源消费比重

非化石能源占一次能源消费比重逐年增加，2015 年为 34.62%，

2016年为34.84%，2017年为35.9%，2018年为36.12%，2019年为36.39%。

7. 规模以上万元工业增加值能耗

规模以上万元工业增加值能耗是规模以上工业能耗等价热值比规模以上工业增加值现价的结果。2019年宁洱县规模以上工业增加值能耗为4.85吨标准煤/万元，排名全市第10名。其原因主要是2019年全县能源消费总量为46.46万吨，排名全市第9，云南普洱天恒水泥有限责任公司属于高耗能产业，其一家企业仅无烟煤用量就高达21.83万吨，几乎占全县能源消费总量的一半，加之宁洱县工业增加值不高，导致工业增加值能耗高。

8. 保护饮用水水源地

宁洱县集中式饮用水水源地为松山水库，监测指标共61项，监测频次为每季度1次，监测指标符合《生活饮用水卫生标准》（GB 5749—2006），满足《地表水环境质量标准》（GB 3838—2002）Ⅱ类水域功能，预计水质达标率为100%。

9. 重点流域水污染防治工作

全面开展河（湖）长制工作，全县共设立三级河（湖）长491名［其中，县级58名，乡（镇）级164名，村（社区）级269名］，实现各级河（湖）长"全覆盖"。通过对河湖突出问题的整治，河道基本面貌得到改善，公众"爱河护河"意识大幅提高。宁洱县辖区内2个水质监测断面监测指标均达到《地表水环境质量标准》（GB 3838－2002）Ⅱ类水域功能要求。

10. 城乡污水垃圾处理率

根据1—10月在线监测运行报表数据，全县共处理水量288.4647万吨，日平均处理水量0.9489万吨，运行负荷率为94.89%；平均进水COD浓度174.2毫克/升、平均出水COD浓度17.7毫克/升，COD削减量434.34吨，完成年度目标任务的91.8%（年度目标任务为削减473.97吨）；平均进水NH_3-N浓度23.73毫克/升、平均出水NH_3-N浓度1.53毫克/升，氨氮削减量62.34吨，完成年度目标任务89.8%（年度目标任务为削减69.41吨）。

11. 农村水利建设

目前宁洱县所有农户饮水安全均达到《云南省脱贫攻坚农村饮水安

全评价细则》的 4 个指标要求。全县农村自来水普及率 99.85％，全县农村集中供水率 99.85％（按单件受益人口 20 人以上计算），全县水质抽样检测合格率 76.7％。2020 年农业用水有效灌溉系数高达 53％（估计数，年底数据未定）。

12. 防治水土流失

2012—2020 年主要实施磨黑镇龙洞箐小流域水土保持综合治理项目，累计完成水土流失综合治理面积 164 平方千米。

13. 防汛抗旱减灾体系建设

已完成中寨水库、曼巴箐水库的视频监控工程联网建设和东洱河、西洱河、大河边水库监测及水情自动化升级改造；实现了辖区内所管辖的小（一）型以上水库手机移动 App 巡查管理；实施了宁洱县山洪灾害监测预警系统，确保科学监测、科学预警；实施并竣工验收了磨黑河河道治理、勐先大河河道治理工程，治理段河道的综合指标得到明显提高；集镇防洪能力进一步提高，人居环境得到明显改善。

14. 接待游客比重

2016 年，全县共接待国内外游客 178.8 万人次，同比增长 45％，实现旅游总收入 13.54 亿元，同比增长 56.5％；2017 年，全县共接待国内外游客 247.1 万人次，同比增长 38.2％，实现旅游总收入 21.73 亿元，同比增长 60.5％；2018 年，全县接待海外游客 1501 人次，同比增长 21.44％，接待国内游客 296.19 万人次，同比增长 19.9％，实现旅游总收入 28.62 亿元，同比增长 31.72％；2019 年，全县接待海外游客 1855 人次，同比增长 24.9％，接待国内游客 401.7 万人次，同比增长 35.62％，实现旅游总收入 38.58 亿元，同比增长 35％。

（二）绿色发展基本情况

1. 调结构促转型

对照"天蓝空气清，水绿环境美"的目标，宁洱县一手抓生态保护、环境治理，一手抓经济平稳发展，依托现有产业基础，促进产业提质增效，拓展绿色产业发展空间，大力发展现代服务业，不断优化产业结构，加强能源消费总量控制，三次产业结构由 2012 年的 26.6∶37.1∶36.3 调整为 2019 年的 24.0∶27.5∶48.5。2020 年 1—9 月，全县完成非电工业投资 7.14 亿元，同比增长 109.3％，预计全年完成非电工业投资 8.2 亿元。

2. 提升能源资源利用效率

坚持实施"节约与开发并举、把节约放在首位"的能源发展战略，着力推进资源节约利用，提高资源利用率和生产率，降低单位产出资源消耗。一方面，杜绝资源浪费，减少煤炭、石油、天然气、矿石等能源消费，同时着力开发风能、光能等非化石能源的利用，推进资源循环利用，提升资源利用效率；另一方面，充分利用资源回收系统。县城区设置公共生活垃圾分类点 100 个，配备公共生活垃圾分类收集桶 470 只；根据分类要求，将生活垃圾分为四类：可回收物、其他垃圾、有害垃圾及厨余垃圾；根据生活垃圾四个分类情况，配备可回收物收运车 2 辆，其他垃圾收运车 4 辆，有害垃圾收运车 2 辆，厨余垃圾收运车 2 辆；建立健全终端处理系统，建设生活垃圾分拣中心一座，厨余垃圾处理中心一座，有害垃圾处理中心一座，废弃电子、电器处理中心一座。

3. 水利基础设施建设不断加强

已开工建设何张田水库、老许坝水库、黄草坝水库、温泉河水库，竣工验收中寨水库、曼巴箐水库工程，全县新增蓄水库容积 743 万立方米，共计 3103 万立方米。实施 2013—2015 年中央财政小型农田水利重点县项目，新建或修缮完成山区"五小水利"工程建设 7022 件，新增农田有效灌溉面积 1.74 万亩，新增高效节水灌溉面积 2.358 万亩。

4. 稳步推进绿色建筑节能

从"四类项目"入手，全面按照绿色建筑标准进行规划、设计及建设，实行同步规划、同步设计、同步施工、同步验收，贯彻执行绿色建筑设计、施工、评价等技术标准，并建立绿色建筑规划、设计、施工图等的基本审查制度。同时，鼓励其他项目按照绿色建筑标准建设，推进绿色建筑全产业链发展，推广节能绿色建材、装配式和钢结构建筑、绿色施工技术、绿色运营模式等绿色建筑新产品、新技术，发展绿色物业。在公共建筑方面，对未达到国家现行节能设计标准的部分公共建筑，主要改造空调、热水、照明等用能系统和建筑外窗。在城市公共照明方面，主要改造光源、灯罩和控制系统，推广应用 LED 照明产品，淘汰白炽灯、高压汞灯和能效未达到国家标准的高压钠灯。

5. 医疗卫生明显增强

全县共有医疗卫生机构 132 个，其中县级公立医院 2 个（县人民医院、中医医院）、公共卫生机构 3 个（县疾控中心、县妇幼保健院和县卫生计生综合监督执法局）、乡（镇）卫生院 9 个、民营医院 3 个（顺宁医院、康泰医院、家林医院）、诊所 30 个、村卫生室 85 个。全县卫生健康系统共有 1149 人，其中共产党员人数 278 人，占总人数的 24.19%。全县医疗卫生单位核准编制 681 人，实际在编 646 人，聘用编外人员 471 人，共 1117 人。医疗卫生专业技术人员 988 人，其中正高级职称 15 人，副高级职称 104 人。

6. 旅游规划稳步推进

围绕建设"养生宜居宝地"目标，按照"全景域体验、全过程消费、全产业融合、全民化共享"的发展格局和"一轴三环一廊一带"思路打造全域旅游，结合城乡人居环境提升和脱贫摘帽工作，串点成线、串线连面、串面成域。

（1）围绕省、市旅游发展思路，以加快重大旅游项目建设为突破口，抓住旅游扶贫、电商扶贫和农村人居环境改善机遇，结合宁洱县实际情况，印发了《宁洱哈尼族彝族自治县旅游产业转型升级 2016—2018 三年行动计划》，编制了《宁洱县全域旅游规划（2017—2030）》《宁洱县精品自驾旅游线路规划》。

（2）按照旅游扶贫、电商扶贫的要求，打造了那柯里、四堂庙、绿荫塘等具有代表性的乡村旅游示范点。争取项目资金 20 万元，完成对宁洱镇温泉村 4 户、同心镇 6 户、德化镇 5 户旅游特色示范户的施工、验收。在贫困镇德化镇那迁村扶持 5 户农户开设农家乐，带动周边 6 户贫困户 28 余人脱贫出列。

（3）认真贯彻落实省、市对做好旅游厕所建设管理工作安排部署的精神，2016 年宁洱县在景区点、旅游集散中心、旅游线路沿线新建（改建）旅游厕所共 10 座；2017 年按照旅游厕所建设计划，按时、按质、按量完成 7 座旅游厕所建设工作；2018 年协调建设旅游厕所共 13 座。

（4）实施了乡村旅游富民工程项目，在宁洱县同心镇那柯里村、磨黑镇庆明村、宁洱镇宽宏村、勐先镇宣德村、同心镇那勐勐村、德化镇那迁村、磨黑镇团结村、德安乡兰庆村、梅子镇民乐村 9 个村开展乡村旅游，主要建设旅游公路、步游道、游客服务中心、停车场、景区标示标牌、旅游厕所等，目前已完成 9 个村可研工作。2016 年第一批建设为庆明村、团结村、那迁村、宽宏村 4 个村，完成初设并通过市级评审，落实配套资金400万元，通过市级批复，完成项目建设。

（5）加大项目扶持力度，在建档立卡的贫困村那迁村绿荫塘组开展美丽乡村旅游标识建设，总投资27.8万元，其中申请财政专项资金27万元，群众以劳折资0.8万元。完成仿石板路1条（118米）、龙须巷道门牌3座、寨心歌舞广场、景观石7组，受益农户30户125人。

（6）配合创新传统营销方式。通过"互联网＋旅游"模式，在新媒体、自媒体等领域全方位、多角度宣传推介宁洱县；借助旅游展会和"一部手机游云南""携程""途牛""淘宝""京东"平台，积极加强与客源城市对接，不断建立集散分销渠道，拓展旅游市场，并借助西双版纳州、昆明市、丽江市、大理市等地提升知名度。目前，县城范围内大部分酒店、餐饮企业与电商合作，开通网络预订。普洱茶厂等企业参与云南省旅游发展委员会组织的茶马古道自驾推广活动，到成都、林芝等地开展宣传促销，取得了良好效果。

7. 创新体制机制不断完善

通过推进创新体制机制、实施与绿色经济发展相适应的特殊人才政策两个方面，推进国家绿色经济试验示范区建设，着力完善人才评价发现机制，深化职称制度改革，通过公务员招录、事业单位人员招聘，为宁洱县的发展提供智力支持。

二、主要做法和成效

（一）高度重视，加强领导

宁洱县历来高度重视绿色发展工作，牢固树立"保护生态就是提高生产力，改善生态环境就是发展生产力"的政绩观，成立了生态文明建设和生态示范创建工作领导小组，专门负责研究部署、检查指导和协调处理有关工作，并将林业、环保等重点工作任务分解下达至各乡（镇），按照"乡（镇）一把手负总责、分管领导具体抓、各部门分工协调"的总体思想，形成了责任明确、配合密切、多方联动、整体推进、齐抓共管的工作机制，切实把各项生态文明建设工作落到实处。

（二）工业经济逐步回暖向好，规模以上工业增加值降幅明显收窄

（1）及时准确掌握工业经济运行情况。对当月全县工业经济运行情

况做出预判并提出处理方法，确保工业经济呈逐步向好态势。

（2）积极建立银政企业合作沟通协调机制，力争使更多有实力、发展前景好、有资金需求的企业顺利实现融资。

（3）高度重视重大工业项目建设推进工作，按照一个项目、一个管理方案、一抓到底的工作机制要求，着力抓好项目落实，切实加快建设进度，及时协调解决项目推进工作中遇到的困难和问题，确保重大工业项目顺利推进。

（4）充分利用宁洱县独特的优势资源，开展重点商品促销活动，进一步激发消费。

（三）生态文明建设不断加强

1. 强化生态保护，稳步推进营林绿化工作

2012—2020年，全县共完成营造林13.86万亩，其中新一轮退耕还林2.86万亩（2016年0.45万亩、2017年0.5万亩、2018年0.85万亩、2019年1万亩、2020年0.06万亩）。实施以"四旁"绿化、道路绿化、乡村绿化、五采区绿化为主的具有宁洱县特色的全民义务工作，共计植树270万株。实施昆明市至西双版纳州景洪至磨憨高速公路宁洱段绿色廊道工程，绿化面积3300亩。

2. 全面加强资源林政管理工作

圆满完成了全县森林资源二类调查工作，全面落实停止天然林商业性采伐政策，组织对全县天然林面积进行审核认定，严格林业生态红线管控，严格执行"十二五""十三五"森林采伐限额制度、林地管理制度，以开展毁林种茶专项整治、森林督查工作为契机，严厉打击违法违规占用林地、破坏森林资源的行为，有效保护森林资源。强化全县生物多样性保护工作，成功申报梅子镇西黑冠长臂监测项目，编制完成《宁洱县松山县级自然保护区总体规划（2019—2028）》。前移林业有害生物防控关口，开展第三次林业有害生物普查工作。2012—2020年，实施林业有害生物无公害防治85.43万亩，其中2012年8万亩、2013年7.9万亩、2014年0.39万亩、2015年12.38万亩、2016年4万亩、2017年9.4万亩、2018年16.1万亩、2019年6.39万亩、2020年20.87万亩，各项控制指标均在上级规定范围内。完善森林火灾预防、扑救、保障三大体系，认真落实森林防火"三线责任制"，层层签订森

林防火目标管理责任状，扩大森林防火宣传教育，严格依法治火，组建应急专业扑火队和群众义务扑火队伍 110 支 3100 余人，连续 30 余年无较大及以上规模森林火灾发生。

3. 不断加快林产业发展

坚持以绿色引领产业发展，大力发展木本油料、林化工、木材加工、林下经济、观赏苗木、森林生态旅游、森林康养等绿色生态产业，建立国家绿色产业示范基地 2 个，成功申报全国森林康养基地 1 个，建立省级森林乡村 10 个。成立林农专业合作社 34 户，扶持壮大 2 家省级林下经济专业合作社和 1 家野生动物驯养繁殖户，带动全县农民发展林下鸡养殖、林下中药材种植，生产培育出了如"普美"牌坚果系列产品，"华辉""磨黑正春"林下土鸡、土鸡蛋，宁洱通达中药材种植专业合作社种植生产的中药材茯苓，以及农户采集加工的野生菌、蜂蜜等一批深受群众喜爱的优质、高效、绿色、生态林产品。现代林产业总产值从 2012 年的 123550 万元提高到 389527 万元，其中 2012 年 123550 万元、2013 年 144637 万元、2014 年 188221 万元、2015 年 210847 万元、2016 年 244664 万元、2017 年 281364 万元、2018 年 316069 万元、2019 年 367479 万元、2020 年 389527 万元。

4. 完善耕地保护

一是完善耕地保护责任制和目标考核办法，规范和完善用地审批手续；二是通过土地整形，全面提高农业用地的利用率，降低自然灾害对农业生产的影响；三是引入龙头企业实施冬农开发，农户收入显著增加。

5. 依法保护管理森林和野生动植物资源

一是加大经费投入，做好森林防火、病虫害防治等工作，自然资源得到有效保护；二是全面落实退耕还林、退耕还草政策，通过木本油料种植、义务植树等方式提高全县的森林覆盖率和集镇、村庄绿化率。

（四）绿色生活创建成效明显

通过开展绿色社区、绿色学校、绿色家庭等创建工作，广泛宣传推广简约适度、绿色低碳、文明健康的生活理念和生活方式，推动绿色消费，促进绿色发展。

1. 推进绿色社区创建

绿色社区创建行动以广大社区为创建对象，将"人与自然和谐共生"作为主旨，从社区的设计到管理始终贯穿绿色的理念，强调公众参与；引导居民树立正确的消费与生活观念；通过建立完备的垃圾分类回收系统，实施生活垃圾分类；采用节能照明、节水器具等绿色产品、材料，使居住环境得到进一步改善。

2. 推进绿色学校创建

绿色学校创建行动以大中小学为创建对象，在教育教学活动中融入生态文明、绿色发展、资源节约、环境保护等相关知识，广泛开展环境教育；合理规划各类公共绿地和绿植搭配，提升校园绿化、美化、清洁化水平；建立健全校园节能、节水、垃圾分类等绿色管理制度；引入信息科技先进技术，加快智慧化校园建设与升级；积极开展校园能源环境监测，有效处理生活及实验室污水。目前全县有省级绿色学校6所，省级环境教育基地1个，市级绿色学校6个，县级绿色学校9个，省市级绿色学校占全县学校总数的60%。

3. 推进绿色家庭创建

通过开展形式多样的环保体验和实践活动，最大限度地调动群众参与活动的主动性和积极性，倡导家庭成员力行参与生态文明共建，了解生态文明相关法律法规，掌握家庭绿色环保知识和方法；引导家庭在日常生活中使用清洁能源，节约用电、用水、用纸等；引导家庭使用节能、节水产品或绿色产品认证产品；不用或少用塑料袋、塑料餐具等一次性用品，减量包装，适度消费，减少对环境的污染；引导家庭成员在出行时优先选择绿色出行方式。

4. 优化绿色出行方式

截至2018年11月中旬，宁洱县完成分解104辆老旧黄标车的淘汰治理任务，淘汰完成率达100%。为推进道路运输绿色发展，2019年3月30日，云南金孔雀交通运输集团有限公司宁洱运输分公司的8辆纯电动客车在宁洱客运站正式投入运营，标志着宁洱县公共交通正式迈进"低碳环保，绿色出行"的崭新时代。这批车辆的投放，不但为进一步优化出行注入了强大动力，同时对宁洱县提升城市形象，改善大气环境，倡导绿色交通、低碳生活理念，改善群众出行条件都具有重要的现实意义。宁洱县还将进一步引导客运、公交企业逐步将传统的燃油车辆替换为新能源车辆，2020年新增纯电动网约车3辆，同时优化线路覆盖，为群众提供安全、舒适、环保、贴心的出行服务；进一步加强宁洱县汽修行业污染防治工作，引导和促进汽修行业绿色低碳发展，强化汽修废弃物处理，推广使用绿色汽修设施设备，减少汽修废弃物对环境的污染，督促31家涉及汽修企业开展环评工作。

（五）持续加强公共文化服务体系建设

（1）不断提高文化遗产公共服务水平，广泛开展优秀传统文化普及推广工作，继续组织好非遗传统文化进校园、进社区、进机关、进企业工作。

（2）不断加快发展公共数字文化服务，继续实施文化信息资源共享、公共电子阅览室建设、数字图书馆推广等国家公共数字文化工程。完成宁洱县图书馆、文化馆县（乡）总分管制建设，落实全县85个行政村信息共享工程每年17万元的专项经费。

（3）不断开展乡村文化骨干培训，助推农村文化繁荣。5年来开展农村业余文艺队培训班20余期，800余人次受益，派出"三区"人才共计70余人次及文化志愿者团队赴9个乡镇开展各类文化辅导、戏曲传承培训共200余次，开展"三区"人才支持计划文化工作者专项培训班12期。图书馆、文化馆、博物馆发挥自身作用免费开放场馆及开展各类文化培训300余场次，培训群众达20万余人次，举办展览110次，参观群众1.5万余人次。

（六）旅游富民多点发力

2017年，宁洱县成为云南首批实现脱贫摘帽的15个县之一，完成建档立卡贫困户1828人的脱贫任务。宁洱县鼓励有条件的群众开办农家乐，大力发展以观茶、观光为主题的田园风光游和以红色文化为主题的爱国主义教育游，引导群众将茶叶、咖啡、生态果蔬等农特产品转化为绿色旅游商品。自2017年以来，宁洱县大力推进民宿客栈建设，目前已完工并投入使用民宿客栈54家，代表性民宿客栈有那柯里心园客栈、炽圣民宿客栈、漫崖咖啡庄园民宿、宁洱湖广会馆。随着旅游业的发展壮大，越来越多的群众享受到了旅游业带来的"红利"，宁洱县开启了旅游扶贫带动乡村发展、助推全面小康建设的新局面。

（七）营造绿色发展法治氛围

以实施"六五""七五"普法规划为契机，将涉及城乡发展、产业结构、生产方式、资源和环境保护等方面的法律法规列入普法工作计划,深入开展"法律六进"活动,严格落实"谁执法谁普法"责任制,与相关部门开展系列主题法治宣传教育活动;广泛宣传环境保护、大气防治、水污染防治、资源能源节约利用相关法律法规及政策,利用网站、短信、微信等线上平台,发布环境保护相关法律知识;广泛开展法治宣传教育、法律政策咨询服务工作,帮助企业防范法律风险,助推企业绿色发展,完善"一村一法律顾问"工作机制,开展法律服务活动。

(八)实施与绿色经济发展相适应的特殊人才政策

在国家有关法律规定范围内,实施与绿色经济发展相适应的特殊人才政策鼓励机关公务员、事业单位在编人员自愿到国有企业、民营企业工作或创业;拓宽选人渠道,探索公务员遴选、公开考调等机制,优化公务员队伍结构;做好各类招考工作,2012—2018年,共计划招考公务员221人,2012—2020年11月公开招聘事业单位工作人员926人;建立与县域经济发展相适应的工资增长机制,根据省市有关待遇调整政策,结合我县实际,规范全县工资福利管理工作。

三、存在的主要困难和问题

(一)产业结构仍然偏重

第一产业占比较重,2012年三产业结构比中第一产业占比26.6%,2019年为24.0%,农业占比偏重,且产业结构调整较缓慢。要持续推动第一、二、三产业融合发展,发挥比较优势,将农产品生产、加工、流通、体验、观光等环节有机结合,聚焦茶叶、咖啡、医药养生等重点产业,建设"绿色生态现代庄园",大力发展绿色农业、绿色工业、绿色服务业,构建绿色产业体系。

(二)产业自主创新能力不强

工业企业竞争力不强,新动能不足,规模以上工业企业研发投入较低,缺乏"高尖精"人才,自主创新能力较弱,传统工业拉动经济增长效益不明显,工业企业发展受限严重。全县工业总量偏小、效益不高,工业总量占GDP比重较低仍是最基本县情,工业经济"低、小、散、短"特征突出。要以持续优化营商环境为抓手,全力支持企业自建或通过其他模式建设研发机构,鼓励企业提升创新层次和水平,吸引和聚集国内外高校及科研机构参与宁洱县协同创新发展。

（三）基础设施建设薄弱

1. 水利基础设施底子薄

工程性缺水仍是宁洱县的短板，现有水利基础还不能满足实现全面小康的现实需求，水利抵御自然灾害、支撑产业发展的能力还有一定差距；在工程运行管护、水费收缴、工程维修养护投入方面仍需加强，群众节水、护水意识短期内难以形成，未达到以水养水的目的。

2. 旅游基础设施薄弱

全县旅游产业仍处于"小、弱、散"的低水平发展层次，资金投入不足，景区景点的基础设施建设滞后；旅游产品较为粗放，开发方式单一化、格式化，大多还停留在静态观光的层面上，体验性、参与性项目短缺，旅游形象整体包装、营销力度不够，核心产品形象不突出。

（四）生态建设难度增大

1. 林业生态建设发展资金不足

由于宁洱县经济落后、财政困难、群众贫困，无力筹集更多的资金发展林业生态建设事业，尤其是森林抚育、公益林管护、木本油料林提质增效等重点林业建设资金和林下经济、苗木繁育等林业产业发展资金投入不足、扶持不够。

2. 极端气候频繁

近年来，宁洱县频繁出现极端天气，森林火灾、森林病虫害和外来生物入侵风险加大，给全县森林资源管理保护带来严峻考验。

3. 基础能力建设滞后

林业高素质人才短缺，林业科技贡献率不高，基础研究、关键技术研发和新品种选育繁育能力不强，高新实用技术成果推广应用不足，制约了林业草原建设事业高质量发展。

（五）卫生信息化建设不完善

卫生信息化建设水平低，没有实现互联互通和资源共享。由于业务不规范、功能不完善、系统分割、连续性和协调性差，信息系统综合效益难以充分发挥。同时，医疗机构人员不足，服务能力及服务水平不高，卫生建设待完善。

四、今后工作打算

（一）加大宣传，营造氛围

通过开展多种形式的宣传，营造绿色发展的良好氛围，提高公众意识与理念。

1. 依托媒体开展宣传

利用宁洱网、普洱日报、电视台等多种媒体平台，通过开设绿色环保专题专栏、刊播广告、制作专题片、投放微视频等多种形式，以生动形象、通俗易懂的方式广泛传播生态保护知识，宣传绿色发展理念，使生态文明理念深入人心。

2. 将绿色发展、生态文明纳入党政干部培训，开展"万名党员进党校"等活动

结合习近平总书记对云南工作的重要指示精神和党中央关于生态文明建设的重大决策和战略部署，进行党的基本理论教育、党性修养教育、理想信念教育，着眼提升各行业"一把手"的政治素养、领导能力、开拓精神，在党群干群中树立牢固的保护优先、绿色发展理念，破除陈旧落后的发展观念。

（二）强化行业监管，补齐水利工程短板

（1）进一步督促项目受益乡（镇）完善管护措施，建立健全一套完善的标准规范和制度体系。

（2）通过强有力的监管发现问题、解决问题，确保水利项目充分发挥最大效益。

（3）严格水资源管理，持续推进河（湖）长制、水土保持等水生态文明建设，加快实施中小河流治理、山洪灾害防治、保障农村饮水安全、河湖水系综合整治等工程，补齐水利工程短板。

（三）加快生态林业和民生林业发展

以推进林业草原高质量发展为主题，以全面落实林长制为总抓手，以全面深化林业草原改革为动力，加快生态林业和民生林业发展。

（1）深入开展国土绿化行动，大力发展绿色富民产业，不断增强支撑保障能力，统筹推进生态保护、生态修复、生态惠民，全力做好《建

设绿水青山》《保护绿水青山》《利用绿水青山》三篇文章。

(2) 以市场需求为驱动,加快发展林业特色产业。立足当地林业资源,坚持以市场为导向,以结构调整为主线,引导并鼓励发展林下经济、森林旅游等新兴林业经济,促进林业产业转型升级。

(四) 加强生态环境保护

(1) 持续推进扬尘治理工作,实施工业企业污染物达标排放计划,加强工业燃料监管和烟花爆竹禁燃限放管控。

(2) 开展固定污染源清理整顿工作,实现全县固定污染源排污许可全覆盖。

(3) 有序开展水域环境综合治理,组织开展"清河行动"。

(4) 加强生物多样性保护,加大对濒危动植物、极小种群物种和湿地资源的保护力度,构建完备的森林生态体系,增强森林生态功能。

(五) 加大推进绿色文化建设

(1) 在显要位置设立绿色发展专栏或户外宣传栏,在水湾公园、茶源广场等户外大屏幕宣传绿色发展标语和口号,发放绿色环保手册,举办科普讲座,面向广大公众大力宣传"人与自然和谐共生""绿水青山就是金山银山"等环保理念。

(2) 引导鼓励市民选择步行、自行车、公共交通等高效率、低能耗、低成本的交通方式,培养市民绿色出行的习惯,形成全民支持城市公共交通优先发展的良好氛围。

(六) 加大推进绿色技术创新

(1) 立足宁洱县绿色产业本地优势与发展需求,加快实施一批核心技术研发项目,转化一批重大科技成果,培育一批创新能力一流、引领绿色产业跨越发展的行业领军企业,促进清洁能源、节能环保、清洁生产、绿色基础设施、绿色服务等绿色优势产业形成规模。

(2) 推动互联网、大数据、人工智能与实体经济深度融合,在绿色低碳、共享经济等领域培育新的增长点。

墨江哈尼族自治县绿色发展报告
（2012—2020）

2012年以来，墨江哈尼族自治县（以下简称墨江县）认真贯彻落实习近平生态文明思想和党的十八大、十九大关于生态文明建设的系列部署，积极完成省、市安排的关于生态建设和绿色发展的各项工作任务，扎实推进国家绿色经济试验示范区建设，"生态立县、绿色发展"成效显著。

一、绿色发展基本情况

2019年，墨江县实现生产总值78.57亿元，比2012年累计增长95.1%。其中，第一产业增加值20.77亿元，比2012年累计增长52.6%；第二产业增加值18.15亿元，比2012年累计增长132.5%；第三产业增加值39.65亿元，比2012年累计增长101.2%。三次产业结构比为26.4∶23.1∶50.5。规模以上固定资产投资73.46亿元，比2012年累计增长80.8%。地方财政一般公共预算收入3.49亿元，比2012年累计增长28.3%；地方财政一般公共预算支出30.82亿元，比2012年累计增长112.8%。社会消费品零售总额15.99亿元，城镇常住居民人均可支配收入30862元，农村常住居民人均可支配收入11319元。城镇登记失业率3.28%，有效控制在4.3%的目标范围内。

（一）绿色产业培育成效显著

1. 大力发展绿色农业

扎实开展有机、绿色农产品认证工作，努力打造农业产业品牌，实现了农业增产、农民增收。不断巩固提升生态茶园、生态咖啡园，积极打造"凤凰山普洱茶"品牌，"山头茶核戴绿帽，山腰烟咖系绿带，山脚橡胶着绿裙，库区网箱穿绿鞋"的绿色农业产业结构比较成熟。畜禽规模化、标准化养殖步伐不断加快25万头生猪养殖项目正式开工建设，水库渔业生态健康养殖项目成功实施。2019年实现农林牧渔业总产值33.99亿元，比2012年增加16.99亿元；农林牧渔业增加值21.31亿元。肉类总产量2.92万吨；粮食播种面积64.7万亩，产量15.33万吨；紫谷种植面积8335亩；蔬菜种植面积7.41万亩，产量5万吨、产值1.54亿元；茶叶种植面积23万亩；烤烟种植面积6.38万亩；咖啡种植面积10.6万亩；核桃种植面积27.87万亩；桑园面积0.58万亩；产鲜茧489吨；橡胶种植面积31.8万亩；生物药材种植面积4.38万亩；紫胶种植面积2.17万亩；澳洲坚果种植面积6.7万亩；晚熟芒果种植面积5800亩。墨江县被列入云南省高原特色现代农业茶产业"十强县"名单，墨江县凤凰山古茶园被列入云南省高原特色现代农业"魅力古茶园"名单，墨江县"哈尼土司老爷茶"在"滇茶杯"2018第二届云南名茶评比大赛中荣获金奖，墨江紫米入选"2017年最受消费者喜爱的中国农产品区域公用品牌"，2016年云南省县域经济发展考评中墨江县被考评为农产品主产区和特色产业发展县。

2. 着力培育绿色工业

根据《中共墨江哈尼族自治县委、墨江哈尼族自治县人民政府关于加快推进重点产业发展的意见》（墨发〔2017〕25号），墨江县成立了以绿色载能、食品与消费品制造业为重点的绿色工业产业推进领导小组，全面协调推进全县工业经济发展。2019年，新增规模以上工业企业2户，达到17户，全县实现工业总产值14.45亿元，实现规模以上工业增加值7.87亿元。工业园区建设持续加强，形成以海王水产、海王生物饲料为龙头，以有色金属加工、酒产业和建材制造为补充，以畜牧食品、紫米精深加工为后劲的产业格局，"地道"酒产品2017年荣获湘鄂赣渝闽桂滇七省酒类质量检评金质奖和布鲁塞尔国际烈酒大赛金奖，"地道52度品味本真"入选第三届"云南十佳名酒"。

3. 加快发展绿色服务业

批发、零售、住宿、餐饮、休闲娱乐等消费较快增长，2019年，社会消费品零售总额15.99亿元；金融业发展相对稳定，全县各类金融机构存款余额75.61亿元，各类贷款余额67.03亿元，绿色产业信贷占全县信贷比重连续三年高达90%以上。推进"旅游+农业"发展战略，创新"综合超市+电商+服务+物流"的农村商业模式，积极推进电子商务进农村工程，着力推动第一、二、三产业融合发展。地方特色文化品牌建设取得成效，原创声乐作品《数梯田》荣获 2019 年民族民间歌舞乐展演省级铜奖、市级金奖，墨江文庙列入第八批全国重点文物保护单位，"中国·墨江北回归线国际双胞胎节暨哈尼太阳节"、北回归线大江野钓赛及穿越北回归线山地自行车赛等"一县一品"旅游文化品牌不断发展壮大。墨江县被列为云南 25 个特色旅游城市创建名录之一，"一部手机游云南"墨江板块不断优化，北回归线标志园被批准为国家 4A 级旅游景区，智慧景区建设通过省级复核验收；"白鹇园"国际康养度假社区主体工程完工，精品自驾旅游重点线路专线道路、旅游厕所等顺利通过第三方初评，项目有序推进，全县健康旅游目的地建设初具雏形，全县文化旅游业快速发展。

4. 科学开发清洁能源

水电方面，李仙江流域、阿墨江流域梯级电站涉及墨江县内的已建投产、在建、规划共 14 座，总装机容量 159.79 万千瓦。其中，已建投产 10 座，装机容量 133.99 万千瓦；在建 2 座，装机容量 6.4 万千瓦；规划 2 座，装机容量 19.4 万千瓦。风电方面，墨江县联珠风电场是普洱市第一个建成投产的风电清洁能源项目，由 33 台单机容量 1500 千瓦的风机组成，总装机容量 4.95 万千瓦，总投资 48262 万元。太阳能方面，墨江县已完成建设的太阳能分布式光伏发电项目 2 个。其中，泗南江镇广丰村分布式光伏发电阳光棚建设项目总投资 8.8 万元，装机容量 5 千瓦，年发电量（平均）7756 千瓦时；墨江公路分局分布式光伏发电项目总投资 34.2 万元。电动汽车方面，墨江北回归线旅游有限公司运营 1 个电动汽车车队，共 12 辆，电机功率 5 千瓦，电压容量 60 伏、185 安时，年均运送旅客 18 万余人。电动汽车充电桩方面，墨江县目前已建成集中充换电站 2 座（天溪宾馆、月亮广场），充电桩 6 个，功率 240 千瓦，累计充电量 1457.4 千瓦时。目前，天溪宾馆充电站已投入运营，累计充电量 1457.4 千瓦时；月亮广场充电站总投资 60 万元，已安装 2 台 120 千伏直流一体式新能源汽车充电桩，已投入使用。燃气管道方面，按照全市能源战略各项安排部署，墨江县编制了《墨江县城镇燃气专项规划》，拟建设 LNG 气化站 1 座，包括 100 立方米 LNG 储罐及 1 组单个小时流量为 1000 立方米的气化器。

（二）绿色经济考评体制机制更加完善

2019年度绿色经济考评结果：墨江县绿色经济考评〔含绿色发展指标生态系统生产总值（GEP）〕得分27.53分，排全市第六名。其中，绿色经济发展50.2975分，排全市第六名；资源利用效率18.66分，排全市第三名；环境和生态效率18.735分，排全市第三名；工作开展与评价4.97分，排全市并列第五名；政策落实、工作创新两项加分合计1.5分，排全市第五名。绿色经济考评具体指标如下。

1. 绿色经济发展指标

2019年，绿色GDP 76.7亿元，增长27.7%；人均绿色GDP 2.07万元，增长27.22%；绿色产业增加值29.1亿元，绿色产业增加值占传统GDP比重37%；财政一般公共预算收入3.49亿元，增长9.4%；固定资产投资73.5亿元，增长86.85%；城镇常住居民人均可支配收入30862元，增长8.73%；农村常住居民人均可支配收入11319元，增长11.42%；绿色信贷余额55.6亿元，绿色信贷与传统信贷占比82.95%。

2. 资源利用效率指标

2019年，"能源消费总量"目标完成率96.16%；单位地区生产总值能耗0.4705吨标准煤/万元；规模以上万元工业增加值能耗0.5979吨标准煤/万元；万元工业增加值用水量12.32立方米/万元；农田灌溉水有效利用系数51.6%；规模以上工业固体废物贮存处置利用率100%；林业"三剩物"综合利用率92%；资源产出率33.97%；主要再生资源回收利用率90%。

3. 环境与生态效率指标

2019年，单位地区生产总值主要污染物排放强度：化学需氧量排放强度2.6800吨/万元，氨氮排放强度0.6800吨/万元，二氧化硫排放强度21.2400吨/万元，氮氧化物排放强度7.4900吨/万元；单位地区生产总值二氧化碳排放强度0.5900吨/万元；城镇污水集中处理率95.7%；城镇生活垃圾处理率99.18%；森林覆盖率61.85%；二级以上空气质量占比99.7%；集中式饮用水源地水质达标率100%；Ⅲ类或优于Ⅲ类水质达标率100%；城市热岛强度变量99.67。

(三)首次开展生态文明建设年度评价考核

生态文明建设实行五年一考核、一年一评价,普洱市"一体系、两办法"于 2018 年 11 月正式行文实施,首次开展评价考核。生态文明建设年度评价核算绿色发展指数共由六类 51 项具体指标组成。

2016 年度绿色发展指数 77.26。其中,资源利用指数 80.1,排全市第四位;环境治理指数 72.81,排全市第十位;环境质量指数 87.37。排全市第一位;生态保护指数 69.77,排全市第九位;增长质量指数 73.32,排全市第三位;绿色生活指数 72.34,排全市六位,公众满意程度 96.86,排全市四位。

2017 年度绿色发展指数 80.92。其中,资源利用指数 81.12,排全市第七位;环境治理指数 88.55,排全市第二位;环境质量指数 92.87,排全市第一位;生态保护指数 68.50,排全市第十位;增长质量指数 73.80,排全市第四位;绿色生活指数 70.92,排全市七位;公众满意程度 96.57,排全市八位。

2018 年度绿色发展指数 81.52。其中,资源利用指数 76.58,排全市第九位;环境治理指数 85.69,排全市第一位;环境质量指数 97.78,排全市第二位;生态保护指数 72.84,排全市第八位;增长质量指数 75.69,排全市第二位;绿色生活指数 77.18,排全市五位;公众满意程度 96.6。

(四)生态系统生产总值(GEP)核算初见成果

2019 年 3 月,全市首次开展生态系统生产总值(GEP)核算培训工作,分别核算了 2016、2017、2018 年三个年度的 GEP,墨江县 2018 年度 GEP 核算结果为 729.44 亿元,同比增长 6.33%。其中,产品提供价值 49.00 亿元,同比增长 14.45%;调节服务价值 598.55 亿元,同比增长 3.27%;文化服务价值 81.89 亿元,同比增长 28.68%。结构比重为 6.7∶82.1∶11.2。

(五)领导干部自然资源资产离任审计有序推进

墨江县认真贯彻落实《开展领导干部自然资源资产离任审计试点方案》,以各级党委和政府主要领导为审计对象,分阶段、分步骤开展试点工作,并及时总结试点工作经验,不断扩大审计范围。县政府常务会议审议通过《墨江哈尼族自治县领导干部自然资源资产离任审计工作规划（2016—2020年）》，并逐年对乡镇党政主要领导开展自然资源资产审计试点，生态审计工作将不断向纵深开展。

（六）生态保护和污染防治得到加强

1. 生态创建成效明显

墨江县2013年启动了省级生态县创建工作，编制了《墨江生态县建设规划（2013—2020）》，成立了省级生态县建设领导小组。省级生态县创建工作通过市级评估，生态县创建工作稳步推进，成功创建省级生态乡（镇）2个，12个乡（镇）完成省级生态乡（镇）公示，创建市级生态村（社区）133个，创建省级绿色学校5所、环境教育基地1个、绿色社区2个，创建市级绿色学校8所、绿色社区1个。2020年，全县80%的乡（镇）完成省级生态乡镇创建工作。

2. 生态保护持续加强

2016—2018年，申报储备中央、省、市、县环保专项资金支持项目48个，项目概算总投资27878万元，组织实施农村环境综合整治等项目9个，投资10612万元。2017—2019年，开展全县贫困村农村环境综合整治项目，新建垃圾池1063座，投资2169万元；新建焚烧炉724座，投资3620万元；新建"沉淀池＋生态沟"污水处理系统724套，日处理能力为10立方米，计划投资3068万元；新建污水收集管网69万米，计划投资10336万元。城市生活垃圾无害化处理率和城镇污水集中处理率得到巩固，投资627万元建设污水管网5千米；扎实推进水、大气和土壤污染防治工作，全面推行河长制，治理水土流失18平方千米。2016年，墨江县获得全国绿化模范单位荣誉称号，完成城区公园、广场、街道等绿化工程，积极推进高速公路面山绿化工程。2017年，墨江国家级森林公园申报成功，墨江县被中国林业产业联合会授予"2019年全国森林康养基地试点建设县"，编制完成《云南墨江国家森林公园总体规划》，深入推进"森林墨江"建设，建立健全资源林政管理工作长效机制，全力推动全县森林资源管理工作向规范化迈进；认真开展湿地资源保护、自然保护区管理、野生动植物保护工作，生物多样性得到有效保护；完成退耕还林还草6万亩，陡坡地生态治理2800亩，森林覆盖率达60.93%。全县已认证有机、绿色农产品种植面积5.29

万亩，有机认证企业17家，建成有机茶园3.37万亩，有机咖啡园1050亩，完成生态茶园改造18.05万亩，生态咖啡园改造7.3万亩。强化耕地和基本农田保护，全县耕地保有量112.01万亩，基本农田保护面积136.05万亩。顺利完成"粮食生产功能区"和"重要农产品生产保护区"划定，积极开展自然资源资产负债表编制和领导干部自然资源资产责任审计工作。

3. 污染防治全力推进

水污染防治方面，制定出台《墨江哈尼族自治县生态环境损害赔偿制度改革实施方案》《墨江哈尼族自治县深化环境监测改革提高环境监测数据质量实施方案》。通过城镇污水治理、畜禽养殖污染防治、农村环境综合整治、饮用水源环境保护规范化建设、加油站地下油罐更新改造及强化科技支撑等有效措施，省控地表水断面阿墨江（忠爱桥）、李仙江（三江口电站下方约500米）水质达到Ⅱ类，达标率为100%。固体废物污染防治方面，加强对辖区内工业固体废物、医疗废物、危险废物的监督管理工作。针对云南省环境监察总队（云环监通〔2018〕22号）整改要求，2018年，墨江县矿业有限责任公司加高2号尾矿库的溢坝坝堤、清通2号尾矿库东边截洪沟、在2号尾矿库和临时堆存库下游设置4个地下水监测井，进一步完善工业固体废物堆存场所环境整治；规范医疗废物和危险废物处置工作，联珠镇及交通沿线医疗废物由普洱金盛医疗废物处置有限公司规范处理。大气污染防治方面，按照《墨江县淘汰10蒸吨及以下燃煤锅炉工作方案》（墨政办发〔2017〕190号）、《墨江县重污染企业搬迁工作实施方案》（墨政办发〔2017〕192号）、《墨江县建筑工地扬尘控制实施方案》（墨政办发〔2017〕200号）、《墨江县黄标车及老旧汽车淘汰工作方案》（墨政办发〔2017〕201号）、《墨江县划定高污染燃料区实施方案》（墨政办发〔2018〕6号）要求，扎实有序推进大气污染防治各项工作。建成墨江县北回归线环境空气自动监测站，2016年以来，采用五日手工监测法进行监测，墨江县县域环境空气均达到《环境空气质量标准》（GB 3095—2012）一级标准，环境空气质量持续保持优良，全年不出现重污染天气，空气质量优良天数比例达100%。噪声污染防治方面，以中高考绿色护考专项行动为契机，认真做好噪声污染防治工作，在中高考期间禁止各企事业单位、个人在公共场所及人口集中居住区使用音响器材播放音乐及开展宣传活动，所有娱乐场所停止营业、施工场地停止施工。同时，处理好群众噪声投诉案件，做到处理率100%，结案率100%。规模化养殖污染防治方面，2016年，规模化畜禽养殖场墨江羚余东泰建成投运"雨污分流+干清粪+废弃物综合利用"减排项目，基本实现营运期雨污分流，采用干清粪方式收集粪便，猪场污水、粪便通过初步处理后全部用作农作物肥料。

二、主要做法和成效

（一）注重组织领导，高位推进生态文明建设

为切实加强对生态文明和国家绿色经济试验示范区建设工作的组织领导，县级成立了由县委书记任组长、县长任常务副组长、分管领导为副组长、相关职能部门主要负责人为成员的生态文明建设工作领导小组，成立了以县委书记为第一组长，县长为组长，常务副县长为常务副组长，县委、人大、政府、政协相关县级领导为副组长，相关部门和15个乡（镇）主要领导为成员的墨江县建设国家绿色经济试验示范区领导小组，负责全县生态文明建设和国家绿色经济试验示范区建设的组织领导、统筹协调、整体推进、督促落实，贯彻落实省市生态文明建设的政策措施，部署全县生态文明和国家绿色经济试验示范区建设工作。按照党的十八大、十九大和党中央关于大力推进生态文明建设的总体要求，墨江县强力推进"生态强县""森林墨江"发展战略，加强生态经济、生态文化、生态人居、生态环境、生态和谐五大体系建设，实施"蓝天、青山、碧水、宜居、清洁"工程，建设"特色生物产业、清洁能源、现代林产业、休闲度假"四大绿色产业基地。

（二）注重规划引领，系统谋划生态文明和绿色发展工作

根据《墨江生态县建设规划（2013—2020）》，有序推进生态村、生态乡（镇）、生态县创建工作。根据《普洱市建设国家绿色经济试验示范区发展规划》和《普洱市建设国家绿色经济试验示范区实施方案》，印发了《墨江县建设国家绿色经济试验示范区实施方案》（墨政办发〔2017〕48号），明确试验示范工程共计11类48项77个项目，总投资384亿元，绿色农业、绿色工业、绿色服务业、绿色基础设施、四大绿

色产业基地等目标任务纳入了县委、县政府及乡（镇）、部门的重点工作，并逐一推进落实。

（三）注重工作创新，高效推进绿色发展

1. 认真落实体现生态文明建设要求的考评机制

按照《普洱市建设国家绿色经济试验示范区发展规划》要求，不断完善工作条件和工作机制，建立完善绿色经济考核评价指标体系，把资源消耗、环境损害、生态效益等指标纳入领导干部政绩考核体系。认真执行《普洱市绿色经济考评体系（试行）》《普洱市绿色经济考核评价办法（试行）》、《领导干部自然资源资产离任审计规定（试行）》、生态系统生产总值（GEP）核算体系、生态文明建设"一办法两体系""绿色检察"制度，扎实开展年度绿色经济考核和绿色发展评价工作，逐步完善绿色经济试验示范区工作目标绩效考核办法。认真细化生态文明建设工作目标，层层签订责任状，做到各级党委、政府亲自抓，有关部门具体抓，责任、任务落实到人，形成了齐抓共管、层层落实的工作格局，确保全县生态文明建设工作顺利开展。

2. 不断完善政策激励机制

加大财政预算和财政专项资金等对发展绿色经济的扶持力度，支持发展绿色产业。制定了《墨江哈尼族自治县2018年生态脱贫工作实施方案》和《墨江哈尼族自治县产业扶贫资金管理办法》，坚持扶贫开发与生态保护并重，脱贫攻坚与生态建设统筹推进，全面整合财政生态扶贫资金，采取超常规举措，通过实施重大生态工程建设、加大生态补偿力度、大力发展生态产业、创新生态扶贫方式等，实现生态建设和脱贫攻坚相互促进，良性循环。不断完善绿色信贷制度，2019年墨江县绿色信贷余额55.6亿元，占传统信贷余额的87.79%。为加快发展重点产业，县委办公室、县人民政府办公室印发了《关于建立墨江县重点产业发展推进机制的通知》（墨办通〔2017〕57号），对每个重点产业切实做到"一个推进组、一位主抓领导、一个发展规划、一套配套政策"，把产业建设放在经济工作的重中之重来抓落实。

3. 逐步建立促进绿色发展的市场化机制

把绿色经济发展纳入"十三五"规划和县委、县政府的每年工作报告，结合实际出台的推进绿色经济发展的创新举措，抢抓普洱市建设国

家绿色经济试验示范区重大战略机遇,拓宽绿色经济招商引资渠道,以绿色发展的理念做好通道开放经济、山地生态经济和特色文化经济三篇文章。

4. 实行严格的资源管理制度

健全自然资源资产产权制度和用途管制制度,对水流、森林、山岭、草原、荒地、滩涂等自然生态空间进行统一确权登记,进一步完善管理制度。

(四)注重法纪监督,从严保护生态环境

1. 进一步强化对生态环境的保护与治理

墨江县制定了《墨江县全面整治环保违规建设项目工作方案》(墨政办发〔2016〕77号),签订《2016年墨江县县域生态环境质量考核环境监测协议书》,扎实推进主要污染物总量减排和环境违法违规项目整治工作,完成城镇污水集中处理、城镇生活垃圾无害化处理、减少单位地区生产总值主要污染物排放总量等目标任务。积极组织宣传、学习《中华人民共和国环境环保法》《中华人民共和国大气污染防治法》等,不断加大法律法规宣传力度。

2. 从严落实污染减排工作

墨江县围绕市政府下达的污染减排任务,科学合理地规划污染减排工作,将辖区内的污染物排放进行了指标量化分解,明确了有关乡镇、部门和重点排污企业的减排目标任务。强化结构减排,狠抓工程减排,认真监督县污水处理厂运行,按照年度污染减排工作要求,做好污染减排的软硬件工作;推动农业源减排工作向纵深进行,开展畜禽养殖污染治理工作;通过强化监管、挖掘潜力,较好地完成了市级下达的阶段性减排任务,得到省、市认可。

3. 扎实开展农村环境保护工作

一是积极推进农村环境连片整治工作,共投入中央和省、市补助资金937万元,实施了10个农村环境综合整治项目。二是开展美丽宜居乡村省级重点建设村项目建设工作,共投入省、市、县补助及其他整合资金1054.4万元,在全县8个村民小组实施美丽宜居乡村省级重点建设村项目。三是持续开展了严查违法排污企业保障群众健康环保专项行动,开展秸秆禁烧工作,持续开展生物多样性保护工作。四是积极推进

饮用水源地保护，强化饮用水的定期监测，确保饮用水安全。通过实施农村环境综合整治，加强工业企业污染防治，改善了农村环境质量。

4. 严把项目建设环境准入关

一是严格建设项目环评审批。认真执行环保法律法规、产业政策和行业准入条件，对不符合国家产业政策和区域总体规划、不符合环境保护要求的项目一律不批，对改扩建项目要求必须"以新带老"，淘汰原有落后生产工艺设备。二是对重点建设项目实施跟踪服务。对于前期工作不够完善、要件不全的项目，要耐心沟通，主动在技术和政策上提供服务、咨询和指导，全力推进重点建设项目的顺利实施。三是做好规划环评工作。坚持以规划环评服务综合决策、优化发展布局，积极督促相关规划组织编制单位积极开展规划环评，积极推进工业园区规划环评工作。禁止在环境敏感区域内新建、改建、扩建污染严重的项目，引导工业项目向各类开发区和工业园区聚集。四是加强环保"三同时"验收。持续查处"未批先建、久拖不验、批建不符"的违反环保"三同时"制度的环境违法行为，有效促进了污染防治设施与主体工程同时设计、同时施工、同时投入使用。

三、存在的主要困难和问题

（一）发展基础薄弱

1. 基础设施滞后

农村公路路面等级低、产业路建设不足，水利基础差、水利化程度低，难以保障农业产业化和工业化进程的需要。电力、互联网等城乡基础设施依然薄弱，严重制约经济社会发展。

2. 经济社会发展滞后

受制于自然条件、经济总量等因素，墨江县经济基础薄弱，科教文卫事业发展滞后，群众内生发展动力不足。

（二）资源综合开发程度低

墨江县拥有较为丰富的自然资源，但产品结构单一，缺乏市场竞争力。企业数量少、规模小、层次低，特别是骨干企业少，大多数企业只是从事个体经营和初级加工，缺少产业链，综合开发利用率低，难以对县域经济发展形成有力支撑，大量优势资源难以形成优势整体产业，经济增长缺乏应有的活力。

（三）产业结构性矛盾突出

墨江县贫困面大、贫困程度深，脱贫攻坚任务艰巨。产业结构不优，农业比重大、层次低，农业基础设施、科技力量、建设资金薄弱，农业产业化进程缓慢，导致部分有市场、有产能的农产品加工企业原料不足，产能无法得到有效释放。工业存量小、增量少，工业结构层次低。重点工业产业优势不突出，特色不明显，难以推进第一、二、三产业加速融合发展。全县企业发展总体处于"小、散、弱、少"程度，技术创新、研发和竞争能力不强，缺乏市场影响好的大企业和"小而强、小而优"的中小企业群体。第三产业体系不全、带动不足，服务业处于起步阶段，对促进三产融合发展、带动第一、第二产业的贡献不高。

（四）自身财力薄弱

财政收支矛盾突出，财源培植成效不明显，墨江县的贫困面貌仍未得到根本改变，各项基础设施建设、产业发展等投资乏力仍然是基本现状。近年来，墨江县虽然在招商引资方面加大了工作力度，也取得了显著的成效，但总体上来看，仍存在合同利用资金多、实际利用到位资金少的情况。受区位、市场、政策及环境等方面的影响，墨江县对外来资金、技术、人才的吸引力还远远不够。

（五）绿色发展体制机制不健全

普洱市虽然建立了绿色经济考核评价等管理机制，但离试验示范的体制机制要求还有差距。如何生产出绿色、生态、有机的高端农产品，如何规范生产、流通、消费各个环节的管理，诸如此类，现有体制机制尚不健全。

四、今后工作打算

"十四五"期间，墨江县将借助云南省全面践行"绿水青山就是金山银山"理念的有利契机，加快推进实施生态立县战略，全面抓实生态产业，盯紧污染防治，聚焦绿色经济重点试验示范工程，尤其要突出四大绿色产业基地建设，努力构建墨江县绿色食品基地、清洁能源基地、健康旅游目的地，通过产业和项目建设，促进生态文明建设与环境保护，推动全社会绿色发展。

（一）提高绿色发展的思想认识

进一步提高思想认识，强化政治意识、大局意识、核心意识、看齐意识。多渠道、全方位宣传生态文明建设和绿色发展的重大意义，严格落实中央、省、市、县出台的有关生态建设与环境保护方面的系列政策、法规和措施，认真落实《墨江县建设国家绿色经济试验示范区实施方案》，压实各项目标任务的责任单位和责任人，全面推进生态文明建设和绿色发展各项工作。

（二）围绕交通设施现代化做好经济文章

围绕昆曼大通道、玉磨铁路G213线、G227线打造国际通道经济带，加快培育发展现代物流业、商贸服务业、新型制造业和特色产品加工业大通道；围绕墨江-江城高速公路打造省际通道经济带，大力发展民族文化旅游业、生态有机果蔬种植业和畜牧养殖业，加快推进碧溪特色小镇建设；围绕哀牢山经济干线和低热河谷经济干线打造哀牢山干线经济带，加大山区综合开发力度，大力发展橡胶、水果、咖啡、澳洲坚果等特色农业，积极发展水产养殖、休闲垂钓等沿河经济，促进乡村产业发展。

（三）重点发展壮大绿色食品产业

充分发挥墨江生态环境良好的优势，大力发展以特色农产品为原料的绿色食品产业，稳步提升酒业发展质量，推进生猪屠宰业规范化运营，推动肉制品精深加工业品牌化发展，推进以黑木耳为主的食用菌产业规模化发展，促进生物药材种植业向生物加工专业化、特色化方向发展。引导绿色食品产业延长产业链，培育墨江经济发展新的增长点。

（四）持续推进绿色能源发展

进一步优化水电站建设，积极探索实施水上太阳能热发电示范工程，鼓励大型公共建筑及公用设施、工业园区等建设屋顶分布式光伏发电，推进县域内电站满负荷生产，不断提高水电利用效率，切实增强水力发电保障能力。鼓励发展共享自行车和电动汽车，大力普及新能源汽车，积极落实新能源汽车推广应用扶持政策及资金支持政策，加大充电桩建设力度，为普及新能源汽车奠定基础。

（五）倡导绿色生活方式

强化全社会环境保护意识，广泛开展绿色教育活动，积极构建具有时代内涵、墨江特色的全民绿色文化体系，引导群众珍爱自然、崇尚绿色，使绿色生活理念内化于民心，形成绿色出行、绿色消费、低碳生活的绿色生活方式。完善区域公共交通便捷化出行设施，鼓励绿色出行、健康出行。推进建设绿色消费社会化支持体系，多渠道提升群众绿色消费的便利度，引导形成低碳、环保、节俭、理性的消费方式。积极推行垃圾分类处理，建立新型垃圾分类处理模式，强化制度约束，提高垃圾分类处理率和资源化利用率。推进绿色采购和绿色办公，在合理控制成本的基础上，在所有行政事业单位全面推行绿色产品采购工作，大力推行无纸化办公，建立节能降耗有效管理办法，全面形成绿色办公方式。

景东彝族自治县绿色发展报告
（2012—2020）

　　绿水青山就是金山银山，保护生态环境就是保护生产力。绿色是景东彝族自治县（以下简称景东县）最大的特色，生态是景东县发展最大的优势及潜力。景东县始终坚持树绿色旗、走生态路，依托山清水秀、天蓝地绿的生态优势，在绿色产业上做文章。景东县通过实施《生态文明建设考核激励办法》，积极推动 TEEB 示范县项目建设，促进发展与绿色协调、生态与文明互动，实现绿色经济与生态文明"双赢"，让"绿水青山"与"金山银山"相得益彰，探索走出了一条符合景东县实际的"生态立县"之路。按照《普洱市发展和改革委关于提供普洱市建设国家绿色经济试验示范区蓝皮书所需资料的函》的通知要求，现将景东县绿色发展工作情况汇报如下。

　　景东县位于滇西南中部，普洱市最北端，距云南省省会昆明市 470 千米，距普洱市驻地 262 千米，与 3 个州（市）和 8 个县（区）相连；辖 10 个镇、3 个乡、166 个村民委员会、4 个社区、2365 个村民小组，总人口 37.02 万人。景东县总面积 4532 平方千米，其中山区面积占 95.5%，坝区占 4.5%；城市规划区总面积 46 平方千米。景东县境内居住着彝、汉、回、傣、布朗等 26 个民族，人口占全县总人口的 50.8%，彝族人口占总人口的 42.9%。景东县是云南省 6 个单一彝族自治县之一，是国家"东桑西移"蚕桑基地县、云南省"第一批高原特色农业示范县"、云南省低丘缓坡土地综合开发利用项目试点县、云南省蚕桑生产核心基地县、云南省核桃基地县，是一个国家级贫困县。

　　景东县境内有无量山和哀牢山两个国家级自然保护区，是地球同纬度带上生物资源最为丰富的自然综合体，被誉为"人类望向自然的眼睛"和"天然物种基因库"。"两山逶迤三水秀"，景东县最大的资源优势在于以无量山、哀牢山和澜沧江、川河、者干河构成的绿色生态。景东县境内无量山和哀牢山约有 89 群共 500 余只全球极度濒危物种——

黑冠长臂猿。景东县被中国野生动物保护协会授予"中国黑冠长臂猿之乡"和"中国灰叶猴之乡"荣誉称号。景东县是首个被中华人民共和国生态环境部、中国环境科学研究院授牌的"中国 TEEB 项目示范县";被列入国家重点生态功能区,生态系统服务价值为每年545.06亿元;73.56%的森林覆盖率和良好的自然资源,是景东县发展生态经济的优势所在。

一、推进情况

(一)绿色经济发展稳步推进

景东县坚持以质量和效益为中心,启动《景东县乡村振兴战略规划》编制,全力构筑特色产业发展新体系,第一、二、三产业比例达30.9∶17.9∶51.2。

1. 绿色农业试验示范工程提质增效

景东县持续推进农业规模化、集约化发展,实现农、林、牧、渔业总产值50.15亿元,完成《景东一县一业产业规划》,划定"两区"面积48.06万亩;粮食产量19.05万吨;收购烟叶22.55万担,烟农收入3.19亿元;编制《普洱市绿色有机茶发展规划》,完成景东县"无量山普洱茶"品牌的打造、成立、发布会及项目验收工作,茶产业发展实现提质增效。景东县巩固有机茶园2.09万亩,实施有机茶园转换1.6万亩,茶叶产量1.31万吨,农业产值2.36亿元;甘蔗产量22.54万吨、农业产值0.9亿元;鲜茧产量2361.6吨,农业产值1.13亿元;核桃产量1.06万吨,农业产值2.12亿元;家禽出栏336.68万羽,生猪出栏37.72万头,牛出栏3.53万头,黑山羊出栏8.76万只,畜牧业产值达18.32亿元。景东县全面开展草地贪夜蛾等病虫害防治工作,非洲猪瘟疫情防控成效显著。景东县实施冬农开发25.43万亩,实现产值8.39亿元;晚熟芒果等特色水果种植总面积达2.32万亩,产值0.47亿元;重楼等生物药业种植总面积达1.36万亩,产值1.57亿元。

2. 绿色工业试验示范工程提标增规

景东县扎实推进绿色工业发展战略,继续实施县领导挂钩服务企业制度,积极发挥1000万元中小企业发展专项基金的作用,累计撬动银行贷款 12.95 亿元，切实解决中、小、微企业的融资难题；全面落实"减税降费"政策，进一步清理规范涉企收费，有效降低生产经营成本。新裕食品、强森农特产、鸿鑫绿色食品建成投产，景兴植物油项目建设有序推进，里竹山铁矿实现复产，生物质燃料厂建成。景东县持续实施微型企业培育工程，培育升规企业 1 家、限上企业 4 家，实现非公有制经济增加值 47.25 亿元，增长 8%。

3. 绿色服务业试验示范工程提速增质

景东县邀请专家团队，围绕"探两山秘境、品银生文化、赏川河风光"旅游发展思路，高起点、高质量、高品位开展《景东全域旅游发展规划》编制；景东县深入推进"一部手机游云南"景东版建设，有序推进亚热带植物园建设；实施全国电子商务进农村示范县项目建设，建成县、乡、村三级电子商务公共服务体系。景东县 166 个村全部开通农村客运，通达率为 100%，群众出行更为方便。景东县道路运输总周转量再创新高，增速达 12%，现代商贸物流不断壮大。

(二) 基础设施不断夯实

1. 交通设施更加完善

景东县全力抓好墨临高速公路、南景高速公路的征地拆迁工作和协调服务工作；加快推进清凉至大朝山电站公路、无量山和哀牢山产业扶贫公路建设，文团二级公路建成通车；完成村组道路改扩建 1859 千米；加强公路管养，完成危险路段生命安全防护工程 566，道路安全保障能力不断提高；扎实推进楚雄至景东高速公路、民用运输机场、楚宁铁路、县城北连接线、黄草岭至班崴公路前期工作。

2. 水利保障能力大幅提升

景东县湾河、文果河、磨刀河水库前期工作有序推进，青龙水库全面完工，启动三合水库建设，稳步推进董报河治理工程。景东县金鸡林水库、撒罗水库、李仙江（川河）景东段治理工程加快推进，第八批中央财政小型农田水利重点县项目全面完成。景东县新增有效灌溉面积 1.15 万亩，治理水土流失 43.2 平方千米。

3. 能源通信基础持续增强

景东县开展"十三五"配电网规划滚动修编，完成农村电网升级改造工程，有序推进林街 35 千伏输变电工程前期工作，完成文龙、景福、大街供电所小型基础设施项目建设；启动县城管道天然气和乡镇石油液化气项目建设；完善铁塔基站建设，建设基站351件，通信、网络质量不断提升。

（三）生态优势日益彰显

1. 生态环境持续改善

蓝天、碧水、净土保卫战和"七个标志性战役"全面推进，中央和云南省环保督察及"回头看"反馈问题整改成效明显。景东县积极配合做好"两山"国家公园申报相关工作，顺利召开了申报建设哀牢山-无量山国家公园综合科学考察启动会议。"两山"生物多样性保护取得新成效。景东县生物多样性和生态系统服务价值评估示范县 TEEB 项目有序实施，生态保护力度不断加大。"美丽县城"创建有序推进，城乡人居环境提升行动深入开展，城乡面貌特别是农村人居环境得到显著改善。景东县充分发挥黑冠长臂猿保护协会的作用，有序推进黑冠长臂猿保护工作。持续加大污染防治攻坚战力度。《景东县党政领导干部生态环境损害责任追究实施办法（试行）》下发，从严落实耕地保护、水资源保护、项目准入、排污许可审批等制度；全面落实"河（湖）长制"，扎实开展"河长清河"运动及"清四乱"专项行动，严格河道采砂管理，取缔关停采砂点62家。景东县河道水环境得到明显改善。2019年景东县全面推行河（湖）长制工作被普洱市河长办公室考评为优秀等次，受到市级通报表扬。景东县完成退耕还林1万亩，巩固退耕还草成果5.5万亩。2019年，景东县荣获"中国天然氧吧"称号，上榜"2019年中国最美县域榜单"，被云南省政府命名为"2019年省级园林城市"。2020年，120米脉冲星射电望远镜重大科技项目落地，景东县再增添一张亮丽的名片。

2. 资源管理更加规范

景东县严守耕地保护红线，划定永久基本农田储备区12397.2亩；完成林街、锦屏、文井高标准农田项目建设，新增耕地610亩；景东县实施文龙中山、大朝山苍文等12个土地整治项目建设，预计新增耕地25353亩；有序推进增减挂钩项目建设，出售增减挂钩节余指标300亩，成交价款7500万元；积极盘活存量土地，出让国有建设用地34宗104亩，成交价款1.5亿元。

3. 城乡面貌持续改观

景东县科学编制"美丽县城"建设实施方案；持续完善城乡建设各项规划；积极推进南部区城市规划设计；切实发挥规划引领作用。景东县稳步实施市政基础设施提升工程；全面完成马关桥至银生中学公租房片区道路提升改造；实施文果河治理、胥家营片区道路改造、无量大道附属设施等项目建设；完成凌云路、景川路、河滨长廊道路亮化提升改造工作；完成南连接线及景太大桥至工业园区的路灯安装，景东县城夜景更加多姿多彩。景东县提升改造三弦广场；加强绿化管养；成功创建省级园林县城；深入推进"厕所革命"，新建和提升改造城市公厕 13 座，改造镇级公厕 19 座；完成一、二水厂配套设施改造；有序推进县城污水处理厂提标改造。加快推进城市智慧化建设项目，加大城市管理综合执法力度，持续巩固创文、创卫成果。景东县市政功能日趋完善，宜居品位不断提升，乡村面貌大幅改观。景东县农村人居环境大力提升，实施住房提升 28029 户、厨房改造 16926 户、户厕新建 15623 户。景东县 2365 个村民小组达到人居环境 I 档标准。景东县实施 352 户地质灾害滑坡搬迁；完成文井等 4 个乡镇的"一水两污"项目建设，新建村级公厕 40 座；有序推进民族团结示范县创建，创建民族团结示范乡 1 个、示范村 12 个，民族特色村寨 6 个。景东县投入 1.01 亿元实施 18 个移民后期扶持建设项目。

二、主要做法及经验

（一）强化一个保障，绿水青山才能变金山银山

景东县委、县政府高度重视国家绿色经济试验示范区落地普洱市的建设意义及经济增长引擎的拉动作用，切实强化组织保障。2012 年，景东县成立建设国家绿色经济试验示范区领导小组，领导小组办公室设在景东县发展和改革局（以下简称发改局）绿色经济股，办公室主任由景东县发改局局长兼任，1 名副局长具体分管，配备工作人员 1 名；景东县政府每年将绿色经济发展工作任务写进政府工作报告；将绿色经济工作经费纳入了县级财政预算，每年 2 万元。2020 年 9 月，景东县成立创建工作领导小组，积极争取创建"绿水青山就是金山银山"理论实

践创新基地。

（二）树牢一个理念，绿水青山就是金山银山

景东县是中国首个被联合国环境规划署授牌的"生物多样性和生态系统服务价值评估示范县"，坐拥无量山和哀牢山两个国家级自然保护区。景东县人民世代守着无量山和哀牢山，树立大局观、长远观、整体观，不因小失大、顾此失彼、寅吃卯粮、急功近利，不以牺牲生态环境为代价换取短期经济效益和扶贫成效，始终牢记习近平总书记"绿水青山就是金山银山"的发展理念，正确对待脱贫攻坚、经济发展和生态保护的关系，坚定推进绿色发展，推动自然资本大量增值的决心，让良好的生态环境成为人民生活的增长点、展现景东县良好形象的发力点。

（三）完善一个体系，夯实生态保护发展政策支撑

保护生态环境就是保护生产力，改善生态环境就是发展生产力，这是景东县委、政府和全县人民长期以来形成的共识。多年来，景东县坚定不移地走生态发展的路子，着力保护好生态，在建章立制上下功夫，树立"功成不必在我"的政绩观。景东县推行绿色新政，在建立政府专题研究绿色发展工作制度、项目推进协调机制基础上，创新性地构建完善生态政策支撑体系，在全省率先制定出台《生态文明建设考核激励办法》，在全国率先推行绿色经济考评，将绿色经济发展、资源利用效率、环境与生态效率指标纳入县、乡综合考评的重要内容，把考核结果作为干部提拔任免、职务调整和晋级的参考，把"绿水青山就是金山银山"量化到干部考核中；制定《景东彝族自治县环境保护条例》《云南省景东彝族自治县无量山哀牢山保护管理条例》等，让绿色发展理念深入人心，有效带动贫困群众靠山脱贫、生态致富。

（四）抓实四个结合，既要绿水青山，也要金山银山

1. 坚持与实施生态保护相结合，牢牢守护绿水青山

景东县按照国家主体功能区划分，准确定位，划定1235平方千米生态保护红线，先后编制出台了《景东县生态建设规划（2011—2020）》《景东县生态环境保护规划》《景东县环境保护实施意见》《关于建设无量山哀牢山绿色生态经济带的意见》《关于加快绿色工业发展的实施意见》《景东县有机农业发展规划》《景东县澜沧江流域绿色产业发展规划》等保护措施。景东县认真抓好环保督察反馈问题整改；有序开展全

国生态文明示范县创建工作；以壮士断腕的决心开展破坏野生渔业资源专项整治行动；实践"绿色检察"服务绿色发展，严厉打击破坏森林和野生动植物资源的违法犯罪行为；全面落实"河（湖）长制"，扎实开展河长清河及"清四乱"专项行动，严格河道采砂管理，取缔关停采砂点62家；持续整治人居环境，提升乡村面貌，将景东县的生态底色擦得更亮。

2. 坚持与发展生态产业相结合，培育新型绿色农业

发展产业是实现脱贫的根本之策，景东县立足生态优势和资源禀赋，大力推广林下种植、生物药业及现代农业产业，做优做强特色产业，以"四个+"有力推动生态产业发展：一是"农业+"，景东县充分发挥现有烤烟、茶叶、蚕桑、特色果蔬、生物药业、畜牧业等产业优势，夯实农村持续稳定发展的基础；二是"龙头+"，景东县加大培育和服务好冬农开发等成长性好、带动面广、效益明显的企业（合作社）发展，提高组织化程度；三是"奖励+"，景东县建立新型经营主体带动贫困户稳定增收激励措施，根据带动贫困户发展产业的单项产业人均纯收入情况，对企业、大户等进行奖励；四是"补助+"，景东县加强到户产业扶持力度，采取先建后补的方式，为建档立卡户提供产业扶持资金。

3. 坚持与落实生态工程相结合，从爱山护山到育山富民

景东县深入推进退耕还林还草、陡坡地生态治理、水土保持、天然林保护、湿地恢复、生态移民等重点工程，积极探索野生动物公众责任保险和森林火灾保险新路，建立生物多样性保护和补偿制度，受邀参加墨西哥《生物多样性公约》第十三次缔约方大会TEEB边会和中挪合作项目第二次会议。因为高度重视生态保护，景东县给外界留下了"环保门槛太高"的印象，为实现生态环境保护的目标，全县一年的工业产值损失近20亿元，这对一个国家级贫困县而言，巨额经济损失让人难以接受。面对质疑，景东县坚持从实践中寻找答案。2015年，TEEB项目对景东县生态系统服务的价值进行了专业评估，核算出其价值为每年545.06亿元。

4. 坚持与推进生态科技转化相结合，促进农户增产增收

景东县充分依靠和发挥浙江大学定点帮扶的智库优势，建立"大学＋政府部门＋龙头企业＋合作社＋基地＋农户"的"六位一体"科技扶

贫模式，把景东县的乌骨鸡养成"金凤凰"，把普洱茶打造成"紫金普洱"。景东县在哀牢山国家级自然保护区徐家坝建立"景东野生菌资源研发中心""浙江大学-景东野生菌资源保护实验室"，对野生灵芝、景东小香菌、黄背毛木耳、硫磺菌、野生灰色平菇、茯苓等具有较高经济价值的野生食药用菌资源进行鉴定、分离和人工培育，积极探索"野生菌驯化-生态栽培-原料深加工-品牌销售"全产业链模式。

（五）营造一个氛围，绿色发展理念深入人心

景东县加大宣传，营造绿色发展氛围，形成县政府牵头、各部门配合、全民参与生态文明建设和生物多样性宣传的良好社会氛围；把环境保护意识和生物多样性知识纳入部分中小学教学范畴，认真培养学生的生态环境保护意识和生物多样性保护意识；景东县开展节能减排全民行动，积极倡导绿色生活方式和消费模式，生态文明知识普及率达80%，全社会绿色发展理念逐渐深入人心。景东县委党校也将生物多样性保护知识纳入教学培训内容，与各类干部培训同安排、同部署、同落实。

三、主要成效

（一）生态保护成绿色

通过长期有效保护，景东县已成为"中国生物多样性和生态系统服务价值评估项目示范县"、国家"东桑西移蚕桑基地县"、云南省"第一批高原特色农业示范县"、云南省"核桃基地县"，有"中国黑冠长臂猿之乡""中国灰叶猴之乡""中国天然氧吧""2019中国最美县域""第九批省级园林县城""云南动植物王国的缩影"之美称。景东县2017年完成云南省首张自然资源资产负债表；2018年编制并出版《县域生态系统服务价值评估与自然资源资产负债表编制——以景东彝族自治县为例》一书，极大地提高了景东县在生物多样性领域的知名度，提升了景东县在全省、全国的政治地位和自然保护地位；2019年启动建设哀牢山-无量山国家公园综合科学考察工作；2020年落地120米脉冲星射电望远镜重大科技项目，提升了景东县在国内和国际上的影响力。绿色已成为景东县最亮的底色，生态已成为景东最大的特色。

（二）产业发展变绿色

景东县通过发展绿色产业，建设厚实的扶贫产业集群，对标云南省打造世界一流"三张牌"的目标，形成了"生态建设产业化，产业发展生态化"的发展思路，构建了从山区到河谷、从树梢到林下、从种植到养殖、从畜牧到渔业、从大春到冬农的丰富、立体、融合的农特产业支撑体系。景东县生态产业蓬勃发展、多点开花，实现"家家有增收项目，户户有脱贫门路"。

（三）改造项目凸显绿色

景东县紧紧抓住普洱市委、市政府启动绿色发展基金用于创建重点试验示范工程项目的契机，于2017—2018年组织上报绿色化改造项目13个，绿色工业示范项目、生态环境保护示范项目、特色生物产业示范项目。项目绿色化改造后取得的经济效益、社会效益及生态效益正在逐步凸显。实施绿色化改造后的景东力奥林产集团有限公司加工生产线项目年产40000吨核桃肽饮料，销售收入达1.9亿元。景东亚热带植物园项目实施绿色化改造后，有效促进了植物多样性的保护。保护园区生物多样性和自然生态环境，构建稳定的生态平衡体系，实现人与自然和谐共处的明显创建的绿色成效，对普洱市创建示范工程重点项目提供示范效应具有广泛的价值和意义。

（四）群众致富靠绿色

景东县通过绿色发展，不断提升规模化、品牌化、市场化、组织化、科技化程度，形成了力景东奥林产集团有限公司、普洱天泽茶业有限公司等龙头企业和景东涵彩农业发展有限公司等445个带贫益贫作用明显的新型经营主体，筑牢"企业＋党支部＋合作社＋农户"的利益联结网景东县绿色产业呈现抱团发展的良好局面。全县17433户62404人实现脱贫，110个村脱贫出列。贫困县顺利"摘帽"。

（五）指标核算衬绿色

景东县依据《普洱市生态文明建设目标评价考核办法》《普洱市绿色经济考评体系》《普洱市绿色发展指标体系》及《普洱市生态系统生产总值（GEP）核算体系》，强化指标核算。GDP与GEP双核算、双运行、双提升机制，把"绿水青山"量化为具体的"金山银山"，体现了保护的价值和经济发展的质量。自2018年普洱市开展绿色经济考核评价以来，景东县考评成绩均列全市前三，2019年度实现绿色GDP总量为96.31亿元，增长率达41.54%。

（六）群众满意绘绿色

通过广泛深入的宣传，景东县进一步提高了公众绿色发展的参与意识，树立全民绿色发展意识，群众满意率逐步提升。截至2019年年底，景东县13个乡镇中获得省级生态文明乡镇命名的有11个乡镇；创建绿色学校10所，其中省级绿色学校3所，市级绿色学校7所；创建绿色社区4个，其中省级绿色社区2个，市级绿色社区2个。2020年1月，景东县通过省级生态文明县现场复核。2019年，景东县公众对环境的满意率为97.70%。

四、存在的困难及建议

在景东县县委、县政府的领导和各级各部门的推动努力下，景东县生态建设步入了良性循环，绿色发展步伐进一步加快。但是，景东县要充分把绿色生态优势转化为发展优势、竞争优势，还面临诸多困难和挑战。

一是全县绿色产业仍处于传统发展阶段，精深加工企业少，附加价值低；龙头企业数量少，规模不大，对产业转型升级带动能力弱，竞争力不强；特色生物种养殖基地分散化，难以形成规模效应。

二是绿色发展资源支持不够。景东县实施重点试验示范工程项目的过程中，财政困难，融资渠道单一，导致资金投入不足；绿色化改造项目验收达标，但未能兑现以奖代补资金及绿色发展基金，导致项目实施主体绿色化改造的积极性受挫，很大程度制约工程建设；林地、土地等要素保障不力，由于林地和土地报批程序较为烦琐，耗时较长，项目建设用地报批难，加之很多项目征地拆迁工作难、进度慢，导致招商引资项目难以落地。

针对以上问题，建议对绿色经济试验示范区的重大基础设施建设项目，实行总行直贷或给予单独的贷款额度补充支持，中央投资给予支持，实行零配套政策；对验收达标的绿色化改造项目，普洱市政府尽快兑现以奖代补资金及绿色发展基金,并给予授牌,提高重点工程的示范效应;对符合条件的重点项目建立贷款优先审批的快速绿色通道,为重大基础设施建设项目增加中长期贷款比例,中央财政给予贴息支持。

五、下一步工作

景东县将以习近平新时代中国特色社会主义思想为指导,全面贯彻落实十九大、十九届历次全会精神及习近平总书记考察云南重要讲话精神,按照"生态立县、交通兴县、产业富县、工业强县、旅游活县"的发展思路,依托无量哀牢两山,努力践行习近平总书记"绿水青山就是金山银山"的理念,继续深挖森林资源经济潜能,保护与发展并重,集中打好城乡开发提质、交通建设提速、产业结构升级、文化旅游升温、金融风险防控、生态环境治理六大战役。

景东县将进一步树牢"绿水青山就是金山银山"的发展理念,推动景东绿色发展。新时代,新发展阶段,景东县将进一步用活用好建设绿色经济试验示范区相关政策,进一步完善景东绿色发展制度,按照云南省委、省政府的要求打好"三张牌",按照"八大产业"布局,找准景东县绿色发展的着力点,夯实绿色发展的产业基础,找准生态优先、产业发展、群众致富的契合点,抓住社会乡村振兴发展机遇,推动绿色景东建设。确保国际一流的云南景东 120 米脉冲星射电望远镜项目顺利推进,申报建设哀牢山-无量山国家公园,以习近平总书记"绿水青山就是金山银山"的理念引领景东的无量哀牢两山,实现跨越发展。

景谷傣族彝族自治县绿色发展报告
（2012—2020）

近年来，景谷傣族彝族自治县（以下简称景谷县）全面贯彻习近平总书记"绿水青山就是金山银山"的重要思想，依托普洱市创建国家级绿色发展实验示范区的契机和重大发展机遇，坚持以科学发展、绿色发展为主题，坚定不移地实施"绿色工业强县、特色农业富县、文化旅游兴县"战略，加大产业转型升级力度，加快发展生态绿色产业，全力抓好生态问题建设，全面改善城乡人居环境，在生态文明建设和绿色发展过程中，走出了一条路子，为全县推动生态文明建设不断进步，加快绿色经济社会持续健康发展，奠定了坚实的基础。

一、绿色发展基本情况

2012年，景谷县全年实现生产总值61.5亿元，增长17%；公共财政预算收入完成3.3亿元，剔除糯扎渡水电站耕地占用税1.08亿元后，增长28.9%；公共财政预算支出完成13.7亿元，增长45.5%；完成规模以上固定资产投资28.1亿元，增长45.5%；社会消费品零售总额16亿元，增长17.7%；农民人均纯收入5538元，增长16.3%；城镇居民人均可支配收入18000元，增长16.7%；金融机构存贷款余额分别为36.5亿元、20.7亿元，增长11.4%和7.5%；居民消费价格总水平涨幅控制在5%以内。2020年，景谷县积极应对经济下行的压力，统筹推进稳增长、促改革、调结构、惠民生、防风险等各项工作，努力推动全县经济保持健康稳定增长，实现生产总值121.9亿元，较2012年增长102.2%；固定资产投资（含跨县投资）33.1亿元，较2012年增长17.8%；一般公共预算收入5.2亿元，较2012年增长57.6%；一般公共预算支出27.2亿元，较2012年增长98.5%；社会消费品零售总额31.8亿元，较2012年增长98.8%；城镇常住居民人均可支配收入

34160元，较2012年增长89.8%；农村常住居民人均可支配收入13143元，较2012年增长137.3%。

二、主要做法

（一）完善体制机制，绿色经济发展框架制度基本建立

景谷县坚持科学发展和绿色发展，以普洱市建设国家绿色经济试验示范区为契机，抓住国家和省级给予的44条支持绿色经济试验示范区的政策，不断优化产业结构，推动传统产业转型升级及支柱产业发展壮大，着力构建优势特色产业发展体系。2016年，为进一步加强领导，普洱市对景谷县建设国家绿色经济试验示范区领导小组进行了调整和充实；同时普洱市人民政府办公室印发《落实国家和省级支持普洱市建设国家绿色经济试验示范区相关政策责任分解方案》，将涉及景谷县的35条政策进行责任分解，着力抓政策落实。为加强对绿色经济考核评价工作的领导，景谷县成立了绿色经济考评工作领导小组，领导小组组长由县长担任，相关副县长担任副组长，成员为景谷县政府办、景谷县政府督查室、景谷县发改局、景谷县统计局等17个部门的主要负责人，并明确了考核指标的责任单位。景谷县各相关部门加强协调配合，按照《普洱市建设国家绿色经济试验示范区发展规划》和《普洱市建设国家绿色经济试验示范区发展规划实施方案》的总体要求，加快推进景谷县绿色经济试验示范区建设。景谷县绿色发展的框架制度基本建立，试验示范工程全面推进，试验示范区建设取得阶段性成果。

（二）全县持续发力，抓好绿色产业发展

一是加快工业转型升级。景谷县坚定不移筑牢工业发展基础，营造"亲商、扶商、安商、富商"的投资环境，紧紧围绕"浆变纸"战略，加快推进"双百"产业园建设，拓宽林纸产业链，提高林纸产品附加值。二是提升农业发展质效。景谷县加快转变农业发展方式，加大品牌建设力度，巩固提升甘蔗、茶叶、咖啡、橡胶、水产、生猪等传统特色产业，大力发展优势特色产业，加快促进云岭牛的全面推广和全县肉牛产业的提质增效，加大培育新型农业经营主体，着力提升农业产业化经

营水平,加快推进产供销、农工贸一体化的现代农业发展步伐。三是融合发展文化旅游。景谷县全力做好"一部手机游云南"后续推进工作,完成熙康·云舍云南景谷康体度假酒店等项目建设。景谷县办好民族体育文化旅游节庆融合活动,向纵深推进现代公共文化服务体系,让广大人民群众更好地听到党和政府的声音。同时,景谷县以全国"电子商务进农村综合示范县"建设为抓手,加快农村物流体系建设,培育多元化农村电商主体,打通"农产品进城"和"工业品下乡"双向流通渠道。

(三)认真践行"绿色检察"新理念

创新体制机制和工作方式,坚决打击危害环境资源的犯罪,强化民事行政检察监督和公益诉讼工作,积极参与生态环境综合治理,用司法守护绿水青山的执着和担当:一是严厉打击破坏环境资源犯罪;二是公益诉讼工作成绩斐然。2016年以来,立办行政公益诉讼案件233件,提出检察建议诉前程序233件,向法院提起行政公益诉讼案件3件,均获法院支持。

(四)严守红线,坚持生态绿色发展

牢记绿水青山就是金山银山,进一步提高生态建设水平,按照打好"蓝天""碧水""净土"三大保卫战的要求,切实抓好大气污染、水污染、土壤污染的防治工作,坚决打好污染防治攻坚战,让景谷的天更蓝、水更清、山更绿。景谷县强化环保执法监管,坚决制止和惩处破坏生态环境的行为,持续改善县域生态环境质量。进一步推进河(湖)长制工作的落实,强化水资源保护、水污染防治、水环境治理,严格河道治理责任,常态化开展"河(湖)长清河""清四乱"行动,实现河(湖)长制工作见河(湖)长、见行动、见成效。景谷县加强农业面源污染治理,巩固畜禽禁养区规模化养殖场划定关停成果,加快推进主要农作物测土配方施肥、专业化统防统治和绿色防控,提升土壤环境承载力。景谷县采取高压态势,依法依规开展好资源林政管理工作,持续开展好木材交易市场整顿工作,推进智慧林业信息化平台建设,切实维护市场经营秩序,确保林产企业原料保障,持续稳定生产。景谷县完善生态文明考核评价制度,严格执行自然资源资产离任审计制度,实现永续发展。

三、取得成效

(一) 绿色农业蓬勃发展

景谷县抓住云南省第一批高原特色农业示范县的机遇，突出建设高原特色农业产业体系，培育特色支柱产业，巩固提升甘蔗、橡胶、畜牧、热区水果等传统农业，持续推动农业供给侧结构性改革，着力推进高原特色农业示范县。景谷县不断推进农产品深加工、农业科技支撑能力提升、农产品品牌创建、新型农业经营主体培育、农业基础设施建设、城乡流通服务体系提升和农产品质量安全保障能力提升，构建高原特色农业产业体系，加快景谷县优势特色农业产业发展的步伐。打好"绿色能源牌"，积极发挥"清洁能源基地"优势，发展水电、生物质燃料、生物质发电、天然气、光伏发电等绿色能源产业，逐渐形成了多点支撑、多元发展的格局，全县产业结构逐步优化升级，经济整体实力得到明显提升。同时，景谷县坚持产业融合，加大第一、二产业融合发展推进力度，积极引入外来资金落户本地投资建厂，加快推进农产品加工发展，全面提升现代农业发展水平，实现农业跨越发展。2019年年底，景谷县全县实现农、林、牧、渔业总产值55.2亿元；粮食总产量达15.58万吨，蔬菜种植面积12.3万亩，产量135.96万吨；肉牛出栏16267头、肉猪出栏195272头；水果产量36.21万吨；水产品养殖面积1.46万亩，产量1.56万吨。打好"绿色食品牌"，景谷县全县农产品产地环境质量认定64.05万亩，"无公害、绿色食品和有机食品"认证企业35户、产品75个，认证面积7.45万亩；景谷大白茶地理标志申报工作有序推进。景谷县粮食生产稳步增长，特色经作齐头并进，山地牧业、淡水渔业持续发展。

(二) 绿色工业发展后劲持续增强

景谷县坚持走绿色低碳发展道路，紧扣全县林产业发展优势，提出了"以林浆纸为龙头，林板、林化产业为两翼，林下资源开发为补充的林业产业发展道路"的林产工业发展思路，以全县林木资源为基础，林业产业园区为依托，进一步优化布局、提质增效、延伸产业链，推动知名品牌建设，围绕"1+2"产业体系，重点发展以林产加工产业，打造特色消费品制造产业。同时，景谷县积极发展建材产业和特色食品制造产业这两个辅助产业的林产工业。景谷县重点打造了一批以"思景""集木优品"生活用纸系列等为主的品牌产品，拥有云南省纸浆、造纸市场占有率排名第一的云南云景林纸股份有限公司，全国第二家、云南省首家林业上市企业云南景谷林业股份有限公司，全省著名林化产品生产商和供应商景谷林化有限公司。景谷县内26家规模以上工业企业中，属于林产工业企业的有10家，2019年实现产值16.58亿元，占县内规模以上工业企业产值的68.71%；主营收入达14.43亿元，占县内规模以上工业企业主营业务收入的63.59%。景谷县林业产业园区入园企业达到72家（规模以上工业企业24家），2019年实现工业总产值34.61亿元，园区各企业主营业务收入达到33.36亿元，实现利税1.39亿元。

（三）绿色旅游业融合发展

景谷县立足资源优势，突出景谷特色，加快推进"一部手机游云南"App的运用，加快完善旅游基础设施建设，持续开展旅游业转型升级，打好"健康目的地牌"。景谷县全力打造"无量宝地·佛迹仙踪"城市旅游品牌，兼顾旅游项目开发与文化、农业、林业、水利、体育、健康医疗等产业深度融合，拓展健康生活旅游项目建设内容，助推景谷康养项目的发展。景谷县完成县城文体中心配套设施、雷光佛迹寺景区一期工程建设和勐卧总佛寺3A级景区创建工作，熙康·云舍云南景谷康体度假酒店一期工程建成运营，白马山云舍悬崖酒店项目和芒朵佛迹园项目建设有序推进，两次成功举办爱心飞翼世界杯翼装飞行比赛。景谷县景区交通基础设施和配套服务设施建设进一步完善，旅游名片进一步打响，旅游服务能力持续增强。

同时，景谷县依托美丽县城创建工作，持续优化县城旅游商贸业，积极开展白龙步行街特色风貌提升改造，实现旅游与商贸业态相结合，加快推进全县特色文化旅游业发展。2016年以来，景谷县累计接待游客948.48万人次，累计旅游总收入97.41亿元，旅游产业快速发展。

（四）特色生物产业稳步发展

景谷县坚持"生产绿色化，产业延伸化"战略，持续加大扶持力度，大力发展特色生物产业。景谷县稳步发展茶、咖啡产业，全县茶园面积21.52万亩，咖啡种植面积3.36万亩，2020年前三季度累计产干毛茶 9700 吨，采收咖啡 1682 吨，实现农业产值 6.09 亿元，工业产值 11.05 亿元，第三产业产值 13.38 亿元，综合总产值 30.52 亿元。景谷县持续发展生物药产业，全县生物药种植面积 60900 亩，2020 年三季度原料药材总产量 920 吨（干品），综合产值 8100 万元，开展有机认证 120 亩，有机转换认证 606 亩。景谷县主要有普洱良宝生物科技有限公司、景谷高原石斛农民种植专业合作社、景谷鸿辉中药材种植专业合作社等多家生物饮片加工经营单位，有"滇及"牌白芨、"鸿仁堂"牌滇黄精、"应福"牌石斛等生物饮片品牌。其中，普洱良宝生物科技有限公司的"滇及"牌白芨获得"2019 年云南省十大名药"称号。

四、存在问题

（一）资源环境不够优，发展硬件依然薄弱

在综合交通网络方面，景谷全县道路网络总体水平较低，县内 5875.173 千米道路中，四级公路有 3711.673 千米，等外公路还有 1897.612 千米，简易铺砖和未铺砖路面仍有 3121.888 千米，公路等级较低，水路运输仍然停留在低级低效的水平，加之全县暂时没有铁路、高速公路、航空等交通运输线路，全县综合交通基础比较薄弱，难以满足全县大宗商品贸易运输的需要，制约景谷县的绿色发展。在城乡基础设施方面，县城部分区域及乡（镇）建设普遍缺乏控制性详规指导，城乡建设规划不够科学；城镇基础设施不完善，县城主街区道路狭窄，没有公用停车场，公共卫生设施不健全，污水管网覆盖不到位等问题突出；集镇道路、供排水、垃圾、绿化、亮化等城市配套设施建设滞后，服务功能不齐全，农村人居环境状况很不平衡，农村基础设施和公共服务与城市差距大，行路难、如厕难、环境脏、村容村貌差等问题突出，城乡二元结构差异及治理效率低下给景谷县绿色产业发展布局带来难题。在水利设施方面，景谷县内缺乏大型蓄水工程等控制性骨干水源工程，景谷县水资源总量相对丰富，但时空分布不均，中小型蓄水工程覆盖面小，加之大部分水利设施工程存在老化、损坏的问题，工程调蓄能力缺乏，区域性、季节性和工程性缺水较为突出，特别是山区、半山区水资源配置及调控能力较低，农村饮水基本上靠山箐水供给保障，枯季

用水需求往往得不到充分保障。

（二）经营能力不够高，市场主体水平较弱

景谷县绿色产业经营主体弱，缺乏懂经营、善管理的企业管理人才，竞争力不强、布局分散、创新能力不足等问题突出，产业链普遍较短，精深加工产品少，产品附加值、科技含量低，产业较为单一，经营能力强的企业较少，难以推动产业快速发展。在科技创新方面，景谷县绿色产业发展起步较晚，科技力量和科技基础设施极为薄弱，科学进步和科技创新能力较低，严重缺乏高、新、专、精专业人才，绿色产业发展低端化严重，发展效率低下，严重制约绿色产业发展。在与新业态融合方面，景谷县绿色产业与新业态结合水平较低，特别是在当前数字化、信息化飞速发展的时代大背景下，景谷县的绿色产业没有很好地与信息化、数字化相结合，经营方式及产品推广销售更多的还是采用传统的做法，效率不高，拓宽市场、吸引消费的能力和水平均较弱。

（三）经济实力不够强，产业水平不够高

绿色发展成效不够显著，绿色工业总量较小，文化旅游业基础不牢，企业引进科学环保的新技术和新设备的能力不足，向绿色、环保、节能企业转型升级的能力不够，绿色发展虽然稳步推进，但距离实现跨越还有很长的距离。景谷县的林产工业发展水平不高，工业产品主要以初级加工为主，产业链短，精深加工产品少，产品附加值及科技含量低，发展方式比较粗放，抵御风险的能力和持续发展的能力较弱，随着数字化、信息化水平逐步提高，越发受到外部市场环境的挤压；加之当前经济社会持续发展，土地、物流、人工和融资等生产要素成本持续增高，且景谷县处于偏远地区，运力成本较高，县内工业产品在外部市场既没有产品质量优势，也没有价格优势。景谷县的旅游资源的开发尚处于初级阶段，开发面比较狭窄，且开发程度较低，旅游吸引能力不足。景谷县的旅游硬件设施和软件设施薄弱，县域范围内公路里程少、等级低、路面状况差，通往各个旅游景区的交通状况更是难以满足游客对旅游交通舒适、方便、快捷、安全的要求。景谷县的旅游服务设施分布不均，档次较低，功能配套不齐全，没有形成食、住、行、游、购、娱一条线的旅游支持系统，制约着全县旅游产业快速发展。景谷县的康体养

生产业仍处于起步阶段，缺少知名的、有特色的、上档次的养生服务产品，没有引领性的品牌和项目支撑，更不具备与之相匹配的综合服务体系，而且全县医疗卫生服务水平总体不高，医疗服务力量不足，医疗卫生服务能力偏弱，影响康体养生产业的发展。景谷县的绿色产业发展成效不高，茶业、咖啡、特色生物产业仍处于原料供应和初级加工阶段，产品质量控制、质量认证等环节依旧薄弱，龙头企业发展水平不高，产品品牌不强，影响绿色产业发展。

(四) 政策机制不完善，营商环境不够优

1. 缺乏对特色产业发展的良性引导机制

景谷县特色产业发展缺乏总体规划，政策引导不足，对特色产业发展投入不够。

2. 审批效率不高的问题依然存在

很多审批事项分散在多个部门、多个股室，政务服务窗口人员授权不充分，领导班子难以及时审定，造成部分审批时限过长。加之审批环节中还存在材料过多、程序烦琐，同一个材料需反复提交和多次审核的情况，致使审批耗时长。

3. 经营主体融资难、融资贵等问题依然存在

由于中小企业信用担保增信不足、融资专业知识欠缺、起步较晚、发展不均衡等原因，导致其融资渠道单一、融资成本高。加之银行内控制度规定越来越严格，金融产品的需求、供给存在不对称性，产生了"企业贷款难、银行难贷款"的现象。

4. 经营主体运营成本高的问题依然存在

县域水、电、路等基础设施建设不完善，人才储备不够充分，导致企业在进行生产经营的过程中，土地使用成本、人工成本、人才引进成本、原料保障和产品运输成本较高，给企业发展带来了较大的压力。

五、对策建议

下一步，景谷县将立足绿色经济发展优势，从突出龙头引领、加强系统谋划、突出工作重点等方面全力推进绿色经济发展。

(一)深化思想认识,形成以绿色产业发展为龙头引领新发展的行动自觉

绿色产业是新时期产业发展的需要,是推动地方发展最直接、最根本的路径。当前,国际经济形势纷繁复杂,国内经济社会发展改革进入深水区,地区发展不均衡和地区同质化发展问题并存。作为祖国西南边陲的地区,普洱市具有十分独特且丰富的特色资源,但产业发展情况整体落后于全国水平。目前,景谷县基础设施落后,产业发展滞后,没有能力在产业发展方面与其他先进的地区进行正面竞争,唯一的出路,就是想方设法发挥比较优势,找出独特、绿色、高效的产业发展路径,在"人无我有"方面下足功夫,积极发展绿色产业,主动融入国内大循环,走出有效、独特的发展路径。景谷县必须加强对新时代、新常态、新理论的深刻学习,认真把握外部发展环境,进一步深化对绿色产业发展的思想认识,坚持以"习近平新时代中国特色社会主义思想"为指导,牢固树立新发展理念,以深化体制机制改革为抓手,以优化产业结构和营造良好创新创业生态为重点,以做大做强绿色产业集聚和推动城乡协调发展为目标,坚持创新、协调、绿色、开放、共享新发展理念,遵循改革创新、规划引领、集约节约、特色发展、绿色发展的原则,强化规划引领,明确功能定位,突出产业优势,培育发展新动能,以时不我待、只争朝夕的精神抓实绿色产业发展各项工作,提升绿色产业发展现代化水平,将景谷县的地方绿色产业发展成为创新发展的新高地、产业发展的新阵地、产城融合的示范区。

(二)加强系统谋划,做好以绿色产业发展为龙头引领新发展的顶层设计

1. 抓好规划引导

把握"十四五"规划发展契机,紧扣景谷县森林资源、热区资源、旅游文化资源优质充沛的实际,强化分析研判,加大对景谷县绿色产业发展的规划布局,充分把握打造林业资源综合开发利用示范区、康体养生休闲度假旅游目的地、高原特色农业示范县等发展定位,加快制订科学合理高效的产业发展规划格局,引领产业发展。

2. 强化政策引导

景谷县按照产业集群化的要求,加快建立完善的绿色产业发展政策体系,鼓励和引导经营主体对标景谷绿色、特色发展重点,把全县产业

向以林板、林浆纸、林化等为重点林产工业引导聚集，向以肉牛、景谷大白茶、热带水果、生物药等为重点的高原特色农业产业引导聚集，向以温泉旅游开发、民族文化旅游开发为重点的康养旅游产业引导聚集。

3. 加强宣传引导

景谷县深入开展绿色产业发展政策宣传，把绿色产业发展宣传融入全县生态环境保护、金融业务宣传等各类宣传活动中，强化对绿色产业的重要性、必要性和实效性的宣传，加大对各类绿色产业发展优惠政策的解读，凝聚全县积极发展绿色产业的基本共识。

（三）突出工作重点，找准以绿色产业发展为龙头引领新发展的现实路径

1. 优化产业布局，推进集聚发展

一是坚定不移发展林产工业。景谷县盯紧"双百"产业重要抓手，加快推进60万吨化学浆项目建设，增强林产工业发展动能。同时，景谷县加快推进园区建设，逐步完善园区水、电、路、通信等配套功能布局，形成以工业化提速和城镇化发展相配套的基础设施建设，为"双百"产业园区发展配置相应条件。二是持之以恒地发展高原特色农业产业，景谷县以"一县一业、一村一品"规划实施为载体，积极构建新型农业生产经营主体，夯实农业基础地位。同时，云南按照云南省委、省政府打好"绿色食品牌"的要求，采取市场渠道建设、品牌认证建设和发展精深加工等系列措施，巩固提升甘蔗、咖啡、橡胶、水产、生猪等传统绿色产业，做优做强茶叶、咖啡等传统农产品，继续推进加工型水果原料基地建设，加快促进云岭牛的全面推广和全县肉牛产业的提质增效，不断扩大生产规模，提高产品效益。三是凝心聚力壮大现代服务行业，大力推动全县旅游发展。景谷县不断完善旅游要素配套，进一步丰富旅游业态，依托半山酒店建设这个抓手，谋划开发一批景点景区和精品自驾旅游线路，建设一批自驾旅游汽车营地及精品客栈，打造独具生态、人文及民族特色的健康旅游目的地，全方位打造"无量宝地·佛迹仙踪"城市旅游品牌。同时，景谷县打好"健康生活目的地"牌，积极发展养老、养生产业，统筹医疗卫生与养老、养生服务资源，支持医疗卫生机构提供养老、养生服务，鼓励民营企业投资兴办护理院、康复医院，打造一批高端康养小区，拉动全县社区养老、养生、医疗保健、康养旅游、休闲娱乐等产业快速发展。

2. 创新工作思路，做好招商引资

景谷县坚持把"招理念、招技术、招人才、招资金、招市场"作为重点，抓住高端化、链条化、特色化、集群化、品牌化、信息化、融合化、绿色化等主攻方向，充分挖掘自身资源优势，坚持求精、求准，综合考虑投资强度、税收贡献、生态环保、集约用地等因素，进一步加大招商引资工作力度，全力实施"走出去、请进来"的招商战略，主动攀大靠强，实施精准招商、点对点招商、以商招商，按照建链、补链、延链、强链的原则，围绕产业链条寻差、找点、补链，着力优化传统产业、培植新兴产业，推动绿色产业发展。

3. 夯实基础设施，改善发展环境

景谷县抓住国家推动"一带一路"倡议和孟中印缅经济走廊建设、普洱市建设国家绿色经济试验示范区的历史性机遇，继续围绕产业布局抓基础设施、依托产业发展建设基础设施的思路，保持固定资产投资的持续增长，狠抓基础设施建设，为扩大开放、发展产业、招商引资、汇聚人才、改善民生提供更加优越的硬件环境。

一是完善综合交通环境，加快建设景谷通用机场、景谷-宁洱高速公路、振太-景谷高速公路，配合做好大普铁路、景谷-澜沧高速公路前期工作，加快推进威永公路永平-勐班段改建工程、县城-联合段改建工程、景谷通用机场公路、省道S331线云仙-勐班公路景谷段改建等前期工作，启动益智-碧安连接线道路建设，推动村组公路建设工程PPP项目尽快实施，畅通全县综合交通环境。

二是提升农田水利基础，加快中低产田地改造，抓好民乐河水库、下邦弄水库建设，开工建设豹子洞水库、景短箐水库，稳步推进嘎胡水库、那木河水库及山区小水网等前期工作，配合做好黄草坝水库前期工作。同时，依托农田水利、人饮巩固提升、山区五小水利等项目的建设，稳步提高农业抗灾减灾能力和农业综合生产能力。

三是加快完善信息基础设施，加快推进区域5G网络覆盖建设，完善信息网络基础，推进新一代信息技术与绿色产业深度融合，支撑经营主体实施智能生产、信息化销售；深入推进智能车间、智能工厂的培育建设，率先实施造纸企业生产、管理、仓储、销售等全过程智能化改造，重点以云景林纸为代表的大型企业实行生产加工智能化、企业管理数字化，提升生产效率。同时，景谷县加快完善电子商务信息服务平台

及指挥城市大数据服务平台，充分运用好新型销售渠道，拓宽地方特色产品销售渠道，增长绿色产业经营成效。

4. 利用多种模式，促进三产融合

三产融合作为推动产业兴旺、推进城乡融合发展的重要措施，对拉动地方绿色产业现代化发展意义重大。景谷县要从支持产业内部融合型、产业链延伸型、功能拓展型、新技术渗透型、产城融合型、多业态复合型等 6 种类型的融合发展的定位出发，以农业为基本依托，以新型经营主体为引领，以利益联结为纽带，通过产业联动、要素集聚、技术渗透、体制创新等方式，将资本、技术及资源要素进行跨界集约化配置，使特色农业生产、特色农产品加工和销售、餐饮、休闲及其他服务业有机地整合在一起，促进第一、二、三产业之间紧密相连、协同发展，最终实现农业产业链延伸、产业范围扩展和效益提升。重点是进一步强化政府部门的联动效应，加强体制机制创新，依靠组织网联、结盟和合作，实现多层次、多环节和跨空间的组织协同，打破部门分割局面，在政府各部门之间实现资源和政策联动共享，形成工作合力。景谷县要支持发展多种类型的产业新业态，积极探索"互联网＋"现代产业的业态形式，推动互联网、物联网、云计算、大数据与现代第一、二、三产业结合，构建依托互联网的新型产业生产经营体系，推动第一、二、三产业融合发展。景谷县要突出发展特色产品加工业，依托县域特色产品资源优势，因地制宜发展各具特色的粮油、果蔬、茶叶、生物药、林特产品等产品加工产业集群，着力提高精深加工能力，通过延长产业链，增强科技链，提升价值链。

5. 提升公共服务，助力产业发展

景谷县大力开展"放管服"改革，进一步厘清渠道机制，释放产业发展空间，扫清"绊脚石"，清除"拦路虎"，不断释放产业发展空间，激发企业转型跨越发展活力。一是打造高效便捷的政务环境。景谷县全面清理不合理的前置审批、证明事项和与审批相关的中介服务，秉持"法无禁止即可为"的工作理念，全面放宽市场准入，着力破解"玻璃门、弹簧门、旋转门"，让市场在资源配置中发挥出决定性作用，做到真简实放、真改实革，营造公平公正的市场环境，充分激发企业投资热情。二是打造公平公正的法治环境。景谷县全面推进依法行政、依法决策，严格公正执法，严厉查处损害投资者合法权益的各种违法犯罪行

为，以风清气正的法治环境科学细化、量化行政裁量权，杜绝执法随意性，通过法制的刚性约束，换取市场的柔性环境。三是打造开放包容的人才环境。景谷县紧扣经济社会发展对各领域人才的迫切需求，建立健全人才引进、培养、安置和激励机制，实施高层次和紧缺人才引进优惠政策，不断推进人才队伍建设，为"大众创业、万众创新"提供优质人才保障。四是持续优化金融服务。景谷县发挥好"银、政、企"洽谈合作平台作用，引导金融机构创新金融产品、创新担保方式，提升金融服务与企业融资需求契合度，增强金融服务地方经济发展能力。同时，充分发挥财政奖补、税收优惠等行政奖励手段的激励作用，着力增强市场经营主体的融资能力，降低融资门槛。

（四）强化组织领导，凝聚以特色产业发展为龙头引领新发展的推进合力

一是加强政策要素倾斜。景谷县加大对特色产业发展的扶持力度，在水、电、路、土地等要素保障方面给予快事快办，在财、税、金融方面给予优惠倾斜，鼓励优势资源向特色产业集中，引导土地、资金、人才等要素和资源向特色产业倾斜，突出规模效应、集聚效应、辐射效应，逐步向发展条件好、质量效益优、综合实力强的方向发展。二是细化年度目标任务。景谷县把推动特色产业发展放在更加突出的位置，加大工作谋划力度，盯住政策制定、产业谋划、外出招商、工程落地等各项工作任务，明确道路路径，卡死时间节点，倒排目标任务，把工作任务细化到点，工作责任明确到人，形成强大的工作合力，推动地方特色产业发展。三是强化项目调度督导。景谷县坚持产业发展项目化，项目推进实效化，紧盯特色产业项目布局，建立完善特色产业项目建设工作调度机制，落实好县级领导挂钩联系项目建设工作制度，形成项目推进专班，加大项目调度力度，及时协调解决项目建设难题，高效推动特色产业项目建设投产。同时，景谷县要开展绩效考核评价，把特色产业项目建设放在突出位置，纳入地方综合目标考核范畴，科学设置考核指标，把绿色发展、开拓创新、产业集聚、特色发展等指标科学进行量化纳入考核体系，加大考核力度，倒逼责任落实，拉动地方特色产业快速发展。

镇沅彝族哈尼族拉祜族自治县绿色发展报告
（2012—2020）

自2012年绿色经济试验示范区建设启动以来，镇沅彝族哈尼族拉祜族自治县（以下简称镇沅县）坚决实施"生态立县、绿色发展"战略，按照《普洱市建设国家绿色经济试验示范区发展规划》《普洱市建设国家绿色经济试验示范区实施方案》《普洱市建设国家绿色经济试验示范区试验示范工程行动计划》要求，以加快转变经济发展方式、深化改革开放、改善民生为重点，以统筹协调、合力推进试验示范工程为抓手，通过全县上下共同努力，试验示范区建设顺利推进，取得了喜人的成效。

一、绿色发展基本情况

为建设好试验示范区，镇沅县科学制定实施方案、行动计划、政策责任分解方案，明确任务分工、落实责任，动员全社会广泛参与，从优化国土空间开发格局、推行绿色生产方式、建设国家四大绿色产业基地、推动全社会绿色发展、加强生态建设和环境保护、强化绿色发展的基础设施支撑、实施试验示范重点工程和创新绿色经济的体制机制等方面全面推动绿色经济试验示范区建设，努力探索经济发展与资源节约和环境保护相协调、"绿起来"与"富起来"相统一的绿色发展道路。

（一）建设国家绿色经济试验示范区主要任务落实情况

1. 优化国土空间开发格局

镇沅县主动对接云南省"一核一圈两廊三带六群"总体布局，发挥自身区位及资源优势，进一步与省市对内对外开放、特色优势产业、新型城镇化、脱贫攻坚紧密衔接，以优化国土空间开发格局、推进新型城镇化为主攻方向，以主城区和工业园区为增长极，以内引外联交通发展轴线为纽带，构建以县城恩乐镇为中心、以哀牢山和无量山"两山"为经济带的空间格局，着力打造山区经济片区、河谷经济片区、通道经济片区；实施芳香绿化工程，乡镇积极修建主题休闲公园，城乡绿化美化不断提升。"美丽县城"建设高位推进，美丽乡村建设成果显现。实施农村人居环境整治三年行动，人居环境质量不断提升。努力实施城镇管理，依法整治城市病，启动城市"两违"治理专项行动，规范县城停车秩序。国家园林县城、国家卫生县城、省级文明县城不断巩固提升，哀牢山宜居小镇尽显特色。

2. 绿色生产方式基本形成

（1）**绿色农业**以优质烟叶、瓢鸡、蔬菜、优质稻米、生猪等特色优势种养业为重点，推广节能农机、立体种植，加强农业投入品监管，开展测土配方施肥，发展农民专业合作社，培育龙头企业，建设特色庄园，推动农业产业化、循环化发展。镇沅县培育了富农、藤泽等龙头企业，建成者东镇蔬菜交易市场，生态蔬菜基地规模达9万亩，年实现产值3.5亿元，持续销往上海等15个大中型城市。瓢鸡产业实现突破，年出栏120.8万羽。镇沅县探索生猪养殖新模式，有效防控非洲猪瘟，在农康公司等龙头企业的带动发展下，年生猪出栏达36万头。

（2）**绿色工业**以优化结构、推动转型升级为重点，以园区为载体，构建特色生物、清洁能源、现代林产、矿业四大绿色工业体系。镇沅县强化工业节能降耗，提高资源产出率，实施清洁生产，推进综合利用；积极开展绿色矿山创建和工业园区循环化改造。昆钢嘉华水泥建材有限公司、云南黄金有限责任公司、镇沅县昌辉实业有限公司、镇沅县松香厂等规模以上企业支柱作用更加凸显。园区经济持续活跃，基础设施更加完善，引进入园生产企业4户。

（3）**绿色服务业**以发展金融服务业、商贸物流业为重点。镇沅县深化金融体制机制改革，鼓励金融机构开展绿色信贷，对绿色经济项目重点给予信贷支持，创新金融产品服务方式，完善农村信用体系和中小企业融资担保体系，加快信用体系建设；强化商贸流通基础设施、流通平台和流通网络建设，夯实城乡商业发展基础；实施国家农村电子商务示范县建设项目，建成村级电子商务服务网点110个、乡（镇）物流配送站9个、村级物流配送点72个，初步实现县、乡、村三级全覆盖。

3. 四大绿色产业基地初步成形

（1）建设特色生物产业基地。镇沅县打造茶、咖啡、生物药循环经济产业链，推行茶园生态立体种植，建设有机茶园基地，延伸茶产业链，加大科研创新力度，发展精深加工产品。全县有生态茶园面积8.58万亩，其中，有0.92万亩茶园获得中国绿色食品A级产品认证证书，有3.02万亩茶园获得有机转换认证证书；有古茶树居群（野生古茶树居群和栽培型古茶树居群）面积26.85万亩。镇沅县推广立体复合种植，减少化肥、农药使用，建设有机咖啡基地，延伸咖啡产业链，发展咖啡庄园经济，咖啡种植面积1.79万亩，其中有2000亩咖啡庄园获得4C认证，有1710亩咖啡庄园获得有机产品认证证书。镇沅县推进生物药材规范化与规模化种植，重点发展石斛、天麻、重楼等主要品种，建设特色中医药材种植基地，发展生物药庄园经济。生物药材种植面积2.57万亩，原药材年总产量达6975.5吨。

（2）建设清洁能源基地。镇沅县稳步开发水电资源，积极培育生物质能和太阳能等新能源产业，合理开发者干河小流域梯级电站，适当开发以电代燃料小水电，规划天然气综合利用，推广使用生物质燃料7230吨。

（3）建设现代林产业基地。镇沅县以森林资源培育为基础，以林化为龙头，林浆、林板为两翼，大力发展生态林业和民生林业，加强木本油料基地和森林生态旅游建设，做强做优林板家具产业，建成完善的林业生态体系、发达的林业产业体系和繁荣的生态文化体系，实现林业三次产业循环发展。镇沅县现已纳入生态公益林管护面积达128.73万亩，纳入天然林停伐保护面积238.28万亩；累计核桃种植面积36.4万亩，种植农户18600余户，坚果种植面积达9万多亩，种植户数8000余户；木材加工企业改造升级，林业"三剩物"综合利用率在95%以上。

（4）建设休闲度假基地。镇沅县紧紧围绕"文化旅游兴县"战略，将旅游产业发展纳入县"4+5+1"产业体系规划，全力打造"世界茶王、芳香镇沅"旅游发展品牌，完成了《云南茶马古道普洱段镇沅县路段保护利用设施建设项目可行性研究报告》《大景思全省自驾游旅游线路修建性详细规划》及《实施方案》（镇沅部分）等编制工作；配合做好《哀牢山保护区总体规划修编》工作；成功加盟"一部手机游云南"旅游智慧平台。此外，镇沅县的乡村旅游也有新亮点，自驾旅游持续突破,民族节庆更加富有特色。

4. 推动全社会绿色发展

镇沅县初步建立资源回收利用体系,努力形成覆盖分拣、拆解、加工、仓储、资源化利用和无害化处置等环节的完整产业链;积极推广绿色建筑和建筑节能,加快建筑节能改造,提高低能耗建筑和绿色建筑比例,扩大绿色建材使用范围,提升建筑废弃物资源化利用水平;积极推行绿色消费模式,倡导绿色生活方式和绿色出行,逐步形成崇尚节约、厉行节约、简约生活的良好氛围,全面绿色消费意识初步形成;实施大循环战略,努力实现工业、农业、服务业等共生耦合发展,建成五一茶庄园、嘉德庄园等一批精品庄园经济;积极培育绿色文化,充分利用新媒体和传统媒体,广泛深入宣传有关绿色发展的知识及价值取向,逐步树立群众的绿色生活和绿色消费意识,提高公众生态文明社会责任意识,引导公众履行环境保护的社会责任和义务,在能源利用、空间布局、生活方式等方面自觉推进绿色发展,让绿色生活、勤俭节约成为全社会的自觉习惯。

(二)国家绿色经济试验示范工程实施情况

普洱市建设国家绿色经济试验示范区,共实施11个领域67个试验示范工程,其中,镇沅县涉及11个领域50个试验示范工程。镇沅县认真细化落实各项工作任务,层层抓落实,以项目为载体,以技术为支撑,打造了一批发挥典型示范效应的企业、项目和基地,发挥辐射引领作用,探寻合理发展模式,循序推进试验示范区建设。

1. 推进生态建设和环境保护试验示范

镇沅县以自然特色的生态景观建设为主,控制、减少污染物排放量,遏制水质污染的趋势,实现环境效益、经济效益和社会效益的统一,为其他环境综合整治工作提供示范和借鉴。例如,振太镇紫马街传统村落环境综合整治工程,既加强了环境污染的治理,也为保护及发展茶马古道文化和当地旅游文化创造了更好的条件;镇沅古茶坊农产品开发有限责任公司开展农特产品加工项目,其加工厂按照绿色生态仿古建筑依山而建,厂区绿化面积达30%,建成园林式生产基地,加工纯天然食品,达到生态环境的良性循环。

2. 推进绿色农业试验示范

镇沅县大力发展高原特色现代农业,打造普洱市镇沅县富农科技农业发展有限责任公司蔬菜种植示范工程，先后在恩乐镇、古城镇、者东镇建设无公害蔬菜生产示范基地，并逐步在全县各乡镇推广，蔬菜种植面积2万亩，年总产量4万吨，实现年产值2亿元，并成功进入上海市场，成为"云品入沪"云南首家蔬菜生产基地。同时，四川、河南、河北、新疆、东三省等国内区域，以及韩国、东南亚等一些国外区域的市场销售份额也正在逐年增长，促使镇沅县成为"南菜北运""西菜东调"及面向东盟等国外地区的蔬菜外销基地县。镇沅县打造镇沅云岭广大瓢鸡原种保种有限公司瓢鸡养殖示范工程，充分挖掘瓢鸡产业文化亮点、产品特点，促进瓢鸡品牌建设，制定《高原特色农产品 镇沅瓢鸡》（DB531T 904—2015）地方标准，规范瓢鸡产品质量安全控制规范和技术规范，利用丰富的林地资源推广瓢鸡林下全生态养殖示范。目前，全县有12家企业的12个产品取得有机产品认证，3个产品取得绿色食品认证，6个产品取得无公害农产品认证，申报并获批地理标志证明商标6个。

3. 推进绿色工业试验示范

镇沅县按标准规划建设了小微企业孵化基地和现代林业园区。例如，按照绿色化改造方案建成的昌辉实业有限公司生态优质核桃系列产品精深加工项目，实现了智能化全自动核桃仁脱皮和核桃仁智能化全自动真空检测，污水得到循环利用；诚信支农煤炭经营有限责任公司生物质成型燃料生产加工项目，利用农作物秸秆、木屑等废弃物加工成生物质燃料；镇沅县松香厂、云南黄金有限责任公司镇沅分公司分别实施能量系统优化工程和电机变频改造工程，效果十分明显，在全县工业企业中发挥了很好的引领作用。2020年5月中国黄金集团有限公司、昆钢嘉华水泥建材有限公司两家企业申报国家级绿色矿山建设。

4. 推进绿色服务业试验示范

镇沅县完成国家农村电子商务示范县建设，2019年线上线下交易突破4亿元。商贸流通体系不断完善，运输物流企业培育有起色。

5. 推进绿色基础设施试验示范

镇沅县对综合交通、公共建筑等基础设施，按照绿色低碳标准进行规划设计、建材选择、建设施工，实现污水处理厂和生活垃圾填埋场的有效使用，城镇生活污水集中处理率、生活垃圾无害化处理率分别达92%、95%。

二、主要工作做法

(一) 领导重视，组织保障有力

领导重视、机构健全，是绿色经济试验示范区建设顺利推进的有力保障。2012年9月，镇沅县成立了以县委书记为第一组长、县长为组长、县四大班子分管联系领导为副组长，县直各有关部门负责人和各乡(镇)长为成员的建设国家绿色经济试验示范区工作领导小组。领导小组办公室设在县发改局，绿办主任、专职副主任和工作人员配备齐全，切实做到有领导管事、有机构理事、有人员办事。

(二) 绿色理念，贯穿发展始终

为发展绿色经济，镇沅县全县上下牢固树立绿色发展理念，坚持"生态立县、绿色发展"战略；不断强化绿色宣传教育，在党政机关各类会议上对绿色发展进行解读，利用节能宣传周和低碳日对绿色理念进行广泛宣传，在学校进行绿色环保宣传教育；积极开展绿色征文活动，发动全县各部门、群团组织共同思考，为全县绿色发展建言献策。

(三) 分类施策，各行业绿色发展有的放矢

围绕《普洱市建设国家绿色经济试验示范区发展规划》《普洱市建设国家绿色经济试验示范区实施方案》，镇沅县对各行业采取分类施策的方式，有效推进各行业绿色发展。

(1) 农业方面，制定《镇沅彝族哈尼族拉祜族自治县重点农业产业精准扶贫规划（2018—2020年）》《镇沅彝族哈尼族拉祜族自治县涉农企业产业发展扶持奖励办法（试行）》《镇沅彝族哈尼族拉祜族自治县提升壮大生猪产业发展实施意见》《镇沅彝族哈尼族拉祜族自治县提升壮大蔬菜产业发展实施意见》《2018年烤烟产业发展意见》《镇沅彝族哈尼族拉祜族自治县促进农业产业兴旺实施办法》《镇沅彝族哈尼族拉祜族自治县创新体制机制推进农业绿色发展的实施方案》《镇沅彝族哈尼族拉祜族自治县人民政府关于促进瓢鸡产业发展的实施意见》，对全县中长期主导产业培育发展做了系统的设计规划，制定了3个重点产业发展实施指导性意见，加快了传统农业向现代农业的转型升级，构建了"一县一业、一村一品"的产业适度规模经营格局，提升了产业化经营

水平，提高了农业综合竞争力和农村经济整体实力，确保了特色主导产业健康、可持续发展。

（2）工业方面，相继制定出台了"一决定、三制度、四办法"，即《推动绿色工业跨越发展的决定》，《县级领导联系重点项目重点工作制度》《重点项目重点工作督查制度》《县政府领导联系规模企业和培育重点企业工作制度》，《推动绿色工业跨越发展扶持办法》《工业园区管理办法》《招商引资项目管理办法》《中小企业发展专项资金管理暂行办法》等一系列政策措施。

（3）服务业方面，挖掘和发展特色民族文化，打造一批高A级旅游景区、旅游度假区、生态旅游示范区，"世界茶王·芳香镇沅"旅游品牌形象逐步形成；建成全市首个电子商务示范平台；鼓励星级酒店、零售业、餐饮业实现节能化，减少一次性用品，降低单位增加值能耗。

（四）细化方案，确保工作责任落实

根据《普洱市建设国家绿色经济试验示范区实施方案》要求，为进一步明确镇沅县各乡（镇）、各部门工作责任，确保建设国家绿色经济试验示范区各项目标任务、重大项目、试验示范工程等落到实处，镇沅县在普洱市率先制定实施了《镇沅彝族哈尼族拉祜族自治县建设国家绿色经济试验示范区责任分解方案》和《镇沅彝族哈尼族拉祜族自治县落实国家和省级支持绿色经济试验示范区相关政策责任分解方案》。

（五）强化督查，工程落实到位

镇沅县委政府督查室对试验示范区重点工程重点项目进行不定期督查，督促工程按计划进度正常推进。由镇沅县绿办牵头对涉及绿色经济试验示范区建设的县级部门及乡镇进行调研，深入了解试验示范工程推进情况，分析存在的困难和问题，提出意见和建议，为县委、政府科学决策提供参考。

三、取得的主要成绩

（一）始终坚持可持续发展战略，切实践行"绿水青山就是金山银山"理念

镇沅县完成全县生态价值评估工作，建成县城环境空气质量自动监

测站,空气质量达标率100%;义务植树40万株、营造林5万亩,森林覆盖率达71.99%,是国内一类林区县,境内生长着2700多年的野生古茶树,被誉为"世界野生茶树王之乡";开展路域和城市面山专项整治,关闭采石厂4个、绿化矿山环境2个;实施河(湖)长制取得实效,开展河长清河、清四乱、糯扎渡库区综合整治,编制河道采砂规划,推动水生态保护联动执法,取缔违法砂场17个、立案查处48个;强化集中式饮用水水源地保护工作,水质达标率98.6%;划定永久基本农田66万亩,规划实施土地复垦增减挂钩指标2400亩,保障基本农田保有量;总结出"桑海田园"奏响富民歌、生态养殖瓢鸡、推广生物质燃料代替煤柴烘烤、有机认证工作取得突破、唱响蔬菜富民"增收曲"、玻烈村绿色发展模式、特色林果产业发展——镇沅县引进澳洲坚果种植、退耕还林助推脱贫攻坚、推进林下生物药材规范化与规模化种植、镇沅县建成高原特色优质稻米基地共10个镇沅县绿色发展亮点。

(二)紧紧围绕战略部署,积极塑造普洱茶品牌

镇沅县紧紧围绕云南省打造世界一流"绿色食品牌"及"千亿云茶"战略部署,塑造"千家寨爷号"普洱茶公共区域品牌,注册"千家寨爷号"商标,统一地理标志,稳步推进"千家寨"普洱茶金字招牌工作,建设"千家寨"野生古茶种质资源库,开展有机茶园转换认证,全县13家企业的3.02万亩茶园获得有机茶园转换认证,正在实施茶园有机转换认证2万亩,规划建设砍盆箐、老海塘、千家寨"三个万亩茶园",新植仿古茶园移栽2180亩,探索"千家寨"普洱茶品质区块链追溯平台建设。"千家寨爷号"普洱茶公共区域品牌在上海市金山区发布,标志着"千家寨爷号"普洱茶公共区域品牌的荣耀诞生。

(三)绿色发展美丽县城,全力打造绿色镇沅

镇沅县把"美丽县城"建设融入"生态立县、绿色发展"战略,并将其作为优化人居环境、提升城市品质、夯实经济平台、实现和谐发展、为百姓谋福祉的实事来抓,以建设"山水田园休闲城市"为目标,坚持"不求大但求精,不求多但求美,不求全但求特"的建设理念,全力打造绿色镇沅,目前镇沅县城建成区面积3.2平方千米,建成区总人口2.96万人,建成区绿化覆盖率40.57%,绿地率35.26%,拥有无量

湿地公园等9个公园。一条条街道绿波环绕，一座座新楼独具特色，一个个小区洋溢着浓郁茶文化气息，一座"看得见山、望得见水、留得住乡愁"的"美丽县城"已悄然矗立在人们面前。2020年年初，云南省政府办公厅印发《关于命名云南省美丽县城的通知》，20个县（市）被命名为"美丽县城"，镇沅县位列其中。

通过全县上下共同努力，镇沅县的生态环境更好、更美了，被国务院纳入国家重点生态功能区，先后荣获国家卫生县城、国家园林县城、中国天然氧吧、全国宜居小镇、省级文明县城、省级平安县等荣誉称号，县城哀牢小镇被国家住建部评为全国第一批宜居小镇，恩乐镇获国家级生态文明乡镇，建成省级生态文明乡镇6个，省级美丽村庄2个，市级美丽村庄20个，城关社区获首批市级绿色社区称号，创建省级绿色学校4所、市级绿色学校5所，镇沅大地生机盎然，一个生态和谐、人居舒适、功能齐全、特色彰显的"美丽县城"正在崛起。

四、存在的主要困难和问题

（一）绿色产业发展不充分，生态优势没有充分转化为经济优势

绿色生态是镇沅县最大的财富和优势，拥有最大的潜力，但得天独厚的生态优势并没有充分转化为经济发展的优势。镇沅县特色农产品虽然产量规模较大但优势不明显，仍然以初级产品为主，加工制造水平比较落后，资本、技术投入不足，精深加工比例偏低。发展绿色经济的市场意识还有待提高，品牌建设、产品营销和市场拓展不充分，对产业新业态、新模式的挖掘不够，无法获取较高的市场附加值。绿色产业链条短，资本、技术投入不足，物流、仓储、信息等配套产业建设滞后，茶叶、蔬菜、核桃等主要产业集群效应没有展现，绿色项目扶持资金不足，影响工程的实施效果。

（二）对试验示范区的投入和支持力度不足

镇沅县试验示范区的引导支持力度不够。国家发改委在发展规划中明确了对普洱市综合交通、农田水利等基础设施建设给予政策支持，提高国家生态公益林补偿标准，出台了17条国家支持政策，云南省政府

也明确了27条支持政策，但很多政策涉及中央和地方多个部门，真正落实到试验示范区建设的真金白银的投入、关注和支持很少，导致大部分支持政策未有效落实，投入的资金与镇沅县的发展所需仍有一定差距。

（三）空间管控、总量管控、环境质量管控"多重"叠加，发展与保护失衡

镇沅县严格落实生态空间管控、总量管控和环境质量管控，但各项管控措施并没有实现有效协同，而是严上加严，一定程度上挤压了经济发展的潜力。镇沅县林地比例高，在严格限制森林资源开发的要求下，经济建设所需的耕地资源严重不足，适宜开发的耕地后备资源接近枯竭，过大的林地格局逐渐制约社会经济发展。

五、今后工作打算

"十四五"时期是全国由全面建成小康社会向基本实现社会主义现代化迈进的关键时期，也是镇沅县全县上下抢抓机遇、乘势而上、厚积薄发，推动经济社会高质量跨越式发展的关键时期。全面贯彻落实党的十九大和十九届五中全会精神，就是要以习近平新时代中国特色社会主义思想为指导，坚持新发展理念，坚持稳中求进的工作总基调，全面做好"六稳"工作，全面落实"六保"任务，主动服务和融入国家、省市发展战略，充分发挥交通区位、特色资源、民族文化三大优势，坚持"生态立县、绿色发展"不动摇，打好"绿色食品、绿色能源和健康生活目的地"三张牌，围绕"两山"文化及茶王文化两大主题，以推动高质量发展为方向，以深化供给侧结构性改革为主线，以推进改革开放创新发展为动力，以增进人民福祉和促进人的全面发展为根本目的，积极融入以国内大循环为主体、国内国际双循环相互促进的新发展格局，把镇沅县建设成为世界茶王康养休闲旅游目的地、全国民族团结高水平示范区、滇西南区域性陆港枢纽及普洱市绿色经济高质量发展先行示范区，谱写好中国梦的镇沅篇章。

（一）做好一个规划

从战略和全局的高度充分认识做好"十四五"规划编制的重大意

义，切实加强前瞻性思考、全局性谋划、战略性布局，高标准高质量做好"十四五"规划编制工作，确保规划更加适应时代要求、更加符合发展规律、更加体现全县人民的意愿，为镇沅县开启现代化建设新征程提供规划保障和科学指引。对标对表中央、省、市"十四五"规划精神，及时掌握国家相关政策最新动向，注重与国家、省、市发展规划、专项规划、区域规划、空间规划的衔接，紧密结合镇沅县发展实际，积极谋划新思路、新举措，力争将更多项目纳入国家、省、市规划"盘子"。同时广开言路、问计于民，充分发挥人大、政协职能作用及采纳民主党派、群团组织意见，广泛征求专家、学者、企业家、基层干部、群众等的建议，切实编制出符合中央、省、市要求，契合镇沅县实际，顺应人民期待的好规划。

（二）谋划好一批重大项目

积极谋划储备"十四五"时期重点项目和中央预算内投资项目，对照国家支持方向和项目申报标准，谋划储备一批可准入、可落地、可申报、可持续的好项目、新项目、大项目。精准谋划"两新一重"项目，围绕新基建、新型城镇化、重大建设工程，结合短板弱项，千方百计破解难题，围绕新型基础设施、关键产业发展、传统基础设施、生态文明建设、社会民生、安全保障等领域精准谋划"十四五"项目，提高项目谋划质量水平，做到六个"突出"。

1. 突出夯实传统基建

镇沅县继续补齐交通、水利、电力等基础设施短板。

（1）交通方面，镇沅县积极推进形成航空、铁路、高等级公路、水运等综合交通网络，努力把镇沅县打造成为普洱市北部综合交通枢纽；积极配合推进楚普铁路镇沅段、清水河至临沧至新平铁路镇沅段前期工作，积极争取镇沅至臭水高速公路列入"十四五"规划并启动前期工作，持续支持服务好墨临高速公路、振太至景谷高速公路、新平（戛洒）至镇沅（者东）高速公路等工程项目，争取国道323线镇沅段、恩乐—三章田—九甲—九米桥二级公路、芹菜塘—勐大—按板—田坝—古城二级公路等改扩建工程，形成系统完善的"北上南下、东西贯穿"大立体交通网络；对内提升改造县道干线，不断提高现有公路的技术等级、路面等级、通达深度和畅通水平。

(2) 水利方面，镇沅县加快勐真水库开工建设，推进玻烈河水库等中型水库和十八道河水库、和平水库、班谷水库、陶家村水库等小型水库前期工作，争取在"十四五"期间建成；持续开展河库生态修复和综合治理工程；继续抓好威远江、阿墨江、李仙江镇沅段河道治理和生态修复工程；尽快开展和完成一批中小河流治理工程、小流域坡耕地水土流失综合治理工程、水土保持工程项目；建设高标准农田和集中连片特色农业高效节水灌溉工程，推进山区"五小水利"工程建设，抓好城乡居民饮水安全巩固提升工程，继续开展河湖管理范围划定，推进改善农村生活环境和河流生态环境。

(3) 电力方面，镇沅县持续实施农网升级改造工程，改善电网架结构，提高配网装备水平。

2. 突出加快"新基建"

镇沅县加快普及光纤宽带千兆接入能力，推进5G网络建设，促进5G和4G协同发展；推进能源、交通、物流、水利、市政基础设施数字化升级改造；大力发展智能电网，推进智能充电桩建设；推进智慧农业基地、数字工厂、智慧景区建设，构建"城市大脑"，建设"数字镇沅"，支持互联网医院、智慧校园建设，构建数字环保基础支撑能力，推动全县社会服务体系、治理体系、监管体系数字化深度变革。

3. 突出加大民生投入

镇沅县集中力量办好民生实事，高标准推进社会事业，补齐民生领域短板，切实增强人民群众获得感、幸福感和安全感；持续加大教育投入，加快发展学前教育，推进新建无量圣境小学、无量圣景幼儿园、振太镇第二小学，补齐教育短板，改扩建一批老旧校舍，配齐功能，全面提升普通高中办学水平；发展现代职业教育，加快县职业中学改扩建工程，推进与普洱学院镇沅专科学校合作办学，推动西南林业大学镇沅试验林场基地建设，着力打造成国家级康养基地、国家级林业科研中心、国家级教学研究基地，把镇沅县建设成为高校人才培养、学术交流、产学研结合的基地；完善基本公共卫生服务体系，提升公共医疗服务水平；优化整合医疗资源，加快县、乡、村紧密型医共体建设，按照三甲标准加快推进县中医院建设，推进县人民医院门诊综合楼、县妇幼保健院妇产儿童中心、县人民医院分院和精神病专科建设；建设公共应急服务中心，加强传染病救治能力、疾控体系和卫生应急备灾救灾体系建设，进一步提升县城社区、农村等基层防控和公共卫生服务能力，完善重大疫情预警、救治和应急处置机制；加大公共体育场地场馆设施建设，加快城区全民健身中心、健身步道、陀螺场、公共体育场等项目建设。

4. 突出统筹推进城乡融合发展

镇沅县坚持区域协调发展，推进以人为核心的城镇化建设，巩固提升"美丽县城"建设，以持续推进美丽乡村建设为突破口，高品质推进城乡融合发展；持续巩固提升国家园林县城、国家卫生县城、省级文明城市创建成果，积极争创全国文明城市，不断提升"芳香镇沅"城市品牌；大力推进产城融合，不断完善地下综合管廊、垃圾中转站、天然气管道等公共服务设施，加大城镇"两污"治理力度，加快"智慧城市"建设，提高城市管理数字化、精细化水平；推进中心镇扩容、特色镇开发、重点镇提质，谋划秀山特色小镇建设，积极开展爱国卫生7个专项行动；继续推进农村人居环境整治，大力实施美丽乡村提质工程和村容村貌提升工程，扎实推进农村"厕所革命"，抓好城乡垃圾分类、农村畜禽粪污资源化利用，全面实施垃圾处理，梯次推进农村生活污水治理；实施"乡村记忆工程"，保护开发一批古村落、古建筑；按照"四个不摘"持续巩固脱贫成效，提高脱贫质量，促进脱贫攻坚与乡村振兴有效衔接。

5. 突出稳步推进生态文明建设

镇沅县坚定不移走生态优先、绿色发展的新道路，实施生态空间管控，倡导绿色生活方式，牢牢守住生态保护底线，推动国家级生态文明县创建；积极践行"绿水青山就是金山银山"理念，持续打好污染防治攻坚战，扎实推进蓝天、碧水、净土三大保卫战；围绕自然保护地生态功能提升、生态修复与治理、"四好"公路建设、林草生态修复重点工程、地质灾害治理及搬迁避让等方面谋划实施一批重点项目。

6. 突出对外开放合作共赢

镇沅县立足自身资源优势、生态优势、区位优势、开放优势和产业优势，主动服务和融入澜沧江经济带、国家绿色经济试验示范区建设等国家、省、市发展战略，围绕"滇西南片区陆港枢纽"建设，加快与周边市、县互联互通，加快融入"双循环"，形成对外开放新高地；不断加强沪滇扶贫协作；以无量山、哀牢山为纽带，深入推进"景景镇"三县在康体旅游、现代林业、生物医药、烟草、高原特色食品加工等产业开展区域深度合作，形成"两山经济板块"；依托茶马古道、两山保护区等生态和文化旅游资源，打造茶马古道旅游走廊、北部区域旅游环线，大力发展特色文化、休闲度假养生产业；重点建设现代林产业基地、休闲旅游度假基地和特色生物产业基地。

（三）做大做强一批特色产业

以巩固脱贫成果、实施乡村振兴战略、建设国家绿色经济试验示范区为切入点，按照"一产抓特色、二产抓升级、三产抓突破"的产业发展思路，加快推进第一、二、三产业融合发展，不断调整优化产业结构。重点围绕烤烟、茶叶、核桃、蔬菜、林业、水果，因地制宜打造"一县一业""一乡一特""一村一品"，重点在产业振兴上规划打造百里果蔬园、百个生态茶山、百万头生猪养殖、百里现代烟草谷、百个瓢鸡养殖示范组、百万棵高产核桃树、百个林下药材种植基地、百万旅游人次8个一百工程。

争创打造"一县一业"示范县，集中力量擦亮"千家寨"普洱茶金字招牌，强力打造"千家寨爷号"普洱茶公共区域品牌，加大"千家寨爷号"普洱茶系列品牌创建，按照"136"思路抓好茶产业。"1"就是打造一个"千家寨爷号"普洱茶公共区域品牌；"3"就是建设三个平台，分别是普洱茶"千家寨"野生茶种质资源库平台、"千家寨爷号"茶庄园平台和以茶王文化为主的茶旅平台；"6"就是"六抓"，即抓品牌统一、抓基地建设、抓质量体系、抓产品标准、抓生产规范、抓营销环境。

（四）打造一支干部人才队伍

深入贯彻落实习近平总书记关于人才工作的重要论述，加强干部人才队伍建设，积极推进与西南林业大学、普洱学院合作办学，建立自主培养与人才引进相结合，学历教育、技能培训、实践锻炼等多渠道并进的人力资源开发机制。加强干部理论知识和业务技能培训，建设一支想抓落实、敢抓落实、能抓落实、会抓落实、抓好落实的队伍。全面提升农民综合素质，积极培养本地乡土人才，发挥深度贫困人口培训中心、"两山"农民技术学校、新时代农民讲习所等技能培训机构的作用，持续加大农村劳动力培训力度，增强群众自我发展能力。贯彻落实促进就业、稳定就业岗位及鼓励劳动者自主创业的各项优惠政策，拓宽就业渠道。

江城哈尼族彝族自治县绿色发展报告
（2012—2020）

近年来，江城哈尼族彝族自治县（简称江城县）县委、县政府紧紧围绕《普洱市建设国家绿色经济试验示范区发展规划》和《普洱市建设国家绿色经济试验示范区实施方案》，立足区位、资源、生态、开放优势，深入实施"生态立县、绿色发展"战略，锐意进取，攻坚克难，真抓实干，绿色经济发展取得了明显成效。

一、基本县情

江城县成立于1954年5月18日，位于祖国西南边陲，与越南奠边省、莱州省和老挝丰沙里省接壤，因李仙江、勐野江、曼老江"三江环绕，犹如城池"而得名。全县总面积3544.38平方千米，下辖5镇2乡52个村（居）民委员会600个村（居）民小组，总人口12.82万人，其中农业人口10.3万人，居住着哈尼族、彝族、傣族、瑶族、拉祜族等24个少数民族，少数民族占全县总人口的80.6%。

一是区位独特。国境线长达183千米，其中：中老段116千米、中越段67千米，县内拥有一个国际性常年开放公路客货运输口岸（勐康口岸），以及3个边境通道（中越龙富陆路通道、中老牛洛河陆路通道、中老曼滩陆路通道），是云南省内唯一与两个国家陆路接壤的县，素有"一城连三国"的美称。本县还是普洱市、红河州、西双版纳州三地的结合部，与绿春县、勐腊县、景洪市、思茅区、宁洱县、墨江县接壤，具有"一县接三州（市）六县（区）"的独特区位优势。二是生态优越。全县99.6%是山区，森林覆盖率达68%，负氧离子含量丰富，最高达每立方厘米21800个，是名副其实的"天然氧吧"。有东京龙脑香、桫椤、大树花生等33种国家级保护植物，有香八角、野三七等1000多种药材，有亚洲象、熊、猴、麂子、白鹇、穿山甲、蟒蛇等200多种珍稀动物，70多头野生亚洲象常年在曼老江畔流连忘返。三是资源丰富。江城县气候属低纬度山地季风亚热带湿润气候，年平均气温18.6℃，年平均降雨量2224.8毫米，年均日照1855.8小时。较大的河流有33条，水资源量达40.98亿立方米，水能蕴藏量达302万千瓦。本县拥有我国唯一的可溶性钾盐矿床，钾盐储量仅次于青海，位居全国第二，探明钾盐储量达2000多万吨，食盐储量12亿吨。还有铜、铅、钨、锌、煤、石膏、石灰石、石棉等多种矿藏资源。四是民族众多。居住着哈尼族、彝族、傣族、瑶族、拉祜族等24个少数民族，其中瑶族为直过民族。哈尼族的"哈尼节"、彝族的"火把节"、傣族的"泼水节"、瑶族的"盘王节"以及"中老越三国丢包狂欢节"等，跳笙、嘎尼尼、阿迷车、孔雀舞、祭祀舞等民族文化丰富多彩。

全县曾有42个贫困村（深度贫困村20个），建档立卡贫困人口9990户，2019年年底，42个贫困村全部实现脱贫。2020年5月，云南省政府宣布江城县退出贫困县序列。

2020年年底，全县产业种植面积超过120多万亩，农村人均产业面积超过12亩，建档立卡贫困户户均产业面积超过14亩。其中：发展橡胶种植49.47万亩（其中有效面积34.7万亩）；澳洲坚果30万亩，其中企业与大户种植13万亩（42家企业，18户大户），带动1.5万户5.25万人种植17万亩，其中建档立卡贫困户0.55万户参与种植4.5万亩；茶园20.57万亩（其中：现代茶园面积17万亩，茶树林3.57万亩），茶叶采摘面积13.62万亩，全县涉及茶农1.6万户6万余人（其中：建档立卡贫困户6797户），有农民茶叶专业合作社49个，130家加工企业，其中7家企业获得全国工业产品生产许可证（SC认证），3家企业获得有机茶园认证证书，6家企业获得有机茶园转换认证证书，已注册牛洛河牌、塔林牌、月圆牌、三国庄园等茶产品商标6个（其中牛洛河牌、塔林牌商标获得"云南省著名商标"称号）；香蕉15万亩；咖啡4万亩，种植农户4670户，咖农21000余人，初加工工厂32个，企业22个，合作社10个，取得有机咖啡园认证2218亩（其中：云山咖啡1000亩、釜王咖啡468亩、融创实业公司750亩）；沃柑4万亩；生物药业3.7万亩。共有29个农业企业、104个农民专业合作社、26个家庭农场共159个新型经营主体带动9990户贫困户产业发展，通过产业扶贫政策措施的落实，建档立卡户产业扶贫政策措施落实到户

9920户，覆盖率99.3%，实现有条件有意愿发展产业的建档立卡户产业到户全覆盖。全县累计获得"三品一标"认证且在有效期内的企业有11家，农产品19个，种植面积32312.5亩。其中：获得绿色食品认证企业2家，产品数7个；获得有机产品认证企业7家，产品数11个。

二、主要做法及成效

（一）抓增长保质量，绿色经济发展稳中有进

认真落实高质量发展要求，保持经济平稳运行。2019年，完成生产总值45.28亿元，同比增长8.4%，是2012年20.09亿元的2.25倍；固定资产投资15.53亿元，同比增长27.7%，比2012年下降3.9%；地方一般公共预算收入1.64亿元，同比下降13.1%，是2012年的1.51倍；社会消费品零售总额9亿元，同比增长11.3%，是2012年的2.14倍；城镇常住居民人均可支配收入30669元，同比增长8.3%，是2012年的1.95倍；农村常住居民人均可支配收入11038元，同比增长11.1%，是2012年的2.75倍；金融机构存款余额36.95亿元，同比下降5.5%，是2012年的1.78倍；贷款余额30.23亿元，同比增长6.1%，是2012年的2.28倍。

（二）抓基础补短板，脱贫攻坚成果丰硕

紧紧围绕实现"两不愁三保障"目标，投入资金5.89亿元，扎实抓好产业、就业、健康、教育、科技、生态等扶贫工作，农村道路、饮水、电力、通信、广播电视、网络宽带等基础设施不断加强，农村面貌发生翻天覆地变化。完成9378人易地扶贫搬迁任务，实现"四类重点人员"C、D级危房"清零"。实施"5121"产业扶持政策，培育159个新型经营主体全覆盖带动贫困户增收。针对户均产业面积不足5亩、人均不足1亩的贫困户补齐产业短板；针对瑶族群众出台了特殊的产业扶持政策。建档立卡贫困户户均产业面积达14亩以上。兑现天然橡胶"期货＋保险"理赔金456万元；实现消费扶贫590万元。完成建档立卡贫困户人口劳动力登记转移就业14736人，开发公益性岗位2964个，聘请生态护林员1883个。建档立卡贫困人口无因贫辍学、失学。东西部扶贫协作和中国宝武定点帮扶力度不断加大，星光帮扶行动助推脱贫

攻坚成效明显。

（三）抓效益调结构，产业发展明显加快

产业结构不断优化，三大产业比重由 2012 年的 37.8∶40.3∶21.9 调整为 25.3∶24.9∶49.8。

1. 现代农业加快发展

实现农林牧渔业总产值达 18.7 亿元，同比增长 5.7%，是 2012 年的 1.47 倍；粮食总产量达 5 万吨，同比增长 2.6%，是 2012 年的 1.19 倍；肉类、水产品产量分别达 6994 吨和 7342 吨；农业品牌化步伐持续加快，累计认证"三品一标"企业 10 家、农产品 18 个，完成 2184 亩茶园有机转换认证。农业新型经营主体不断发展壮大，累计培育龙头企业 14 家、农民专业合作社 268 个。省级现代农业产业园项目基本建成。

2. 工业经济保持稳定

出台 22 条稳增长措施，加大对工业企业支持力度，兑现奖励金 291.9 万元。2019 年发电 11.8 亿度，实现电力产值 1.95 亿元。积极推动澳洲坚果加工厂、岩脚铅锌矿采选厂等项目建设，完成非电工业投资 526 万元。勐康产业园区基础设施不断完善，冷链物流项目建设有序推进，完成投资 1993.3 万元；园区道路建设全面完工，完成投资 2111.67 万元。2019 年完成工业总产值 18.4 亿元，是 2012 年的 1.28 倍。

3. 第三产业持续发力

新增民营企业 195 户，民营经济增加值增长 8.4%，占 GDP 比重达 45.4%。持续推进"一部手机游云南"工作，加快推进旅游基础设施建设，投入资金 3750 万元，开工建设龙马金鸡、南麓山、塔朗洪瀑布景区项目，建设旅游厕所 3 座。全年接待国内外游客 201.26 万人次，同比增长 9.94%，实现旅游总收入 19.93 亿元，同比增长 9.93%。批发、零售、住宿、餐饮业分别同比增长 15%、11.9%、9.1%、13.1%，新增 2 家限额以上企业。电子商务加速发展，实现电子商务交易额 4 亿元，同比增长 20%。2019 年完成第三产业总产值 36.8 亿元，是 2012 年的 8.7 倍。

（四）抓项目增投资，基础设施不断完善

2019 年争取中央预算内资金 4.6 亿元，盘活财政存量资金 4100 万

元,确保重点项目有序推进。勐绿高速公路进场道路、宁江公路、整董温泉、瀑布公路等加快推进;完成村组道路硬化116千米,勐康口岸至大碑、整康坝至土卡河、前进至半坡公路全面完工,完成交通投资5.2亿元。抓好热水河、龙洞河、九道河等水库建设前期工作,加快推进么等水库、三国庄园水库、农村安全饮水工程等项目建设,完成补远江整董镇段防洪治理工程,抱木冲水库建成使用。新增耕地灌溉面积0.62万亩,治理水土流失面积21.54平方千米,完成水利投资0.84亿元。2016年以来,投入资金1.49亿元,狠抓城乡建设用地增减挂钩和耕地占补平衡项目,新增耕地2.25万亩,节余指标交易收入4.47亿元。加快推进能源信息网建设,新建10千伏线路27.02千米、0.4千伏线路27.87千米。县乡通讯传输网络全面提速,4G和光纤宽带实现行政村全覆盖,有序推进5G试点。

(五)抓建管优生态,城乡面貌焕然一新

坚持规划引领,统筹推进城乡建设。

1. 城市品位不断提升

完成《江城县控制性详细规划及风貌规划》《重点街道空间改造设计》和《临街建筑外立面改造规划》,编制了美丽县城建设《可研》和《实施方案》;完成污水处理厂指标改造前期工作;持续推动三江大道延长线片区开发,涉及县委党校、职业中学、拘留所、入城大道、逸岸蓝山等项目;完成思源小学停车场、九龙街农贸市场提升改造;全面实施县城停车场和生活垃圾收费,城区交通秩序更加规范;实施城区绿化、灯光亮化等工程,城市环境更加美丽宜居。

2. 乡村振兴有序推动

编制完成《乡村振兴战略规划》和558个村庄规划,村庄规划覆盖率达100%。建成6个乡(镇)和牛洛河村生活垃圾热解处理厂,完成11个村庄农村环境综合整治项目,改造户厕4282座、村厕8座,村庄公厕覆盖率达100%,积分制管理成效明显,农村人居环境整治取得新成效。

3. 生态环境更加优美

扎实整改中央、省环境保护督察"回头看"及高原湖泊环境问题专项督察反馈问题,持续开展大气、水、土壤等农业面源污染防治,完成

第二次全国农业面源污染普查工作。化肥、农药使用实现"减量增效",开展农膜及香蕉套袋污染治理,回收废弃白色垃圾1500吨,秸秆综合利用率提高至93.03%,全年空气质量保持优良。出台《江城县河道采砂规划》,对全县18个河段采砂权进行公开拍卖出让,开展河湖"清四乱"和李仙江流域专项整治行动,全面清理整治县内网箱养鱼,河(湖)长制工作深入推进。完成营造林9.7万亩,纳入森林生态效益补偿76.65万亩,天然林停伐保护132.2万亩。江城县成为全国首批国家森林康养基地建设试点县,整董村获评省级美丽乡村。

(六)抓改革促开放,发展动能加速释放

1. 改革力度持续加大

完成政府机构改革和事业单位公务用车制度改革。持续深化"放管服"改革,推行"互联网＋督查"。全面开展营商环境提升年行动,深化商事制度改革,统筹推进"证照分离"和"多证合一"改革,压缩企业开办时间,认真落实减税降费政策,全年减税2973万元、降费2277万元,清偿拖欠民营企业中小企业账款4108万元,营商环境全面提升。稳步推进农村集体产权制度等农业农村改革,完成土地确权107.45万亩、清产核资454.54万亩,"两区"划定69万亩。规范国有资产交易,实现土地、矿产资源出让收益4794.47万元,第三次全国国土调查工作有序推进。深化统计体制改革,圆满完成第四次全国经济普查工作。

2. 对外开放水平不断提高

近年来,江城县主动融入国家"一带一路"倡议和"把云南建成面向南亚东南亚辐射中心"战略决策,充分发挥"一城连三国"和"一县接三州(市)六县(区)"特殊区位优势,把"口岸活县,生态立县"作为全县重点发展战略,全力推动沿边开发开放,加强口岸基础设施建设,加大边境贸易政策扶持力度,努力扩大进出口贸易,严厉打击走私活动,规范边境贸易秩序,深化与老挝、越南的交流合作,积极开展跨境旅游、农业、科技、卫生、商务、警务等方面合作。勐康口岸获批国际性常年开放公路客货运输口岸,完成勐康口岸经济区总体规划和龙富口岸修建性详细规划编制工作并加快基础设施建设工作。边民互市交易额达2.4亿元。开工建设勐康口岸进境粮食、水果海关监管场所等项目,完成查验货场二期和边民互市二期项目建设,口岸功能更加完善,

通关便利化水平不断提高，口岸全年出入境人员12.57万人次，出入境车辆4.25万辆，进出口货物12.62万吨，货值5.29亿元。持续加大招商引资力度，成功引入4家建筑企业，完成招商引资81.11亿元。边贸发展总体上保持稳定发展态势，对外开放水平和质量稳步提升。

（七）抓实事惠民生，人民生活更加美好

切实保障和改善民生，2019年财政民生支出达16亿元，人民群众的获得感、幸福感、安全感持续提升。

1. 着力保障饮水安全

出台《江城县农村饮水工程运行管理办法》，建立农村饮用水收费制度，严格落实一户一表。2019年，投入资金4509万元，实施饮水项目302个，有效地解决了因干旱造成城乡居民用水困难的问题。

2. 全力稳定就业

全面实施稳就业各项举措，发放创业贷款4789万元，城镇新增就业1156人，城镇登记失业率3.46%。

3. 强化社会保障

扎实推进社保扩面，全县基本养老、医疗保险参保率分别达100%和95%，报销医疗费用1.52亿元，支付养老金1840万元，发放各类救助及生活补助金4828万元。

4. 完善医疗服务

加强医疗机构卫生设备配置，县乡村三级医疗卫生机构达到标准化要求，德康医院建成投入使用，全县医疗服务能力不断提升。基本公共卫生服务和疾病防控能力不断加强，有效防控登革热疫情。县中医院建设项目有序推进，7个乡（镇）卫生院设立中医馆，村卫生室具备开展中医适宜技术条件。

5. 教育体育文化事业全面发展

办学条件持续改善，全面推进教育装备现代化，实施嘉禾中学综合楼等17个校舍安全建设工程项目。巩固提升县域义务教育基本均衡发展成果，狠抓控辍保学，小学适龄儿童入学率达100%，九年义务教育巩固率达95.15%。普通高中招生比2018增加100人，高中毛入学率达88.19%，本科上线118人。国家三类城市语言文字规范化建设通过评估。新开工建设江城县公共体育场标准田径跑道和足球场建设项目。电

影《鸟鸣嘤嘤》在江城县顺利拍摄，歌曲《人走茶不凉》入选第九届"云南文化精品工程"。

6. 社会治理更加有效

加强社会治安防控体系建设，深入开展扫黑除恶专项斗争，扎实开展禁毒防艾工作，依法打击各类违法犯罪行为。江城县持续开展"七五"普法，荣获"全国'七五'普法中期先进县"称号，县司法局获评"1+1"中国法律援助志愿者行动贡献突出实施单位，康平司法所获评全国法律援助先进集体。跨州市异地移民安置历史遗留问题妥善解决。健全退役军人工作体系和保障制度，退役军人服务工作全面优化。加强防灾减灾救灾综合能力建设，预警监测体系不断完善。安全生产形势持续稳定，市级考核连续四年优秀。食品药品安全监管全面加强，整董市场监管所荣获"全国市场监管系统先进集体"荣誉称号。严格防控非洲猪瘟疫情，积极应对猪肉等部分食品价格上涨态势，保持物价总体稳定。强化边境管控，依法管理宗教事务，推进民族团结进步示范县创建，全力维护社会和谐稳定。

三、绿色发展中存在主要困难和问题

在看到成绩的同时，我们也清醒地认识到：绿色经济发展总体水平不高，既有总量不大的问题，又有结构不优的问题，经济下行压力依然较大；绿色产业缺乏大企业、大项目支撑，绿色经济发展后劲严重不足；资金等要素制约比较突出，发展环境、营商环境不优，经济增长面临诸多挑战；重大项目储备不足，固定资产投资增长乏力；财政收入增速缓慢，刚性支出快速增加，财政保障难度不断加大。

四、下一步工作计划

（一）以提质增效为主导，加快产业转型升级

按照绿色经济发展总体要求，围绕构建现代农业发展体系，加快农业"接二连三"步伐，推动全县农业品牌化、规模化、产业化发展迈上新台阶。稳定粮食播种面积，以茶叶、澳洲坚果、沃柑、香蕉等作物种植为产业重点，大力推进农业向有机化、绿色化发展，着力打造一批有

机生态示范基地，争取完成5000亩茶园有机转换认证，争创省级"一县一业"示范县和优质农产品特色县。加快培育和引进现代农业经营主体，力争培育省级农业龙头企业1家、市级2家、家庭农场5个。做强做大"江城黄牛""江城沃柑""江城澳洲坚果""江城号普洱茶"等地方特色品牌，新增"三品一标"农产品5个以上。

1. 加快发展绿色工业

围绕壮大总量、提升质量两大目标，大力引进和扶持工业企业，盘活存量、扩大增量、提升质量，实现工业多点支撑。巩固提升电力工业，稳住发电量和外送电量。注重中小企业培育，全力扩大新增产能，力争新增规模以上工业企业1户以上。加快推动岩脚铅锌矿采选厂、澳洲坚果加工厂等项目建设。完善勐康产业园区基础设施，加快冷链物流设施建设，不断提高园区的吸引力和承载力。

2. 加快发展现代服务业

科学编制全域旅游发展规划，构建全域旅游格局，完成龙马金鸡、南麓山、塔展洪瀑布等景区建设，不断完善旅游基础设施。积极发展边境、自驾、乡村生态、民族文化体验旅游。用好"一部手机游云南"平台，推动旅游与信息化深度融合。培育现代物流产业，发展电商物流、冷链物流，探索发展跨境物流。巩固提升批发、零售、住宿、餐饮等服务业。鼓励家政、护理、养老、养生等服务行业健康发展，打造优质服务业品牌。

（二）以夯实基础为重点，不断增强绿色发展后劲

完善县级领导挂钩联系重点项目工作机制，实行重点项目、重点工作推进情况与综合目标绩效考核奖挂钩，落实任务和责任，确保固定资产投资取得新突破。全力破解要素保障难题，确保项目有序实施。

1. 综合交通方面

加快墨江至江城勐康口岸高速公路、红桥至李仙江段公路改扩建、普洱至蒙自铁路、通用机场等前期工作；开工建设土卡河至中越17号界碑公路和三国庄园至龙塘公路；全力配合好江城至绿春高速公路、整董至思茅高速公路、宁江公路建设；竣工验收扫尾村组道路。

2. 水利保障方面

加快推进九道河水库、么波箐水库、鹅华箐坝塘等前期工作；争取

开工建设热水河水库、龙洞河水库、么等水库至勐烈水库连通工程、勐野江宝藏集镇段河道治理工程；扎实推进可杂河水库建设和农村饮水安全巩固提升工程；力争三国庄园水库、么等水库竣工验收。

3. 能源和信息网络保障方面

巩固提升 1753 户农户用电条件，新建 10 千伏线路 90 千米、0.4 千伏线路 11 千米；继续推进 5G 网络、互联网宽带接入、电子政务、"三网融合"体系等建设。

（三）以乡村振兴为契机，统筹城乡协调发展

1. 着力提高城市发展水平

抓紧完成全县国土空间规划编制，形成"多规划合一"的一张蓝图。按照"干净、宜居、特色"要求，发扬脱贫攻坚精神，举全县之力争创美丽县城。推动城区污水管网完善工程、垃圾中转站建设、县城第二自来水厂建设等项目前期工作；加快开工建设会友山庄物流园区和牛洛河 2020 年守边固边项目；加快推进入城大道、三国印象、三江大厦（二期）、老旧小区改造等项目；力争逸岸蓝山、党校迁建、拘留所建设等项目完工。全面落实乡（镇）为主体、村组（社区）为单元的"两违"整治"片长制"，严格执行农村宅基地"一户一宅"规定，切实加大"两违"整治力度。加强城市精细管理，抓好乱停乱放、占道经营等专项整治，全面开展城市出入口、背街小巷、农贸市场、城乡接合部、校园周边等薄弱区域综合治理，改善城市人居环境。

2. 全面实施乡村振兴战略

以农业供给侧结构性改革为主线，积极谋划建设一个农产品加工园区，提高农产品加工率，不断提升传统产业。全面推进"美丽乡村"建设，努力建设一个抵边小康示范村。深入实施农村人居环境整治三年行动，开展县域农村生活污水治理专项规划编制，突出抓好农村生活垃圾处理、农村户厕改造、生活污水治理、村容村貌整治和农业废弃物利用，用绿色点亮乡村，用美丽装扮家园。着力培育优良家风、文明乡风，让社会主义核心价值观在乡村落地生根。夯实农村基层组织，充分发挥"村民议事委员会"作用，实现乡村治理有序、有力、有效。构建长效激励机制，调动群众发家致富的积极性、主动性、创造性。

3. 大力加强生态环境保护

（1）打好蓝天保卫战。提高农作物秸秆还田率和饲料化利用率，倡

导绿色低碳生活方式，开展节约型机关、绿色家庭、绿色学校、绿色社区创建行动，完成节能减排任务，保持空气质量优良。

（2）打好碧水保卫战。 全面深化河（湖）长制和最严格水资源管理制度，加大河湖库渠工程治理力度，持续推进河湖"清四乱"专项行动，严肃查处非法侵占河道、非法排污等行为。加强饮用水源地保护，确保县城集中式饮用水源地100%达标。

（3）打好净土保卫战。 抓好农业面源污染防控，推进有机肥替代化肥、病虫害绿色防控替代化学防治，加强土壤污染防治和耕地土壤质量提升工作。强化"三线一单"刚性约束，推动环保督察反馈问题整改清零。持续开展天然林停伐保护、生态公益林建设、退耕还林等工程，加强森林资源管理和保护，严厉打击破坏森林资源违法犯罪行为，争创省级生态文明县。

（四）以扩大开放为突破，不断释放改革活力

坚持将改革开放作为高质量发展的突破口，不断激发经济发展活力和动力。

1. 持续推进改革

大力推进"互联网＋政务服务"，深化"放管服"改革，建好用好网上政务服务大厅，继续推广应用"一部手机办事通"，推进"多证合一"改革。规范行政执法，提高便企便民水平。着力推进国有企业市场化、实体化改革。进一步规范国有资产、资源交易，完成会友山庄和勐康口岸宗地出让，全力推进耕地占补平衡和城乡建设用地增减挂钩工作，争取更多指标实现交易。加强政府债务风险管理，制订化债方案、拓宽偿债渠道，着力化解政府债务风险。

2. 推动更宽领域开放

主动服务和融入国家对外开放战略，加强对老对越交流合作，大力发展境外替代种植项目，促进替代种植向替代产业、替代经济转型升级。抓住勐康口岸扩大开放机遇，不断完善口岸基础设施，加快申报进境粮食、水果指定口岸和跨境动物疫病区域化管理试点口岸。加快推进关检业务深度融合，提升口岸管理信息化、智能化和通关便利化水平。抓好龙富通道联检楼、查验货场、边民互市市场建设，搭建对外开放新平台，加快申报龙富通道边民互市点，力争龙富通道纳入国家口岸建设

"十四五"规划。办好"中老越三国边境商品交易会"。

3. 抓实招商引资

立足区位和资源优势,结合"半山酒店""绿色食品牌"等招商工作总体布局,进一步加大招商引资工作力度,提高项目履约率和资金到位率,完成招商引资49亿元以上。全面落实减税降费等支持民营企业发展的各项政策措施,加大清偿拖欠民营企业、中小企业账款力度,切实减轻企业负担,畅通企业反映问题渠道,构建"亲""清"新型政商关系。

(五)以人民满意为标准,努力增进民生福祉

人民对美好生活的向往,是我们始终不渝的奋斗目标。

1. 抓紧、抓实、抓细常态化疫情防控

坚持把人民群众生命安全和身体健康放在第一位,强化外防输入、内防反弹举措,织密织牢疫情防控网,坚持必要的人员管控和健康监测措施,巩固疫情防控成效。把严防境外疫情输入作为重中之重,增强忧患意识,严阵以待,加强与越南、老挝疫情防控联动协作,坚决把疫情阻挡在国门之外。

2. 着力提高就业水平

全面落实"贷免扶补"、创业担保贷款等就业政策,做好农民工返乡就业创业工作,深入开展职业技能培训,拓宽就业渠道,做好大中专毕业生、贫困劳动力、失业人员等重点群体的就业工作,力争新增城镇就业1100人,新增农村劳动力转移就业2000人,开发公益性岗位2984个,发放创业担保贷款4000万元,城镇登记失业率控制在4%以内。做好农民工欠薪治理工作,保障农民工合法权益。

3. 办好人民满意教育

加快学前教育发展,争取开工建设勐烈镇、整董镇、宝藏镇幼儿园,鼓励社会力量办学,逐步扩大学前教育阶段民办教育规模。巩固提升县域义务教育基本均衡发展成果,继续实施"校安"工程,逐步破解城镇挤、农村弱、大班额等瓶颈。推动职业教育发展,加快推进职中建设项目。谋划新建一所普通高中,稳步推进高中阶段教育普及工作。持续加强教师队伍建设,努力提升教育教学质量。

4. 加快建设健康江城

继续深化医药卫生体制改革,推进县级公立医院提质达标建设工

作，全力争取国门医院建设。加快推进分级诊疗制度建设、卫生基础设施建设、卫生人才队伍建设和医疗卫生信息化建设，不断提升基层服务能力。扎实推进医养结合工作，加强妇幼保健机构产科、儿科能力建设。加强重大疾病防控和公共卫生工作，实施地方病防治三年攻坚行动，不断提升全县医疗服务能力。

5. 稳步提升社会保障水平

全面落实社会救助政策，持续实施养老、社保、安居、帮困等民生工程，坚决兜住民生底线。完善社会保障体系，扩大社会保险覆盖面，基本医疗保险参保率达到95%以上。

6. 积极发展文化体育事业

推进现代公共文化服务体系建设，广泛开展全民健身和全民阅读，加强思想道德建设，提高全民综合素质。继续实施好云南省图书馆总分馆制建设试点工作。着力发展文化产业，办好丢包节、泼水节、盘王节、哈尼节、火把节、三丫果节等节庆活动，打造一批文艺精品，推进文物、非物质文化遗产保护利用，扩大文化影响力。

7. 完善社会治理体系

全面做好"七五"普法收官工作，加强法治宣传教育，加快公共法律服务体系建设，扩大法律援助覆盖面。启动第七次全国人口普查。健全矛盾纠纷多元化解决机制，畅通民意表达渠道。加快构建立体化边境和社会治安防控体系，推动扫黑除恶专项斗争取得压倒性胜利。深入推进禁毒防艾宣传工作。继续推进民族团结进步示范县创建工作和沿边三年行动计划，稳步实施民族文化传承和"双百工程"。落实宗教管理"一网两单"制度，开展"五进"宗教活动场所，推进宗教中国化，规范宗教管理。深入推进国防动员、国防教育、双拥优抚、后备力量建设、征兵等工作，形成军民深度融合发展格局。加大食品药品安全、公共安全、交通安全等领域监管。严格落实安全生产责任制，抓好应急管理、防汛抗旱、森林草原防灭火、地质灾害、抗震减灾等工作，确保人民群众生命财产安全。

孟连傣族拉祜族佤族自治县绿色发展报告
（2012—2020）

孟连傣族拉祜族佤族自治县（简称孟连县）在市委、市政府领导下，全面贯彻党的十九大，十九届三中、四中、五中全会以及习近平总书记系列重要讲话和考察云南重要讲话精神，认真落实党中央、国务院和省委、省政府的决策部署，按照中央提出的"创新、协调、绿色、开放、共享"新发展理念，围绕全面建成小康社会的总体目标，抓住云南加快推进生态文明建设排头兵和生态文明先行示范区的机遇，深入实施"生态立市、绿色发展"战略，以普洱市建设国家绿色经济试验示范区为总抓手，着力提高资源节约和综合利用水平，大力加强生态环境保护建设、生态文化建设、城乡宜居生态环境建设，进一步完善生态文明制度体系，强化生态保障措施，全力推进绿色发展、循环发展、低碳发展，全面提升生态文明建设水平，努力争当生态文明建设排头兵。

一、基本情况

孟连县位于云南省西南部，东与澜沧县接壤，北与西盟县相连，西部、南部与缅甸隔江相望，山水相连，国境线长133.399千米，是通向缅甸、泰国等东南亚国家的重要门户，1991年被云南省人民政府批准为以县城为中心的省级对外开放口岸。孟连县总面积为1893.42平方千米，山区面积占98%。

孟连县地处怒山余脉，地貌以山地为主，最高海拔2603米，最低海拔497米，地形属以山区为主，谷坝相间的复合类型。属南亚热带气候类型，四季不分明，冬季短且无严寒，夏季长达162天，春季回暖早，秋季降温迟，年温差小，日温差大。孟连县河流分属澜沧江、怒江两大水系，以大黑山—哈布壳山为分水岭，把境内河流分成以南垒河、南卡江为干流的东西两个水域。孟连县已发现煤、铁、锑、铅、锌、金、石灰石等17种矿产资源。孟连县植物主要有龙血树、春树、樟树、松树、杉树、芒果、菠萝、龙竹等。动物主要有虎、豹、熊、猴、山驴、穿山甲、蟒等。

孟连县2019年年底有常住人口14.31万人，辖2乡4镇，4个居委会、39个村委会，611个村民小组，聚居着傣族、佤族、拉祜族、哈尼族、景颇族、傈僳族等21个少数民族。

2020年三季度全县实现地区生产总值36.50亿元，同比增长6.0%；完成农林牧渔业总产值17.11亿元，同比增长6.5%；规模以上工业增加值同比下降0.3%；固定资产投资同比增长27.7%；全县完成社会消费品零售总额12.8亿元，同比下降9.6%；完成一般公共预算收入1.13亿元，同比增长0.51%；一般公共预算支出13.40亿元，同比增长2.16%。2020年9月底，全县金融机构各项人民币存款余额72.01亿元，比2019年同期增长9.29%；各项人民币贷款余额44.58亿元，同比增长1.13%；城镇常住居民人均可支配收入23389元，同比增长4%；农村常住居民人均可支配收入8438元，同比增长7.8%；全县实现旅游综合收入21.05亿元，同比下降31.41%；全县完成进出口总额为25亿元，同比下降20.8%。

二、绿色发展主要做法

（一）树立生态文明建设良好社会风尚，提高全民生态文明意识

把生态文明教育作为素质教育的重要内容，纳入国民教育体系、干部教育培训体系和企业培训体系，引导全社会树立生态文明意识。将生态文化作为现代公共文化服务体系建设的重要内容，充分挖掘、有效保护各少数民族长期与自然相依相存中形成的优秀传统生态文化，推进民族传统文化生态保护区建设，实施民族文化遗产保护工程，保护传统民族生态文化，树立生态文化品牌，提升孟连县民族特色生态文化的影响力。积极开发体现孟连县自然山水、生态资源特色和倡导生态文明、普及生态知识的图书、音像、舞台艺术、影视剧等文化产品。通过典型示范、展览展示、岗位创建等形式，广泛动员全民参与生态文明建设，积

极支持共青团开展绿动孟连青春行动计划、妇联绿色家园创建活动。以自然保护区、湿地公园、博物馆等为平台，建立生态文明宣传教育示范基地。组织好世界地球日、世界环境日、世界森林日、世界湿地日、世界水日、国际生物多样性日、全国节能宣传周和全国低碳日等主题宣传活动。充分发挥新闻媒体作用，树立理性、积极的舆论导向，加强资源环境国情宣传，普及生态文明法律法规、科学知识等，报道先进典型、曝光反面事例，提高公众节约意识、环保意识、生态意识，形成人人、事事、时时崇尚生态文明的社会氛围。

（二）严格执行绿色发展标准体系

严格执行茶叶、咖啡、生物药、渔牧、水产品等重点产品和绿色交通、绿色能源、绿色村镇、绿色社区、绿色学校等重点行业的绿色评价体系标准。实施能效和排污强度"领跑者"制度，加快标准升级步伐。环境容量较小、生态环境脆弱、环境风险高的地区执行污染物特别排放限值。

（三）健全自然资源资产产权制度和用途管制制度

对水流、森林、山岭、草原、荒地、滩涂等自然资源进行统一确权登记，明确国土空间的自然资源资产所有者、监管者及其责任。完善自然资源资产用途管制制度，明确各类国土空间开发、利用，实现能源、水资源、矿产资源按质量分级、梯级利用。严格节能评估审查、水资源论证和取水许可制度。坚持并完善最严格的耕地保护和节约用地制度，强化土地利用总体规划和年度计划管控，加强土地用途管制。完善矿产资源规划制度，强化矿产开发准入管理。

（四）完善生态环境监管制度

建立严格监管所有污染物排放的环境保护管理制度，支持有关部门依法独立进行环境监管和行政执法。完善污染物排放惩罚机制，建立统一监管的污染物排放环境管理制度。完善污染物排放许可制度和环境损害赔偿制度，实行污染物排放总量控制。健全环境影响评价、清洁生产审核、环境信息公开等制度。

（五）严守资源环境生态红线

树立底线思维，设定并严守资源消耗上限、环境质量底线、生态保护红线，将各类开发活动限制在资源环境承载能力之内。实施主体功能区制度，建立国土空间开发保护制度和资源环境承载能力监测预警机制。开展永久基本农田红线、城镇发展边界线、生态保护红线划定工作，严守划定的森林、林地、湿地、物种等生态红线，依法依规严格"三线"管控，加大对越线行为的惩戒。

（六）健全政绩考核制度

建立体现生态文明要求的目标体系、考核办法、奖惩机制。把资源消耗、环境损害、生态效益等指标纳入政绩考评指标体系，作为考察领导干部政绩的重要内容。探索推行绿色经济考评，把绿色经济考评作为市级综合考评重要内容。完善政绩考核办法，根据区域主体功能定位，实行差别化的考核制度。对农产品主产区和重点生态功能区，分别实行农业优先和生态保护优先的绩效评价；对禁止开发的重点生态功能区，重点评价其自然文化资源的原真性、完整性，不考核旅游收入等经济指标。建立健全生态环境质量监测考核机制，考核结果与重点生态功能区转移支付资金、领导班子和领导干部综合考核评价挂钩。探索编制自然资源资产负债表，对领导干部实行自然资源资产离任审计。

（七）完善责任追究制度

认真贯彻《云南省党政领导干部生态环境损害责任追究实施细则（试行）》，探索建立领导干部任期生态文明建设责任制，完善节能减排目标责任考核及问责制度。严格责任追究，对违背科学发展要求、造成资源环境生态严重破坏的要记录在案，实行终身追责，不得转任重要职务或提拔使用，已经调离的也要问责。对推动生态文明建设工作不力的，要及时诫勉谈话；对不顾资源和生态环境盲目决策并造成严重后果的，要严肃追究有关人员的领导责任；对履职不力、监管不严、失职渎职的，要依纪依法追究有关人员的监管责任。

（八）创新生态环境保护管理体制

建立和完善严格监管污染物排放的环境保护管理制度，完善污染物排放许可证制度，完善污染物排放惩罚机制。加强环境监察队伍标准化能力建设，建立完善四级监察体系，加强全市环境监察网格化建设，完善跨行政区域环境执法合作机制和部门联动执法机制，规范流域、区域、行业限批和督查制度，严格排污费征收标准。推进环境税费改革，探索排污权有偿使用和交易试点。实施与环境效益相匹配的经济政策，建立企业环境行为信用评价制度和环境污染责任保险制度。对高耗能、高污染企业实行差别电价，对污染减排、污水处理、污泥无害化处理和垃圾处理等项目实行政策优惠或财政支持。加大医疗废物处置、危险废物处置等配套环保设施建设投入力度。深化环评审批制度改革，实行环评机构脱钩改制。创新生态环境保护管理体制机制，建立和完善严格监管主要污染物排放的环境保护管理制度，完善污染物排放许可制度和环境损害赔偿制度。健全环境影响评价、清洁生产审核、环境信息公开等制度。进行全面的生态承载力测量，在此基础上划定孟连县空间、资源、环境、人口、经济在内的生态承载力红线，层层把关，严守资源消耗上限、环境质量底线、生态保护红线。

（九）加强统计监测

加强生态文明统计监测能力建设，建立生态文明综合评价指标体系。加快推进对能源、矿产资源、水、大气、森林、草原、湿地、生物多样性和水土流失、沙化（石漠化）土地、土壤环境、地质环境、温室气体等统计监测核算能力建设，提升信息化水平，提高准确性、及时性，实现信息共享。加快重点用能单位能源消耗在线监测体系建设。建立绿色经济统计指标体系、循环经济统计指标体系、矿产资源合理开发利用评价指标体系。利用卫星遥感等技术手段，对自然资源和生态环境保护状况开展监测，健全覆盖所有资源环境要素的监测网络体系。提高环境风险防控和突发环境事件应急能力，健全环境与健康调查、监测和风险评估制度。

（十）强化执法监督

加强对生态文明建设目标责任、主要任务、重大工程的跟踪分析和监督检查，鼓励公众积极参与监督。加强法律监督、行政监察、行政执法监督，对各类环境违法违规行为实行"零容忍"，加大查处力度，严厉惩处违法违规行为。资源环境机构独立开展行政执法，禁止领导干部违法违规干预执法活动。加大对浪费能源资源、违法排污、破坏生态环境等违法行为的查处力度。健全行政执法与刑事司法的衔接机制，加强基层执法队伍、环境应急处置救援队伍建设。强化对资源开发和交通建设、旅游开发等活动的生态环境监管。

三、取得成效

（一）按照主体功能区定位，守住限制开发、禁止开发区域的底线，划定生态保护红线，加强生态保护

对不同主体功能区的产业项目实行差别化市场准入政策，明确不同主体功能区的鼓励、限制和禁止类产业，健全财政、投资、产业、土地、人口、环境等配套政策。完善土地利用总体规划，推进国土资源节约集约开发、分类保护和综合整治。积极推进国民经济和社会发展、城乡建设、土地利用、生态环境保护等规划"多规合一"，形成统一衔接、功能互补、相互协调的规划体系。

（二）大力推进绿色城镇发展

认真落实《普洱市"十三五"新型城镇化建设和城乡一体化发展规划》，根据资源环境承载能力，构建布局合理、功能互补、山坝结合、城乡一体、特色鲜明的城镇体系。强化城镇建设空间管控，统筹安排全市城乡建设用地，提高城镇建设用地利用效率。提升城镇人居环境，强化城镇化过程中的节能、节水、节地、节材理念，大力发展绿色建筑和低碳交通，到2019年主城区新建绿色建筑比重达100%。推进城市地下综合管廊建设和海绵城市建设。加快城市路网、市政基础设施、殡葬基础设施建设，完善城市功能。提高城镇供排水、防涝、雨水收集利用和供气等基础设施建设水平。提高城镇规划建设与治理水平，依法加强城镇禁建区、限建区和适建区"三区"和水体蓝线、绿地绿线、市政公用设施黄线、历史文化保护紫线"四线"的空间管制。加强规划管理和实施工作，坚持"一本规划一张蓝图"，持之以恒加以落实，强化违法城乡规划责任追究，切实维护城乡规划的严肃性、约束性和权威性。

（三）加快推进美丽乡村建设

与乡（镇）总体规划相衔接，修编完善村庄布点规划，科学确定中心村和需要保留保存的特色村、传统村落。按照因势就形、突出特色、一村一景要求，突出地方特色，传承优秀民族文化，保持田园风貌，整合资源，加快推进农村民房、基础设施、造林绿化、环境提升等项目建设，着力建设秀美之村、富裕之村、魅力之村、幸福之村和活力之村。

加快转变农业发展方式，深入推进农业结构调整，加快推进高原特色农业现代化；大力发展乡村生态旅游业，利用农村森林景观、田园风光、山水资源、民族特色和乡村文化，加快形成以重点景区为龙头、特色村寨为支撑、"农家生态园"休闲旅游为基础的乡村休闲旅游业发展格局；加快发展农产品产地初加工，推动农产品加工业向园区和城镇集聚，推进农村第一、二、三产业融合发展；加大传统村落、民族团结进步示范村和民族特色村寨、新农村试点示范建设，继续实施一事一议财政奖补普惠制和美丽乡村建设；加强农村精神文明建设，推进绿色生态殡葬，积极营造美丽乡村文明和谐新风尚；2019年，孟连县创建芒允、贺雅、勐外、芒畔、芒麦5个美丽宜居典型示范乡村，打造"宜居宜业宜游"的幸福家园。

（四）整治提升城市和农村人居环境

实施城市和农村人居环境整治提升工程，提高已建生活污水、垃圾处理设施的运营管理水平，实现城镇基础设施建设与城镇化进程协调发展。城市生活垃圾分类收集处理和资源回收利用体系基本建立，实现生活垃圾处理减量化、资源化、无害化目标城市县城。城市污水处理率达98.5%，县城以上生活垃圾无害化处理率达98.7%。在城市深入开展治理市容环境乱象、治理重点区域脏迹、治理城市环境污染、治理城市交通拥堵"四治"行动。加快实施城市改造旧住宅区、改造旧厂区、改造城中村"三改"工程。依法拆除违法违规建筑，提升城市绿化品质。

加快推进农村环境集中连片整治，实施以"改路、改房、改水、改电、改圈、改厕、改灶"和"清洁水源、清洁田园、清洁家园""治理脏乱差、整治乱埋乱葬"为主要内容的"七改三清两治"环境整治行动，因地制宜采用科学合理技术处理生活污水、垃圾，大力改善农村人居环境。2019年，全县自来水供水设施全覆盖。乡（镇）、建制村公厕覆盖率达100%。

（五）抓好绿色经济试验示范工程

强化项目支撑，加大向国家、省、市级争取力度，逐年加大县级财政专项投入，实施绿色农业、绿色工业、绿色服务业、特色生物产业基地、清洁能源基地、现代林产业基地、休闲度假基地、全社会绿色发展、生态建设与环境保护、绿色基础设施、科技创新驱动试验示范工程，抓好油梨产业项目、光伏农业生态园项目、"雅咪红"茶庄园项目、勐马镇勐马村芒允美丽乡村项目、孟连县"三山一水"主题公园、孟连生物质干馏高效碳化项目、昌裕糖业废弃物利用三个项目、双相亮化工程等8个重点试验示范工程。以点带面推动全县绿色有机、低碳循环、大健康产业发展，逐步形成覆盖城乡的全社会绿色发展体系。全面推行绿色循环低碳生产方式，大力推动节能降耗、清洁生产、资源综合利用，合理延伸产业链，提升改造传统产业，提高资源产出率。加快推动全社会绿色发展，完善再生资源回收利用网络体系，推进交通运输体系绿色化，推广绿色建筑，建设节约型政府，加强全社会生态文明教育，培育绿色文化，逐步形成节约、绿色、低碳的生活方式，建设与绿色经济发展相适应的社会软实力。

（六）大力发展绿色产业

打造特色生物、清洁能源、现代林业、休闲度假养生"四大产业基地"，大力发展高原特色农业、绿色工业、现代服务业、智能产业"四大新型产业"。通过抓标准、抓品牌、抓融资、抓庄园，坚决走绿色有机发展路子，做大做强茶叶、咖啡、生物药、高原特色食品、林下经济等优势产业；实施存量工业绿色化改造、增量工业绿色化构建，大力发展绿色产品精深加工，延伸绿色产业链，提高绿色产品及贸易附加值，推动工业绿色低碳循环发展；以"互联网＋"引导文化旅游、商贸物流、绿色金融等产业做精做强，发展智能产业，增强绿色产业综合竞争力和可持续发展能力。2019年，以茶叶、咖啡、生物药为重点的特色生物产业实现产值12.49亿元；实现清洁能源产值0.15亿元；以林化、林浆纸纤、林板为重点的现代林业产业实现产值17.19亿元；以旅游文化和大健康为重点的休闲度假养生产业实现产值49.08亿元；以渔牧、果蔬为重点的高原特色现代农业产业总产值3.87亿元；以现代物流、边境贸易为重点的现代服务业实现产值44亿元左右；推进节能环保产业发展，通过推广节能环保产品，有效拉动消费需求；通过增强节能环保工程技术能力，拉动产业投资增长；大力推广节能与新能源汽车，加强充电桩等配套基础设施建设；到2019年，全县发展电动汽车22辆，共安装6个一桩双充充电桩，优先在公交、出租、环卫、物流、旅游等领域开展推广示范和建设；积极推进商贸物流产业节能环保新技术、新材料和新装备的推广、应用；推进森林资源综合利用，充分利用林区"三剩物"和次小薪材，提高木材综合利用水平，截至2019年年底林业"三剩物"综合利用率达到65%。

（七）推动科技创新

统筹推进科技、管理、品牌、组织、商业模式创新，统筹推进引进来与走出去合作创新，全面推进创新改革实验，实现科技创新、制度创新、开放创新协同发展。结合深化科技体制改革，建立符合生态文明建设领域科研活动特点的管理制度和运行机制，营造创新驱动的政策和制度环境。对节能减排、资源循环利用、污染治理、生态修复、生物多样性保护、生态系统监测、大气污染协同控制和工业废气资源化等方面的关键技术加强研究、引进、消化、吸收和再创新。集中支持事关发展全局的传统工业改造升级，促进科技进步与产业升级、民生改善紧密结合，推动科技创新在"四大产业基地"建设、"四大新型产业"发展，以及公共安全和健康、"五大基础设施"网络建设、城镇化建设、防灾减灾、资源综合利用、生态环境保护和治理等领域取得新突破。激发创新的活力和潜能，以创业带动就业、以创新促进发展，推动大众创业、万众创新，释放新需求，创造新供给，推动新技术、新产业、新业态蓬勃发展。健全技术创新市场导向机制，加快培育人才、技术、信息和知识产权等创新要素市场体系，充分发挥市场对技术研发方向和各类创新要素配置的决定性作用，促进创新要素向企业集聚。推动人才结构战略性调整，以推进"十项重点人才工程"为抓手，实施重大人才工程，着力引进、培育一批能够突破关键技术、推动行业和产业发展的高层次人才。到2019年，建立以孙汉董院士团队为主的院士专家工作站，科技成果转化率显著提高。

（八）全面推动重点领域节能减排

发挥节能与污染物减排的协同促进作用，加强重点用能单位和污染减排单位管理，进一步完善固定资产投资项目节能评估和审查制度。强化节能减排目标责任考核，对年度考核不合格或未能完成任务的建设项目实施环境影响评价区域和行业限批。促进工业、交通、建筑、公共机构、商业、农业六大重点领域节能和能效提高，实施全民节能行动计划，积极开展重点用能单位节能低碳行动能效"领跑者"制度和环保

"领跑者"制度,推动燃煤锅炉节能环保综合提升工程,淘汰落后产能。建立完善主要污染物排放许可制度,加强高能耗行业能耗管控,强化结构减排,细化工程减排,加强管理减排,强化主要污染物总量减排工作。实施燃煤工业锅炉(窑炉)改造、节能产品惠民、合同能源管理等重点节能工程,以及电力、建材、有色、冶金等重点工业行业和城镇生活、农业等重点领域减排工程。实施新能源汽车推广计划,鼓励使用节能环保型交通工具和新型能源。稳步推进建筑节能工作,严格执行建筑节能标准,大力推广绿色建筑技术和绿色建材。积极推进行业清洁生产工作,全面推行清洁生产技术和清洁生产审核制度,确保节能减排目标顺利完成。到2019年化学需氧量排放量降低率为4.36%、氨氮排放量降低率为10.96%、二氧化硫排放量降低率为2.12%;单位GDP能耗下降率为2.25%、主要污染物排放削减量、单位GDP二氧化碳排放量降低率完成国家和省级下达目标任务。

(九)大力推进循环经济示范城市创建工作

围绕推进孟连县国家生态文明和低碳循环发展城市建设,按照"减量化、再利用、资源化"的原则,加快构建循环型工业、农业、服务业体系,提高全社会资源产出率。实施循环发展引领计划,推行企业循环式生产、产业循环式组合、园区循环化改造。重点打造茶庄园、咖啡庄园、生物医药庄园等具有普洱特色的"庄园经济"、现代林业、高原特色食品循环经济产业链,延伸清洁能源循环经济产业链,着力构建循环型产业链,使全县资源利用效率和再生资源回收利用率显著提高,生产系统与社会生活系统的循环化程度明显提高,绿色生活方式普遍推行,形成浓厚的绿色循环文化氛围,循环经济发展长效机制基本建立,生态文明建设取得阶段性成果。到2019年,主要再生资源回收利用率达91%;农作物秸秆综合利用率达96%;工业固体废物综合利用率达100%。

(十)加强能源、水、土地等资源节约利用

优化提升清洁能源和载能产业,提升中小水电运营管理水平。进一步抓好工业领域节能降耗,确保目标任务完成。大力推进建筑、交通、农业和农村等领域节能工作,推动低碳旅游与节能服务业发展。宣传低碳理念,倡导低碳生活,推行低碳办公,促进低碳消费。

落实最严格的水资源管理制度，确立水资源开发利用控制、用水效率控制、水功能区限制纳污"三条红线"。加强集中式饮用水源地保护，建立健全集中式饮用水源地环境保护规划，开展乡（镇）饮用水源地保护区划工作，加强农村饮用水源地保护工作，有效控制水源地和重点水域的水质。严格实行用水总量控制，强化水资源统一调度。加强水利工程建设，合理开发和配置水资源，提高水资源利用效率。建设节水型社会，推进实施工业循环用水、农业节水灌溉、再生水利用、城镇供水系统节水改造、节水器具推广等节水重点工程，全面提高水资源利用效率。到2019年，水资源开发利用率达100％；农田灌溉水有效利用系数达0.52。

执行最严格的耕地保护和节约集约用地制度。提高耕地利用水平，切实保护耕地和基本农田，加大中低产田改造力度，加大土地开发整理力度。提高建设用地集约利用水平，建立土地置换机制，提高土地产出率。推进国有土地有偿使用制度，加大城市土地使用制度改革力度，加强建设用地存量挖潜力度，加大对废弃地整治和空闲地开发力度，加大对闲置地挖潜利用的最大力度。强化土地利用规划与监管，切实加强建设用地监管，严肃查处违法占用耕地。上级下达孟连县耕地保有量指标为51.852万亩，实有耕地54.1834万亩。

（十一）提高森林、湿地等生态保护与建设水平

深入推进"森林孟连"建设，提升森林质量和生态服务功能。加大森林生态系统保护的力度，大力实施退耕还林还草、陡坡地生态治理、城乡绿化、防护林建设及农村能源建设等工程。严格公益林地占用项目建设审批，加强国家级公益林和省级公益林的保护和管理，提高公益林质量。编制《普洱湿地资源保护利用总体规划》。加强湿地污染防治，保护森林植被，科学、合理地保护和开发湿地资源，维护湿地生态平衡。加强湿地保护宣传，建设湿地生态文明建设宣传走廊、湿地生态科普展厅，使湿地保护深入人心。到2019年，全县林地保有量13.65万公顷，森林面积12.23万公顷。

（十二）加强生物多样性保护

扩大生物多样性保护区域，完善保护区体系，提升现有自然保护区的建设和管理水平，积极推进自然保护区建设。加强自然保护区外的生

物多样性保护,在重点保护区域建立野生动物救护站。将孟连县中部区域划定为生物多样性保护重点区。加强孟连县特有种和极小种的保护,严厉打击非法偷猎行为,积极防治外来物种入侵。加强对各民族生物多样性保护传统文化和乡土知识的收集、整理、保护,充分发挥民族优秀传统文化在生物多样性保护中的作用。

(十三)加强水土流失防治和防灾减灾体系建设

加强水土保持,推动山、水、田、林、路统一规划,综合治理,防治水土流失。加强小流域综合治理,扩大清洁型生态小流域建设,重点加强南垒河流域的水土流失综合治理。实施坡耕地综合治理,限制陡坡垦植,对土石山区的坡耕地进行坡改梯等综合整治。加大对地震、崩塌、滑坡、泥石流等灾害综合防治力度,加强重点水利设施的监管和防洪减灾综合防御体系建设,建立旱涝灾害应急体系。建立完善气象灾害预警信息发布系统。加强有害生物监测预警和防控体系建设,严防有害生物入侵。加强森林防火和病虫害防治工作。加强水电、矿产、旅游等资源开发以及公路、水利等重大基础设施建设项目的生态与灾害风险防范,建立健全生态破坏与灾害风险防范机制。

(十四)加强水污染防治

全面落实国务院《水污染防治行动计划》,结合本地情况制定严格的水环境政策和实施方案,推进水环境质量持续改善。设定红线,属地管理。按着"属地管理、分段负责"的原则,加大政绩考核力度,通过分段水质检测,落实上下游区段各级政府的环境保护责任,保证水质不低于国家标准和上年水平。全域保护,重点防治。按照国家水质标准,制定水源保护区域红线和水质红线,进行全域水质保护,特别是加强水源地和引水渠周边环境的重点保护,采取多重有效措施防治水源污染,水平控制,总量减少。在进行污水排放总量控制、不断减少的同时,加强水质水平控制,制定水质管理预案,做到污水处理不达标不排放,水质下降禁止排放。2019年,城镇供水水源地水质达标率均达到100%,县城以上城镇污水处理率达到91.37%。

(十五)加强大气、土壤、农村面源污染防治

认真贯彻落实《云南省大气污染防治行动实施方案》,推进空气质量逐步改善。优化产业升级,调整能源结构,推进清洁能源使用,加强

重点工业污染源的治理，开展重点行业清洁生产审核，严格投资项目节能环保准入，加强机动车排气污染治理，确保全市空气环境质量满足大气环境功能区划要求。到 2019 年，化学需氧量排放量降低率为 4.36%、氨氮排放量降低率为 10.96%、二氧化硫排放量降低率为 2.12%。贯彻落实《云南省近期土壤环境保护和综合治理方案》，划定土壤环境保护优先区域及重点治理区，建立全县土壤环境监测网，建立严格的耕地和集中式饮用水水源地土壤环境保护制度，全面提升全县土壤环境综合监管能力。开展全面土壤污染状况普查，针对不同污染来源和污染状况采取不同综合治理措施。同时，规定期限要求责任企业对重金属污染进行有效治理，达到国家相关土壤质量标准。对于限期内未能达到国家排放处置标准的污染企业实行关停并转。提升农村生活垃圾、生活污水收集处理率，加强农业面源污染治理，减少农药、化肥不合理施用，提高畜禽养殖粪便、农田固体废弃物综合利用率。

（十六）培育绿色生活方式

加快推动生活方式和消费模式向简约适度、绿色低碳、文明健康的方式转变，倡导绿色低碳的生活方式和行为习惯。引导促进节能环保产品和节能省地住宅等消费，鼓励婚丧嫁娶等从简操办，节俭用餐，倡导生态旅游，爱护环境。以节油节电节水为重点，推行"绿色居家准则"，开展"节能减排全民行动"。限制一次性产品销售和消费，严格商贸流通业执行"限塑令"，鼓励和引导商品零售场所制作、销售和创设可重复使用购物袋，鼓励消费者自带购物袋。引导居民外出多乘公共交通，少开私家车。进一步完善对全县残疾人、重点优抚对象、现役军人和 60 岁以上老年人等免费乘坐公交车和学生等优惠乘坐公交车措施，发展公共自行车系统，推动绿色出行。建立健全政府部门节约制度体系，完成公务用车改革，健全会议接待、文件简报、考察培训制度管理。完善政府绿色采购制度。倡导绿色生活方式和绿色出行，发挥商贸流通业和政府机关的引导和示范作用。到 2020 年，逐步形成崇尚节约、厉行节约、简约生活的良好氛围，全面绿色消费意识初步形成。

四、孟连县绿色发展中存在的问题和不足

（一）县内企业小而散，企业融资难度大

对比东中部地区，孟连县内缺少大型龙头企业支持，现有企业由于内部治理现代化程度不高，管理服务水平不高，企业融资能力不足，高原特色农业和绿色工业发展有待于进一步推进。

（二）县级财政困难

财政筹措资金的能力比较弱，推进绿色产业发展、推广绿色意识形态力度有限。由于缺少大型高效企业，孟连县财政收入不足，税源难以满足绿色发展的需要，绿色发展还需要国家和省市投入支持。

（三）绿色经济发展机制不够健全

对照普洱市国家绿色经济试验示范区建设标准，孟连县绿色发展理念还需要进一步树牢，绿色发展的制度体系还需要进一步健全，绿色发展的指标还需要进一步完善，绿色发展的动能还需要进一步增强，绿色发展的服务保障能力还需要进一步提升。

五、下一步做法

下一步，孟连县将进一步贯彻习近平生态文明思想，全面推进孟连县绿色发展，壮大绿色经济体量，提高人民生活水平，全面助力普洱市建设国家绿色经济试验示范区和生态文明建设排头兵，把孟连县建成民族团结进步示范区、生态文明建设的排头兵、面向东南亚辐射中心的前沿窗口。

（一）加强生态文明建设组织领导

各级党委和政府对本地区生态文明建设负总责，把生态文明建设放在突出的战略位置，切实加强组织领导。严格落实环境保护"党政同责"和"一岗双责"制度。进一步完善生态文明建设领导小组工作机制，加强生态文明建设的组织落实。有关部门和单位具体组织协调推进各项任务，围绕自身工作职能职责，密切协调配合，形成生态文明建设

的强大合力，扎实推进生态文明建设。

(二) 完善生态文明建设资金投入机制

积极争取国家生态补偿资金，努力将重大环境综合整治、生态建设和公共环保基础设施建设项目纳入上级部门有关建设规划，争取上级资金和项目支持。各级政府要把环保投入列为公共财政支出的重点，逐年加大环保投入。设立环境保护专项资金，县级财政每年从生态功能区财政转移支付中安排资金用于环境保护与生态建设，重点加强乡镇和农村"两污"设施建设及基层环保能力建设。

(三) 抓好贯彻落实

各级党委、政府及有关部门和单位要按照本意见要求，抓紧提出贯彻落实工作方案，明确目标任务、责任分工和时间要求，推进各项目标任务的实现。

(四) 扩大宣传与合作

充分利用电视、广播、报纸、图书、网络等媒体，丰富宣传内容，创新宣传形式，加强舆论宣传引导和监督，广泛宣传生态文明理念、倡导生态伦理道德，及时报道生态文明建设的重大政策、措施和成效，反映社会各界对生态文明建设的意见和呼声，激发广大干部群众投身生态文明建设的热情，营造生态文明建设的良好氛围。进一步深化生态文明建设各领域的国际、国内交流合作，把绿色发展转化为新的综合影响力和竞争新优势。

澜沧拉祜族自治县绿色发展报告
（2012—2020）

一、基本情况

澜沧拉祜族自治县（以下简称澜沧县）地处云南省西南部，位于普洱市、临沧市、西双版纳州交汇处，辖20个乡（镇）、165个村委会（社区）、2603个村民小组，总人口50.99万人，山区面积占98.8%，具有"老少边广，富香乐美"的鲜明特点。

"老"即革命老区，1931年澜沧县建立地下党组织，1949年2月解放，1999年被确定为云南省首批46个革命老区县之一。"少"即少数民族自治地区，澜沧县是1953年4月国家批准的全国唯一拉祜族自治县，有拉祜族、佤族等8个世居少数民族，少数民族人口占全县总人口的79%，其中拉祜族人口占全县总人口的43.5%，约22万人，占全国拉祜族人口的一半、全球拉祜族人口的三分之一。"边"即边境地区，澜沧县2个边境乡、8个边境村与缅甸接壤，边境线长80.563千米。"广"即地域广阔，全县总面积8807平方千米，居云南省第2位、普洱市第1位。"富"即资源富集，澜沧县森林覆盖率65.28%，有铁、铅锌、褐煤等30多种矿，其中铁矿储量22亿吨，占云南省探明储量的一半以上。"香"即古茶飘香，澜沧县有茶园面积38.4万亩（其中古茶园面积3.6万亩），有全球迄今发现最古老的树龄达1700余年的过渡型大茶树——邦崴千年古茶树，有全世界发现种植年代最久远、连片面积最大、保存最完好的人工栽培型古茶林——景迈山千年万亩古茶林。"乐"即快乐拉祜，澜沧县是电影《芦笙恋歌》诞生的地方，有国家级非物质文化遗产——拉祜族创世史诗《牡帕密帕》和芦笙舞。"美"即美丽澜沧，澜沧县以"美丽县城"建设为契机，不断提升软硬件水平，创建"干净、宜居、特色"的旅游县城。

2013年6月，首个国家绿色经济试验示范区在普洱市启动建设以来，澜沧县委、县政府围绕普洱市委、市政府"生态立市、绿色发展"的战略，以4大基地和8大试验示范工程为主抓手，努力探索建设生态文明与发展绿色经济相结合的特色发展之路，顺利推进各项创建工程，试验示范区取得阶段性成果。通过试验示范工程的深入实施，澜沧县逐步形成覆盖城乡的全社会绿色发展体系。在绿色经济试验示范区建设的有力带动下，澜沧县经济社会发展和生态环境保护取得可喜成绩。

1. 经济发展方面

2019年，澜沧县实现生产总值109.97亿元（普洱市第3位），同比增长9.2%（普洱市第3位）；规模以上工业增加值可比价25.23亿元，同比增长4.3%（普洱市第4位）；固定资产投资（不含农户）同比增长39%（普洱市第3位）；社会消费品零售总额23.97亿元（普洱市第3位），同比增长11.1%（普洱市第5位）；完成一般公共预算收入4.81亿元（普洱市第3位），同比下降8.17%（普洱市第4位）；一般公共预算支出56.64亿元（普洱市第1位），同比增长13.12%（普洱市第2位）；实现城镇居民和农村居民人均可支配收入分别为29186元（普洱市第8位）、10835元（普洱市第8位），分别同比增长8.5%（普洱市第5位）、11.5%（普洱市第1位）。2019年，澜沧县绿色GDP达109.32亿元，同比增长率47.8%，绿色产业增加值43.65亿元，人均绿色GDP达2.14万元。

2. 生态环境方面

多年来，澜沧县环境质量在云南省保持前列，各乡（镇）基本建立了环保专门机构，配备了专职人员，把环保工作纳入日常工作和干部实绩考核，并且在治理工业污染、综合整治农业环境等方面已经取得了一些成效。截至2020年，澜沧县有7个自然保护区，其中国家行业部门（农业农村部）备案2个（澜沧县水种自然保护区和野生稻自然保护区）；省政府备案1个（糯扎渡自然保护区）；澜沧县人民政府批复4个（南朗河自然保护区、澜沧江自然保护区、黑河自然保护区、竹塘蜘蛛蟹自然保护区等4个自然保护区）。澜沧县受保护地区占全县总面积比例达1.77%；森林覆盖率从2013年年底的58.51%上升至65.28%，森林蓄积量达5164.64万立方米；划定生态保护红线面积306.615平方千米，占全县总面积的3.48%；中心城区环境空气优良率保持在100%，全年环境空气优级天数在全年所占比率达100%；县域内地表水及主要饮用水水源地水质继续保持稳定，水质综合达标率100%。2014年12月，澜沧县荣获"全国文化先进县"称号。2015年3月，澜沧县惠民镇芒景村列入云南省第一批宜居村庄。2016年5月，澜沧县荣获"中国乡村民宿发展示范县"。2017年4月，澜沧县荣获"中国健康养生休闲度假旅游最佳目的地"。2017年，在第二届全国人文生态旅游基地建设论坛上，澜沧县荣获"全国人文生态旅游基地"称号，被列入云南省高原特色现代农业茶产业"十强县"；云南柏联普洱茶庄园有限公司柏联普洱茶现代农业庄园万亩有机疏林茶园荣获2017年度全国三十座最美茶园称号，澜沧古茶有限公司被列入云南省高原特色现代农业茶产业"二十强企业"名单，景迈古茶园列入云南省高原特色现代农业"魅力古茶园"名单。2018年，澜沧县荣获"十大马铃薯主食化示范基地县"称号，上榜"2018中国茶业百强县"（第十四届中国茶业经济年会），澜沧县惠民镇上榜2018年全国"森林文化小镇"，澜沧县芒景古茶农民专业合作社阿百腊牌普洱生茶荣获第二届中国国际茶叶博览会金奖。经普洱市旅游景区质量等级评定委员会组织评定，于2019年12月30日正式批准澜沧县老达保景区和景迈山茶林文化景区为国家3A级旅游景区。中央宣传部2019年12月2日在北京向全社会宣传发布朱有勇的先进事迹，授予他"时代楷模"称号。2020年1月，澜沧县被认定为省级旅游扶贫示范县，糯扎渡镇雅口村、酒井乡勐根村、惠民镇芒景村被认定为旅游扶贫示范村。2020年7月，澜沧县被认定为云南省旅游强县，惠民镇（景迈古树茶小镇）被认定为云南省旅游名镇，酒井哈尼族乡勐根村（以下简称老达保村）被认定为云南省旅游名村。2020年7月9日，老达保被评为第二批全国乡村旅游重点村。2020年11月，澜沧县荣获"中国天然氧吧"称号。

二、主要做法

（一）创新绿色发展体制机制，确保工作有序推进

推进绿色经济发展，关键在于体制机制和政策创新，为绿色产业的发展，创造有利的环境，提供强大的动力。发展绿色经济是"促转变、

调结构"的重要手段,也是产业升级的主攻方向。一是建立科学的考核体系。澜沧县通过近年来对绿色经济发展事业的不断探索,根据普洱市绿办下发的《绿色经济考核评价体系》相关要求,结合澜沧县实际制定出台了《澜沧县绿色经济考核评价指标体系》,以绿色经济指标完成情况论事、以考核制度管人,促进澜沧县绿色经济发展工作制度化。二是建立健全生态保护制度。绿色经济的发展基础建立生态环境的保护上,按照环保相关法律法规的规定,澜沧县严格执行建设项目环境影响评价制度和"三同时"制度,全面推行排污许可证制度,从源头控制好污染源,创造一个良好的生态绿色发展环境。三是构建人才引进机制。澜沧县加强先进技术、管理经验和高素质人才的引进工作,加快培育创新型、创业型、实用型人才,完善人才评价激励机制和服务保障体系、流动政策体系,营造有利于人才发展的优质环境。结合澜沧县人才紧缺实际,澜沧县出台了《澜沧县引进紧缺急需人才实施办法》,每年在各大高校毕业生中选拔一批专业性强的技术人才,为澜沧县的发展注入新活力。

(二)抓住绿色发展机遇期,坚持在平稳中寻求突破

2016年,澜沧县制定出台《澜沧县关于加快推进重点产业发展的意见》,以"高原特色现代农业、绿色工业、全域旅游和民族文化、现代服务业"四大产业集群思路提升产业。一是产业结构更加合理。突出龙头带动,推进创新驱动,实施品牌撬动,着力加快产业培育和优化升级,基本形成以茶、林、电、矿、蔗糖、渔牧为支柱,咖啡、橡胶、烤烟等为补充,民族文化、生态休闲旅游业迅速崛起的产业格局,三次产业的比重由2013年31.8∶39.5∶28.7调整为2017年27.9∶39.1∶33。二是生态环境明显改善。坚持"保护优先、协调发展"的原则,对森林资源、水资源、土地资源及环境卫生进行有效保护。2016年12月28日,澜沧国家级森林公园通过国家林业局森林风景资源评价委员会专家组评审,标志其正式成为国家级森林公园。景迈山古茶林申报世界文化遗产工作也在积极推进。三是绿色理念显著提升。通过不断地宣传,澜沧县不断提升绿色经济发展理念,加大对农村环境的整治力度,合理灌输环保理念,着力打造一批环境优美的民俗村庄。

（三）以自身丰富资源为基石，稳扎稳打助推绿色发展

一是找准发展目标，避免走弯路。建设国家绿色试验示范区工作的推进过程中，如何建立示范性强、辐射面广的产业基地是首要问题。澜沧县是云南省面积第二大县，农业是主要的发展产业，需以转变农业生产方式、加工方式、经营方式为抓手，明确发展方向，加大投资力度，以迎合市场为最终目标，着力打造一批农作物有机种植示范区、生态茶园种植示范区、高原特色养殖示范区等。二是延伸产业范畴，扩充经济来源。一直以来产业发展模式过于单一，经营方式太过传统是制约澜沧县经济发展的最大问题。绿色经济发展方式的推行，很大程度地改变了这一现状。农业与旅游业相结合是澜沧县必然要走的道路，借由云南省2017年规划建设200个美丽特色小镇之风，澜沧县景迈古树茶小镇和酒井老达保乡村音乐小镇成功列入省级特色小镇创建名单。同时，深入挖掘澜沧县各乡（镇）地域、民族、资源、产业等优势特色，找准发展定位，编制完成《澜沧县特色小镇体系培育规划》，为下一步打造澜沧县全域旅游目标的实现做好项目储备；紧紧围绕建设国家绿色试验示范区绿色产业发展，积极创建一批各具特色的小镇，推动澜沧县经济社会的新一轮发展。

三、取得的成效

普洱市提出建设国家绿色经济试验示范区规划以来，澜沧县按照规划提出的各类指导意见，优化土地资源格局、推行绿色生产方式、转变产业发展理念，通过不断地创新和改革，厘清绿色经济发展思路。通过全县上下的共同努力，绿色事业不断攀升。

（一）聚力绿色发展，绿色产业经济实力持续提升壮大

一是抓特色生物产业基地，夯实产业脱贫基础。澜沧县围绕畜牧、渔业、茶叶、果蔬等特色产业，打造特色产业基地，不断发展壮大高原特色农业。通过实施退耕还林、草原生态奖补、基础母牛扩群、生猪良种补贴等一批促进畜牧业发展的项目，做大做强生猪业、加快发展牛羊业、稳步推进家禽业。2020年，澜沧县大牲畜存栏15.71万头，生猪存栏51.37万头，实现畜牧业总产值17.18亿元，同比增长36.78%；

完成水产养殖 24.25 万亩，实现水产品产量 2.14 万吨，产值达 4.78 亿元；2019/2020 年榨季澜沧县甘蔗收获面积 29.49 万亩（县外调供入榨面积 4.2 万亩），农业产量 110.69 万吨，农业产值 4.65 亿元；2020 年澜沧县茶园面积 38.4 万亩（其中：古茶园面积 3.6 万亩，生态茶园面积 34.8 万亩），有野生茶树群落面积 11.8 万亩，实现茶叶总产量 2.87 万吨，综合产值 34.67 亿元，全县茶产业各类企业 1036 家，其中取得食品质量安全生产许可证的精加工企业 41 家；国家农业龙头企业 1 家、省级龙头企业 2 家，市级龙头企业 2 家，茶产业已成为澜沧县农民增收、企业增效、财政增长的重要产业。2020 年，澜沧县咖啡种植面积 6.73 万亩，平均鲜果亩产量 774 千克，实现农业产值 1.04 亿元；热带水果种植面积 6.7 万亩，实现总产量 4.31 万吨，总产值 2.08 亿元。2020 年，澜沧县完成蔬菜种植面积 8 万亩，产量 9.6 万吨，实现总产值 3.8 亿元。截至 2020 年，澜沧县经过"三品一标"认证的企业 24 家，累计认证面积 6021.55 公顷，其中："三品"认证面积 4260.22 公顷，核准使用普洱茶地理标志产品标志的企业有 7 家，面积 1761.33 公顷。

二是抓现代林产业基地，建设森林澜沧。合理开发森林资源，积极支持林产品精深加工、林下资源开发、经济林果种植。依托中国工程院定点帮扶澜沧县的契机，大力发展高效特色经济林。**林业特色经济林产业**：澜沧县林业特色经济林产业发展面积 25.57 万亩，已投产 5.97 万亩，产值达 1.23 亿元。**林下中药材产业**：澜沧县林下有机三七种植面积 9707 亩，产值达 9.7 亿元；黄精和重楼种植面积 1700 亩。**香料产业**：以"公司＋科研机构＋合作社＋农户＋基地"的经营模式推进发展香料产业，截至 2020 年澜沧县香料产业种植面积 15.9 万亩（其中花椒种植面积 8.3 万亩，砂仁种植面积 3.8 万亩，草果种植面积 2.6 万亩，八角种植面积 1.2 万亩），投产面积 5.3 亩，产值达 4650 万元。香料扶贫车间项目已于 2020 年 5 月启动，项目总投资 6300 万元，占地面积 50 亩。**森林食品产业**：主要涉及笋用云南方竹林和野生食用菌林，澜沧县有云南方竹（茨竹）林 12 万亩，鲜笋总产量 2.4 万吨，产值达 1.2 亿元，亩产鲜笋 200 千克；野生食用菌林达 20 万亩以上，总产量 4400 吨（鲜菌），产值 8800 万元。**工业林及林产化工产业**：澜沧县短轮伐期工业原料林面积 57.86 万亩，蓄积量达 930 万立方米，出材量 780 万立方米,采松脂面积达269.25万亩。

三是抓清洁能源基地建设,生态环境保护成效明显。澜沧县以优化能源结构、发展清洁能源为导向,挖掘开发水电资源,积极培育风能、太阳能等新能源产业,建设清洁能源生产基地,有效控制污染物排放。澜沧县已建成的水电站总装机容量为3.85万千瓦(不含糯扎渡水电站585万千瓦)、风力发电总装机容量为4.8万千瓦。中广核普洱澜沧风力发电有限公司的24台风机已全部发电。澜沧县累计完成42个充电桩建设,投入运行新能源汽车47辆,其中公交车25辆,网约新能源汽车22辆,城乡新能源汽车的推广已取得阶段性成果。澜沧县完成农村太阳能安装6370户;完成农村沼气池维修200户;完成农村节柴改灶1340眼;完成100立方米的沼气污水净化处理池一座;完成2019年遗留农村户用沼气池安装200口;完成市级农村一体化庭院灯安装100台。澜沧县扎实开展第二次全国污染源普查,严格落实节能减排责任制,全县单位GDP能耗下降2.9%,主要污染物4项指标减排目标任务全面完成。澜沧县的绿色载能产业主要包括采矿采选及冶炼和建材行业,其中建材行业水泥企业有2户,分别为澜沧三环建材有限公司(120万吨/年)和澜沧建峰水泥有限公司(60万吨/年);混凝土搅拌企业有4户,澜沧泰鑫商品混凝土有限公司、澜沧宏祥商品混凝土有限责任公司、澜沧荣祥混凝土有限公司、澜沧国鑫商品混凝土有限责任公司已建成投产。澜沧县煤炭产业的整治、改造和升级稳步实施,竜浪煤矿15改30万吨/年、城子煤矿15改30万吨/年改扩建项目可于2021年建成投产;芒东二矿3改30万吨/年的扩建项目正准备验收,正在启动30改45万吨/年项目前期工作;锦茂煤矿和铅矿公司勐滨煤矿已完成关闭退出。澜沧县金属采、选、冶业有序运行:云南澜沧铅矿有限公司老厂采选厂、澜沧县双马铅锌采选厂、澜沧云穆矿业开发有限责任公司、澜沧锡盛达有色金属综合回收有限公司、澜沧元东矿业有限责任公司建成投产有序运行。

四是抓休闲度假基地,产业格局不断优化。澜沧县强化产业支撑,促进旅游业与其他产业融合发展,建设集文化旅游、生态体验、康体养生养老为一体的旅游度假休闲养生基地。澜沧县以云南省创建特色小镇为契机,积极申报省级特色小镇,酒井老达保乡村音乐小镇、景迈古树茶小镇列入省级一流小镇名单,加快实施普洱"绿三角"原生态旅游区提升建设项目，积极推进普洱景迈山古茶林申遗、勐朗快乐拉祜小镇等，有序推进安缦酒店、吉合睦酒店、楠书房、景迈普洱茶文化中心、柏联普洱茶庄园、景迈山古茶林 4A 级景区配套设施、茶祖庙、传统古村落保护、大岔河饮水工程、月亮湖引水工程等项目的建设。上海九泽文化传播有限公司、万城旅游文化开发有限公司等一批有实力企业强势入驻，力争打造一批功能提升、主题鲜明的旅游目的地。澜沧县成功创建拉祜风情园 3A 级景区，普洱景迈山古茶林、糯扎渡 4A 级景区正在申报。澜沧县持续健康发展，完成休闲农业经营主体个数 82 个，其中农家乐 76 家，休闲农庄 2 个（云南柏联普洱茶庄园有限公司、澜沧古茶有限公司），民俗村 4 家（南岭、酒井、东回、糯福）。截至 2020 年 9 月，澜沧县接待国内外游客 145.58 万人次，实现旅游综合收入 13.04 亿元，同比下降 67.5%。

（二）实施试验示范工程，生态文明建设成效明显

一是绿色农业试验示范工程不断发展。 澜沧县坚持走绿色化、生态化、品牌化的高原特色现代农业发展之路，主打绿色生态品牌，着力推进传统产业的绿色化改造、新兴产业的绿色化培植，加快发展以薏仁、砂仁、茯苓、重楼等生物药为重点的林下仿生种植业，着力开发林草、林牧、林禽、林蜂、林菌等林下资源，巩固"国家粮食生产基地县"创建成果，重点推进茶产业提质增效，积极争创"生猪调出大县""肉牛养殖大县"，继续实施蔗糖产业振兴计划，有序发展橡胶、咖啡、柠檬等新兴产业。

二是绿色工业试验示范工程相继落地。 澜沧县以特色农产品精深加工、清洁能源、绿色载能为重点，加快工业园区建设，推动工业企业向园区聚集发展，促进工业结构调整优化和转型升级，推进农特产品精深加工与绿色载能同步实现，推进信息化与新型工业化深度融合。澜沧县积极推进以勐滨煤矿、锦茂煤矿等为重点的煤炭资源整合、技改和扩建，糯扎渡水电站 9 台机组相继发电，中广核普洱澜沧甲佚波风电场一期 24 台风机并网投运，二期和南朗河梯级电站等项目加快推进。

三是绿色服务业试验示范工程逐步展开。 澜沧县积极发展辐射国内、面向东南亚的国际物流中心，打造普洱市沿边开放的国际物流基地，积极申报阿里通道为省级二类口岸，加强空港经济区建设，力争把

澜沧县建设成为普洱市的"口岸城市""物流次中心"。澜沧县积极对接各类电商服务资源，引进整体运营服务商，澜沧县电子商务服务中心阿里巴巴村淘县级服务中心和35个村淘服务站点已投入运营，20个乡（镇）成立电子商务公共服务站。澜沧县推动特色农产品、旅游产品、文化产品销售从传统向"互联网＋"迈进。澜沧县推进电子商务与物流快递协同发展，鼓励快递企业主动服务农村电子商务发展，打通"工业品下乡"和"农产品进城"双向流通渠道，解决农村电子商务"最后一千米"的物流配送问题。澜沧县稳步推进"一部手机游云南"工作，列入"一部手机游云南"App的乡村旅游景区、景点6个，餐饮企业10家，住宿企业17家，出行企业6家，购物企业6家，娱乐企业1家，公共服务项目3个，相关节庆3个。

四是全社会绿色发展试验示范工程有序开展。澜沧县加快发展低碳建筑业，推广使用新型墙体材料，积极倡导绿色交通、绿色出行。截至2020年，澜沧县共有25辆公交车，已开通5条城市公交车路线，基本实现城区主干道公交覆盖。2017年澜沧县正式引进云南黑猫新能源汽车开发有限公司的新能源汽车，成功助推云南黑猫新能源汽车开发有限公司与澜沧云岭公交有限公司达成合作。2017年12月澜沧县完成城区6台新能源汽车充电桩建设，2018年6月12日新能源公交车在澜沧县城区开展运营，为居民绿色出行提供新的选择。新能源汽车等绿色低碳循环的生产生活方式逐步渗透到经济社会和民生发展各个领域，全社会生态文明主流价值观正在形成。澜沧县推行低碳绿色生活方式和消费模式，引导群众建设人畜分离的安居房、垃圾池和厕所，推广节柴灶、太阳能，通过生产方式、生活方式的转变，广大群众低碳环保意识明显增强。

五是生态建设和环境保护试验示范工程稳步推进。澜沧县大力实施生态造林工程，2013年以来，完成各项营林造林60.96万亩，其中森林抚育12万亩、新一轮退耕还林13.84万亩、陡坡地生态治理1.5万亩、其他造林项33.62万亩。澜沧县深入推进"七彩云南·生态澜沧"建设，加强生态功能区和重要水源地保护管理工作，保护生物多样性，提升生态系统功能。澜沧县强力推进景迈山古茶林申遗工作，完成景迈山首批国保传统村落现场调查评估等工作，全力推动古茶林申报世界文化遗产。澜沧县提请云南省人大常委会批准实施《云南省澜沧拉祜族自治县景迈山保护条例》，通过人大立法禁止开采埋藏在景迈山下储量达22亿吨的铁矿，实实在在用制度确保青山常在、碧水长流、永续发展。

<u>六是绿色基础设施建设试验示范工程全面升级</u>。澜沧县狠抓交通、水利、能源、市政等基础设施建设，发展后劲持续增强。2013年以来，澜沧县累计投入交通资金28.3亿元，加快推进思澜高速公路建设，启动瑞丽至孟连至勐海沿边高速公路过境段的前期工作。澜沧县实现所有建制村通硬化路，澜阿公路建成通车，机场进出港道路延长线工程基本完工，澜沧江244界碑至临沧港四级航道建设已完成香竹林、南德坝维护基地征地工作。澜沧县航空网建设实现零的突破，景迈机场顺利通航，从此打通了空中廊道，补齐了现代主体交通的"空运短板"。截至2020年，澜沧县已经开通省内西双版纳、昆明等6条运输航线，省外重庆、郑州2条运输航线，2020年1月1日至10月15日计划航班4655架次，实际保障航班4655架次，旅客吞吐量335902人次，其中进港旅客178080人次，出港旅客157822人次；货邮吞吐量139.186吨。2013年以来，澜沧县累计投入水利资金20.57亿元，建成小坝子水库、糯岗水库、月亮湖水库和南掌河水库，完成14座病险水库除险加固，解决了9.16万农村人口饮水安全问题。澜沧县建成城镇生活垃圾填埋场，累计填埋生活垃圾10.67万吨，城市生活垃圾无害化处理率100%。澜沧县抓好城乡建设管理，累计投入市政建设资金3.47亿元，完成中医院道路、温泉路、环城路改造等项目，快速推进南朗河西岸市政基础设施项目，有序推进东朗路延长线至快乐拉祜小镇3号桥道路、芦笙路、佛房河西岸综合管廊工程等项目的前期工作。澜沧县积极开展"四治三改一拆一增""七改三清"城乡环境提升行动，着力改善城乡环境质量、承载功能、居住条件和特色风貌。澜沧县统筹推进农村危房改造、易地扶贫搬迁与美丽宜居乡村建设，积极推行厨卫入户、雨污分流、人畜分居。

<u>七是科技创新驱动试验示范工程动力强劲</u>。澜沧县争取中国工程院围绕"茶叶、养殖业、中草药业和热带水果"四个产业在澜沧县建立"院士专家服务站"，依靠引进科技力量，通过建立"院士专家工作站"，促进产业提质增效，以科技创新助推产业和经济发展。澜沧县编制《澜沧县科技扶贫示范县建设行动计划（2017—2020年）》，计划投入资金26.82亿元，大力实施产业发展、素质提升等六大科技扶贫示范行动工

程。澜沧县制定短期、中期、长期相结合的产业发展规划，初步形成了以建设蔬菜科技示范园实现短期迅速增收，实施养殖示范项目确保中期持续增收，仿生种植三七、重楼等中药材示范项目确保长期稳定脱贫的梯次产业增收项目。澜沧县加快普洱职业教育分中心项目建设，力争举办10个院士专家短期培训班，着力打造院士专家指导班品牌。澜沧县全力推进科技扶贫示范项目建设，抓好林下三七、冬季马铃薯、果蔬示范种植"3个10000亩"工程。澜沧县实施空港片区林下中药材乡村振兴示范园区建设项目。

八是绿色循环低碳试点示范城市创建工程成效明显。 澜沧县着力做好29个绿色经济试验示范区建设重点项目的储备工作；积极向上级申报各类示范项目。截至2020年，澜沧县共129个行政村被普洱市生态环境局先后命名为第一批、第二批、第三批"市级生态文明村"；勐朗镇、富邦乡等15个乡（镇）被云南省政府命名为省级生态文明乡（镇）；建立绿色学校19所，绿色社区2个。澜沧县加大环境整治，提升人居环境。澜沧县实施3个美丽乡村建设项目；有序开展农村环境的综合整治，完成惠民镇芒景村上寨、景迈村糯干组等6个传统村落环境综合整治工程；完成国家开发银行支持的75个、总投资为1.3亿元的农村环境整治项目建设。

四、存在的主要困难和问题

通过对澜沧县近年的各项绿色经济指标横向对比后，可以看出，澜沧县在社会经济发展取得了较大进步的同时，各项事业发展过程中仍然存在诸多困难与问题。一是澜沧县人口基数大，各类资源消耗量位居前列。二是重大工程建设项目多，占用耕地、林地面积高居不下，耕地保有量逐年下降。三是农业产业化程度低，工业化处于初、中期阶段，致使资源利用效率、环境与生态效率不够高。四是体制机制方面，个别部门未健全绿色经济考评指标的统计体系，一些指标统计口径尚未完全统一；涉及绿色经济考评指标的责任部门之间未建立有效的统筹协调机制，特别是涉及多个部门的基础指标统计难度较大。五是推动工作落实方面，部分单位对推动绿色经济发展、加快国家绿色经济试验示范区重视不够、研究不透、落实不到位。

五、未来的工作打算

面向"十四五",澜沧县必须坚定不移地坚持"创新、协调、绿色、开放、共享"新发展理念做好今后的工作,争取在生态文明建设和绿色发展的方面再上新台阶。

(一)坚定不移坚持创新发展,构建现代产业新体系

澜沧县发展的最大难点在产业,突破点和出路也在产业。澜沧县认真落实《澜沧县推进供给侧结构性改革实施方案》,按照一产抓特色、二产抓升级、三产抓融合的思路,坚持突出创新驱动、企业培育、品牌打造,推动产业结构变"新"、模式变"绿"、质量变"优",促进产业迈向中高端。澜沧县巩固提升特色农业,全力确保粮食安全,积极发展山地牧业,培育以茶、甘蔗为重点,咖啡、柠檬、澳洲坚果、竹笋、菠萝蜜等为支撑的特色经济作物体系,合理推进林产业发展。澜沧县发展壮大绿色工业,围绕新能源、生物药、新型材料、节能环保等方面,培育壮大战略性新兴产业,打造产业发展新的增长点。澜沧县实施传统产业改造提升工程和品牌发展战略,加快工业园区、物流园区、空港经济区建设,夯实招商引资基础条件,提升开放型经济发展水平,不断扩大对外贸易。澜沧县加快发展现代服务业,推进普洱"绿三角"实施计划,力争普洱景迈山古茶林成功申报为世界文化遗产。澜沧县实施"互联网+"行动计划,促进互联网和经济社会融合发展,促进现代物流、科技服务、健康养老等服务业及电子商务、服务外包等新型业态提质增效。

(二)坚定不移坚持协调发展,开创城乡统筹新局面

澜沧县坚持城镇化与农业现代化同步发展,优化城区空间布局,着力构建"一心两带三片"的县域发展新格局,深入实施城乡人居环境提升行动,推进道路交通、地下综合管廊等基础设施建设,让城市更和谐宜居。澜沧县突出抓好美丽乡村建设,以乡(镇)政府驻地和农村小集市所在村为重点,推动农村人居环境综合整治全覆盖。澜沧县坚持物质文明与精神文明并重,促进经济社会协调发展,突出抓好城乡公共资源均衡配置,促进城镇公共服务向农村延伸,推进硬实力与软实力同步提

升，全面实现县域义务教育基本均衡发展目标，教育质量显著提高，文体事业蓬勃发展，实用技术培训和就业再就业工作成效明显，城乡协调发展。按照谁开发谁保护，谁受益谁补偿的原则，澜沧县研究出台《生态补偿条例》，逐步建立健全森林、流域、草原、湿地和矿场资源开发等领域的生态补偿机制，引导和鼓励各经济主体保护生态环境。

（三）坚定不移坚持绿色发展，争当生态文明建设排头兵

澜沧县深入贯彻习近平总书记"绿水青山就是金山银山"的发展理念，以普洱市建设国家绿色经济试验示范区为契机，积极创建生态文明县。澜沧县不断推进生态文明建设，确保国家主体功能区县域生态环境质量总体保持稳定。澜沧县全面完成主要污染物减排指标，大气、水、土壤三大环境污染防治行动取得实效，为拉祜山乡天更蓝、水更清、山更绿做出更大的努力。澜沧县区别对待城镇、园区、自然保护区、水源林保护区等功能区域，分类实施资源消耗、土地利用和生态保护等管理措施，争取实施国家生态安全屏障重点项目，让良好生态环境成为提高人民生活质量的保障。澜沧县继续落实节能减排责任制，重点推动矿业、建材、林化等行业节能减排，对规模以上工业企业全面推行清洁生产技术和审核制度。

（四）加大宣传力度，积极倡导绿色理念

澜沧县借助电视、网络、报纸杂志及新闻媒体等途径，加大绿色发展理念、绿色消费理念的传播力度。澜沧县重视教育对培养绿色经济理念的作用，从娃娃抓起，从各类学校的教科书抓起，从与生活息息相关的垃圾分类、使用环保产品、倡导绿色出行等具体事务抓起，培养年轻一代的绿色发展理念。澜沧县实施鼓励绿色消费的经济政策，加大对绿色产品的价格补贴和金融信贷支持，降低绿色产品的成本。同时，澜沧县聘请国内外知名专家，开展绿色讲坛进机关企事业单位、进校园等活动。

西盟佤族自治县绿色发展报告
（2012—2020）

近年来，西盟佤族自治县（以下简称西盟县）认真贯彻落实党中央、国务院，省委、省政府，市委、市政府的决策部署，在县委、县政府的领导下，坚持以科学发展、绿色发展为主题，围绕建设"绿色西盟、生态家园、活力佤山、和谐边陲"的思路，坚持走绿色发展之路，统筹推进经济建设、政治建设、文化建设、社会建设、生态文明建设和党的建设，扎实推进国家绿色经济试验示范区建设，绿色发展成效明显。

一、基本情况

（一）基本县情

西盟县是全国两个佤族自治县之一，是《阿佤人民唱新歌》的诞生地，总面积1353.57平方千米，总人口9.66万人，辖7个乡（镇）36个村委会3个社区370个村民小组，佤族占总人口的70.67%。世居佤族、拉祜族的社会形态，直到1956年才从原始社会末期、奴隶社会初期直接过渡到社会主义社会。其基本县情如下。

一是物华天宝，资源丰富。西盟县人均拥有耕地面积3.14亩、林地面积20.23亩、草地面积8.88亩。西盟县属亚热带海洋性季风气候，年平均气温19.6℃，比云南省年平均气温高2.9℃；年平均降水量1840.6毫米，比云南省年平均降水量多754.4毫米；年平均日照达2082.6小时，比云南省年平均日照多61.9小时，全年无霜。丰富的光、热、水和生态资源，为西盟县把资源优势转化为经济优势提供了先天条件。

二是绿色发展，潜力巨大。西盟县绿色生态资源丰富，挖掘开发潜力大，有橡胶、核桃、咖啡、沉香木、桉树等有极高开发价值的植物

30多种，是云南省首批特色农产品优势区和特色农业发展示范县，西盟肉牛获得"云南名牌农产品"称号，"彩蜜坊"牌山林百花蜜荣获第十四届中国昆明国际农业博览会优质农产品奖，是当时唯一获奖的蜂蜜产品。

三是生态旅游，休闲胜境。西盟县负氧离子浓度最高达到每立方厘米2万多个，被誉为"中国生态第一城"，是国家重点生态功能区、国家水利风景县，先后荣获"中国最美休闲度假旅游名县""中国最美生态文化旅游名县""中国最美风景县云南十佳""省级生态文明县""省级特色旅游城市""省级全域旅游示范区"等荣誉称号，拥有勐梭龙潭国家4A级旅游景区、普洱市首个省级佤部落旅游度假区、木依吉神谷3A级旅游景区。

四是幸福城镇，美丽村寨。西盟县城是一座"城在林中、林在水中、水在城中"的城市，先后荣获"全国森林康养基地试点建设单位""国家卫生县城""省级园林县城""省级平安县城"等荣誉称号。2017年，西盟县被中华人民共和国住房和城乡建设部列入"第二批城市设计试点城市"，是全国被列入的两个县（区）之一，也是云南省唯一被列入的县。西盟县成功入选云南省首批"美丽县城"，累计完成美丽乡村建设示范点238个，博航十组、马散永俄组、窝笼六组等被国家民族事务委员会（简称民委）授予"中国少数民族特色村寨"称号。

五是民族团结，文化独特。从原始社会末期、奴隶社会初期一步跨入社会主义社会的西盟县，是人类社会发展的"活化石"，被誉为"人类童年"，较为完整地保留了独特的民族文化。其拥有的大量神话史诗、诗歌谚语、服饰歌舞、民居习俗都是祖国民族文化宝库中的瑰宝。佤族原生态歌舞剧《佤部落》赴国家大剧院演出获得圆满成功，西盟民族文化工作队成为全国首个登上中国最高艺术殿堂的县级民族文化工作队。2019年，西盟县被授予"全国民族团结进步模范集体"荣誉称号。以扶贫工作为题材的音乐剧《阿佤人民再唱新歌》被中华人民共和国文化和旅游部评为"全国优秀现实题材舞台艺术作品"，也被国家民委列入支持云南省《建设民族团结进步边疆繁荣稳定示范区合作协议》备忘录。

（二）主要发展情况

2019年与2012年相比，西盟县实现生产总值23.34亿元，增长

2.6 倍，年均增长 20.16%；规模以上固定资产投资 10.53 亿元，增长 1.3 倍，年均增长 12.37%；地方公共财政预算收入 6067 万元，增长 30%，年均增长 4.33%；地方财政一般预算支出 16.90 亿元，增长 1.3 倍，年均增长 12.30%；社会消费品零售总额 6.82 亿元，增长 3 倍，年均增长 21.83%；边贸进出口总额 1.28 亿元，增长 5.7 倍，年均增长 31.19%；城镇常住居民人均可支配收入 26844 元，增长 1 倍，年均增长 11.32%；农村常住居民人均可支配收入 10837 元，增长 1.7 倍，年均增长 15.08%。2019 年，西盟县绿色 GDP 达 24.66 亿元，增长 83.43%；绿色产业增加值达 5.04 亿元，增长率 21.6%；人均绿色 GDP 达 2.55 万元，增长率 84.19%。

二、主要做法

（一）注重组织领导，高位推进生态文明建设

西盟县成立了以县长为组长、常务副县长为副组长的绿色经济试验示范区建设工作领导小组，办公室设在县发展和改革局（简称发改局）办公室，办公室主任由县发改局局长兼任，完善了部门联动推进工作机制。2012 年 10 月，成立了西盟县建设国家绿色经济试验示范区领导小组办公室，负责制定西盟绿色经济发展计划及各项政策措施，做好协调、指导、督促、检查等各项工作。办公室为县发改局内设机构，设主任 1 名，专职副主任 1 名，增加发改局行政编制 1 人，作为绿色经济试验示范区建设工作人员。2019 年机构改革后，县发改局专设绿色发展股，主抓绿色格子，由此形成"政府推动、部门配合、企业参与、全社会共同推进"的工作格局，高位推动西盟绿色经济发展的各项工作。

（二）注重政策指引，绿色发展有保障

1. 产业方面

西盟县围绕制定《西盟佤族自治县人民政府关于加快推进产业扶贫的实施意见》《关于加快云岭牛产业发展推进精准扶贫的实施意见》《西盟县云岭牛产业扶贫三年行动计划（2018—2020）》《西盟县橡胶产业扶贫三年行动计划（2018—2020）》《西盟县茶叶产业扶贫三年行动计划

（2018—2020）》《西盟县甘蔗业扶贫三年行动计划（2018—2020）》《西盟县中蜂产业扶贫三年行动计划（2018—2020）》《西盟佤族自治县巩固提升三年行动文化旅游精准扶贫实施方案（2018—2020）》，对全县"5＋X"产业体系做了系统的设计规划，加快传统农业向现代农业转型升级，提升产业化经营水平，确保特色主导产业健康、可持续发展。

2. 生态环境保护方面

西盟县相继制定出台《西盟县"厕所革命"三年行动计划》《西盟县柴油货车污染治理攻坚战实施方案》《西盟县党政领导干部生态环境损害责任追究实施办法（试行）》，大力推进"一水两污"及"厕所革命"专项工程，从制度及行动上确保西盟县生态环境得到有效保护，做到绿色经济持续长效发展。

3. 经济社会方面

西盟县推出《全县招商引资工作实施意见》《普洱边境贸易加工工业园区西盟园管理办法》《西盟佤族自治县脱贫攻坚巩固提升三年行动电子商务精准扶贫实施方案》等一系列政策措施，通过政府与社会资本联动，拓宽西盟县绿色经济发展思维，全面发展绿色生态环保型经济。

（三）大力实施生态文明建设

西盟县充分发挥资源优势，把发展新能源和可再生能源作为工业绿色发展的主要手段。西盟县实施公益林森林生态效益补偿和天保天然林停伐保护补偿总面积72.58万亩，共下达补偿金4601.62万元，每年兑现补偿金566万元，覆盖农户2.32万户7.3万人；加大天然林保护，全县完成造林10.37万亩，森林覆盖率、林木绿化率分别达64.86％和66.63％；森林资源管理工作得到进一步加强，野生动植物资源得到有效保护；完成国家森林城市创建工作。全面推进全国水生态文明城市试点工作，全县共创建省级生态文明乡镇1个，市级生态文明村36个，绿色社区2个，绿色学校9所。西盟县行政村100％通10千伏动力电、村民小组100％通380伏动力电，农户通电率达100％。西盟县实施农村清洁能源工程，推进农民生产生活方式向绿色可持续发展转变，发放节能灶1100台，安装太阳能热水器1.36万套，覆盖农户1.47万户。西盟县通过引进先进技术，实施节能示范项目，节能减排工作不断加强。

(四)实施领导干部自然资源资产离任审计

为推动西盟县绿色经济发展工作取得实效,西盟县以各乡镇党委和政府主要领导为主要审计对象,将自然资源资产审计与经济责任审计统筹结合,以三个审计项目、三套审计实施方案、三份审计报告、同一个审计组的形式具体实施。2017年,开展了翁嘎科镇党委书记、镇长的领导干部自然资源资产离任审计(试点);2018年,实施了力所乡党委书记和党委副书记、乡长自然资源资产离任审计;现正在实施了勐卡镇党委书记、镇长自然资源资产离任审计。西盟县按照党管干部的要求,实现对各乡镇党政主要领导有重点、有步骤、有深度、有成效地轮审,逐步实现领导干部自然资源资产离任审计全覆盖。

(五)注重宣传教育,牢固绿色发展理念

推动西盟县绿色经济发展,关键在党、关键在干部。西盟县充分发挥党的领导核心作用,以改革创新精神全面加强党的思想建设、组织建设、作风建设,不断提高推动绿色发展的能力。紧紧围绕"生态立县,绿色发展"理念,树立世界眼光和战略思维,以更加宽厚的心态理解干事创业者,以更加宽容的精神善待干事创业者,营造勇于创业、敢于创新、善于创造的良好氛围。为发展绿色经济,全县上下应牢固树立绿色发展理念,不断强化绿色宣传教育,在党政机关各类会议上对绿色发展进行解读,利用节能宣传周和低碳日对绿色理念进行广泛宣传,在学校进行绿色环保宣传教育,积极开展绿色征文活动,发动全县各部门、群团组织共同思考,为全县绿色发展建言献策;全面积极培育绿色文化及绿色发展观念;持续开展污染防治行动,落实禁烧限放要求,加强餐饮油烟、露天烧烤等污染治理;充分利用新媒体和传统媒体,广泛深入宣传有关绿色发展的知识及价值取向,逐步树立群众的绿色生产和绿色消费意识,提高公众生态文明社会责任,引导公众履行环境保护的社会责任和义务,在能源利用、空间布局、生活方式等方面自觉推进绿色发展,让绿色生活、勤俭节约成为全社会的自觉习惯。

三、取得成效

（一）基础进一步夯实，为发展绿色经济奠定基础

西盟县坚定不移地推进基础设施建设，强化以交通、水利、能源和信息为重点的基础设施建设，确保群众出行、用电、饮水、通信、广播电视有保障。

一是实施农村路网建设。西盟县大力推进"四好农村路"建设，在实现村村通的基础上，探索实施了"交通规划先行、财政投入拉动、群众投工投劳、道路通行安全"的"四轮驱动"交通扶贫模式，先后整合11.96亿元重点推进了通组公路、通户道路的建设，全县公路总里程达2443千米，并率先在普洱市实现了"组组通""户户通"水泥硬化路，建成了四通八达、交替循环的公路网络，农产品开始源源不断地走出大山、走向世界。

二是实施农田水利建设。西盟县实施中低产田地改造、兴地睦边、农业综合开发等农田水利整治工程，改造中低产田地12.8万亩，新增和改善灌溉面积7.02万亩。实施农村饮水安全巩固提升工程336件、修建渠系建筑物580座、蓄水池369个、安装净水器294台，全县饮水管道达2789千米，供水保证率达100%，村村寨寨都安装上了净水设施，家家户户都喝上了干净卫生的自来水。

三是实施信息网络建设和电力基础设施建设。西盟县建成4G基站377个、5G基站8个，网络宽带覆盖到全县行政村、学校和卫生室；完成易地扶贫搬迁集中安置点和分散安置点的电力配套建设；完成新建房户、村民小组活动室通电工程1.74万户。行政村100%通10千伏动力电、村民小组100%通380伏动力电，农户通电率达100%。

西盟县累计建成327个村民小组活动场所，实现所有村民小组有效覆盖。

（二）立足资源禀赋，绿色产业体系初步形成

一是精准选择优势产业。经邀请省农业专家团队反复论证，基于西盟县具有"产地资源优、产业基础广、文化底蕴深、技术支撑强"和"生态环境优越、养殖基础广泛、蜜源植物繁多、四季鲜花盛开"的优

势，精准选择肉牛和中蜂作为新兴扶贫产业大力发展，并把肉牛产业作为"一县一业"重点打造，从而构建起橡胶、茶叶、甘蔗、畜牧、文化旅游为主导产业，蜂蜜、咖啡、米荞等为特色产业的"5＋X"产业发展体系。先后开发出西勐牛肉、破壁灵芝孢子粉、龙血树牌白砂糖、山林百花蜜、西盟有机生普、莫窝有机普洱、佤茗香绿茶、普洱红、佤佳源冬瓜猪肉、佤寨米荞等农产品。

二是精准实施主体带动。先后引进了云南农垦集团有限责任公司、云南安得利农林科技有限公司（简称安得利）、云南三江并流农业科技股份有限公司、云南丁氏蜂业工贸有限公司等省级龙头企业 7 家和市级龙头企业 2 家，创办各类农民专业合作社 133 家，建设对口基地达 30 多万亩，实现每个主导产业都有一个市场主体带动。西盟勐烟街茶叶农民专业合作社被中国扶贫基金会授予"三星级示范合作社"称号。

(1) **在肉牛产业方面**，采取"龙头企业＋平台＋合作社＋贫困户"的模式，以省级龙头企业三江并流为带动、以县扶投公司为平台、以省农业农村厅项目和技术保障为支撑，开展生产合作、劳务合作、资金合作，群众通过产业获取收益大幅提升。建成标准化云岭牛养殖小区 9 个，存栏种牛 5458 头，资产收益带动农户 3903 户 1.4 万人，其中建档立卡贫困户 1806 户 5957 人；建成饲草饲料基地 8601 亩，带动农户 2097 户 7728 人，其中建档立卡贫困户 1869 户 7068 人，实现户均增收 2500 元以上。

(2) **在橡胶产业方面**，采取"公司＋基地＋农户"模式，省级龙头企业云南农垦以生产托管合作方式，按户划定胶园，委托建档立卡贫困户长期生产经营，农户按约定比例获得固定收益加超产分成，带动农户 9889 户 2.96 万人，其中建档立卡贫困户 2468 户 8391 人，实现户均增收 4500 元以上。

(3) **在甘蔗产业方面**，采取"公司＋农户"模式，龙头企业西盟昌裕糖业有限责任公司与建档立卡贫困户签订甘蔗收购协议，对建档立卡贫困户生产的甘蔗承诺全部收购、确保价格稳定，带动农户 5263 户 22811 人，其中建档立卡贫困户 3359 户 1.08 万人，年产白糖 3 万吨，产值 4971 万元，户均增收 6500 元。

(4) **在茶产业方面**，采取"企业＋基地＋合作社＋农户"或"基地＋合作社＋农户"模式，建成生态茶园 5.2 万亩、茶叶初制所 53 个，带动农户 7858 户 3.66 万人，其中建档立卡贫困户 3626 户 1.22 万人，实现户均增收 6300 元以上。

(5) 在文化旅游产业方面，坚持把文化旅游产业作为主导产业倾力打造，大力发展乡村旅游、自驾游等旅游新业态，仅 2019 年就吸引了 139 万游客到西盟旅游，实现旅游综合收入 16.71 亿元，带动西盟县内农产品消费、旅游产品消费 5000 余万元，一个全新的健康生活旅游目的地已经形成。部分青年外出从事民族歌舞表演工作，文化旅游产业扶贫初见成效。

(6) 在中蜂产业方面，采取"托管式生产、孵化式培训、精品式打造"的模式，养殖中蜂 7 万群，带动建档立卡贫困户 9259 户 3.11 万人，实现户均增收 1500 元以上。

(7) 无筋豆产业方面，2017 年，西盟县引进西盟绿润源农业开发有限公司，建立了西盟县第一个冷库，采取"公司（合作社）＋基地＋农户"的模式，积极开发无筋豆等冬季订单农业种植，无筋豆通过冷链车远销到北京、长春、沈阳等北方各大城市。2017—2018 年，种植无筋豆 860 亩，带动农户 320 户，总产量 1720 吨，户均增收约 1 万元。2018—2019 年，种植无筋豆 1420 亩，带动农户 760 户，总产量 2840 吨，户均增收 0.75 万元。2019—2020 年，已种植 970 亩，预计产量 1455 吨，实现产值 291 万元。

(8) 在西盟米荞产业方面，创办了西盟米荞生产加工基地，开发出"佤山牌"西盟米荞系列产品，投放市场后，深受消费者欢迎。2016—2019 年，西盟米荞年均种植面积 1.4 万亩左右，产量年均在 0.11 万吨，总产值 2638 万元。

(9) 在生物中药材方面，2020 年，生物药业面积 2.5 万亩，比 2016 年的 2.2 万亩增加了 0.3 万亩（采摘面积 0.5 万亩）；原料药材产量 735.5 吨，比 2016 年的 713 吨增加了 22.5 吨，增长 3.16%。

(10) 在冬瓜猪产业方面，建成冬瓜猪加工厂 1 个，冬瓜猪繁育基地 5 个。累计完成冬瓜猪出栏 9.38 万头，实现产值 14878.5 万元。

(11) 在咖啡产业方面，咖啡种植面积 4951 亩，咖啡干豆产量 416 吨，建成咖啡初加工厂 8 家，实现产值 582.4 万元。

(三) 美丽县城建设成效明显

西盟县聚焦"干净、宜居、智慧、特色"四大要素，依托"生态环境优越、民族文化独具魅力、城市建设探索先行"三大优势,在历年城市建设的基础上不断进行优化提升,实施了建筑物民族风貌改造、人行道特色铺砖、地下综合管沟铺设、城市规划馆建设、入城口建设、老旧小区改造、污水处理厂提标改造、空气监测站建设、供电能力提升改造、自来水厂提标改造等,达标率达91.5%。率先在云南省县级城市实施VI(视觉识别)系统,成为全国唯一一个把县城创建成为4A级旅游景区的城市。2020年1月,西盟县被云南省人民政府命名"云南省美丽县城"。西盟县提出建设"幸福城镇"理念,多年来前瞻性、探索性、持续性地推进美丽县城建设,取得了山水景观优美、民族风貌协调、文旅康养业态融合等成效,率先在全国探索出民族、山地、边疆型"美丽县城"建设的"西盟经验",打造了一座极富民族文化特色的现代化美丽小城,树立了良好的国门形象,已成为我国民族特色类县城建设的典范。

(四)农村人居环境得到质的提升

(1)住房方面,通过实施农村安居工程、易地扶贫搬迁,累计完成农村住房改造15475户,实现农村危房"清零",先后完成4个易地扶贫搬迁安置点建设,150户458人搬进新居,涉及建档立卡户62户218人。

(2)"厕所革命"方面,西盟县全县36个行政村无害化卫生公厕已实现全覆盖,覆盖率为100%;完成农村无害化卫生户厕改建7868座,完成率98.47%。

(3)农村垃圾治理方面,累计立项完成乡(镇)垃圾处理站3个(翁嘎科镇、中课镇、力所乡),建成乡镇垃圾热解站2个(勐卡镇、新厂镇),配备集镇及周边村组垃圾箱110个、村组垃圾桶2475个、垃圾钩臂车8辆、6吨压缩车9辆,实现所有村民小组生活垃圾收集设施全覆盖。

(4)农村生活污水治理方面,因地制宜采用污染治理与资源利用相结合、工程措施与生态措施相结合、集中与分散相结合的建设模式,完成污水治理村民小组118个,生活污水治理率为33.81%。

(5)村容村貌方面,通过各类项目资金支持,积极实施以亮化、硬化、净化、绿化为主要内容的村庄环境综合整治项目,村庄公共区域、农户庭院及家居环境得到进一步提升，南亢村、永帮村、秧洛村、永广村、窝笼村荣获"市级美丽村庄"称号。

（6）畜禽养殖废弃物资源化利用方面，严把畜禽养殖项目影响环境关，确保所有项目建设都符合环保要求。出台《西盟佤族自治县畜禽养殖禁养区划定方案》，科学规划全县畜禽养殖禁养区8个、限养区26个。制定《西盟县畜禽养殖废弃物资源化利用工作方案》，全县6个畜禽规模养殖场畜禽粪污处理设施装备配套率100%；同时动员散养户采取自建堆粪池、堆集发酵干清还田等措施，减少畜禽粪污污染，全县畜禽粪污资源化综合利用率达90%以上。

（五）实施生态保护工程

实施新一轮退耕还林，造林面积2.14万亩，国家重点生态公益林补偿19.44万亩，省级生态公益林补偿19.6万亩；天然林停伐保护面积335407亩，其中，国有林地33985亩，集体和个人林地301422亩，西盟县森林覆盖率达70.13%。为切实加强生物多样性的保护和管理工作，西盟县出台了勐梭龙潭、三佛祖两个自然保护区的管理条例，印发了《西盟县加强生物多样性保护意见的通知》，完成了西盟县生态红线保护划定工作，先后实施了"勐梭龙潭生物多样性保护项目"和"西盟米养拯救保护与开发示范项目"。2019年全县湿地认定43个板块，面积745.13公顷，河流湿地共36条，面积428.06公顷；湖泊湿地1个，即面积48.04公顷的勐梭龙潭；人工湿地6个，面积269.03公顷。实施班母生态清洁小流域治理工程，新增水土流失综合治理面积10平方千米，项目建成后将有效防止水土流失。持续开展污染防治行动，严控道路扬尘，全面落实禁烧限放要求，推进黄标车淘汰工作，推进河长河清行动，加强饮用水保护，做好污染物减排工作。目前已发放排污许可证的企业有6家。做好土壤污染治理专项行动。通过实施污水处理厂提标改造、城市供水管网及自来水厂提标改造工程，进一步保障城镇居民生产生活用水，解决污水处理滞后的问题；环境空气质量优良率达99.7%，地表水、饮用水水质监测达标率100%。西盟县被列入全国森林康养基地试点建设单位名单，成功创建为省级园林县城，马散村荣获"国家森林乡村"荣誉称号。2018年，西盟县生态系统服务总价值为277.74亿元。

（六）扎实开展生态文明建设

生态文明制度体系日趋健全，生态文明理念深入人心，生态发展、绿色发展正在成为西盟经济发展的主旋律，切实把生态资源转化为发展优势、脱贫优势，带领群众脱贫增收，共创建省级生态文明乡镇6个，市级生态文明村36个。2019年，西盟县绿色GDP占生产总值的比重达96.3%，绿色产业年产业值达22.47亿元，直接带动7.47万群众通过发展绿色生态产业实现增收推动三产融合和产业升级。

四、存在的主要问题

（一）绿色发展意识不强

部分公众生态建设和绿色发展意识不强，部分乡镇和部门对生态建设和国家绿色经济试验示范区建设工作认识不到位，责任和工作落实有差距，绿色产业和绿色基础设施占比不高，绿色出行、绿色消费有待加强。

（二）基础设施建设滞后问题突出

西盟县基础设施虽已得到了很大改善，但基础设施落后依然是制约全县经济社会发展的瓶颈。交通体系不健全，发展要素流动受限。县内外交通不畅，道路等级低，极大地限制了全县资源和沿边区位优势的发挥，制约了全县特色产业、工业和旅游业的发展，生产要素空间流动不畅，三产融合难以推进。农业基础设施薄弱，水利化程度较低，农业规模化经营、精细化发展受限。全县大部分山区耕地缺乏灌溉工程，抵御自然灾害能力较差，农业规模较小，保持农业稳定发展和农民持续增收的难度较大，社会事业基础设施落后，难以有效支撑城镇服务、保障功能的发挥和发展要素的聚集。全县社会事业基础设施发展水平较低，城乡差距明显，社会事业基础设施建设领域的社会化、市场化程度较低，投入不足等仍是发展中存在的问题。

（三）产业整体实力不强

近年来，对重点产业的培植培育，使西盟县的特色农业、旅游业及工业得到了不同程度的发展，但整体来看，全县的产业整体实力还较弱，产业结构水平不合理、产业效益较低等问题仍较突出。主要表现为：第三产业发展潜力和优势没有得到充分挖掘和发挥，产业效益有待进一步提升；第二产业发展明显滞后，规模较小，对全县经济发展的带动作用不强；第一产业发展呈现散、小、低、弱的特征，农产品加工和营销还停留在初级阶段，农业产业链较短，现代农业发展滞后。全县三次产业呈现三、一、二结构，整体产业结构有待进一步优化提升。

（四）用地要素保障能力不足

西盟县位于山区，地形山高坡陡，缺乏可供开发的连片平地；土地集约节约利用水平不高，盘活存量土地的能力亟待提升；可利用土地中基本农田占比较高，建设用地供应严重不足，这直接导致了部分国家、省、市重点项目和县级招商引资项目土地预审难以通过，对西盟县的发展造成了一定制约。

（五）人口素质较低，人才支撑不足问题突出

全县人口整体素质不高，一些偏远贫困村组，人口素质普遍较低，尚未形成学科学、用科学的意识，依靠科技发展生产摆脱贫困的意识不强，对新技术、新方法接受能力弱，给科技推广工作带来了极大的阻碍，先进的实用技术和科技成果应用缓慢，适应不了经济发展的要求。人才资源匮乏，人才支撑不足，人才结构不合理，人才的领域分布、专业分布及年龄结构失衡；高层次人才短缺，农村实用人才队伍弱小，整体人口素质偏低，技术力量不足，在很大程度上制约了全县经济社会的发展。

五、对策建议

（一）补齐基础设施短板，推动新"五网"建设打通市场通道

抓住国家"一带一路""孟中印缅"经济走廊、沿边金融综合改革试验区、云南省沿边开放经济带、澜沧江开发开放经济带、"五大基础网络"等重大历史机遇窗口期，创新发展方式，拓展基础设施建设空间，以推进项目建设为抓手，进一步强化以综合交通、农田水利、能源、城镇基础设施和信息基础设施为重点的基础设施建设，打牢跨越式发展的基础，破解瓶颈制约。提升互联互通服务能力，使之成为放大区

位优势、激发内生潜力、补齐发展短板、扩大有效投资的重要抓手，形成有效支撑西盟高质量绿色经济走向全国发展的基础保障。

（二）持续优化产业结构，大力发展绿色产业

立足西盟县资源禀赋优势，落实云南省全力打造世界一流的"绿色能源""绿色食品""健康生活目的地"三张牌要求，突出绿色、生态、特色，以产业巩固提升为抓手，突出绿色发展，围绕"5＋X"产业发展格局，做强绿色农业，做大绿色工业，做优绿色服务业，着力构建"支柱稳固、多业并举"的现代产业体系。

（三）强化金融政策扶持，凸显集群效应优势

立足区位和资源优势，推动全县经济跨越式发展。采取各种有效措施，支持和帮助绿色产业提质增效，使现有企业发展壮大。围绕肉牛、中蜂、旅游、茶叶等资源，加快培植骨干企业。引导、鼓励和支持第二、三产业向绿色发展，继续完善政策措施，健全服务体系，为"绿色经济"公平竞争、和谐发展创造一个良好的环境。积极组织各新型农业经营主体参加各级举办的展销会，强化品牌宣传推广，增强品牌影响力。

（四）加强产业技术人才培养，提升产业质量

充分依托云南省草地动物科学研究院、云南省农业科学院茶叶研究所、云南省甘蔗研究所、云南省养蜂协会等权威部门和权威专家提供技术支持，借鉴丁氏蜂业、三江并流等企业的先进管理理念，统筹整合农科、茶特、林业、人社等职能部门涉农资金使用，结合产业布局和产业发展需求，着力培养一批有文化、懂经营、会管理、能创业，具有绿色发展理念、掌握绿色生产技术技能的农村实用人才带头人和新型职业农民。

六、今后工作打算

（一）进一步提高思想认识

西盟县各级各部门进一步提高思想认识，强化政治意识、大局意识、核心意识、看齐意识。多渠道、全方位宣传生态文明建设和绿色发

展的重大意义，以建设国家绿色经济试验示范区为平台，主动作为，实现西盟生态环境保护与经济建设协调发展。

（二）进一步落实支持政策

认真落实国家和云南省出台的支持普洱市建设国家绿色经济试验示范区政策，尤其是生态文明建设的政策和项目，督促责任单位和责任人积极主动向省市相关部门对接，向省联席会提交重大项目和重大事项，不断把支持政策落到实处。

（三）继续推进试验示范工程实施

围绕组织落实六大主要任务，实施试验示范系列行动计划，组织实施好涉及西盟县的绿色项目工程。加大绿色发展的宣传和培训力度，进一步扩大宣传的覆盖面，增加绿色文化氛围，通过电视、广播、互联网、书面资料、广告牌等各种方式，宽领域、多角度、立体式的宣传，推动生产生活方式和消费模式向绿色低碳、文明健康的方式转变。同时，对已实施项目成功的做法和经验，及时总结并加以宣传推广。邀请上级专家对西盟县领导干部进行授课培训。

（四）进一步细化工作举措

严格落实国家、省、市、县出台的系列有关生态建设与环境保护方面的政策、法规和措施，压实各项目标任务、责任单位和责任人，各乡镇、各部门定期上报方案中涉及本部门工作落实情况，并将其作为年终考核的重要参考。

（五）加大督促检查工作力度

加大对落实建设国家绿色经济试验示范区目标任务、试验示范工程、落实国家和省级支持政策等的督查力度。

附录

普洱市绿色经济发展相关政策

序号	文件名称	发文单位	文件号	发文时间
1	关于印发普洱市绿色家庭创建行动方案的通知	普洱市妇女联合会、普洱市发展和改革委员会、普洱市生态环境局、普洱市教育体育局、普洱市财政局、普洱市住房和城乡建设局、普洱市市场监督管理局	普妇发〔2020〕14号	2020年9月9日
2	关于做好普洱市"绿色家庭"示范户评选推荐工作的通知	普洱市妇女联合会	普妇发〔2020〕20号	2020年10月22日
3	关于命名普洱市"绿色家庭"示范户的决定	普洱市妇女联合会	普妇发〔2020〕24号	2020年11月23日
4	普洱市新能源汽车产业发展工作领导小组办公室转发关于加强新能源汽车安全管理文件的通知	普洱市新能源汽车产业发展工作领导小组办公室	通知	2019年6月26日
5	普洱市市场监督管理局关于成立普洱市生态文明建设示范创建工作领导小组和工作专班的通知	普洱市市场监督管理局	无	2020年1月7日

续表

序号	文件名称	发文单位	文件号	发文时间
6	普洱市发展和改革委员会 普洱市工业和信息化局 普洱市市场监督管理局关于加快推进能耗单位能耗在线监测系统建设的通知	普洱市发展和改革委员会、普洱市工业和信息化局、普洱市市场监督管理局	普发资环〔2019〕704号	2019年12月9日
7	普洱市打造世界一流"绿色食品牌"工作领导小组办公室关于征求普洱市绿色有机产业发展三年行动计划意见的函	普洱市打造世界一流"绿色食品牌"工作领导小组办公室		2020年5月
8	普洱市人力资源和社会保障局办公室〈2020年普洱市建设国家绿色经济示范区绿色经济试验示范重点工程评选办法、表彰及扶持建议名单〉征求意见的函	普洱市人力资源和社会保障局	20200142	2020年4月30日
9	云南省水利厅关于公布云南省水利行业节水机关建设达标州（市）水利（水务）局名单的通知	云南省水利厅	云水资源〔2021〕14号	2021年2月19日
10	中共普洱市委办公室、普洱市人民政府办公室印发普洱市生态环境损害赔偿制度改革实施方案的通知	中共普洱市委办公室、普洱市人民政府办公室	普办发〔2019〕2号	2019年1月9日
11	中共普洱市委办公室、普洱市人民政府办公室印发关于支持检察机关开展公益诉讼工作推动生态市绿色发展和法治普洱建设的实施意见的通知	中共普洱市委办公室、普洱市人民政府办公室	普办发〔2019〕6号	2019年1月18日
12	中共普洱市委办公室、普洱市人民政府办公室关于创新体制机制推进农业绿色发展的实施方案的通知	中共普洱市委办公室、普洱市人民政府办公室	普办发〔2019〕35号	2019年5月17日

续表

序号	文件名称	发文单位	文件号	发文时间
13	中共普洱市委办公室、普洱市人民政府办公室关于印发普洱市生态文明建设示范创建工作方案的通知	中共普洱市委办公室、普洱市人民政府办公室	普办发〔2020〕31号	2020年11月25日
14	中共普洱市委办公室、普洱市人民政府办公室关于成立普洱市生态环境保护委员会的通知	中共普洱市委办公室、普洱市人民政府办公室	普办通〔2020〕53号	2020年11月13日
15	普洱市自然资源和规划局关于 2019 年矿山建设工作总结和 2020 年工作机会的报告	普洱市自然资源和规划局		2019年11月11日
16	普洱市自然资源和规划局关于云南普洱绿色生物产业园区优化方案符合规划审查意见	普洱市自然资源和规划局		2020年8月11日
17	普洱市自然资源和规划局关于普洱市国家绿色经济试验示范区建设工作实施情况的自我评估报告	普洱市自然资源和规划局		2021年2月1日
18	普洱市自然资源和规划局关于"十三五"生物多样性保护工作总结	普洱市自然资源和规划局		2021年2月4日
19	普洱市人民政府办公室关于成立普洱市绿色生物制造产业园建设工作推进领导小组的通知	普洱市人民政府办公室	普政办函〔2020〕103号	2020年11月23日
20	关于对《关于积极推进检察机关公益诉讼职能推动生态市绿色发展和法治普洱建设的实施办法（试行）》和《关于成立中共普洱市委公益诉讼工作协调领导小组的通知》征求意见的函	云南省普洱市人民检察院	普检函〔2020〕118号	2020年12月15日

续表

序号	文件名称	发文单位	文件号	发文时间
21	关于市人民政府《关于全市生态环境状况和生态环境保护目标完成情况的报告》的审议意见	普洱市人大常委会	普人函〔2020〕23号	2020年12月18日
22	普洱市绿色生物制造产业规划研究工作对接会议方案	普洱市人民政府		
23	普洱市人民政府办公室关于云南省"十三五"及2020年度生态环境约束性指标考核办法（征求意见稿）的修改意见	普洱市人民政府办公室		2020年12月14日
24	普洱市人民政府办公室关于成立普洱市重点流域水生态环境保护"十四五"规划编制工作领导小组的通知	普洱市人民政府办公室	普政办函〔2020〕81号	2020年9月14日
25	普洱市人民政府办公室关于贯彻落实习近平总书记考察云南重要讲话精神主要工作任务落实情况的报告	普洱市人民政府办公室		
26	普洱市人民政府办公室关于贯彻落实习近平总书记考察云南重要讲话精神主要工作任务落实情况的报告（二）	普洱市人民政府办公室		2021年1月18日
27	普洱市人民政府办公室关于普洱市2020年生态环境损害赔偿制度改革工作进展情况的函	普洱市人民政府办公室		2020年5月25日
28	普洱市人民政府办公室关于印发普洱市绿色城市建设实施方案的通知	普洱市人民政府办公室	普政办发〔2020〕85号	2020年9月25日

续表

序号	文件名称	发文单位	文件号	发文时间
29	普洱市人民政府关于报送《普洱市绿色出行创建实施方案》的函	普洱市人民政府	普政函〔2020〕202号	2020年12月25日
30	普洱市人民政府关于将普洱市列入云南省山水林田湖生态保护修复重点区域并推荐上报中央重点生态保护修复资金项目储备库的函	普洱市人民政府	普政函〔2020〕87号	2020年7月20日
31	普洱市人民政府关于上报《中国(云南)自由贸易试验区联动创新区——普洱国家绿色经济试验示范区建设方案》的函	普洱市人民政府		2020年9月30日
32	普洱市生态文明建设排头兵工作领导小组办公室关于转发《云南省努力成为生态文明建设排头兵2020年行动计划》的通知	普洱市生态文明建设排头兵工作领导小组办公室	普发改资环〔2020〕379号	2020年7月30日
33	普洱市生态文明建设排头兵工作领导小组办公室关于做好《云南省创建生态文明建设排头兵促进条例》学习贯彻落实工作的通知	普洱市生态文明建设排头兵工作领导小组办公室	普发改资环〔2020〕378号	2020年7月30日
34	专家建议：经济复苏要注重"绿色复兴"将绿色标准和绿色金融纳入经济复苏方案	普洱市人民政府办公室		2020年6月12日

续表

序号	文件名称	发文单位	文件号	发文时间
35	普洱市人民政府办公室关于印发普洱市争创绿色生活创建行动示范区实施方案的通知	普洱市人民政府办公室	普政办发〔2020〕67号	2020年9月9日
36	普洱市人民政府办公室关于印发普洱市节约型机关创建行动实施方案的通知	普洱市人民政府办公室		2020年7月3日
37	普洱市交通运输局 普洱市发展和改革委员会 普洱市住房和城乡建设局关于印发《普洱市绿色出行创建行动实施方案》的通知	普洱市交通运输局 普洱市发展和改革委员会 普洱市住房和城乡建设局	普交发〔2020〕179号	2020年11月20日
38	普洱市商务局关于印发普洱市绿色商场创建工作实施方案（2020—2022年度）的通知	普洱市商务局	普商发〔2020〕198号	2020年10月9日
39	普洱市住房和城乡建设局关于印发绿色建筑创建行动实施方案的通知	普洱市住房和城乡建设局	普住建发〔2020〕170号	2020年9月23日
40	中共普洱市委办公室 普洱市人民政府办公室关于努力将普洱建设成为云南省最美丽州市的实施意见的通知	中共普洱市委办公室 普洱市人民政府办公室	普发〔2020〕13号	2020年4月20日
41	中共普洱市委办公室 普洱市人民政府办公室关于印发省级生态环境保护督察"回头看"及思茅河水环境质量专项督察反馈意见和卫星同志表态讲话的通知	中共普洱市委办公室 普洱市人民政府办公室	普办明电〔2020〕49号	2020年3月25日

续表

序号	文件名称	发文单位	文件号	发文时间
42	普洱市发展和改革委员会 普洱市水务局关于印发普洱市节水行动实施方案的通知	普洱市发展和改革委员会、普洱市水务局	普发改资环〔2020〕240号	2020年5月25日
43	普洱市人民政府办公室关于加快推进城市生活垃圾分类工作实施方案的通知	普洱市人民政府办公室	普政办发〔2020〕90号	2020年11月23日
44	普洱市人民政府办公室关于印发普洱市"十三五"节能减排综合工作方案的通知	普洱市人民政府办公室	普政发〔2019〕5号	2019年1月4日
45	中共普洱市委办公室 普洱市人民政府办公室关于建立资源环境承载能力监测预警长效机制的实施意见的通知	中共普洱市委办公室、普洱市人民政府办公室	普字〔2019〕15号	2019年2月27日
46	中共普洱市委办公室 普洱市人民政府办公室关于给予批准普洱2019年举办"生态文明·绿色发展·开放共享"第二届普洱（国际）生态文明暨第五届普洱绿色发展论坛的请示	中共普洱市委办公室、普洱市人民政府办公室		2019年1月9日
47	普洱市人民政府关于组建成立绿色工业投资有限责任公司的批复	普洱市人民政府	普政复〔2019〕26号	2019年3月6日
48	关于印发2019年普洱市建设国家绿色经济试验示范区领导小组会议纪要的请示	普洱市发展和改革委	普发改绿官〔2019〕627号	2019年10月21日

续表

序号	文件名称	发文单位	文件号	发文时间
49	普洱市人民政府关于普洱市茶产业绿色发展的实施意见	普洱市人民政府	普政发〔2019〕62号	2019年5月21日
50	普洱市人民政府办公室关于成立绿色城市创建工作领导小组的通知	普洱市人民政府		2019年8月8日
51	普洱市人民政府关于报送2019年生态文明建设排头兵工作情况的函	普洱市人民政府	普政函〔2019〕160号	2019年12月20日
52	关于印发普洱市生态文明建设示范创建工作方案的通知			
53	交办件（普洱市生态环境局开展2020年思茅河及其八条支流涉餐饮、洗车行业污水排放排查工作情况报告）			
54	市政府交办件—云南省农业农村厅关于开展2020年云南省生态环境厅畜禽类污染资源化利用工作考核的函			
55	普洱市发展和改革委员会关于给予审核2019年度县（区）绿色经济考评结果的请示			
56	普洱市教育体育局、普洱市发展和改革委员会关于开展绿色学校创建行动的通知	普洱市教育体育局、普洱市发展和改革委员会	普教体发〔2021〕4号	2021年1月12日

续表

序号	文件名称	发文单位	文件号	发文时间
57	普洱市住房和城乡建设局等部门关于印发普洱市绿色社区创建行动实施方案的通知	普洱市住房和城乡建设局、普洱市发展和改革委员会、普洱市公安局、普洱市民政局、普洱市生态环境局、普洱市市场监督管理局	普住建发〔2021〕29号	2021年2月18日
58	普洱市人民政府关于申报建设国家生态产品价值实现机制试点的函	普洱市人民政府	普政函〔2021〕11号	2021年1月20日
59	普洱市数字经济局关于2021年和"十四五"期间重点项目工作及省级层面支持政策情况报告	普洱市数字经济局	2021002	2021年1月5日
60	普洱市数字经济工作推进领导小组办公室关于印发数字经济和区块链产业两个发展规划和行动计划的通知	普洱市数字经济工作推进领导小组成员单位	普数领办发〔2020〕4号	2020年11月19日